**파이토치와
유니티 ML-Agents로 배우는
강화학습**

다양한 게임을 제작하며 배우는 심층강화학습

파이토치와
유니티 ML-Agents로 배우는
강화학습
다양한 게임을 제작하며 배우는 심층강화학습

지은이 민규식, 이현호, 정규열, 박유민, 정유정, 김영록
펴낸이 박찬규   **엮은이** 윤가희   **디자인** 북누리   **표지디자인** Arowa & Arowana

펴낸곳 위키북스   **전화** 031-955-3658, 3659   **팩스** 031-955-3660
주소 경기도 파주시 문발로 115, 311호(파주출판도시, 세종출판벤처타운)

가격 28,000   **페이지** 332   **책규격** 188 x 240mm

초판 발행 2022년 07월 22일
ISBN 979-11-5839-341-0 (93000)

등록번호 제406-2006-000036호   **등록일자** 2006년 05월 19일
홈페이지 wikibook.co.kr   **전자우편** wikibook@wikibook.co.kr

Copyright © 2022 by 민규식, 이현호, 정규열, 박유민, 정유정, 김영록
All rights reserved.
Printed & published in Korea by WIKIBOOKS

이 책의 한국어판 저작권은 저작권자와 독점 계약한 위키북스에 있습니다.
신저작권법에 의해 한국 내에서 보호를 받는 저작물이므로 무단 전재와 복제를 금합니다.
이 책의 내용에 대한 추가 지원과 문의는 위키북스 출판사 홈페이지 wikibook.co.kr이나
이메일 wikibook@wikibook.co.kr을 이용해 주세요.

파이토치와
유니티 ML-Agents로 배우는
강화학습

다양한 게임을 제작하며 배우는 심층강화학습

민규식, 이현호, 김영록, 정유정, 정규열, 박유민 지음

위키북스

유니티 ML-Agents는 게임 엔진인 유니티를 통해 제작한 시뮬레이션 환경을 강화학습을 위한 환경으로 만들어주는 고마운 도구입니다. 2017년 처음 공개된 ML-Agents를 통해 많은 개발자, 연구자들이 원하는 수준 높은 강화학습 환경을 직접 만들 수 있게 되면서 ML-Agents는 학술적, 산업적으로 강화학습의 사용에 있어 유용한 도구가 되었다고 생각합니다.

하지만 ML-Agents에 대한 자료는 국내외를 통틀어도 그 수가 매우 적었습니다. 또한 ML-Agents를 다루려면 유니티를 이용한 환경 제작 방법, ML-Agents의 사용 방법, 딥러닝에 대한 이론, 강화학습에 대한 이론 등 알고 있어야 하는 내용이 매우 많았습니다. 이에 따라 ML-Agents을 사용하고자 하는 많은 사람에게 어려움이 있었습니다.

이런 이유로 강화학습 관련 페이스북 페이지인 RLKorea(Reinforcement Learning Korea)에서 유니티 ML-Agents 프로젝트 팀을 구성하여 유니티 ML-Agents 사용에 필요한 모든 내용을 최대한 다루는 자료를 제작하기 위해 노력했고, 그 결과 2020년 《텐서플로와 유니티 ML-Agents로 배우는 강화학습》이라는 책을 출간했습니다.

하지만 어느새 책이 출간된 지 2년이 넘는 시간이 지났습니다. 그 시간 동안 유니티와 ML-Agents에도 많은 업데이트가 있었습니다. 책을 공개할 당시에는 아직 정식 버전이 출시되지 않았던 ML-Agents가 정식 버전인 1.0 버전을 넘어 무려 2.0 버전까지 공개되었습니다. 이런 오랜 업데이트 기간 동안 ML-Agents는 내부적인 구조에도 많은 변화가 생겼고, 지원하는 기능들도 더욱 다양해졌습니다. 더 다양한 강화학습 알고리즘을 사용할 수 있게 됐으며, 지원하는 학습 방식의 종류도 더 다양해졌습니다.

이에 따라 업데이트된 ML-Agents에 대한 내용을 다루는 자료의 필요성을 다시 한번 느끼게 되었고 새롭게 RLKorea의 유니티 ML-Agents 프로젝트 팀이 모이게 되었습니다. 업데이트된 ML-Agents의 내용을 공부하고, 환경을 제작하고, 파이토치(Pytorch)로 강화학습 알고리즘을 다시 구현하고, 테스트를 수행했습니다. 두 번째 하는 작업이지만 첫 번째와 같이 고생도 많았고 어려움도 많았습니다. 그래도 ML-Agents의 사용을 원하는 분들께 도움이 되고자 하는 마음으로 모든 저자들이 정말 열심히 노력했습니다. 이번에 공개되는 개정판도 유니티 ML-Agents의 사용과 강화학습을 공부하고자 하는 모든 분께 조금이라도 도움이 되면 정말 행복할 것 같습니다.

마지막으로 이렇게 저희 개정판이 나올 수 있도록 많은 도움을 주신 위키북스 박찬규 대표님과 관계자분들께 감사드립니다. 또한 각자 직업이 있어 바쁜 와중에도 집필을 위한 많은 노력을 통해 이렇게 책을 완성한 저자분들 서로에게도 박수를 쳐주고 싶은 마음입니다.

그리고 이번 책은 ML-Agents가 지원하는 내용이 많아진 만큼 기초편, 응용편으로 나눠서 집필하게 되었습니다. 이번에는 ML-Agents와 강화학습에 대한 기본적인 내용을 다루는 기초편으로 독자분들께 인사드리게 되었습니다. 응용편을 통해 금방 다시 독자분들께 인사드릴 수 있길 바랍니다. 감사합니다.

– RLKorea ML-Agents 프로젝트팀

이 책에서 사용하는 프로그램 및 버전

- Windows 10
- Unity 2021
- Unity ML-Agents 2.0.0 (유니티), 0.26.0 (파이썬)
- Python 3.8
- Pytorch 1.8

이 책의 목표

이 책의 최종 목표는 독자분들이 유니티로 환경을 제작하고, 제작한 환경에 머신러닝 에이전트의 요소들을 적용해 강화학습을 위한 환경을 구성한 후, 강화학습 알고리즘을 이용해 해당 환경에서 학습을 수행할 수 있는 능력을 갖추는 것입니다.

유니티 머신러닝 에이전트는 편리하고 쉽게 강화학습을 위한 환경을 구성할 수 있도록 도와주는 툴이지만, 이 툴을 사용하려면 유니티, 유니티 머신러닝 에이전트(ML-Agents), 강화학습 이론 및 코드 구현, 딥러닝 라이브러리(텐서플로, 파이토치 등)의 사용법 등 알아야 할 것이 매우 많습니다. 이에 따라 최종 목표를 위해 달성해야 할 이 책의 세부 목표는 다음과 같습니다.

01 _ 유니티를 이용한 환경 제작

이 책의 첫 번째 목표는 게임 엔진인 유니티를 이용해 간단한 환경을 제작하는 방법을 학습하는 것입니다. 강화학습 알고리즘은 주로 게임 환경에서 성능을 검증합니다. 유니티는 초보 개발자도 이런 게임 환경을 쉽게 제작할 수 있게 도와주는 게임 엔진입니다. 이 책의 내용을 차근차근 따라 하면 유니티를 처음 접하는 분들도 간단한 게임을 쉽게 제작해 볼 수 있습니다. 이 책에서는 세 종류의 환경을 제작하는 방법을 설명하며, 유니티의 다양한 기본 기능을 설명하려고 노력했습니다. 이 책에서 설명하는 환경 제작과 관련된 내용을 익히고 나면 독자분들도 간단한 게임을 직접 제작할 수 있는 능력을 갖추게 될 것으로 생각합니다.

02 _ 파이썬과 파이토치를 이용한 심층강화학습 알고리즘 구현

이 책의 두 번째 목표는 독자분들이 파이썬과 파이토치를 이용하여 심층강화학습 알고리즘을 구현하도록 돕는 것입니다. 먼저 강화학습의 기초 용어 및 이론에 관해 설명합니다. 그리고 심층강화학습의 대표적인 기법인 DQN(Deep Q Network), A2C(Advantage Actor Critic), DDPG(Deep Deterministic Policy Gradient)의 이론과 모방 학습의 기초적인 기법인 BC(Behavioral Cloning)에 관해 설명하며 파이썬과 파이토치를 이용하여 해당 알고리즘들을 직접 구현할 수 있도록 설명합니다. 이 책에서 설명하는 심층강화학습과 관련된 내용을 통해 기본적인 심층강화학습에 관한 사항들을 익히고 나면 추후 강화학습 이론과 관련된 논문을 읽거나 더 발전된 알고리즘에 대한 구현을 수행할 수 있는 능력을 갖추게 되리라 생각합니다.

03 _ 유니티 머신러닝 에이전트 사용법 익히기

이 책의 세 번째 목표는 독자분들이 유니티 머신러닝 에이전트의 사용법을 익히도록 돕는 것입니다. 유니티 머신러닝 에이전트는 유니티로 만든 환경과 파이썬으로 구성한 심층강화학습 알고리즘이 서로 필요한 정보를 주고받으며 학습할 수 있도록 다양한 기능을 제공하는 도구입니다. 유니티 머신러닝 에이전트에서 제공하는 기능들을 통해 몇 가지 설정만 하면 간단하게 유니티로 제작한 환경을 강화학습 알고리즘과 통신할 수 있게 구성할 수 있습니다.

이 책에서는 우선 머신러닝 에이전트가 무엇인지, 머신러닝 에이전트를 구성하는 요소들은 어떤 것들이 있는지, 유니티 머신러닝 에이전트를 사용해 어떻게 학습을 수행할 수 있는지, 어떻게 머신러닝 에이전트를 사용하여 제작한 환경을 강화학습 환경으로 만들어 줄 수 있는지 등 다양한 내용을 살펴볼 것입니다.

선수 지식

이 책은 유니티, 강화학습, 머신러닝 에이전트를 처음 접하는 입문자를 위한 책입니다. 단, 조건문이나 반복문 같은 프로그래밍에 대한 기본적인 이해가 있어야 책의 내용을 수월하게 이해할 수 있습니다. 강화학습 코드의 경우 파이썬을 이용해 구현할 예정이며, 특히 numpy 라이브러리를 많이 다루므로 해당 내용에 대한 지식이 있다면 좋습니다. 마지막으로 기본적인 인공신경망, 특히 CNN(Convolutional Neural Network)에 대한 이론 및 구현은 해봤다고 가정하고 내용을 진행할 예정이므로 간단하게라도 해당 내용을 다뤄본 독자분들이 더 수월하게 책의 내용을 이해할 수 있습니다.

이 책의 구성

≪파이토치와 유니티 ML-Agents로 배우는 강화학습≫ 시리즈는 기초편과 응용편으로 나누어 출간될 예정이며, 이 책은 그중 첫 번째 내용인 기초편입니다. 기초편에서는 다음과 같은 내용을 다룹니다.

먼저 강화학습의 기초 용어와 이론을 살펴봅니다. 그다음 머신러닝 에이전트를 설치하고, 머신러닝 에이전트의 구성 요소를 살펴봅니다. 이어서 유니티와 머신러닝 에이전트를 이용한 기초적인 환경을 제작하고, 강화학습 알고리즘 이론을 학습한 후에 코드를 구현해 봅니다.

강화학습 환경으로는 그리드월드, 드론, 카트 레이싱 환경을 제작하며, 알고리즘은 DQN(Deep Q Network), A2C(Advantage Actor Critic), DDPG(Deep Deterministic Policy Gradient), BC(Behavioral Cloning)를 살펴봅니다. 이처럼 ≪파이토치와 유니티 ML-Agents로 배우는 강화학습≫ 기본편에서는 하나의 에이전트를 사용하는 기본적인 강화학습과 모방학습을 다룹니다. 응용편에서는 멀티 에이전트, 분산 강화학습, 호기심 기반 탐험 등을 살펴볼 것입니다.

이 책에서 학습을 진행하는 과정은 다음과 같습니다. 먼저 유니티와 머신러닝 에이전트를 이용해 강화학습 환경을 제작합니다. 그리고 해당 환경과 관련된 강화학습 이론에 대한 설명을 진행합니다. 마지막으로 파이썬과 파이토치를 사용하여 해당 강화학습 코드를 구현하고, 제작한 환경에서 강화학습 알고리즘에 대한 학습 및 성능 검증을 수행합니다.

이 책의 각 장에서 진행하는 내용은 다음과 같습니다.

01장 '강화학습의 개요'에서는 강화학습과 관련된 기초 용어와 이론을 알아봅니다.

02장 '유니티와 ML-Agents 살펴보기'에서는 ML-Agents의 다양한 요소를 살펴봅니다. 유니티를 설치하는 방법과 기초 사용법부터 시작하여 ML-Agents의 다양한 요소를 살펴보며, ML-Agents를 이용한 기본적인 학습 방법을 알아봅니다.

03장 '그리드월드 환경 만들기'에서는 ML-Agents에서 예제로 제공하는 이산적인 행동 환경인 그리드월드 환경을 사용합니다. 이 예제 환경에 벡터 관측을 추가하는 내용을 진행하며, ML-Agents의 기본적인 기능을 살펴봅니다.

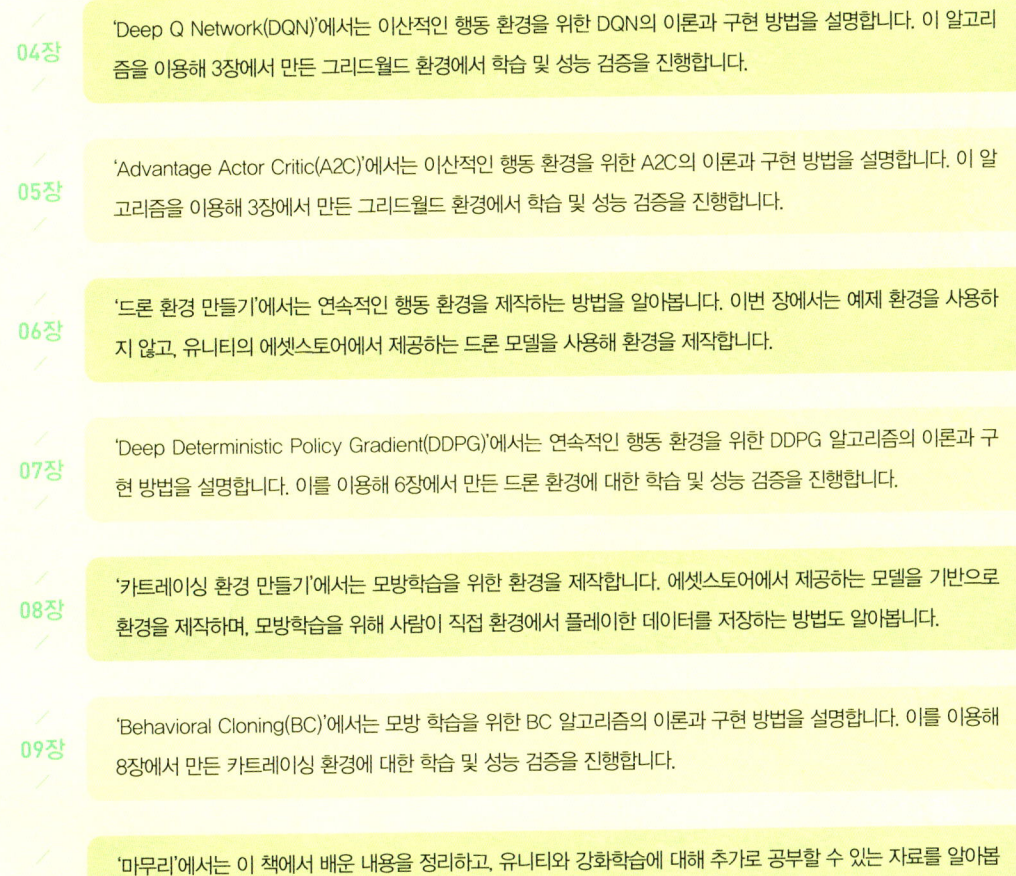

- 04장: 'Deep Q Network(DQN)'에서는 이산적인 행동 환경을 위한 DQN의 이론과 구현 방법을 설명합니다. 이 알고리즘을 이용해 3장에서 만든 그리드월드 환경에서 학습 및 성능 검증을 진행합니다.

- 05장: 'Advantage Actor Critic(A2C)'에서는 이산적인 행동 환경을 위한 A2C의 이론과 구현 방법을 설명합니다. 이 알고리즘을 이용해 3장에서 만든 그리드월드 환경에서 학습 및 성능 검증을 진행합니다.

- 06장: '드론 환경 만들기'에서는 연속적인 행동 환경을 제작하는 방법을 알아봅니다. 이번 장에서는 예제 환경을 사용하지 않고, 유니티의 에셋스토어에서 제공하는 드론 모델을 사용해 환경을 제작합니다.

- 07장: 'Deep Deterministic Policy Gradient(DDPG)'에서는 연속적인 행동 환경을 위한 DDPG 알고리즘의 이론과 구현 방법을 설명합니다. 이를 이용해 6장에서 만든 드론 환경에 대한 학습 및 성능 검증을 진행합니다.

- 08장: '카트레이싱 환경 만들기'에서는 모방학습을 위한 환경을 제작합니다. 에셋스토어에서 제공하는 모델을 기반으로 환경을 제작하며, 모방학습을 위해 사람이 직접 환경에서 플레이한 데이터를 저장하는 방법도 알아봅니다.

- 09장: 'Behavioral Cloning(BC)'에서는 모방 학습을 위한 BC 알고리즘의 이론과 구현 방법을 설명합니다. 이를 이용해 8장에서 만든 카트레이싱 환경에 대한 학습 및 성능 검증을 진행합니다.

- 10장: '마무리'에서는 이 책에서 배운 내용을 정리하고, 유니티와 강화학습에 대해 추가로 공부할 수 있는 자료를 알아봅니다.

예제코드 다운로드

이 책의 유니티 환경 및 강화학습 알고리즘 코드는 아래 위키북스 홈페이지나 깃허브에서 내려받을 수 있습니다. 책을 살펴보다가 문제가 발생하거나 질문이 있다면 아래 깃허브의 이슈에 올려주시면 최대한 빠르게 답변드리겠습니다.

- 저자 깃허브: https://github.com/reinforcement-learning-kr/Unity_ML_Agents_2.0
- 위키북스 홈페이지: https://wikibook.co.kr/pytorch-mlagents/
- 위키북스 깃허브: https://github.com/wikibook/pytorch-mlagents

01 강화학습의 개요

1.1 강화학습이란? ... 2
    1.1.1 기계학습이란? ... 2
    1.1.2 강화학습의 성과 ... 4

1.2 강화학습의 기초 용어 ... 6

1.3 강화학습의 기초 이론 ... 18
    1.3.1 벨만 방정식 ... 18
    1.3.2 탐험(exploration)과 이용(exploitation) ... 20

02 유니티와 ML-Agents 살펴보기

2.1 유니티와 ML-Agents ... 24
    2.1.1 유니티 ... 24
    2.1.2 ML-Agents ... 27

2.2 유니티 설치 및 기초 조작법 ... 32
    2.2.1 유니티 허브 다운로드 및 설치 ... 32
    2.2.2 유니티 라이선스 활성화 ... 35
    2.2.3 유니티 에디터 설치 ... 37
    2.2.4 유니티 프로젝트 생성 ... 41
    2.2.5 유니티 인터페이스 ... 42
    2.2.6 유니티의 기초적인 조작 ... 46

2.3 ML-Agents 설치 ... 55
    2.3.1 ML-Agents 파일 내려받기 ... 55
    2.3.2 유니티에 ML-Agents 설치하기 ... 58
    2.3.3 ML-Agents 파이썬 패키지 설치하기 ... 67

2.4 ML-Agents의 구성 요소 ... 69
    2.4.1 Behavior Parameters ... 71
    2.4.2 Agent Script ... 76

	2.4.3 Decision Requester, Model Overrider	80
	2.4.4 환경 빌드하기	81
2.5	mlagents-learn을 이용해 ML-Agents 사용하기	84
	2.5.1 ML-Agents에서 제공하는 강화학습 알고리즘	84
	2.5.2 ML-Agents에서 제공하는 학습 방식	85
	2.5.3 PPO 알고리즘을 이용한 3DBall 환경 학습	89
2.6	Python-API를 이용해 ML-Agents 사용하기	101
	2.6.1 Python-API를 통한 에이전트 랜덤 제어	102

03 그리드월드 환경 만들기

3.1	프로젝트 시작하기	108
3.2	그리드월드 스크립트 설명	115
3.3	벡터 관측 추가 및 환경 빌드	126
3.4	번외: 코드 최적화 하기	134

04 Deep Q Network (DQN)

4.1	DQN 알고리즘의 배경	140
	4.1.1 가치 기반 강화학습	140
	4.1.2 DQN 알고리즘의 개요	141
4.2	DQN 알고리즘의 기법	144
	4.2.1 경험 리플레이(experience replay)	144
	4.2.2 타깃 네트워크(target network)	147
4.3	DQN 학습	148

4.4	**DQN 코드**	150
	4.4.1 라이브러리 불러오기 및 파라미터 값 설정	151
	4.4.2 Model 클래스	157
	4.4.3 Agent 클래스	160
	4.4.4 Main 함수	167
	4.4.5 학습 결과	173

05 Advantage Actor Critic(A2C)

5.1	A2C 알고리즘의 개요	178
5.2	액터-크리틱 네트워크의 구조	179
5.3	A2C 알고리즘의 학습 과정	180
5.4	A2C의 전체적인 학습 과정	182
5.5	A2C 코드	183
	5.5.1 라이브러리 불러오기 및 파라미터 값 설정	183
	5.5.2 Model 클래스	185
	5.5.3 Agent 클래스	187
	5.5.4 Main 함수	192
	5.5.5 학습 결과	196

06 드론 환경 만들기

6.1	프로젝트 시작하기	200
6.2	드론 에셋 가져오기 & 오브젝트 추가	204
	6.2.1 에셋스토어에서 드론 에셋 내려받기	204
	6.2.2 드론 환경 제작하기	208

6.3	스크립트 설명	211
	6.3.1 DroneSetting 스크립트	211
	6.3.2 DroneAgent 스크립트	216
6.4	드론 환경 실행 및 환경 빌드	228

07 Deep Deterministic Policy Gradient (DDPG)

7.1	DDPG 알고리즘의 개요	236
7.2	DDPG 알고리즘의 기법	237
	7.2.1 경험 리플레이(experience replay)	237
	7.2.2 타깃 네트워크(target network)	237
	7.2.3 소프트 타깃 업데이트(soft target update)	238
	7.2.4 OU 노이즈(Ornstein Uhlenbeck Noise)	238
7.3	DDPG 학습	240
	7.3.1 크리틱 네트워크 업데이트	240
	7.3.2 액터 네트워크 업데이트	241
7.4	DDPG 코드	243
	7.4.1 라이브러리 불러오기 및 파라미터 값 설정	243
	7.4.2 OU Noise 클래스	246
	7.4.3 Actor 클래스	247
	7.4.4 Critic 클래스	248
	7.4.5 Agent 클래스	250
	7.4.6 Main 함수	254
	7.4.7 학습 결과	258

08 카트레이싱 환경 만들기

- 8.1 프로젝트 시작하기 ... 262
- 8.2 카트레이싱 환경 구성하기 ... 264
- 8.3 스크립트 작성 및 빌드하기 ... 274

09 Behavioral Cloning (BC)

- 9.1 Behavioral Cloning 알고리즘의 개요 ... 286
- 9.2 Behavioral Cloning 알고리즘의 기법 ... 286
  - 9.2.1 보상이 음수인 데이터 제외하기 ... 286
- 9.3 Behavioral Cloning 학습 ... 287
- 9.4 Behavioral Cloning 알고리즘 코드 ... 287
  - 9.4.1 라이브러리 불러오기 및 파라미터 값 설정 ... 288
  - 9.4.2 Model 클래스 ... 291
  - 9.4.3 Agent 클래스 ... 291
  - 9.4.4 Main 함수 ... 294
  - 9.4.5 학습 결과 ... 298
- 9.5 ml-agents의 내장 Imitation Learning 사용 ... 299
  - 9.5.1 ML-Agents에서 제공하는 Behavioral Cloning 알고리즘 ... 300
  - 9.5.2 ML-Agents에서 제공하는 GAIL 알고리즘 ... 300
  - 9.5.3 모방학습을 위한 Config 파일 설정 ... 301
  - 9.5.4 ml-agent에서의 모방학습 결과 ... 304

10 마무리

10.1 기초편 내용 정리 — 308

10.2 추가 학습 자료 — 308
    10.2.1 유니티 — 309
    10.2.2 유니티 ML-Agents — 309
    10.2.3 강화학습 — 309

10.3 응용편에서 살펴볼 내용 — 310

01

강화학습의 개요

학습 목표

- 강화학습의 기초 개념을 알아본다.
- 강화학습의 기초 용어 및 이론에 대해 알아본다.

목차

1.1 강화학습이란?
1.2 강화학습의 기초 용어
1.3 강화학습의 기초 이론

이번 장에서는 유니티 ML-Agents(Unity ML-Agents)를 사용하기에 앞서 강화학습에 대한 기본적인 내용을 살펴보겠습니다. ML-Agents를 사용하기 위해서 반드시 강화학습에 대한 깊은 내용을 이해하고 있어야 하는 것은 아니지만, ML-Agents가 기본적으로 강화학습을 위한 기능을 제공하는 툴이므로 이번 장에서 설명하는 정도의 기초적인 내용은 알고 있는 것이 좋습니다.

1.1 강화학습이란?

이번 절에서는 강화학습이 무엇인지, 강화학습을 이용해 어떤 성과들을 이뤘는지 살펴보겠습니다.

1.1.1 기계학습이란?

먼저 강화학습을 설명하기에 앞서 기계학습(Machine learning)이 무엇인지 알아보겠습니다. 기계학습은 1959년 아서 사무엘(Arthur Samuel)이 "기계가 일일이 코드로 명시하지 않은 동작을 데이터로부터 학습하여 실행할 수 있도록 하는 알고리즘을 개발하는 연구 분야"라고 정의했습니다. 이 문장에서 "코드로 명시하지 않은 동작을 데이터로부터 학습"이라고 말한 부분에 집중해보겠습니다. 일반적으로 프로그래밍이란 우리가 구현하고자 하는 기능을 명확한 코드로 작성하는 행위입니다. 하지만 기계학습은 이와 다르게 기능에 대한 명확한 코드를 입력하지 않고, 데이터로부터 학습한 대로 판단하게 합니다. 이러한 기계학습 알고리즘에는 결정 트리(Decision tree), 랜덤 포레스트(Random forest), 서포트 벡터 머신(Support vector machine, SVM), 인공 신경망(Artificial neural network, ANN) 등이 있습니다.

또한, 기계학습은 그림 1-1과 같이 크게 지도 학습(Supervised learning), 비지도 학습(Unsupervised learning), 강화학습(Reinforcement learning) 세 가지 유형으로 나눌 수 있습니다. 이 세 가지 유형을 순서대로 비교해보겠습니다.

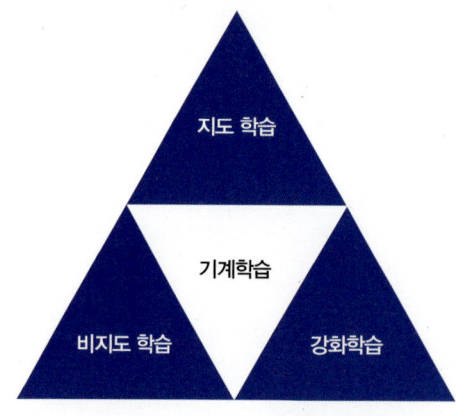

그림 1-1. 기계학습의 세 가지 유형

지도 학습은 정답(Label)이 있는 학습 데이터 세트(training data set)가 필요합니다. 지도 학습 기법을 이용하는 경우에는 머신러닝 알고리즘이 데이터 세트의 특징(feature)을 통해 예측(predict)한 값과 실제 정답의 오차를 줄여나가도록 반복적으로 학습합니다. 그렇게 학습이 완료되면 데이터의 특징을 통해 실제 정답과 유사한 예측을 수행할 수 있는 것입니다. 지도 학습은 주로 회귀(regression)나 분류(classification)와 같은 문제를 해결하는 데 사용됩니다. 예를 들어 특정 지역의 정보를 이용해 그 지역에 있는 주택의 가격을 예측하거나, 손글씨 숫자 이미지를 분류하는 문제에 사용할 수 있습니다.

비지도 학습은 지도 학습과 반대로 데이터 세트에 정답이 따로 존재하지 않습니다. 단지 데이터가 가진 특징을 기반으로 학습하여 데이터가 어떻게 구성돼 있는지 알아나갑니다. 비지도 학습은 주로 군집화(clustering)와 같은 문제를 해결하는 데 사용됩니다. 군집화란 데이터의 유사도를 정의하고 유사도를 기반으로 각 데이터의 그룹을 나눠주는 기법입니다. 예를 들어 불량인지 정상인지 알 수 없는 제조 과정의 신호 데이터들을 가지고 군집화를 통해 불량품을 찾는 문제에 사용할 수 있습니다.

강화학습은 지도 학습처럼 정답이 있지도 않고, 비지도 학습처럼 데이터의 특징만을 기반으로 학습하지도 않습니다. 강화학습은 에이전트가 환경과 상호작용하고, 이 환경에는 보상이라는 기준이 있어서 다양한 시행착오를 겪어가며 보상을 최대화하는 방향으로 학습합니다. 이에 따라 강화학습은 다양한 시행착오를 통해 학습할 수 있으며 비교적 명확한 보상을 설정할 수 있는 문제 해결에 사용합니다. 예를 들어 벽돌 깨기 같은 게임을 강화학습 알고리즘이 푼다면 게임 내에서 다양한 행동들을 취하면서 보상과 페널티를 받은 후 점수를 최대로 얻을 수 있는 행동을 알아내도록 학습합니다.

강화학습의 예로 처음 자전거를 배우던 상황을 생각해보겠습니다. 에이전트는 처음 자전거를 타던 여러분이고 환경은 자전거를 타는 상황이라고 생각해봅시다(그림 1-2). 처음부터 자전거를 잘 타지는 못합니다. 그렇게 여러 번 자전거를 타다가 넘어지면 아프고 힘이 듭니다. 즉 페널티를 받는 것으로 생각할 수 있습니다. 넘어지지 않고 자전거를 잘 타면 재미있고 뿌듯합니다. 즉 보상을 받는다고 생각할 수 있습니다. 이렇게 여러 번의 시도를 거쳐 점점 넘어지지 않게 학습하게 되고, 결국 자전거를 잘 타는 방법을 습득하게 됩니다. 이것이 강화학습의 학습 과정에 대한 예시입니다.

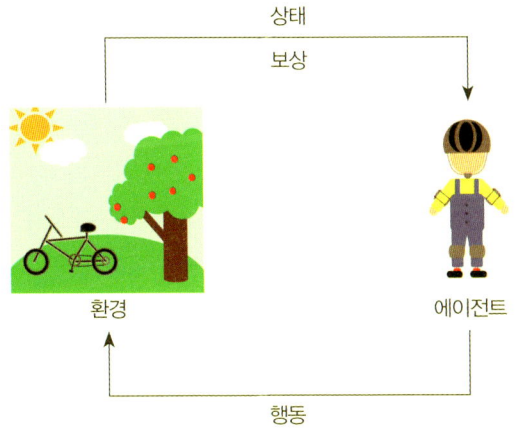

그림 1-2. 환경과 에이전트의 상호작용

ML-Agents는 앞서 살펴본 세 가지 학습 방법 중에서 강화학습을 위한 환경을 개발하는 도구입니다. 따라서 다음 절부터는 강화학습에 대한 내용을 더욱 자세히 알아보겠습니다.

1.1.2 강화학습의 성과

강화학습이 발전하면서 지금껏 인공지능으로 해결하기 힘들다고 생각한 많은 문제를 해결했습니다. 이번 절에서는 강화학습을 통해 해결한 문제들을 살펴보겠습니다.

우선 2016년 3월 세계를 놀라게 한 사건이 일어났습니다. 바로 구글 딥마인드(DeepMind)의 알파고[1]와 세계 정상급 프로기사 이세돌 9단의 대국입니다. 이 대국이 있기 전까지 바둑은 인공지능이 사람을 이기기 힘든 영역이라고 생각했습니다. 바둑의 모든 경우의 수를 계산해보면 361!(factorial)로, 이는 우주 전체의 원자 수보다 많은 경우의 수가 존재하는 게임이기 때문입니다. 그러므로 컴퓨터를 이용해 이 모든 경우를 계산할 수 없다고 생각했지만, 결과는 그렇지 않았습니다. 실제 이세돌 9단과의 대국에서 4:1로 알파고가 승리했습니다. 이 사건을 계기로 인공지능에 관한 관심이 높아지고 딥러닝과 강화학습 분야가 많은 관심을 받게 됐습니다.

2017년 10월에는 구글 딥마인드에서 알파고-제로를 개발했습니다. 알파고-제로는 이세돌 9단을 4:1로 이겼던 알파고-리와 다르게 인간의 기보를 이용하지 않고 처음부터 자가 대국(self-play)을 통해 학습했습니다. 알파고-제로는 학습을 시작한 지 24시간 만에 알파고-리의 실력을 따라잡았고, 72시간이 지나자 알파고-리를 무려 100대 0으로 완파하게 됩니다. 이는 알파고-리가 이세돌 9단과의 대결을 위해 7개월간 학습한 것과 비교하면 월등히 빠른 속도입니다.

2018년 12월에는 바둑, 체스, 쇼기(일본 장기)와 같은 보드게임을 쉽게 정복할 수 있는 알고리즘인 알파 제로를 발표했습니다. 알파 제로는 학습을 시작하고 30시간 만에 알파고-제로의 성능을 뛰어넘게 됩니다. 알파고가 발표된 지 무려 2년 만에 많은 종류의 보드게임을 정복하는 아주 빠른 기술의 발전을 보여주고 있습니다.

같은 해 8월에는 인공지능연구소 오픈에이아이(OpenAI)에서 개발한 인공지능이 전직 프로게이머, 게임 캐스터 등 상당한 실력자로 구성된 인간 팀을 상대로 5:5 팀 게임인 도타 2에서 승리하게 됩니다[2]. 도타 2는 전략 게임 중 하나로 상대방의 유닛과 대결하는 게임입니다. 도타 2는 바둑과 다르게 에이전트가 취할 수 있는 행동이 더 복잡합니다. 바둑은 취할 수 있는 행동이 바둑판의 좌표 중 하나로서 최대 361개라면, 그에 비해 도타 2는 유닛을 화면상의 어디로 이동할 것인지, 공격할 것인지, 어떤 스킬을

---

[1] https://deepmind.com/research/alphago/
[2] https://openai.com/five/

사용할 것인지 등 선택할 수 있는 경우의 수가 상당히 많습니다. 하지만 이렇게 많은 경우의 수를 가진 도타 2도 인간을 상대로 승리하면서 강화학습 기술이 얼마나 발전했는지 알 수 있습니다.

그리고 2019년 1월 구글 딥마인드가 개발한 알파스타(AlphaStar)가 북미 프로게임단 팀 리퀴드의 프로게이머 다리오 뷘시(Dario Wunsch)와 그레고리 코민츠(Grzgorz Komincz)를 상대로 스타크래프트2 게임에서 10 대 1로 압승을 거뒀습니다[3]. 도타 2는 복잡한 행동을 가진 환경이었지만 다섯 개의 유닛만 조종하면 됐습니다. 하지만 스타크래프트2는 다섯 개 보다 훨씬 더 많은 유닛을 조종해야 하며, 많은 에이전트가 협동해야 하는 환경으로 도타 2보다 더 해결하기 어려운 환경입니다. 그런데도 알파스타는 프로게이머를 상대로 승리할 정도의 수준을 달성했습니다.

2020년에는 구글 딥마인드가 하나의 알고리즘으로 아타리의 57개 게임 모두에서 사람보다 좋은 실력을 보인 Agent57[4] 알고리즘을 발표했습니다. 굉장히 다양한 종류의 게임을 모두 사람보다 잘하게 됐다는 점에서 다양한 부분에서 강화학습 알고리즘을 발전시켰다고 생각할 수 있습니다. 또한 같은 해인 2020년에는 구글 딥마인드가 알파고 기반 알고리즘 중 최신 알고리즘인 뮤제로(Muzero)[5] 알고리즘도 발표했습니다. 기존의 알파고 기반 알고리즘들은 보드게임과 같이 상태에 대한 규칙이 명확한 환경에서만 적용할 수 있었습니다. 하지만 뮤제로는 이를 개선하여 시각적으로 복잡하고 동적인 환경인 아타리에서도 알파고 기반의 알고리즘으로 좋은 성능을 낼 수 있도록 학습을 수행했습니다.

마지막으로 가장 최근인 2021년에는 구글 브레인에서 반도체 칩 디자인에 강화학습을 적용하는 연구[6]를 수행했습니다. 해당 연구는 실제 구글의 딥러닝 연산을 위한 연산 장치인 텐서 프로세싱 유닛(Tensor Processing Units, TPU)의 새로운 버전 TPU V4의 개발에 적용됐습니다. 사람이 직접 설계하는 경우 약 수개월에서 수년 동안 진행하던 과정을 강화학습을 통해 설계함으로써 6시간 만에 수행했다고 합니다.

이처럼 강화학습은 2016년 알파고를 시작으로 매년 어려운 문제들을 차례차례 해결해 나가고 있습니다. 이를 통해 강화학습 기술이 이미 상당한 수준에 도달했으며, 발전 속도가 정말 빠르다는 것을 알 수 있습니다. 또한 최근에는 산업과 관련한 다양한 문제에도 강화학습을 적용하고 있고, 영역 또한 확대되고 있다는 것을 살펴볼 수 있습니다.

---

[3] https://deepmind.com/blog/alphastar-mastering-real-time-strategy-game-starcraft-ii/
[4] https://deepmind.com/blog/article/Agent57-Outperforming-the-human-Atari-benchmark
[5] https://deepmind.com/blog/article/muzero-mastering-go-chess-shogi-and-atari-without-rules
[6] https://www.nature.com/articles/s41586-021-03544-w

1.2 강화학습의 기초 용어

이번 절에서는 강화학습에서 주로 사용하는 기초적인 용어들을 살펴보겠습니다.

강화학습은 앞에서도 설명했듯이 순차적으로 행동들을 선택하면서 보상을 최대화하는 의사 결정 전략인 순차적 결정 문제입니다. 이런 순차적 결정 문제를 수학적으로 정의한 것이 마르코프 결정 프로세스(Markov decision process, MDP)입니다.

MDP는 상태(state), 행동(action), 보상 함수(reward functions), 감가율(discount factor), 상태 변환 확률(state transition probability)로 구성돼 있습니다. 지금부터 이 MDP의 구성 요소를 포함하여 강화학습과 관련된 기본 용어에 대해 알아보겠습니다.

- 에이전트(agent): 에이전트란 강화학습에서 의사결정을 하는 대상입니다. 좀 더 쉬운 예를 들자면 게임에서 제어의 대상이 되는 게임의 주인공이라고 생각할 수 있습니다.

- 환경(environment): 에이전트의 의사 결정을 반영하고 에이전트에게 정보를 주는 역할을 합니다. 예를 들어 게임을 할 때 스텝마다 플레이어가 에이전트를 조작하는 대로 게임 화면, 점수, 목숨 정보와 같은 것을 바꿔주는 게임 시스템 그 자체라고 생각할 수 있습니다.

- 다음은 강화학습에서 흔히 예시로 사용하는 그리드월드(GridWorld) 환경입니다(그림 1-3). 6x6 격자 모양으로 구성된 환경으로, 에이전트는 이 환경 내에서 위, 아래, 왼쪽, 오른쪽 네 방향으로 한 칸씩 이동할 수 있습니다. 아무것도 없는 칸으로 이동하는 경우 보상으로 0을 받지만, 사과가 있는 칸에 도착하면 +1의 보상을 얻고 게임을 초기화합니다. 즉 게임 한판이 끝나는 것입니다. 앞으로 살펴볼 강화학습과 관련된 용어들도 이 그리드월드 환경을 기반으로 설명하겠습니다.

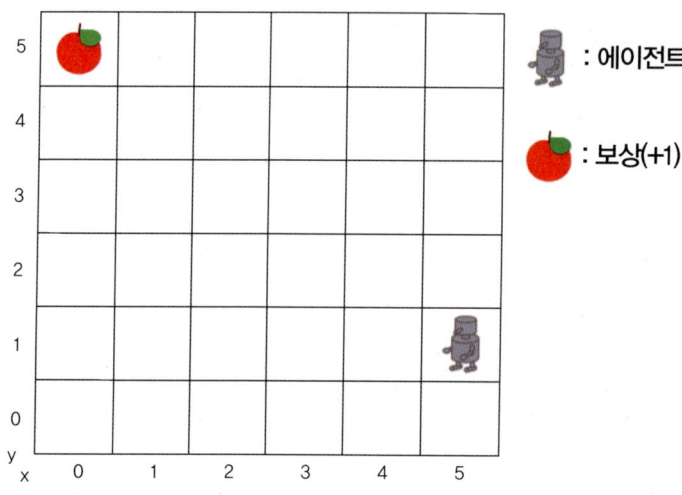

그림 1-3. 예시로 살펴볼 6x6 그리드월드(GridWorld) 환경

- 관측(observation): 관측은 환경에서 제공해주는 정보입니다. 통상적으로 현재 스텝의 관측은 O_t라고 표기합니다. 유니티 ML-Agents에서는 관측을 시각적 관측(visual observation)과 벡터 관측(vector observation)으로 구분합니다. 쉽게 말해 시각적 관측은 현재 상태의 정보를 이미지로 표현한 것이고, 벡터 관측은 이미지 형태가 아닌 수치로 표현한 것을 의미합니다.

  예를 들어 앞서 살펴본 그리드월드 환경에서 현재 상황을 그림 1-4와 같이 이미지로 표현하면 시각적 관측이 되는 것이고, 사과의 x 좌표, 사과의 y 좌표, 로봇의 x 좌표, 로봇의 y 좌표를 [0, 5, 5, 1]과 같은 형태로 표현하면 벡터 관측이 되는 것입니다.

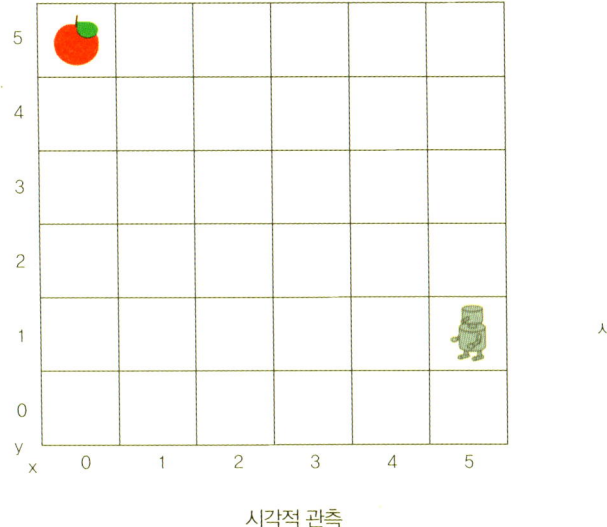

시각적 관측　　　　　　　　　　　벡터 관측

그림 1-4. 시각적 관측과 벡터 관측

- 상태(state): 에이전트는 상태를 기반으로 의사 결정을 합니다. 상태는 에이전트가 의사 결정하는 데 사용하기 위해 관측, 행동 등을 가공한 정보입니다. 이전 스텝의 관측값들을 저장했다가 이 히스토리를 상태로 넘겨줄 수도 있고, 이전 스텝의 관측값과 이전 스텝의 행동을 같이 합쳐서 줄 수도 있고, 관측 정보 모두를 상태로 에이전트에게 넘겨줄 수도 있고, 그중 내가 원하는 정보만 골라서 상태로 넘겨줄 수도 있습니다. 일반적으로 현재 스텝의 상태는 s_t라고 표기합니다.

  예를 들어 그림 1-4의 왼쪽과 같은 시각적 관측에서 x축, y축 좌표를 표기한 부분을 제외한 이미지만 에이전트에게 넘겨준다면 그림 1-5가 상태가 됩니다. 그렇지 않고 그림 1-4의 오른쪽과 같은 벡터 관측에서 사과의 위치 정보를 제외하고 에이전트의 위치 정보만 넘겨준다면 [5, 1]이 현재 상태가 됩니다.

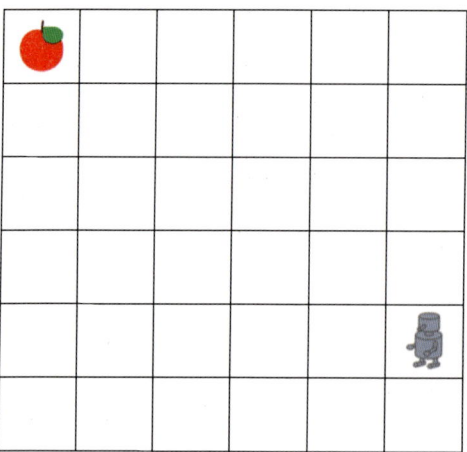

그림 1-5. 시각적 상태

- 행동(action): 에이전트가 의사 결정을 통해 취할 수 있는 행동을 의미합니다. 일반적으로 현재 상태에서 취하는 행동을 a_t 라고 표기합니다. 행동에는 이산적인(discrete) 행동과 연속적인(continuous) 행동이 있습니다. 이러한 행동은 환경에 따라 정해집니다. 이산적인 행동은 선택지가 있고, 그중 하나를 선택하는 것을 말합니다. 연속적인 행동은 선택지마다 특정 양을 수치로 입력하여 행동하는 것을 말합니다.

예를 들어 그리드월드를 이산적인 행동 환경으로 구성한다면 에이전트는 위쪽, 아래쪽, 왼쪽, 오른쪽 중 왼쪽을 선택하여 한 칸을 이동할 수 있습니다(그림 1-6 왼쪽). 연속적인 행동 환경으로 구성한다면 x축으로 -2.3만큼 y축으로 0.9만큼 이동하는 것처럼 해당 수치만큼 이동할 수 있습니다(그림 1-6 오른쪽). 이렇게 같은 환경도 이산적인 행동과 연속적인 행동으로 다르게 구성할 수 있습니다.

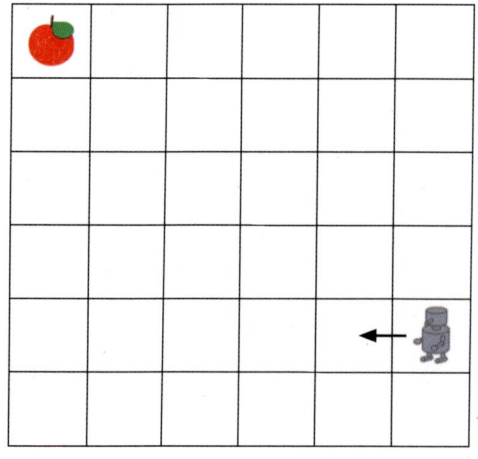
이산적인 행동 환경

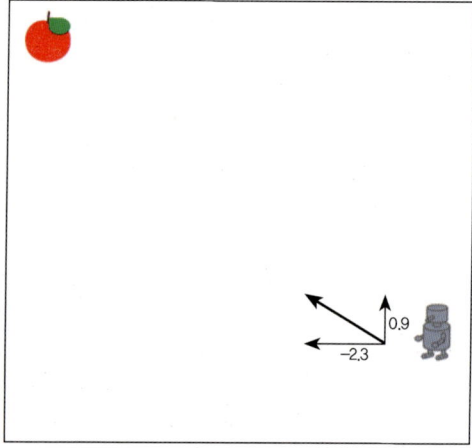
연속적인 행동 환경

그림 1-6. 이산적인 행동 환경과 연속적인 행동 환경

행동이 무엇인지 살펴봤으니 강화학습에서 사용하는 행동의 단위인 스텝과 에피소드를 살펴보겠습니다. 에이전트가 특정 상태에서 한번 행동을 취하여 다음 상태가 되는 경우를 1 스텝이라고 표현합니다. 그리고 에이전트가 1 스텝씩 계속 행동을 취해서 게임 한판이 종료되는 경우 1 에피소드라고 표현합니다(그림 1-7).

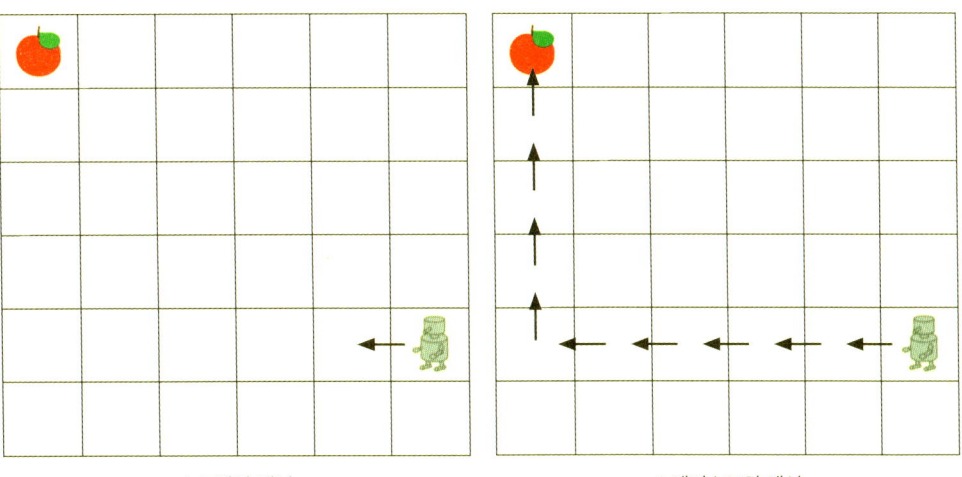

1 스텝의 예시   1 에피소드의 예시

그림 1-7. 스텝과 에피소드

- 보상 함수(reward function): 에이전트가 특정 상태에서 특정 행동을 했을 때 보상을 받게 되고, 에이전트는 이 보상 정보를 통해 학습을 진행합니다. 일반적으로 현재 상태 s에서 특정 행동 a를 했을 때 얻는 보상의 기댓값을 R_s^a라고 표기합니다. 보상 함수를 수식으로 표현하면 다음과 같습니다.

$$R_s^a = E[R_{t+1} \mid S_t = s, A_t = a]$$

수식에서 t는 현재 스텝을 의미합니다. 따라서 R_s^a는 현재 상태 s에서 행동 a를 취해서 얻을 수 있는 보상 R_{t+1}의 기댓값을 의미합니다.

예를 들어 그림 1-8과 같은 상황을 살펴보겠습니다. 그리고 설명의 편의를 위해 에이전트가 취한 행동에 따라 100% 확률로 선택한 방향의 칸으로 이동한다고 가정해보겠습니다. 즉, 오른쪽 행동을 선택하면 다음 상태는 현재 상태의 오른쪽 칸이 됩니다. 현재 상태에서 에이전트가 왼쪽으로 이동하는 행동을 취하면 보상으로 1을 얻습니다. 즉, 다음과 같은 함수의 형태로 표현할 수 있습니다.

$$R_s^a = \begin{cases} 1 & if \ a = left \\ 0 & otherwise \end{cases}$$

그림 1-8. 보상 함수

- **상태 변환 확률**(state transition probability): 상태 변환 확률이란 상태 s에서 행동 a를 했을 때 다음 상태가 s'이 될 확률을 의미합니다. 일반적으로 상태 변환 확률은 $P_{ss'}^{a}$라고 표기합니다.

  예를 들어 그림 1-9와 같은 상황을 살펴보겠습니다. 에이전트가 현재 상태에서 왼쪽으로 이동하는 행동을 선택했을 때 특정 확률에 따라 다음 상태가 왼쪽으로 한 칸 이동한 경우일 수도 있고, 바닥이 빙판이어서 왼쪽으로 2칸 이동한 경우일 수도 있다고 해보겠습니다. 그리고 왼쪽으로 한 칸 이동했을 때의 상태를 s', 빙판이 있어서 왼쪽으로 두 칸 이동했을 때의 상태를 s''이라고 하겠습니다. 왼쪽으로 한 칸 이동하는 행동(a)을 선택했을 때 왼쪽으로 한 칸(s') 이동할 확률이 90%이고 왼쪽으로 2칸(s'') 이동할 확률이 10%라면 상태 변환 확률은 $P_{ss'}^{a}$=0.9이고 $P_{ss''}^{a}$=0.1이 되는 것입니다.

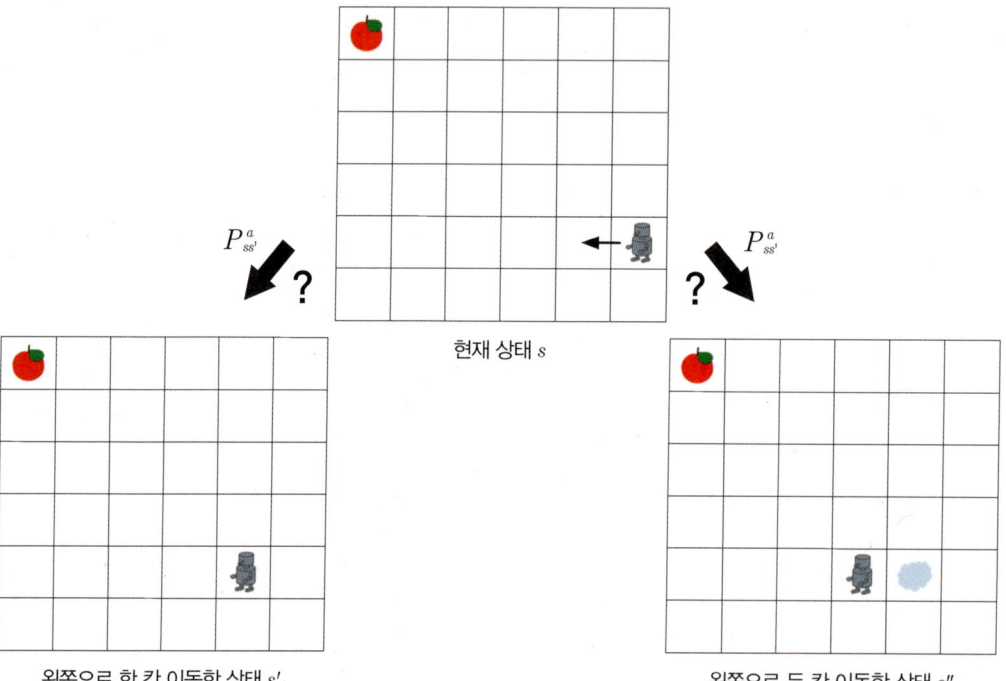

그림 1-9. 상태 변환 확률

- 정책(policy): 정책은 특정 상태에서 취할 수 있는 행동을 선택할 확률 분포를 의미합니다. 일반적으로 π라고 표기하며, 그림 1-10과 같이 현재 상태에서 취할 수 있는 행동들에 대한 확률을 의미합니다. 현재 상태 s에서 정책을 이용하여 가능한 행동들에 대한 확률을 수식적으로 표현하면 다음과 같습니다. 에이전트가 위쪽으로 이동할 확률이 40%, 왼쪽으로 이동할 확률이 40%, 아래로 이동할 확률이 10%, 오른쪽으로 이동할 확률이 10%인 정책의 예시입니다.

$$\pi(a \mid s) = \begin{cases} 0.4 & if\ a = up \\ 0.4 & if\ a = left \\ 0.1 & if\ a = down \\ 0.1 & if\ a = right \end{cases}$$

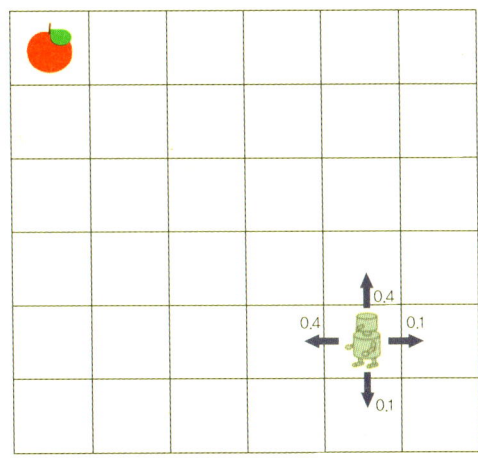

그림 1-10. 정책

감가율과 반환값

강화학습은 시행착오를 겪으면서 보상을 최대화하는 의사 결정 전략을 학습하는 것이라 했습니다. 과연 어떻게 하면 의사 결정을 학습할 수 있을까요? 강화학습에서는 에피소드가 끝나면 지나왔던 상태에서 했던 행동에 대해 정보를 기록합니다. 그리고 그 정보를 이용하여 그다음 에피소드에 의사 결정을 합니다. 또 에피소드가 끝나면 이 에피소드를 통해 얻었던 정보로 기록을 업데이트하는 과정을 반복합니다. 그렇다면 어떤 정보를 기록하면 좋은 의사 결정을 할 수 있을까요? 미래에 대한 정보를 미리 알면 좋은 의사 결정을 할 수 있을 것입니다. 따라서 t 스텝에서 받았던 보상 R_{t+1}부터 에피소드가 끝날 때까지 받았던 보상들을 더한 것을 정보로 이용합니다.

그림을 통해 학습 과정을 살펴보겠습니다. 현재 모든 기록 정보는 0으로 초기화된 상황이라고 해봅시다.

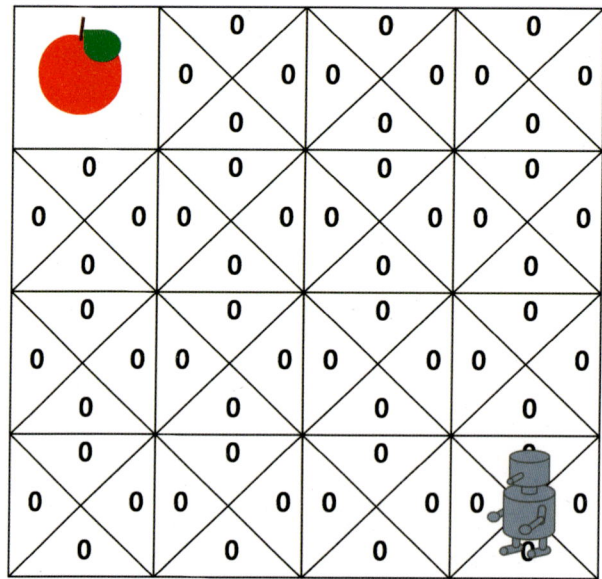

그림 1-11. 기록 정보 초기화

다음과 같이 한 에피소드를 마치고 나서 t 스텝에서부터 얻은 보상들의 합 정보를 빨간색 경로로 기록해봅니다. 그러면 방문한 상태에서 한 행동에 대해서는 1을 그 외에는 0이 기록됩니다.

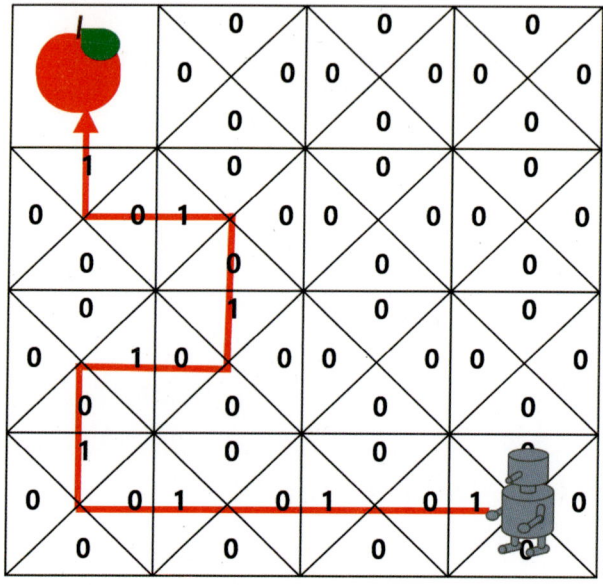

그림 1-12. 에피소드 종료 후 보상의 합 기록

그렇다면 다음 에피소드를 실행할 때 이 정보를 이용한다고 하면 어떻게 하면 될까요? 에이전트는 자신의 상태에서 기록한 값이 높은 행동만 하게 된다면 사과에 도착할 수 있습니다. 하지만 현재 빨간색 루트는 불필요한 경로를 포함하고 있습니다. 쉽게 말해서 돌아간다고 할 수 있습니다. 즉 다음 그림을 보면 파란색 경로가 빨간색 경로보다 효율적이라고 할 수 있습니다.

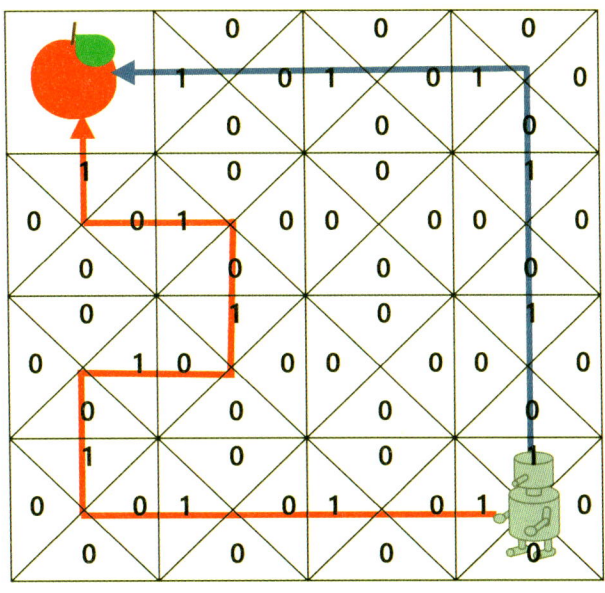

그림 1-13. 두 가지 경로 비교

하지만 에이전트는 초기 상태에서 위로 갈지 왼쪽으로 갈지 판단할 수 없습니다. 즉 현재 기록하는 정보로는 어느 경로가 더 효율적인지 알 수 없습니다. 이를 보완하기 위해 감가율(discount factor)이라는 개념을 도입합니다.

감가율은 통상적으로 γ라고 표기합니다. 0부터 1 사이의 값으로 설정을 하며, 1에 가까울수록 미래의 보상에 많은 가중치를 두는 것을 의미합니다.

감가율이 반영된 보상 정보를 기록하기 위해 t 스텝에서 받았던 보상 R_{t+1}부터 에피소드가 끝날 때까지 받은 보상에 감가율을 스텝 차이만큼 곱해서 더해줍니다.

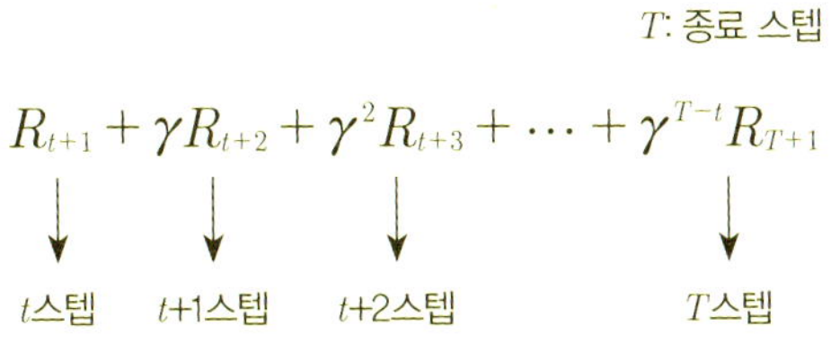

T: 종료 스텝

$$R_{t+1} + \gamma R_{t+2} + \gamma^2 R_{t+3} + \cdots + \gamma^{T-t} R_{T+1}$$

↓ ↓ ↓ ↓
t스텝 t+1스텝 t+2스텝 T스텝

그림 1-14. 감가율을 적용한 보상의 합

예를 들어 $t+3$ 스텝에서 의사 결정을 통해 받은 보상 R_{t+4}에는 감가율 γ을 3번 곱하여 $\gamma^3 R_{t+4}$를 더해줍니다. 그리고 이 값을 반환값(return value)이라고 부릅니다. t 스텝에서의 반환값은 일반적으로 G_t라고 표기합니다. 반환값을 수식으로 표현하면 다음과 같습니다.

$$G_t = R_{t+1} + \gamma R_{t+2} + \gamma^2 R_{t+3} + \cdots$$

위 수식에서 γR_{t+2}가 아니라 $\gamma^2 R_{t+2}$가 맞는 것이 아닌지 헷갈릴 수 있습니다. 하지만 t 스텝에서 의사 결정을 통해 받은 보상은 R_{t+1}입니다. 따라서 R_{t+2}는 $t+1$ 스텝에서 의사 결정을 통해 받은 보상이므로 감가율을 한 번만 곱해줍니다.

이제 그림을 통해 반환값을 기록한 정보를 이용하면 어떻게 되는지 살펴보겠습니다. 예시에서는 감가율을 0.9로 설정했습니다.

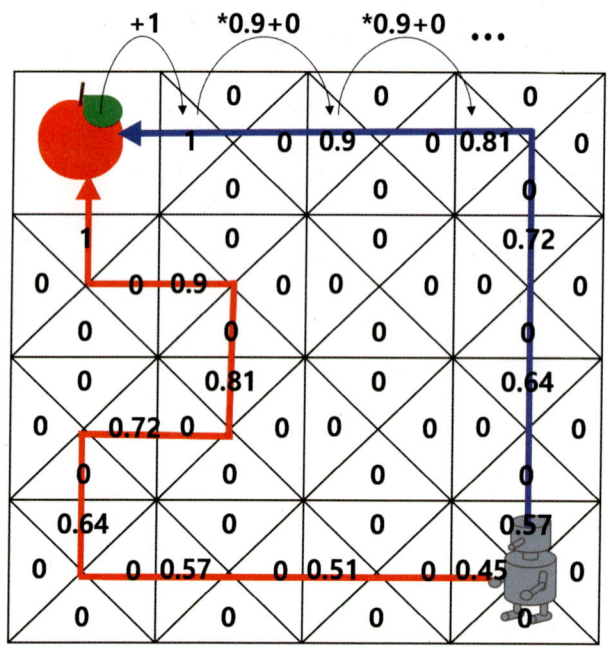

그림 1-15. 반환값을 기록한 두 가지 경로 비교

반환값을 기록할 때는 종료된 상태부터 처음 상태까지 거꾸로 계산하는 것이 쉽습니다. 예시 환경에서 보상은 사과에 도착할 때만 얻기 때문에 각 t 스텝의 반환값 G_t는 $\gamma^{T-t}*1$입니다. 여기서 T는 에피소드가 종료된 스텝을 의미합니다. 이렇게 반환값을 기록하면 이전에 어느 경로가 효율적인지 판단하기 어려운 문제를 해결할 수 있습니다. 에이전트가 초기 상태에서 왼쪽으로 이동하는 것보다 위로 이동하는 것의 반환값이 더 높기 때문에 보다 효율적인 경로로 이동하게 되는 것입니다.

하지만 에이전트 첫 에피소드에서 빨간색 루트를 찾고 반환값이 높은 상태로만 이동하게 되면 파란색 루트를 찾을 수 없을 것입니다. 그래서 가끔은 무작위로 움직여 여러 경로를 탐험해보는 것도 중요합니다. 이 내용은 이번 절에서 이후에 설명할 '1.3.2 탐험(exploration)과 이용(exploitation)'에서 자세히 다루겠습니다.

가치 함수와 큐 함수

강화학습의 목적은 보상을 최대화하는 의사 결정 방법을 학습하는 것이라고 했습니다. 즉, 에이전트가 특정 상태에서 보상을 최대화할 수 있는 행동을 선택해야 합니다. 여기서 보상을 최대화할 수 있는 행동이란 현재 상태에서 이동할 수 있는 다음 상태 중에서 가장 가치가 높은 상태로 이동할 수 있는 행동을 의미합니다. 그렇다면 가치가 높은 상태는 어떤 상태를 의미할까요? 가치가 높은 상태는 그 상태의 반환값에 대한 기댓값이 높다는 것을 의미합니다. 그리고 이 가치를 수식으로 표현하기 위해 가치 함수라는 개념을 도입합니다.

가치 함수에는 상태 가치 함수(state value function)와 행동 가치 함수(action value function)가 있습니다. 상태 가치 함수는 통상적으로 가치 함수(value function)라고 줄여서 부릅니다. 그리고 행동 가치 함수는 통상적으로 큐 함수(Q function)라고 부릅니다. 그러면 가치 함수와 큐 함수를 통해 어떻게 보상을 최대화하는 행동을 결정할 수 있는지 살펴보겠습니다.

- 가치 함수(value function): 가치 함수는 특정 상태에 대한 가치를 도출하는 함수입니다. 이 함수는 입력으로 상태를 받고 그 상태의 가치를 출력합니다. 일반적으로 가치 함수는 $V(s)$라고 표기합니다. 특정 상태 s에 대한 가치 함수를 수식으로 표현하면 다음과 같습니다.

$$V(s) = E[G_t \mid S_t = s]$$

수식에서 반환값을 풀어서 표기하면 다음과 같습니다.

$$V(s) = E[R_{t+1} + \gamma R_{t+2} + \gamma^2 R_{t+3} + \cdots \mid S_t = s]$$

예를 들어 설명하면 각 상태에 대한 가치를 그림 1-16과 같이 나타낼 수 있습니다. 즉, 현재 상태 s에서의 가치 함수를 표기하면 $V(s)=0.1$이 됩니다. 그림 1-16과 같은 상황에서 에이전트 주변의 가치가 높은 상태로만 이동하면 사과에 도착할 수 있습니다. 즉 최적의 행동을 가치 함수를 통해 표현하면 다음과 같습니다.

$$a^* = \mathrm{argmax}_{a \in A} V(s')$$

수식을 설명하면 현재 상태 s에서 취할 수 있는 행동들 A 중에서 최적의 행동 $a*$는 가장 높은 가치를 얻을 수 있는 다음 상태 s'으로 이동할 수 있는 행동 a를 의미합니다.

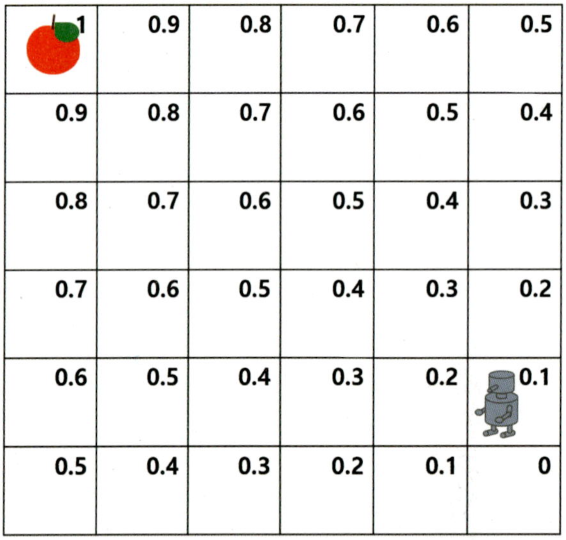

1	0.9	0.8	0.7	0.6	0.5
0.9	0.8	0.7	0.6	0.5	0.4
0.8	0.7	0.6	0.5	0.4	0.3
0.7	0.6	0.5	0.4	0.3	0.2
0.6	0.5	0.4	0.3	0.2	0.1
0.5	0.4	0.3	0.2	0.1	0

그림 1-16. 가치 함수의 예시

- 큐 함수(Q function): 가치 함수가 상태에 대한 가치를 도출했다면, 큐 함수는 상태에서 특정 행동에 대한 가치를 도출합니다. 따라서 큐 함수는 입력으로 상태와 행동을 받고 해당 상태에서 행동에 대한 가치를 출력합니다. 일반적으로 큐 함수는 Q라고 표기합니다. 특정 상태 s에서 특정 행동 a에 대한 큐 함수를 수식으로 표현하면 다음과 같습니다.

$$Q(s,a) = E[G_t \mid S_t = s, A_t = a]$$

즉 현재 상태 s에서 행동 a를 통해 얻을 수 있는 반환값들의 평균을 의미합니다. 그리고 큐 함수를 이용하여 가치 함수를 수식으로 나타낸 결과는 다음과 같습니다.

$$v_\pi(s) = \sum_{a \in A} \pi(a \mid s) q_\pi(s,a)$$

현재 상태 s에서의 가치 함숫값은 각 행동 a에 대한 큐 함수의 값에 해당 행동을 할 확률 $\pi(a \mid s)$을 곱해서 더한 값입니다.

그리고 큐 함수를 가치 함수를 이용해 수식으로 나타내면 다음과 같습니다.

$$q_\pi(s,a) = R_s^a + \gamma \sum_{s' \in S} P_{ss'}^a v_\pi(s')$$

$q_\pi(s, a)$는 현재 상태 s에서 행동 a를 통해 얻은 보상 R_s^a와 $\gamma \sum_{s' \in S} P_{ss'}^a v_\pi(s')$를 더한 것입니다. 이때 $\sum_{s' \in S} P_{ss'}^a v_\pi(s')$는 가능한 다음 상태 s'에 대한 가치 함수 $v_\pi(s')$에 현재 상태 s에서 행동 a를 했을 때 다음 상태 s'로 넘어갈 상태 변환 확률 $P_{ss'}^a$을 곱한 것들의 합이고, $\gamma \sum_{s' \in S} P_{ss'}^a v_\pi(s')$는 $\sum_{s' \in S} P_{ss'}^a v_\pi(s')$에 감가율 γ를 곱한 것입니다.

각 상태에서 각 행동에 대한 큐 함숫값을 표기한 예는 그림 1-17과 같습니다. 가치 함수는 각 상태에 대해서 하나의 값만을 가졌지만, 큐 함수의 경우 상태마다 취할 수 있는 행동들 각각에 가치가 정해져 있는 것을 확인할 수 있습니다. 상태마다 큰 가치를 가지는 행동들을 선택하여 게임을 한 스텝씩 진행하다 보면 사과에 도달할 수 있는 것을 확인할 수 있습니다. 즉 최적의 행동을 구하는 식을 큐 함수를 이용해 표현하면 다음과 같습니다.

$$a^* = \mathrm{argmax}_{a \in A} Q(s,a)$$

수식을 설명하면 현재 상태 s에서 취할 수 있는 행동들 A 중에서 최적의 행동 a^*는 가장 높은 큐 함숫값을 얻을 수 있는 행동 a로 설정하는 것을 의미합니다.

그림 1-17. 큐 함수의 예시

1.3 강화학습의 기초 이론

이번 절에서는 강화학습의 중요한 이론인 벨만 방정식, 그리고 탐험과 이용이라는 개념에 대해 살펴볼 것입니다.

1.3.1 벨만 방정식

앞서 1.2절에서 잘 학습된 가치 함수 즉, 최적의 가치 함수가 있다면 상태마다 최적의 행동이 무엇인지 알 수 있고, 이를 통해 보상을 최대화할 수 있다고 이야기했습니다. 그렇다면 가치 함수는 어떻게 학습할 수 있을까요? 가치 함수는 벨만 방정식을 이용해 업데이트합니다. 지금부터 벨만 방정식이 무엇인지 살펴보겠습니다.

벨만 방정식(Bellman equation)은 리처드 어니스트 벨만(Richard Ernest Bellman)이 제안했으며, 강화학습에서 상당히 중요한 부분을 차지하는 식입니다. 벨만 방정식은 현재 상태의 가치 함수와 다음 상태의 가치 함수 사이의 관계를 표현한 것입니다. 우선 가치에 대한 식을 다시 보겠습니다.

$$v_\pi(s) = E_\pi[G_t \mid S_t = s]$$

가치란 특정 상태에서 반환값의 기댓값을 의미합니다. 반환값은 감가율을 고려한 보상들의 합이기 때문에 다음과 같은 식으로 표기할 수도 있습니다.

$$v_\pi(s_t) = E_\pi[R_{t+1} + \gamma R_{t+2} + \gamma^2 R_{t+3} + \cdots \mid S_t = s]$$

이 식에서 R_{t+2} 이후로 나오는 식을 감가율 γ로 묶어 보겠습니다.

$$v_\pi(s_t) = E_\pi[R_{t+1} + \gamma \underbrace{(R_{t+2} + \gamma R_{t+3} + \cdots)}_{\to v_\pi(S_{t+1})} \mid S_t = s]$$

이렇게 되면 괄호 안의 부분, 즉 $R_{t+2} + \gamma R_{t+3} + \cdots$ 이후 부분은 다음 상태인 S_{t+1}에서의 가치 함수의 식과 같아집니다.

이에 따라 최종적으로 정리한 다음 방정식이 벨만 기대 방정식입니다.

$$v_\pi(s) = E_\pi[R_{t+1} + \gamma v_\pi(S_{t+1}) \mid S_t = s]$$

이를 통해 현재 상태의 가치 함수를 다음 상태의 가치 함수를 이용하여 표현할 수 있는 것입니다. 큐 함수 또한 벨만 기대 방정식으로 표현할 수 있습니다. 큐 함수에 대한 벨만 기대 방정식은 다음과 같습니다.

$$q_\pi(s,a) = E_\pi[R_{t+1} + \gamma q_\pi(S_{t+1}, A_{t+1}) | S_t = s, A_t = a]$$

이 벨만 기대 방정식으로 업데이트하다 보면 양변의 차이가 0으로 수렴하게 됩니다. 즉 현재 정책 π에 대한 참 가치 함수 혹은 큐 함수를 구할 수 있습니다. 하지만 강화학습의 목적은 최적의 의사 결정을 하여 보상을 최대화하는 것입니다. 이를 위해서 현재 정책에 대한 참 가치 함수가 아닌 최적 가치 함수를 찾아야 합니다. 최적의 가치 함수는 모든 가능한 정책 중 제일 높은 가치를 반환하는 가치 함수를 의미합니다. 이를 수식으로 표현하면 다음과 같습니다.

$$v_*(s) = \max_\pi v_\pi(s)$$

이와 마찬가지로 최적의 큐 함수를 수식으로 표현하면 다음과 같습니다.

$$q_*(s,a) = \max_\pi q_\pi(s,a)$$

그리고 최적의 가치 함수를 다음 상태의 가치 함수를 이용하여 식으로 나타내면 다음과 같이 표현할 수 있고, 이 식이 벨만 최적 방정식입니다.

$$v_*(s) = \max_a E[R_{t+1} + \gamma v_\pi(S_{t+1}) | S_t = s, A_t = a]$$

최적의 큐 함수에 대해서도 벨만 최적 방정식으로 나타내면 다음과 같습니다.

$$q_*(s,a) = E[R_{t+1} + \gamma \max_{a'} q_*(S_{t+1}, a') | S_t = s, A_t = a]$$

지금까지 가치 함수와 큐 함수를 벨만 기대 방정식과 벨만 최적 방정식으로 표현하는 방법을 살펴봤습니다. 이 벨만 방정식을 이용해 가치 함수 혹은 큐 함수를 업데이트할 것입니다. 이에 대한 자세한 내용은 추후 강화학습 알고리즘들의 이론을 다루는 부분에서 살펴보겠습니다.

1.3.2 탐험(exploration)과 이용(exploitation)

강화학습의 목적은 에이전트가 많은 보상을 받기 위한 최적의 정책을 학습하는 것입니다. 에이전트가 최적의 정책을 찾기 위해서는 여러 상황에서 다양한 행동을 하며 많은 경험을 해보는 것이 필수입니다. 예를 들어, 다음 그림과 같은 상황을 생각해보겠습니다.

그림 1-18. 탐험의 필요성을 설명하기 위한 상황

위 그림에서 에이전트는 위, 아래, 왼쪽, 오른쪽으로 이동하는 4개의 행동을 취할 수 있습니다. 처음에는 에이전트가 어느 방향으로 이동했을 때 얼마만큼의 보상을 받는지 알지 못합니다. 만약 에이전트가 한 번 아래쪽으로 이동하여 +1의 보상을 받았다고 가정해보겠습니다.

에이전트가 그림 1-18과 같은 상황에서 다른 방향으로 이동하면 어떤 보상을 받는지 알지 못하지만, 아래로 이동하면 +1의 보상을 받는다는 것을 학습했기 때문에 다시 그림 1-18의 상황이 되면 +1의 보상을 받기 위해 아래로 이동할 것입니다. 하지만 이는 좋은 선택이라고 할 수 없습니다. 다른 방향으로 이동하면 더 좋은 보상을 받을 수 있기 때문입니다. 심지어 위쪽으로 이동하면 +50의 보상을 얻을 수 있습니다. 즉 에이전트가 그림 1-18과 같은 상황에서 위, 아래, 왼쪽, 오른쪽 모두를 가봐야 어떤 방향으로 이동하는 것이 가장 좋은지 알 수 있습니다.

이렇게 에이전트는 다양한 경험을 통한 학습을 거쳐 가장 최적의 정책을 학습할 수 있게 됩니다. 이렇게 에이전트가 다양한 경험을 할 수 있도록 에이전트의 행동을 결정하는 기법을 탐험(exploration)이라고 합니다. 탐험의 가장 기본적인 방법의 하나는 무작위 탐색 방법(random exploration)입니다. 같은 확률로 에이전트가 취할 수 있는 행동 중 하나를 임의로 선택하는 단순한 기법으로 에이전트가 좀 더 다양한 경험을 할 수 있도록 유도합니다.

하지만 에이전트가 너무 다양한 경험만을 추구하는 것도 좋지 않습니다. 예를 들어 엄청나게 다양한 상태와 행동이 존재하는 환경에서 에이전트가 모든 경험을 다 해보려면 너무 많은 시간이 필요할 것입니다. 이에 따라 어느 정도는 에이전트가 학습된 대로 행동하는 것도 필요합니다. 이렇게 학습된 결과에 따라 에이전트의 행동을 결정하는 기법을 이용(exploitation)이라고 합니다. 이용의 기본적인 방법 중 하나는 탐욕적 방법(greedy method)입니다. 탐욕적 방법은 주어진 시점에 에이전트가 가장 큰 보상을 줄 것이라고 기대하는 행동만을 선택하는 것입니다.

예를 들자면 상하좌우 네 방향의 큐 함숫값을 알고 있을 때, 가장 큰 큐 함숫값을 가지는 행동을 선택하는 것입니다. 이를 통해 해당 시점까지 학습된 큐 함숫값을 이용하여 에이전트가 행동할 수 있도록 합니다.

최적의 정책을 찾기 위해서는 탐험과 이용이 적절한 밸런스를 잘 맞춰서 수행돼야 합니다. 이를 위해 제안된 기법이 바로 ε-greedy라는 기법입니다. 이 방법은 학습 초기에는 탐색을 수행할 확률을 높게 설정하고, 학습이 진행될수록 이용을 수행하는 확률을 늘려가는 방식입니다. 이때 각 기법을 선택할 확률을 결정하는 값이 ε(엡실론) 값입니다. 이 ε은 무작위 행동(random action)을 취할 확률을 의미합니다. 이에 따라 $1-\varepsilon$은 가장 높은 큐 함숫값을 가지는 행동을 취하도록 하는 탐욕적인(greedy) 행동을 수행할 확률을 의미합니다. 이 ε 값에 따라 어떤 행동을 취할지 결정하는 예시는 그림 1-19와 같습니다.

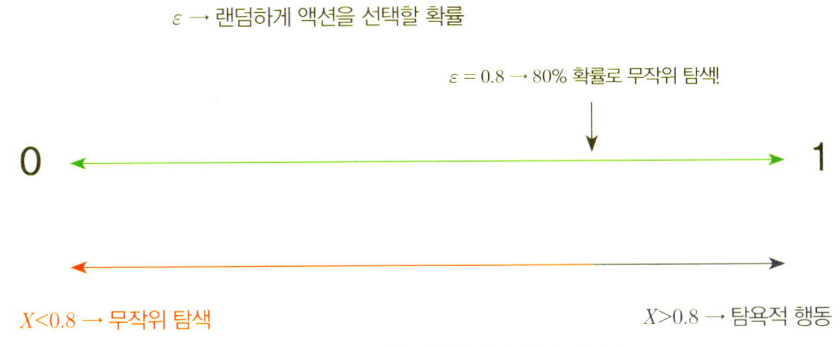

그림 1-19. ε 값을 이용한 행동 결정 예시

위 예에서는 ε 값을 0.8로 설정했습니다. 즉 80% 확률로 무작위 탐색을 수행한다는 의미입니다. 이제 0에서 1 사이의 무작위 값 (X)를 하나 생성합니다. 이 값이 0.8 보다 작은 경우 무작위 탐색을 수행하며, 이 값이 0.8보다 큰 경우 탐욕적 행동을 수행하게 됩니다.

일반적으로 ε-greedy 기법이 어떻게 사용되는지 알아보겠습니다. 일반적으로 ε-greedy 기법을 사용할 때는 그림 1-20과 같이 ε의 값을 1부터 시작하여 조금씩 감소시켜줍니다.

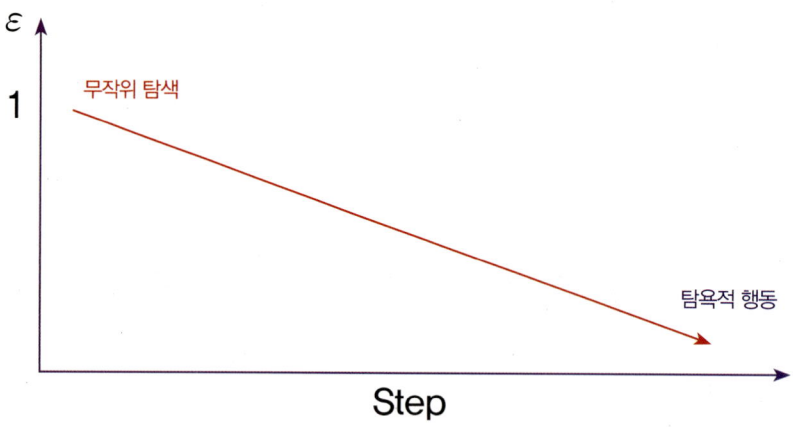

그림 1-20. ε값의 감소 예시

학습 초반에는 ε의 값을 1로 설정합니다. 따라서 에이전트는 100% 무작위 탐색을 수행합니다. 그리고 학습이 진행됨에 따라 조금씩 ε의 값을 줄여나갑니다. 이에 따라 무작위 탐색을 수행할 확률은 조금씩 줄어들고 탐욕적 행동을 수행할 확률이 조금씩 늘어나게 됩니다. 그리고 학습의 마지막 단계가 되면 ε의 값을 점점 줄여나가다가 일정 값(일반적으로 0.1)으로 고정해 학습을 수행합니다. 마지막으로 학습을 마무리하고 학습된 성능을 테스트할 때는 ε의 값을 0으로 하여 완전히 학습된 대로 에이전트가 행동하도록 설정합니다.

지금까지 강화학습의 개요를 모두 살펴봤습니다. 이번 장에서는 강화학습이 무엇인지, 강화학습이 최근에 어떤 성과를 냈는지, 강화학습에서 자주 쓰는 용어들은 무엇인지, 강화학습의 기초가 되는 이론에는 어떤 것들이 있는지 설명했습니다. 이런 강화학습의 기초 내용들을 기반으로 앞으로 이 책에서 다룰 대표적인 심층강화학습 알고리즘들의 이론을 설명할 것입니다.

02

유니티와 ML-Agents 살펴보기

내용 요약

- 유니티와 ML-Agents에 대해 알아본다.
- 유니티를 설치하고 유니티의 화면 구성 및 조작 방법을 알아본다.
- ML-Agents를 설치하고 구성 요소를 살펴본다.
- 빌드된 ML-Agents 환경을 ML-Agents에서 제공하는 강화학습 알고리즘을 사용하여 학습한다.
- 빌드된 ML-Agents 환경을 파이썬 코드를 사용하여 랜덤하게 제어한다.

목차

2.1 유니티와 ML-Agents
2.2 유니티 설치 및 기초 조작법
2.3 ML-Agents 설치
2.4 ML-Agents의 구성 요소
2.5 mlagents-learn을 이용해 ML-Agents 사용하기
2.6 Python-API를 이용해 ML-Agents 사용하기

2.1 유니티와 ML-Agents

이번 절에서는 유니티와 유니티에서 제공하는 ML-Agents(유니티 ML-Agents, Unity Machine Learning Agents)가 무엇이며, 어떤 기능들을 제공하는지 알아보겠습니다.

2.1.1 유니티

유니티(Unity)는 2D/3D 게임을 개발하기 위한 환경을 제공하는 게임 엔진으로 최근에는 게임 제작뿐 아니라 자동차, 영화, 애니메이션, 건축, 공학, 인공지능 등 다양한 분야를 위한 솔루션을 제공하고 있습니다. 유니티는 전 세계 게임 엔진 시장의 절반 정도를 차지하고 있으며, 등록된 개발자의 수가 500만 명이 넘을 정도로 인기 있는 게임 엔진입니다. 유니티에서는 게임 개발을 위한 스크립트 언어로 C#과 자바스크립트를 지원합니다. 이 책에서는 C#을 이용해 스크립트를 작성할 것입니다. 유니티는 게임을 편하게 만들 수 있도록 제공된 게임 엔진이므로 유니티를 이용하면 초보 개발자들도 비교적 손쉽게 게임을 제작할 수 있습니다. 또한 최근에는 게임의 그래픽 및 물리적 요소들이 발전하면서 유니티를 통해서 실제적인 시뮬레이터를 개발하는 것도 가능합니다. 다음 그림에 있는 환경들 모두 유니티를 이용해 개발된 환경들입니다.

그림 2-1. 유니티를 이용해 개발된 환경들

이어서 유니티와 관련된 요소 중에서 독자분들께 도움이 될만한 "에셋스토어(Asset store)"와 유니티에서 제공하는 "유니티 학습"을 살펴보고, 본격적인 내용을 진행해보겠습니다.

에셋스토어(Asset Store)

유니티 에셋스토어는 다양한 개발자들이 제공하는 유료 및 무료 에셋들을 불러오고 사용할 수 있는 페이지입니다. 여기서 에셋이란 어떤 물체의 질감을 나타내는 텍스처, 게임을 구성하는 요소들인 2D/3D 모델, 모델들에게 움직임을 부여해주는 애니메이션 등을 의미합니다. 일반적으로 개인 및 소수의 개발자가 게임을 만들 때는 캐릭터 디자인 및 모델링, 애니메이션 제작, 음향 제작, 프로그래밍 등을 모두 혼자 진행하기는 매우 어렵습니다. 이때 이 에셋스토어에서 필요한 에셋을 구매하고 내려받은 뒤에 이를 이용해 게임을 개발하면 훨씬 수월하게 게임을 제작할 수 있습니다.

에셋스토어(https://assetstore.unity.com/)에 접속하면 다양한 에셋을 카테고리 별로 살펴볼 수 있습니다.

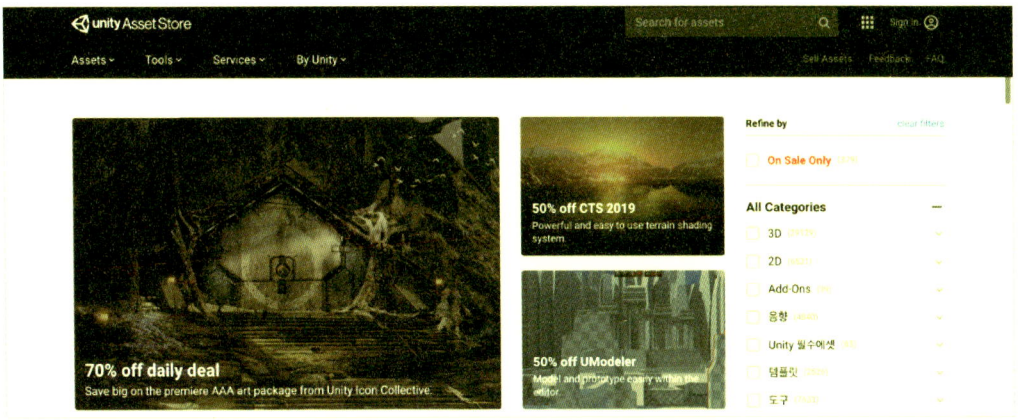

그림 2-2. 유니티 에셋스토어 메인 페이지

다음과 같이 퀄리티가 높은 가구, 자연, 건물, 괴물 등의 모델을 확인할 수 있습니다. 에셋스토어의 모델을 활용하면 직접 캐릭터나 주변 환경을 제작할 필요 없이 멋진 게임을 편하게 개발할 수 있습니다.

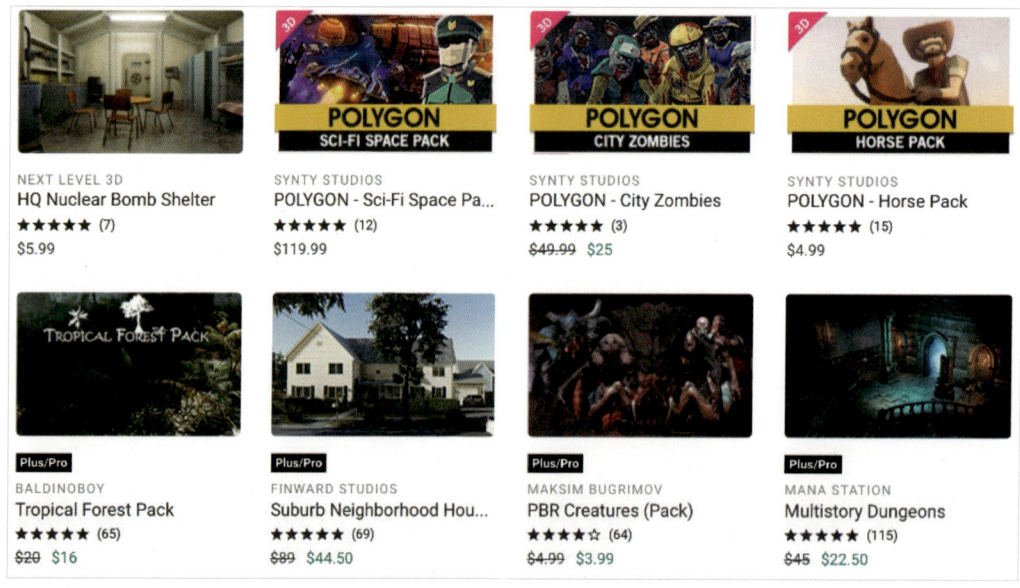

그림 2-3. 에셋스토어에서 받을 수 있는 모델의 예

유니티 학습

유니티는 처음 유니티를 접하는 개발자들을 위해 자체적으로 학습 프로그램을 제공하고 있습니다. 유니티 홈페이지[1]에서 [학습] – [Unity 학습]을 선택하면 학습 프로그램으로 이동할 수 있습니다.

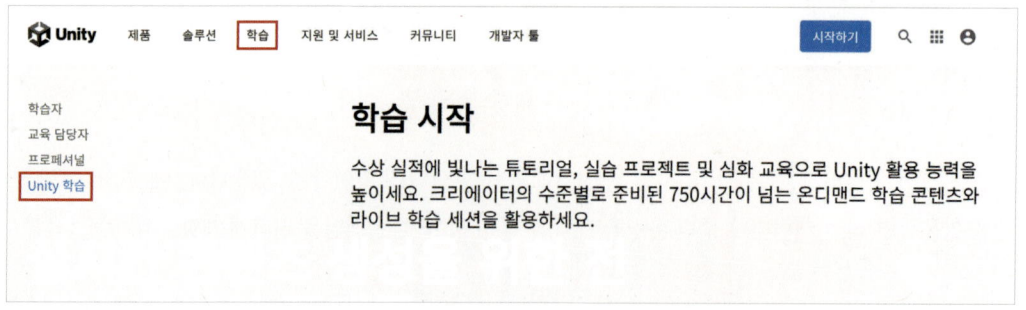

그림 2-4. 유니티 홈페이지에서 [학습] – [Unity 학습] 선택하기

유니티 학습 페이지에는 유니티를 이용해 게임을 제작하는 방법을 처음부터 끝까지 자세하게 영상으로 배울 수 있는 여러 프로젝트가 있습니다.

---

[1] https://unity.com/kr

그림 2-5. 유니티 학습 페이지

ML-Agents를 사용하려면 유니티 사용법 및 기본적인 게임 제작법을 어느 정도 숙지해야 합니다. 물론 이 책에서도 ML-Agents를 사용하기 위한 기본적인 게임 제작법과 유니티 사용법을 다루지만, 유니티에 대해서 더 자세히 알고 싶다면 유니티 학습 페이지에 있는 튜토리얼을 살펴보는 것을 추천합니다.

2.1.2 ML-Agents

ML-Agents는 유니티를 이용한 인공지능 에이전트의 학습을 지원하는 도구로, 기본적으로는 강화학습 에이전트를 학습하기 위한 다양한 기능을 제공합니다.

ML-Agents가 필요한 이유

우선 어떤 이유로 강화학습에 ML-Agents가 필요한지 살펴보겠습니다. 강화학습의 특성상 학습 및 검증을 위해 주로 실제 환경이 아닌 시뮬레이션 환경을 이용합니다. 앞서 1장에서 살펴본 것처럼 강화학습의 경우 에이전트가 다양한 경험을 수행하면서 학습을 진행합니다. 다양한 경험을 하려면 기본적으로 학습 시간이 오래 걸리는데, 시뮬레이션을 사용하면 학습 시간을 크게 단축시킬 수 있습니다. 예를 들어, 실제 로봇을 사용해 학습을 진행하는 경우 관절 등을 움직이는 데 있어 가동 가능한 속도가 제한되어 있습니다. 따라서 실제 환경에서 다양한 경험을 수행하려면 굉장히 오랜 시간이 필요합니다. 이에 반해 시뮬레이션에서는 구동 시간에 제한이 없기 때문에 굉장히 빠른 속도로 다양한 데이터를 축적할 수 있습니다.

또한 다양한 경험에는 좋은 경험만이 아니라 나쁜 경험도 포함됩니다. 이에 따라 실패가 발생하면 안 되는 문제에는 강화학습을 적용하기가 어렵습니다. 예를 들어 자율주행차량을 학습하는 경우를 생각해 보겠습니다. 이런 경우 좋지 않은 상황, 예를 들어 충돌 등이 발생하면 재산 뿐만 아니라 인명 피해까지도 발생할 수 있습니다. 하지만 시뮬레이션에서는 아무리 나쁜 상황이 일어나도 문제가 없습니다. 이와 같은 이유들로 강화학습은 주로 시뮬레이션을 이용해 학습 및 검증을 수행합니다.

감사하게도 많은 회사와 개발자들이 강화학습을 위한 다양한 환경을 공개했습니다. 공개된 환경으로는 강화학습을 공부하거나 연구하는 사람들이 많이 사용하는 간단한 게임 환경 및 물리 모델 환경을 가지는 OpenAI의 GYM 환경, Atari 환경, MuJoCo 환경이 있습니다. 또한 GTA5, 슈퍼마리오, 마인크래프트 환경인 Malmo 환경과 같은 유명한 게임 환경들도 공개돼 있습니다.

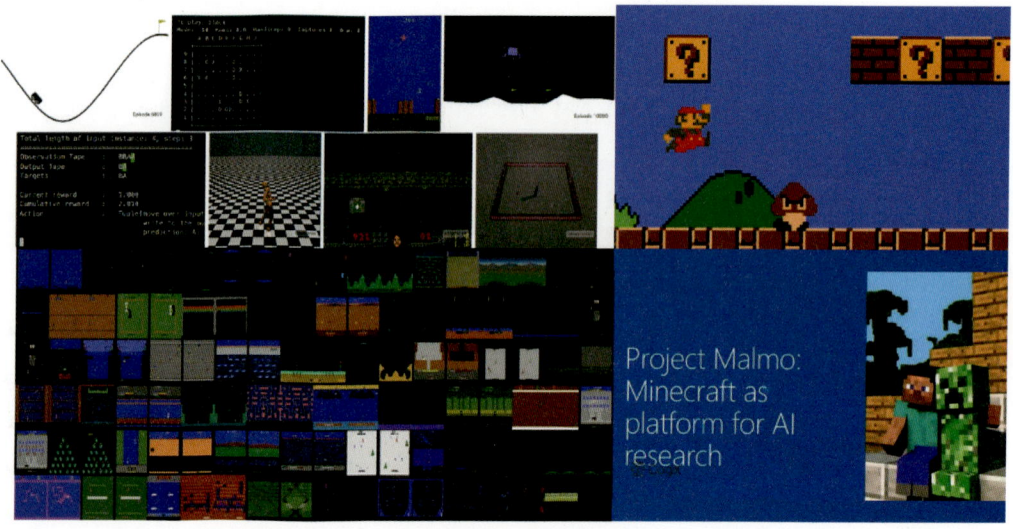

그림 2-6. 공개된 강화학습 환경(GYM, Super Mario, Atari, Malmo)

하지만 이렇게 공개된 환경을 이용하는 경우 몇 가지 단점이 있습니다. 우선, 환경을 수정하기가 쉽지 않습니다. 이미 다른 개발자가 모두 개발을 완료해 빌드까지 된 환경을 임의로 수정하는 것은 매우 어렵습니다. 예를 들어 바가 공을 튕겨서 블록을 깨는 블록 깨기 게임이라면 공의 속도나 바의 길이 등을 조절하고 싶어도 그렇게 하기 어렵다는 것입니다. 다음으로 환경마다 사용법이 다를 수 있어서 각 환경을 사용할 때마다 설치 및 환경 설정 등을 진행해야 할 수 있습니다. 마지막으로 드론 환경, 자율주행 환경 등과 같은 특정한 환경에 강화학습을 적용하고 싶은데, 그런 환경 자체가 없는 경우를 생각할 수 있습니다. 이럴 때는 아예 환경을 처음부터 개발하거나 다른 개발자가 정확하게 내가 원하는 환경을 개발해줄 때까지 기다려야 하는데 두 가지 모두 쉽지 않습니다.

만약 개발자가 간단하게 직접 환경을 개발할 수 있다면 이런 문제들이 해결될 수 있으므로 강화학습 연구 및 적용에 많은 도움이 될 수 있습니다. 또한 최근 강화학습은 게임을 넘어 에너지, 로봇, 금융, 드론, 자율주행차 등 다양한 분야에 적용해보려는 시도가 있습니다. 이처럼 다양한 분야에서 강화학습을 적용하려면 다양한 환경이 필요합니다. 이런 환경은 공개된 환경이 많지 않기 때문에 환경을 직접 개발하는 것에 대한 필요성이 늘고 있습니다.

이전 절에서 설명한 것처럼 유니티를 이용하면 게임 및 시뮬레이션과 같은 다양한 환경을 훨씬 수월하게 개발할 수 있습니다. 그리고 ML-Agents는 유니티로 개발한 환경을 강화학습을 위한 환경으로 만들 수 있게 도와주는 도구입니다.

ML-Agents의 역할

이제 ML-Agents가 어떤 역할을 하는지 조금 더 구체적으로 살펴보겠습니다.

이전 장에서 강화학습은 다음 과정을 거치면서 학습을 진행한다고 했습니다.

1. **에이전트**가 환경 내에서 **행동**을 취하고, **환경**은 해당 행동에 따라 변화한 **상태**와 발생한 **보상**을 다시 에이전트에게 전달합니다.
2. **에이전트**는 이 정보들을 통해 학습을 진행하고 다시 새로운 상태에 대한 행동을 결정합니다.
3. 그리고 **환경**은 다시 해당 행동에 대해 에이전트에게 상태와 보상을 전달합니다.

앞으로 설명할 ML-Agents의 역할을 그림으로 나타내 보면 다음과 같습니다.

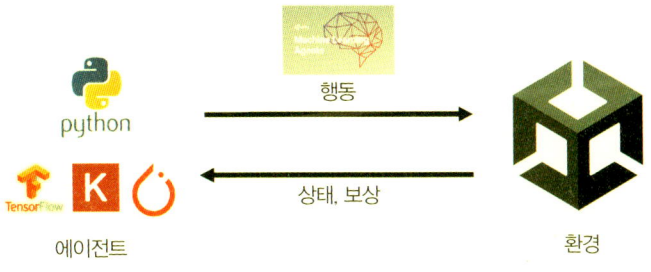

그림 2-7. ML-Agents의 역할

에이전트의 행동을 결정하고, 정보들을 이용해 학습을 수행하는 것은 강화학습 알고리즘입니다. 최근에는 딥러닝의 발전으로 인해 딥러닝과 강화학습을 결합한 심층강화학습 알고리즘이 주로 사용됩니다. 심층강화학습 알고리즘을 구현하려면 우선 인공신경망을 구현해야 하는데, 인공신경망을 이용하는 알고리즘은 주로 파이썬 언어를 이용해 코드를 구현합니다. 인공신경망의 구현을 위해 다양한 함수를 제공하는 텐서플로우, 케라스, 파이토치 등의 딥러닝 관련 라이브러리가 파이썬을 지원하기 때문입니다.

환경의 경우 앞서 이야기한 것처럼 유니티를 이용하면 비교적 쉽게 구현할 수 있는데, 유니티는 주로 C#을 이용해 코드를 구현합니다.

이런 경우 강화학습 알고리즘과 환경은 서로 다른 프로그래밍 언어로 구현된 독립적인 프로그램이며, 프로그램들 간에 행동, 상태, 보상 등의 정보를 주고받을 수 있는 통신이 필요합니다.

환경과 알고리즘에 몇 가지 설정을 통해 이런 정보들을 주고받을 수 있도록 지원하는 것이 바로 ML-Agents입니다. 일반적인 통신을 사용할 때는 두 프로그램 간의 싱크가 맞지 않거나, 통신이 불안정하거나, 강화학습을 위한 설정에 많은 코드를 작성하고 노력을 들여야 하는 등의 문제들이 있습니다. 반면 ML-Agents를 이용하면 프로그램 간의 싱크도 잘 맞고, 안정적인 통신을 수행할 수 있으며, 몇 가지 간단한 설정만으로 유니티로 제작한 환경을 강화학습 환경으로 만들 수 있습니다.

ML-Agents의 특징

그밖에 유니티 ML-Agents 공식페이지에서 설명하는 ML-Agents의 특성은 다음과 같습니다.

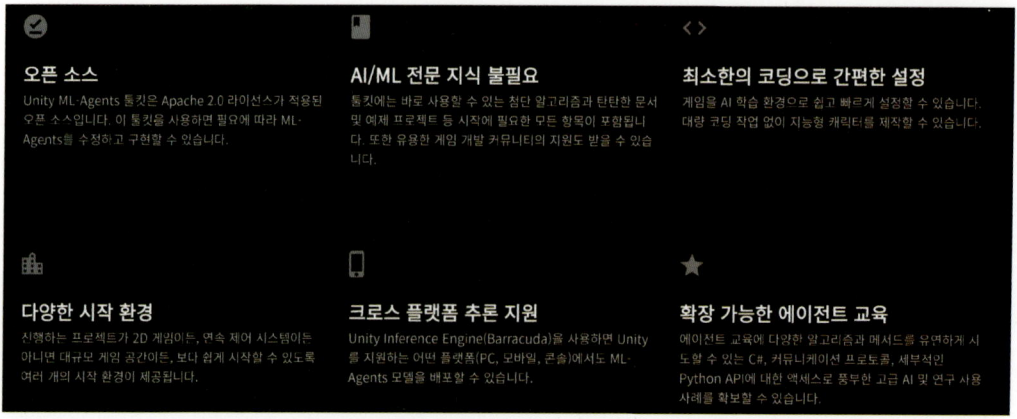

그림 2-8. 유니티 머신러닝 공식 페이지에서 설명하는 ML-Agents의 특성

- ML-Agents는 **오픈소스**입니다. 깃허브에서 코드를 내려 받아 쉽게 적용할 수 있으며, 사용자가 원하는 대로 코드를 편집, 수정하여 사용할 수 있습니다.

- 인공지능이나 강화학습에 대한 **사전지식이 없어도** ML-Agents에서 제공하는 강화학습 알고리즘을 사용해서 인공지능 에이전트에 대한 학습을 수행할 수 있습니다. 하지만 기본적으로 강화학습 알고리즘을 학습시키는 도구가 ML-Agents이므로 인공지능이나 강화학습에 대한 기본적인 지식이 있으면 더 수월하게 사용할 수 있습니다.

- 많은 코드를 작성하지 않고 **몇 가지 설정들과 코딩**으로 유니티로 제작한 환경을 강화학습을 위한 환경으로 만들 수 있습니다.

- **다양한 종류의 환경을 제작**할 수 있습니다. 2D, 3D 게임부터 여러 에이전트를 동시에 학습하는 멀티 에이전트, 점점 난이도를 올려가며 학습하는 커리큘럼 학습, 사람의 데이터를 따라하도록 학습하는 모방학습 등 다양한 종류의 환경을 만들 수 있습니다.

- **크로스 플랫폼 추론을 지원**합니다. ML-Agents에서 제공한 알고리즘을 통해 에이전트를 학습하는 경우 유니티에서 빌드를 지원하는 모든 플랫폼에 인공지능 에이전트를 적용할 수 있습니다. 유니티는 일반적인 PC 플랫폼인 윈도우, macOS, 리눅스 뿐만 아니라 모바일 플랫폼, 콘솔 등의 플랫폼으로도 빌드가 가능합니다.

- **에이전트의 교육을 확장**할 수 있습니다. ML-Agents를 통해 제공되는 C#, 파이썬, 커뮤니케이션 프로토콜 등을 수정할 수 있으므로 이를 통해 더욱 발전된 형태의 환경과 인공지능 알고리즘을 구성하고 학습을 수행할 수 있습니다.

또한 ML-Agents는 다음과 같이 다양한 환경들을 기본적인 예제 환경으로 제공합니다.

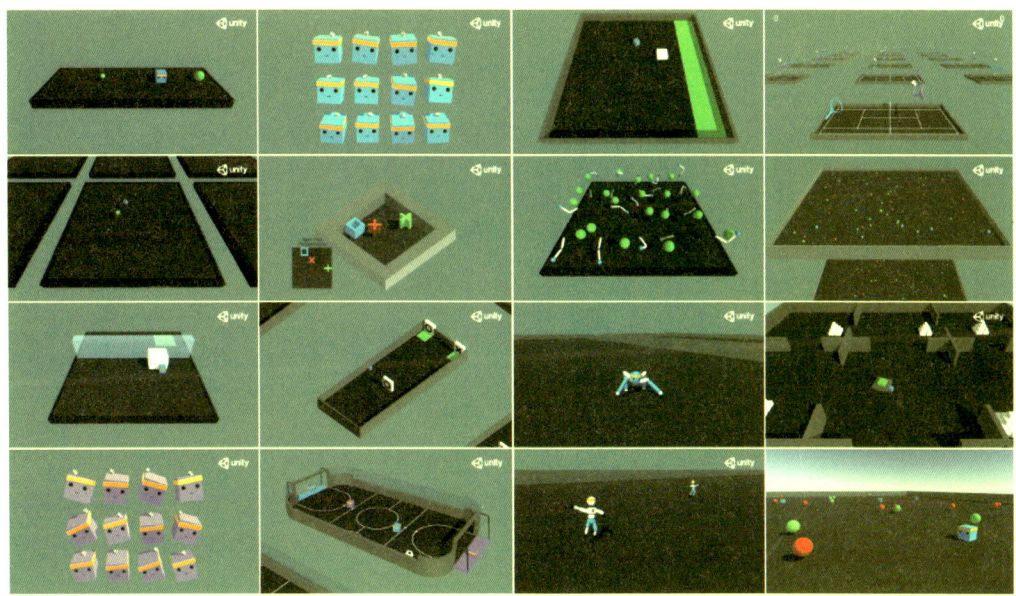

그림 2-9. ML-Agents에서 제공하는 다양한 예제 환경들

ML-Agents의 사용 방법

ML-Agents를 사용하는 방법은 다음과 같습니다.

1. 먼저 유니티를 이용해 강화학습 환경을 제작합니다.
2. 제작된 환경에 ML-Agents를 적용하고 강화학습을 위한 설정을 진행합니다.
3. 강화학습 알고리즘을 통해 학습을 진행하는 데, 학습에는 두 가지 방법이 있습니다.
   A. 첫 번째는 직접 강화학습 코드를 구현하여 에이전트의 학습을 진행하는 방식입니다.
   B. 두 번째는 ML-Agents에서 지원하는 강화학습 알고리즘을 사용하여 에이전트의 학습을 진행하는 방식입니다.

다음은 ML-Agents에서 지원하는 알고리즘을 적용했을 때의 과정입니다.

4. ML-Agents에서 지원하는 알고리즘을 사용하여 학습이 완료되면 확장자가 .onnx인 파일이 생성됩니다. 이 파일은 학습이 완료된 딥러닝 네트워크를 저장하고 있습니다.
5. 이 파일을 다시 유니티 환경으로 임베딩하고 유니티를 통해 환경을 빌드하면 학습이 완료된 에이전트가 탑재된 환경을 독립적인 응용 프로그램으로 생성할 수 있습니다.

지금까지 ML-Agents가 무엇인지, 왜 ML-Agnets를 사용해야 하고, 어떤 역할을 수행하는지, 어떤 특성을 가지는지, 어떻게 사용하는지를 살펴봤습니다. 이어서 다음 절에서는 유니티를 설치하고 조작하는 방법을 알아보겠습니다.

2.2 유니티 설치 및 기초 조작법

이번 절에서는 유니티를 설치하고, 유니티 프로젝트를 생성하는 방법을 살펴본 다음 프로젝트의 화면 구성과 각 화면의 역할, 유니티의 기초 조작 방법을 알아보겠습니다.

2.2.1 유니티 허브 다운로드 및 설치

먼저 유니티 허브(Unity Hub)와 유니티의 설치를 진행하겠습니다. 유니티 허브는 유니티의 프로젝트 및 다양한 버전의 유니티를 설치, 관리할 수 있는 프로그램입니다. 유니티 홈페이지(https://unity.com/kr)로 이동한 다음 [시작하기] 버튼을 클릭합니다.

그림 2-10. 유니티 홈페이지에서 [시작하기] 버튼 클릭

[시작하기] 버튼을 클릭하면 유니티 플랜 및 가격을 확인할 수 있습니다. 이 책에서는 개인이 학습을 목적으로 사용하므로 [개인] 탭의 Personal 아래에 있는 [시작하기] 버튼을 클릭합니다.

그림 2-11. 플랜 및 가격 옵션 결정

이어서 유니티 허브를 내려받습니다. 윈도우 환경이라면 [Download for Windows] 버튼을 클릭하고, 윈도우 환경이 아니라면 [Download other versions]를 선택한 다음 운영체제에 맞는 파일을 내려받습니다. (이 책은 윈도우 환경을 기준으로 설명하겠습니다).

그림 2-12. 윈도우를 위한 유니티 허브 설치 파일 내려받기

내려받은 파일을 실행해 설치를 진행하고, 설치가 끝나면 유니티 허브를 실행합니다. 다음과 같은 화면이 나오면 [로그인] 버튼을 클릭한 다음 유니티 계정을 이용해 로그인합니다. 계정이 없다면 [계정 생성] 링크를 클릭해 계정을 생성한 다음 로그인을 진행합니다.

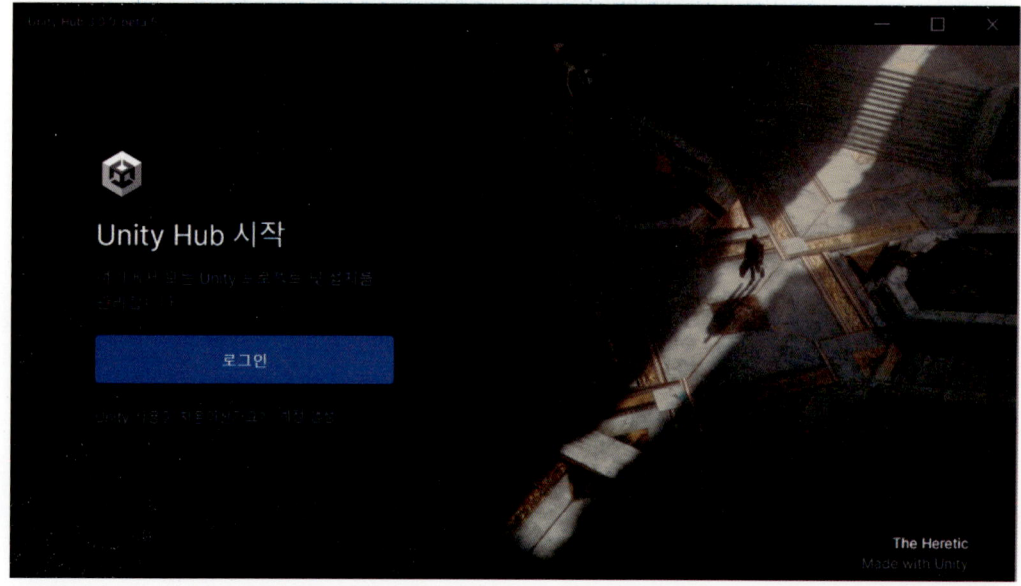

그림 2-13. 유니티 허브 실행 화면

> 유니티 허브를 설치하고 실행하는 과정은 유니티 홈페이지나 유니티 허브 버전이 변경됨에 따라 조금씩 바뀔 수 있지만, 전체적인 과정은 크게 다르지 않습니다.

2.2.2 유니티 라이선스 활성화

유니티 허브를 처음 실행하면 활성 라이선스가 없다는 알림을 확인할 수 있습니다. [라이선스 관리] 버튼을 클릭해 라이선스 관리 창으로 이동합니다.

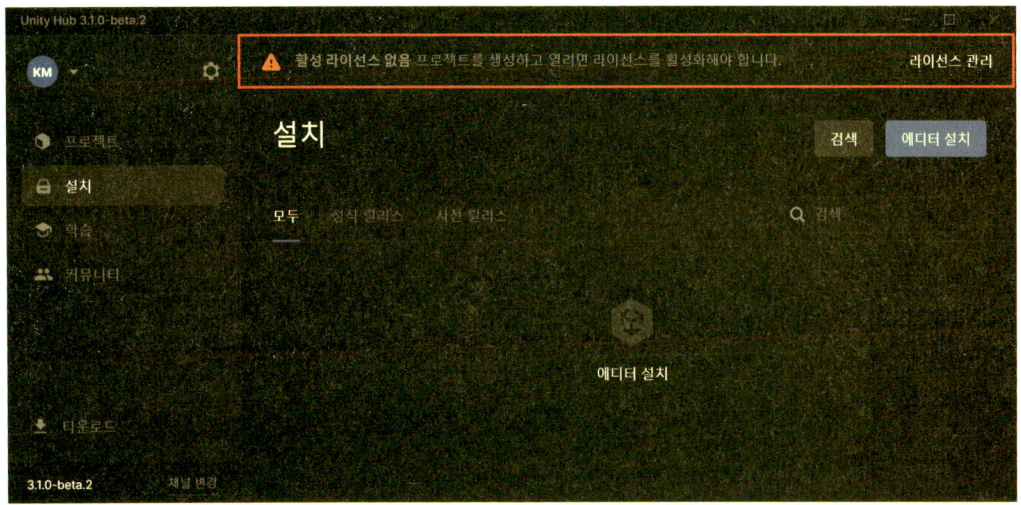

그림 2-14. 활성 라이선스가 없는 경우 나오는 알림창

환경 설정 창이 나오면 [라이선스 추가] 버튼을 클릭합니다.

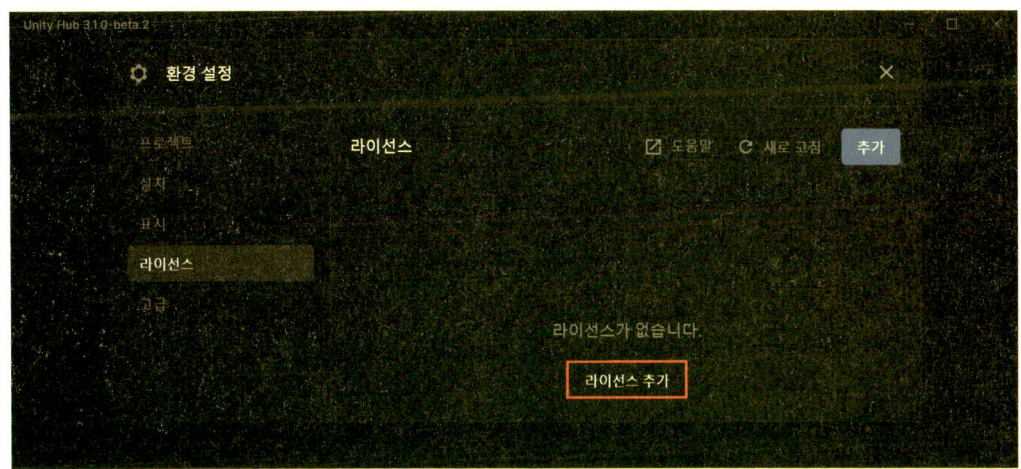

그림 2-15. [라이선스 추가] 버튼 클릭

새 라이선스 추가 창이 나오고 라이선스를 활성화 할 수 있는 다양한 방법을 확인할 수 있습니다. 이 책에서는 학습을 위한 무료 라이선스를 사용하고 있으므로 [무료 Personal 라이선스 받기]를 클릭합니다.

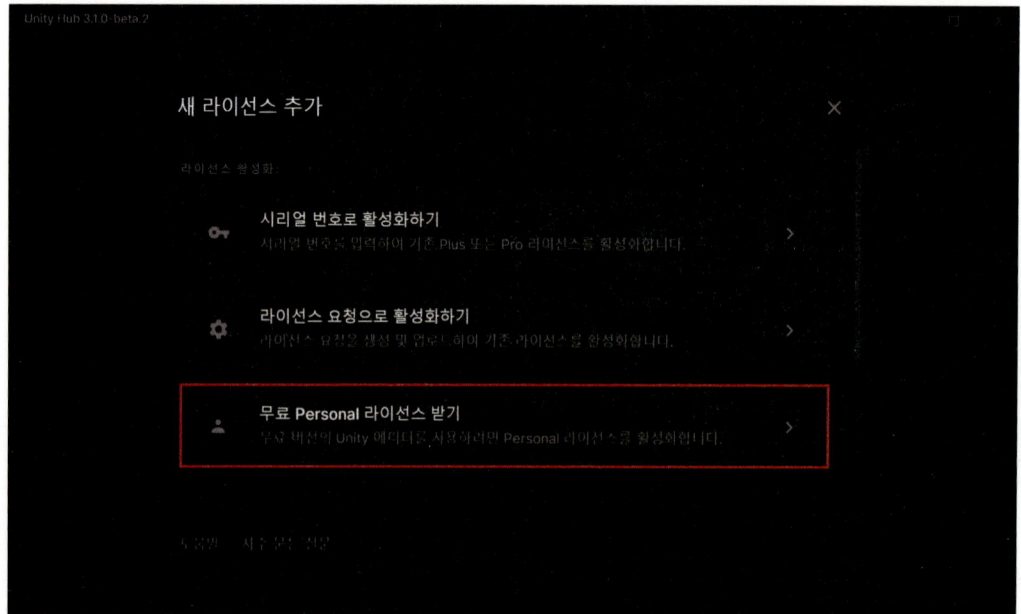

그림 2-16. [무료 Personal 라이선스 받기] 버튼 클릭

Personal 라이선스 받기 창이 나오면 [동의하고 Personal 라이선스 받기] 버튼을 클릭합니다.

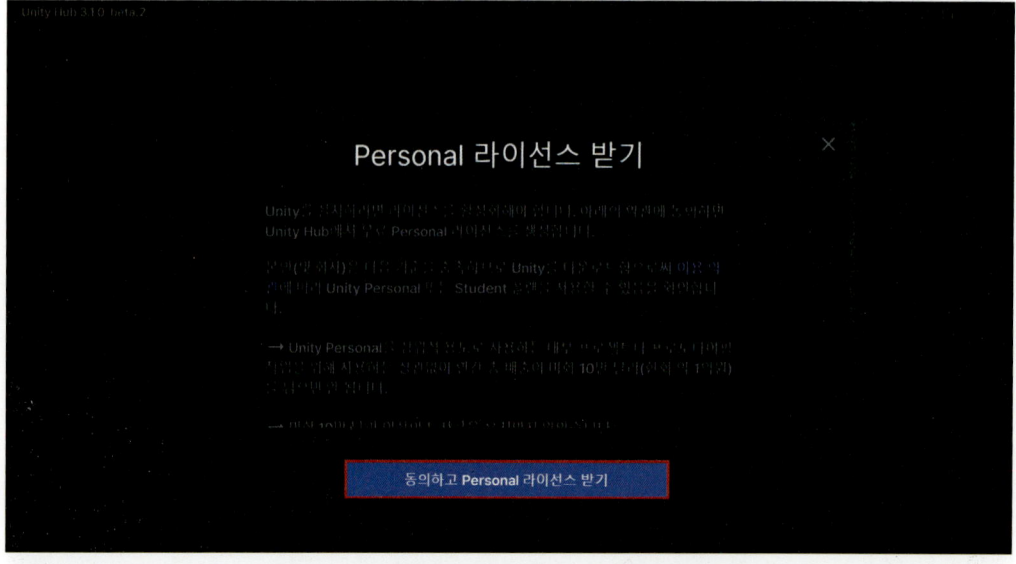

그림 2-17. [동의하고 Personal 라이선스 받기] 버튼 클릭

여기까지의 내용을 진행하면 다음과 같이 Personal 라이선스가 활성화 된 것을 확인할 수 있습니다.

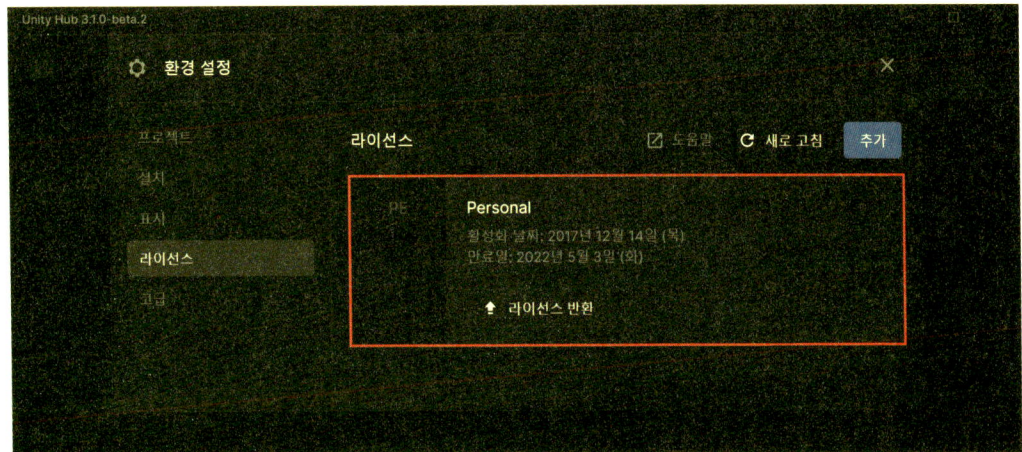

그림 2-18. 활성화 된 Personal 라이선스

2.2.3 유니티 에디터 설치

이제 유니티를 설치하겠습니다. 환경 설정 창을 닫고 유니티 허브 화면으로 돌아온 뒤 왼쪽 메뉴에서 [설치]를 클릭합니다.

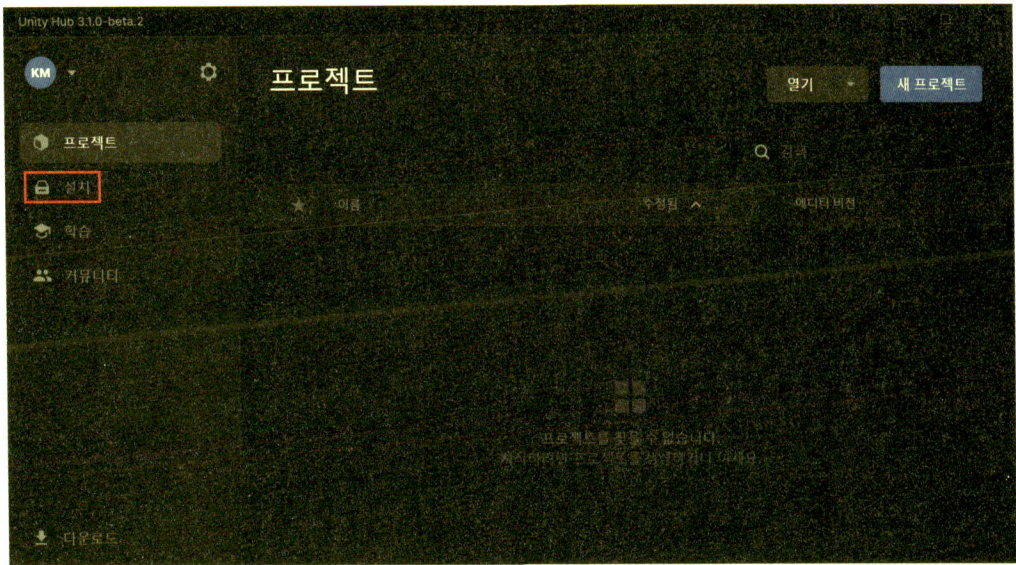

그림 2-19. [설치] 메뉴 클릭

화면 가운데 또는 오른쪽 상단에 있는 [에디터 설치] 버튼을 클릭합니다.

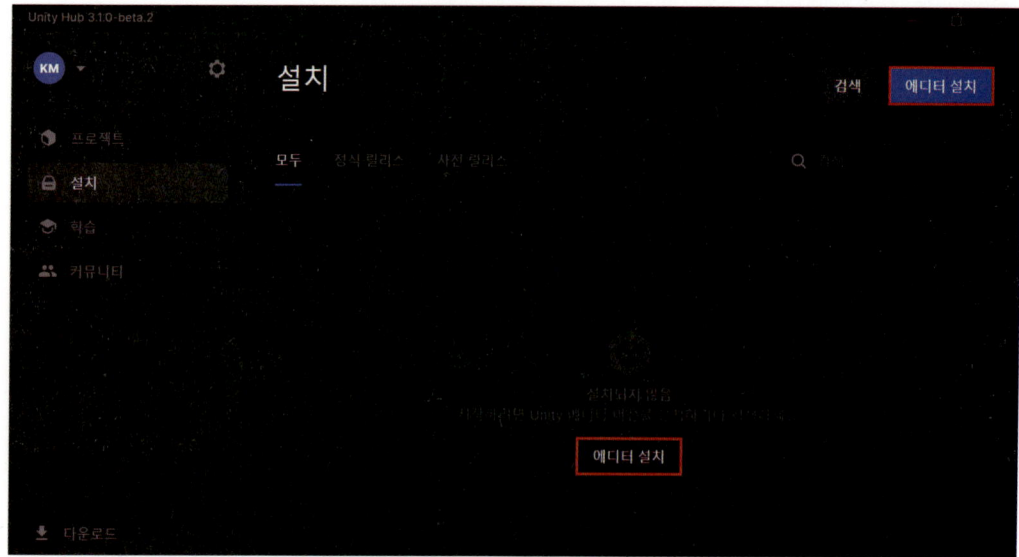

그림 2-20. [에디터 설치] 버튼 클릭

이 책에서는 유니티 에디터 2021 버전을 사용합니다. 다음과 같이 [정식 릴리스] 탭에서 2021 버전 오른쪽에 있는 [설치] 버튼을 클릭합니다.

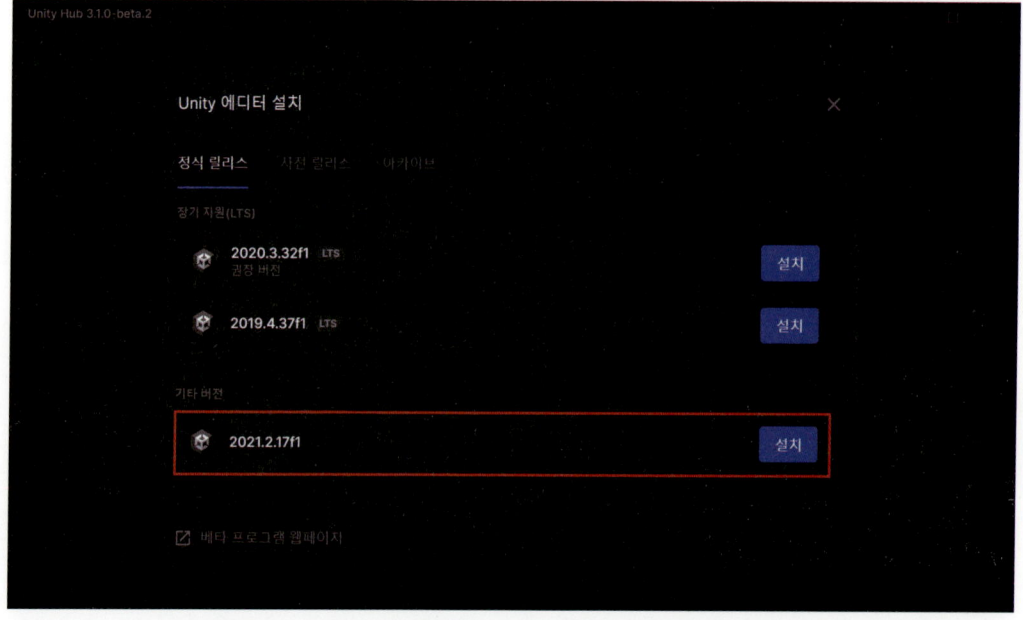

그림 2-21. [정식 릴리스] 탭에서 2021 버전 오른쪽에 있는 [설치] 버튼 클릭

유니티 2021.1 버전을 내려받고 싶다면?

출간일(2022년 5월)을 기준으로 유니티 허브에서 기본적으로 지원하는 유니티 버전은 2021.3 버전입니다. 하지만 이 책에서는 2021.1.18 버전을 이용해 환경을 제작했습니다. 두 버전은 차이가 거의 없기 때문에 2021.3 버전으로 실습하더라도 큰 문제는 없습니다. 그래도 이 책과 동일한 환경에서 실습하고 싶다면 다음 방법을 이용해 2021.1.18 버전을 내려받아 주세요.

유니티 허브 메뉴에서 [설치]를 클릭한 다음 [에디터 설치] 버튼을 클릭해 유니티 에디터 설치 창을 엽니다. [아카이브] 탭에서 [아카이브 다운로드] 링크를 클릭해 유니티 다운로드 아카이브 페이지로 이동합니다.

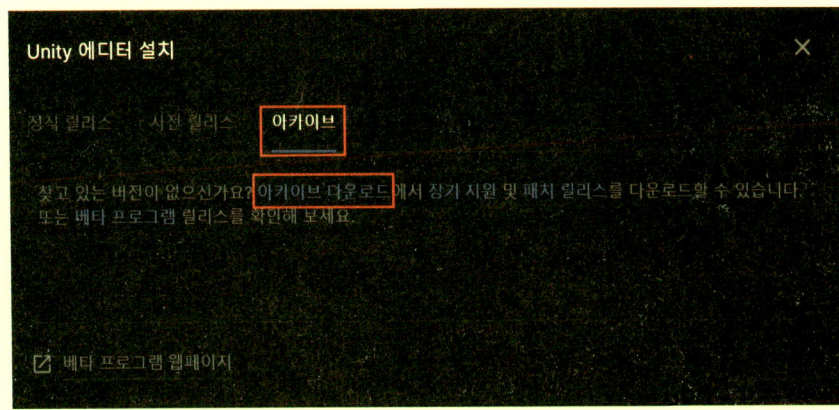

그림 2-22. [아카이브 다운로드] 링크 클릭

유니티 다운로드 아카이브 페이지에서는 그동안 유니티에서 제공한 모든 버전의 유니티 에디터를 내려받을 수 있습니다. 원하는 버전 오른쪽에 있는 [Unity Hub] 버튼을 클릭합니다.

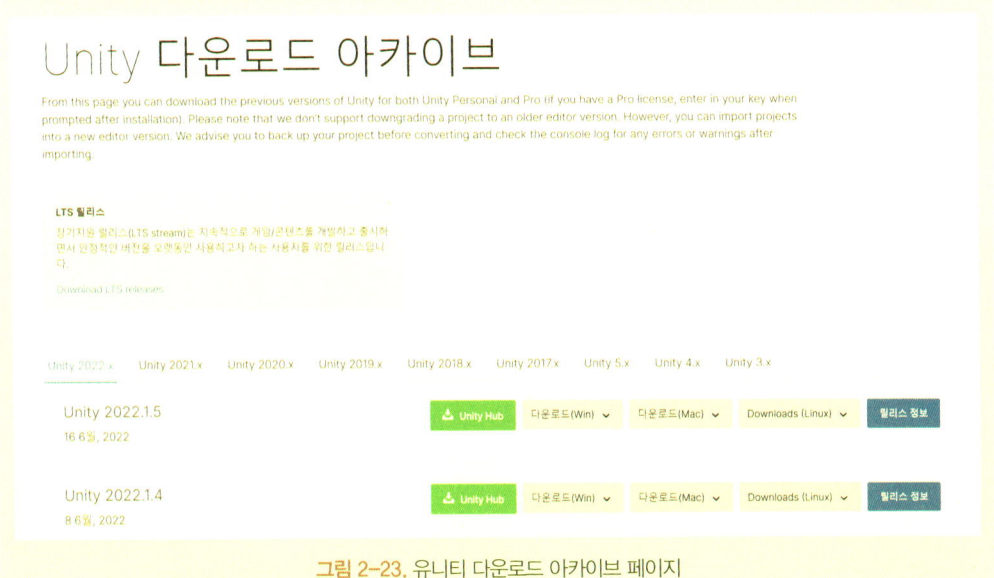

그림 2-23. 유니티 다운로드 아카이브 페이지

다음 단계에서는 유니티에 다양한 모듈을 추가할 수 있습니다. 특히 플랫폼 항목에서는 제작한 환경을 빌드할 플랫폼을 선택할 수 있습니다. 윈도우, macOS, 리눅스에서 환경을 빌드할 수 있도록 다음과 같이 세 가지 플랫폼을 선택합니다. 플랫폼을 모두 선택했으면 오른쪽 아래에 있는 [설치] 버튼을 클릭합니다.

- Windows Build Support (IL2CPP)
- Mac Build Support (Mono)
- Linux Build Support (Mono)

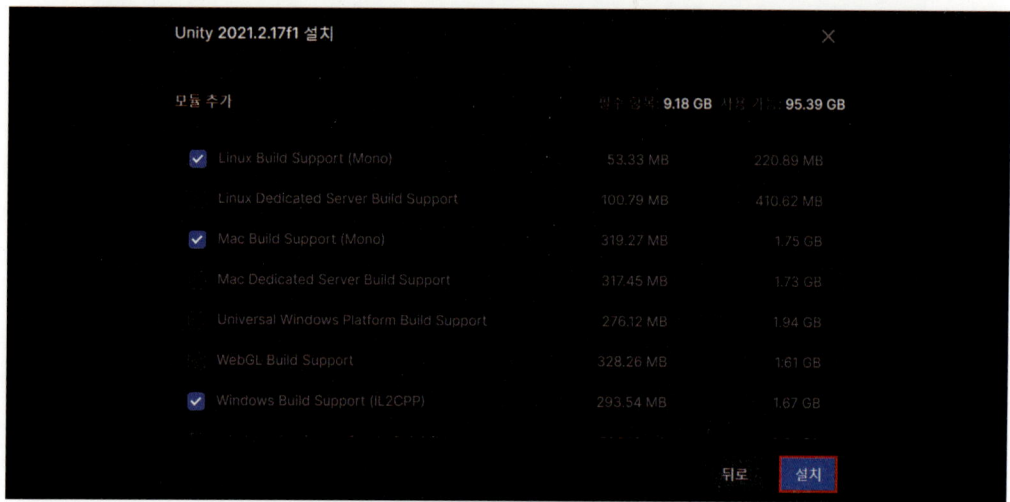

그림 2-24. 유니티 에디터 설치를 위한 모듈 추가

다음과 같이 유니티 에디터의 설치가 진행되는 모습을 확인할 수 있습니다. 설치가 진행되는 동안 잠시 기다립니다.

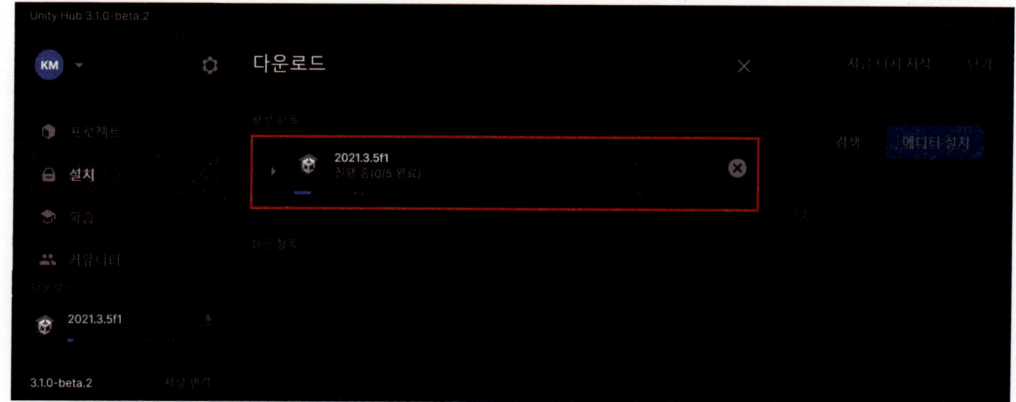

그림 2-25. 유니티 에디터 설치 진행

2.2.4 유니티 프로젝트 생성

유니티 설치가 완료됐으면 유니티 프로젝트를 생성해보겠습니다. 먼저 왼쪽 메뉴에서 [프로젝트]를 클릭해 프로젝트 창으로 이동합니다. 그 다음 오른쪽 상단에 있는 [새 프로젝트] 버튼을 클릭합니다.

그림 2-26. 프로젝트 창으로 이동 후 새 [프로젝트] 클릭

새 프로젝트 창이 나오면 가운데 '3D' 템플릿을 선택하고 오른쪽 아래에서 프로젝트 이름을 설정합니다. 여기서는 프로젝트 이름을 'Test_Project'로 지정했습니다. 다음으로 프로젝트를 생성할 경로를 설정합니다. 이 책에서는 바탕화면에 'ML-Agents_Project'라는 폴더를 만들고 이 폴더를 경로로 설정했습니다. 마지막으로 [프로젝트 생성] 버튼을 클릭해 프로젝트를 생성합니다.

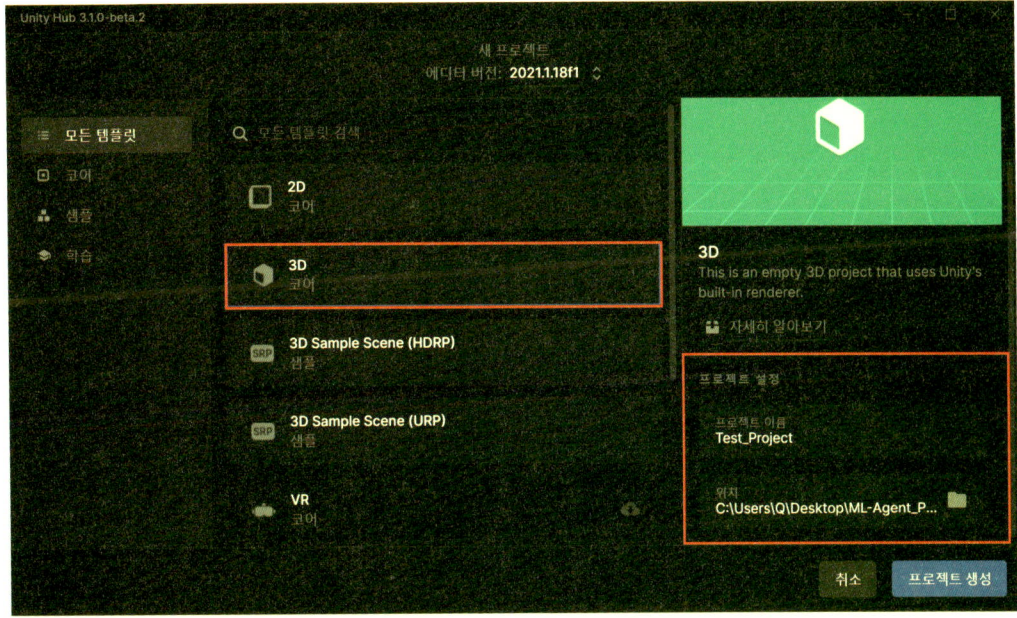

그림 2-27. 새 프로젝트 창에서 프로젝트 생성

이어서 로딩창이 나오고 일정 시간 기다리면 다음과 같이 유니티 프로젝트의 시작 화면이 나옵니다.

그림 2-28. 유니티 프로젝트 시작 화면

> 유니티 라이선스 활성화나 유니티 설치, 프로젝트 생성에 대한 진행 과정도 유니티 허브의 버전에 따라 화면 구성이나 과정에서 사소한 차이가 있지만 일반적인 과정은 버전에 상관없이 전체적으로 동일합니다.
>
> 유니티를 설치한 직후의 인터페이스는 다크모드이지만, 이 책에서는 가독성을 위해 라이트 모드로 화면을 캡처했습니다.

2.2.5 유니티 인터페이스

유니티 프로젝트의 시작 화면을 살펴보면 다음과 같이 다양한 창으로 구성돼 있습니다. 가장 윗 부분은 툴바(Tool bar)이고, 가운데 부분은 하이러키 창(Hierarchy window), 씬 뷰/게임 뷰(Scene view/Game view), 인스펙터 창(Inspector window), 프로젝트 창/콘솔(Project window/ Console)과 같은 각종 뷰가 위치해 있습니다. 이제 각 창들이 어떤 역할을 수행하는지 살펴보겠습니다.

02 _ 유니티와 ML-Agents 살펴보기   43

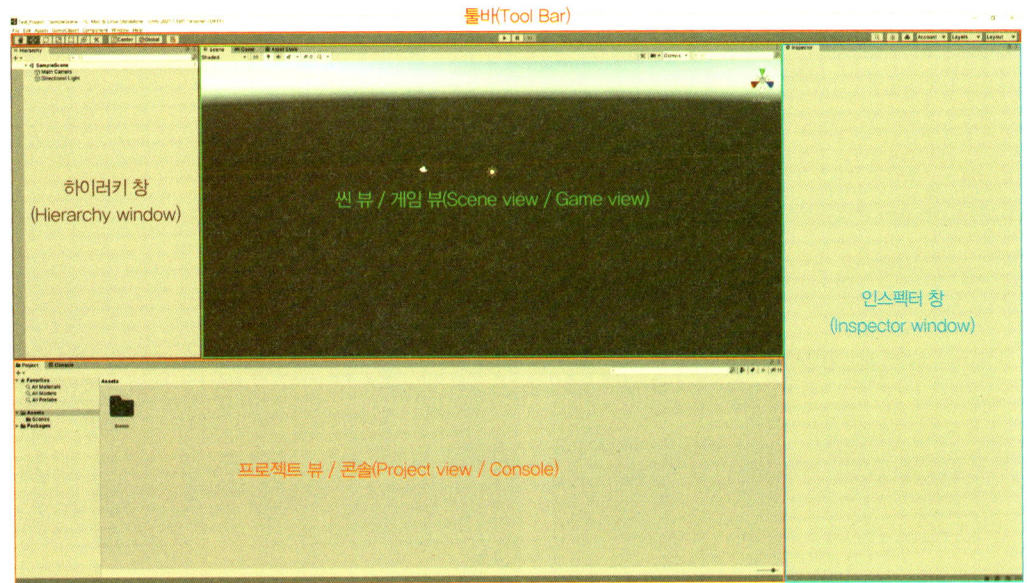

그림 2-29. 유니티 인터페이스를 구성하고 있는 창들과 그 이름

하이러키 창(Hierarchy window)

하이러키 창은 현재 씬(Scene)에 포함된 모든 게임 오브젝트들의 목록을 보여줍니다. 여기서 게임 오브젝트란 게임을 구성하는 모델, 카메라, 빛과 같은 모든 요소를 의미합니다. 기본적으로 생성된 순서대로 게임 오브젝트가 나열되며 오브젝트 간에 상위 오브젝트와 하위 오브젝트를 만들어 계층 구조로 관리할 수 있습니다. 다음 그림에서는 3DBall이 상위 오브젝트이며 Ball과 Agent가 3DBall의 하위 오브젝트입니다. 또한 Agent 왼쪽에 있는 삼각형 모양 아이콘을 통해 Agent 또한 다른 오브젝트들의 상위 오브젝트임을 알 수 있습니다.

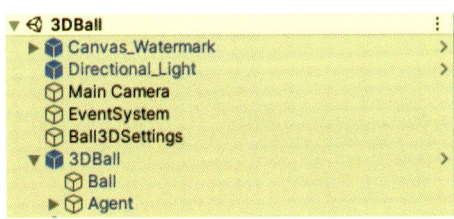

그림 2-30. 하이러키 창에 나열된 게임 오브젝트의 목록

씬 뷰(Scene view)와 게임 뷰(Game view)

씬 뷰 (Scene view)와 게임 뷰 (Game view)는 유니티 프로젝트에서 화면 중앙에 위치해 있으며, 현재 제작 중인 환경을 보여줍니다. 씬 뷰에서는 캐릭터, 카메라, 광원 등의 모든 게임 오브젝트를 선택하고, 이를 배치할 수 있습니다. 또한 게임 실행 전에 화면을 다양하게 이동하고 회전시키며 환경에 있는 모든 게임 오브젝트들을 확인할 수 있습니다. 유니티에서 환경을 실행하면 게임 뷰에서 환경에 있는 카메라로부터 렌더링 된 화면을 볼 수 있습니다. 즉 게임의 실행 화면을 볼 수 있는 뷰입니다.

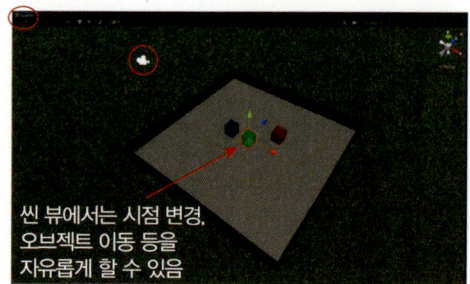 

그림 2-31. 씬 뷰(왼쪽)와 게임 뷰(오른쪽)

인스펙터 창(Inspector window)

인스펙터 창(Inspector window)은 유니티 프로젝트에서 오른쪽에 위치해 있습니다. 인스펙터 창에서는 현재 선택한 게임 오브젝트와 관련된 모든 컴포넌트와 속성 등이 표시되며 이렇게 표시된 속성을 확인하고 이를 편집할 수 있습니다. 즉 오브젝트의 위치, 크기, 무게, 색, 충돌 등에 대한 설정을 확인하고 편집할 수 있습니다. 이때 인스펙터 창에서 수정하는 요소는 스크립트에서도 수정할 수 있습니다. 즉, 코딩을 통해 수정할 수 있습니다. 다음 그림은 인스펙터 창에서 확인할 수 있는 컴포넌트의 예시입니다.

그림 2-32. 인스펙터 창에서 확인할 수 있는 컴포넌트의 예(Transform, Rigidbody)

왼쪽은 인스펙터 창에서 확인할 수 있는 컴포넌트 중 하나인 Transform 컴포넌트입니다. Transform 컴포넌트에서는 오브젝트의 위치, 회전, 크기를 설정할 수 있습니다. 오른쪽은 Rigidbody 컴포넌트입니다. Rigidbody 컴포넌트에서는 오브젝트에 물리적인 특성을 부여할 수 있습니다. 물체의 질량, 항력, 중력 적용 여부, 충돌 감지 여부 등을 결정할 수 있습니다.

프로젝트 창(Project window)

프로젝트 창에서는 프로젝트에 속한 모든 요소들을 선택 및 관리할 수 있습니다. 프로젝트 창을 살펴보면 다양한 폴더가 있고 해당 폴더에서 다양한 모델, 스크립트 등과 같은 요소들을 살펴볼 수 있습니다. 프로젝트 창에 있는 요소들을 씬 뷰 또는 하이러키 창으로 드래그 앤 드롭해 현재 환경으로 해당 요소를 쉽게 불러올 수 있습니다.

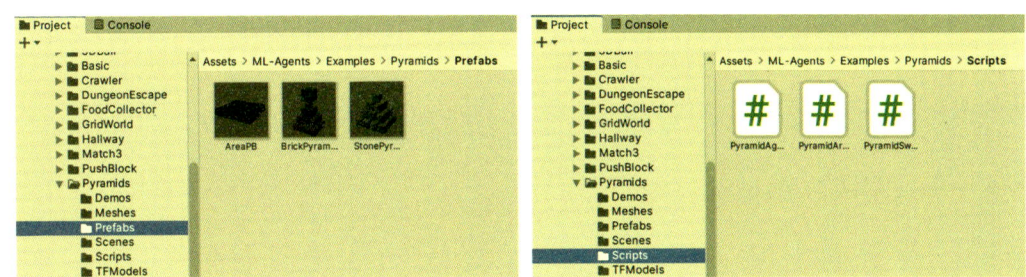

그림 2-33. 프로젝트 창의 예시

콘솔(Console)

콘솔에서는 유니티에서 생성되는 오류, 경고 또는 유저가 임의로 지정한 메시지를 표시할 수 있습니다. 콘솔의 상단에서는 콘솔 메시지를 검색하거나 오류, 경고, 메시지에 대한 필터링을 할 수 있습니다. 중앙에서는 각 메시지 항목들을 볼 수 있습니다. 그리고 가장 하단에서는 선택한 메시지의 전체 텍스트 내용을 확인할 수 있습니다.

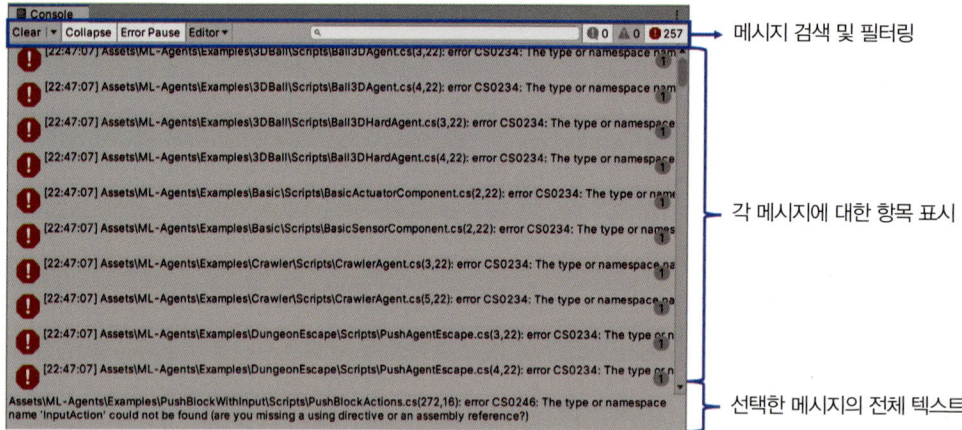

그림 2-34. 콘솔의 각 부분에 대한 설명

마지막으로 유니티 프로젝트의 가장 상단에 가로로 길게 배치된 툴바는 다음 절에서 유니티의 조작 방법을 설명하면서 그 역할을 살펴보겠습니다.

2.2.6 유니티의 기초적인 조작

이번 절에서는 유니티에 대한 기초적인 조작 방법을 살펴보면서 앞서 설명한 유니티 프로젝트의 창들을 어떻게 활용하는지 살펴보겠습니다. 여기서는 간단한 예제를 통해 조작 방법을 배워보겠습니다. 먼저 하이러키 창에서 마우스 오른쪽 버튼을 클릭하고 [3D Object] 중 [Cube]를 클릭합니다.

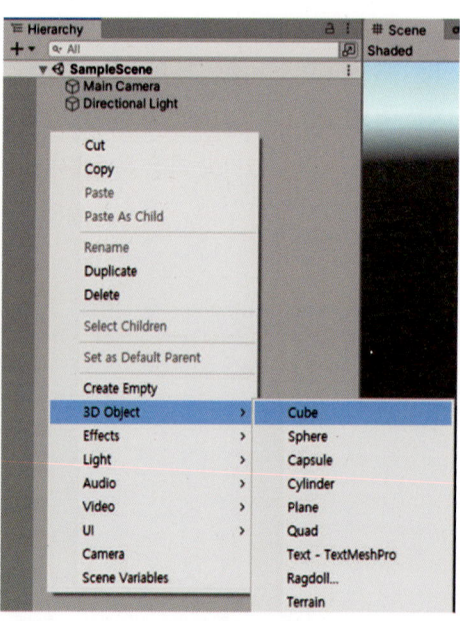

그림 2-35. 하이러키 창에서 마우스 우클릭 후 [3D Object] - [Cube] 클릭

다음과 같이 하이러키 창에 새로 큐브 오브젝트가 생성됐으며 씬 뷰에서도 정육면체가 하나 생성된 것을 확인할 수 있습니다.

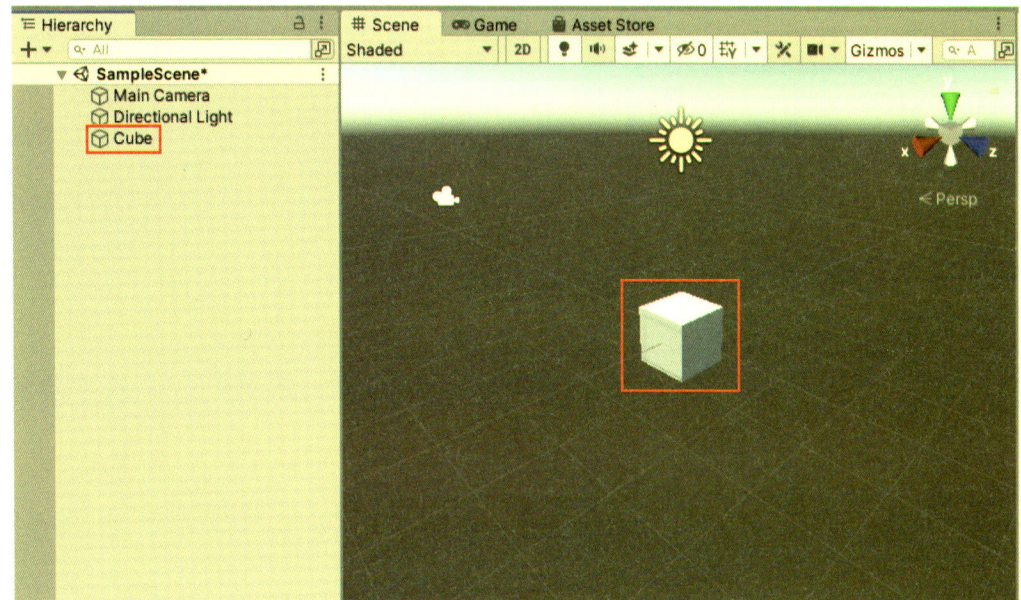

그림 2-36. 큐브 오브젝트 생성 결과

먼저 유니티에서 마우스 조작을 어떻게 하는지 알아보겠습니다. 씬 뷰에서 마우스 휠을 위아래로 움직이면 씬 뷰가 확대되거나 축소되는 것을 확인할 수 있습니다.

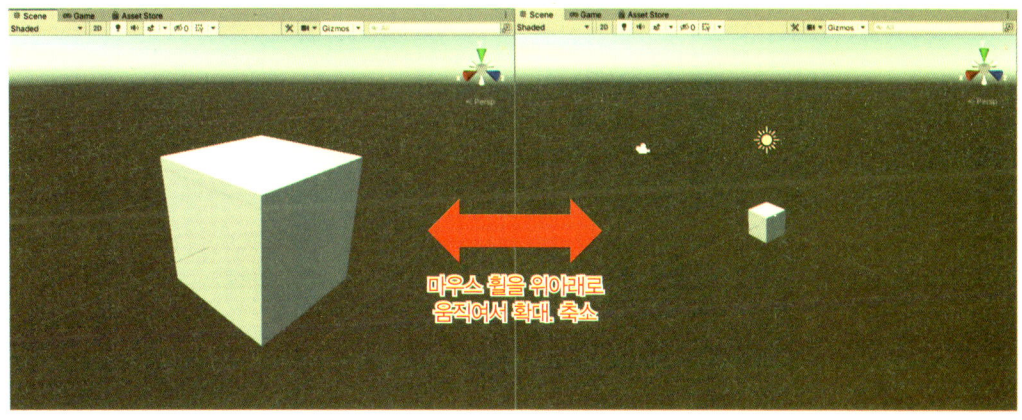

그림 2-37. 마우스 휠을 위아래로 움직여서 씬 뷰를 확대, 축소

씬 뷰에서 마우스 휠을 클릭한 후 마우스를 움직이면 씬 뷰의 화면 전체를 이동시킬 수 있습니다.

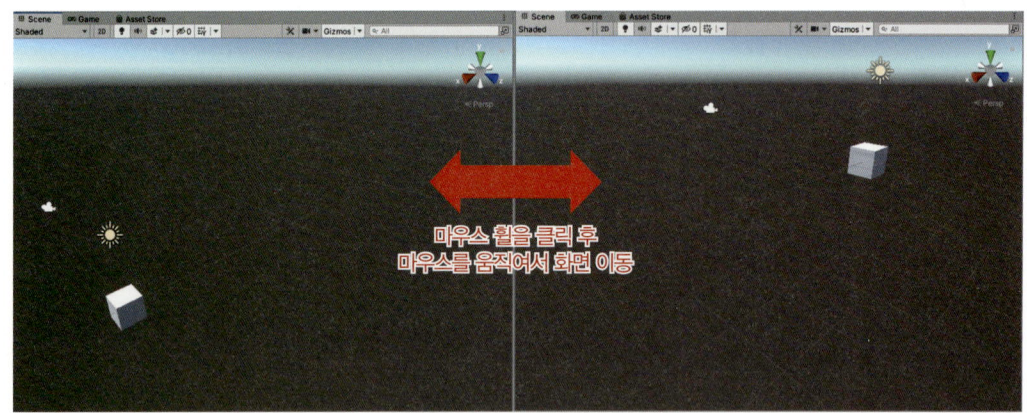

그림 2-38. 마우스 휠을 클릭한 후 마우스를 움직여서 씬 뷰의 화면을 이동

씬 뷰에서 키보드의 alt 키와 마우스 왼쪽 버튼을 누른 채로 마우스를 움직이면 씬 뷰의 화면 전체를 회전시킬 수 있습니다.

그림 2-39. alt 키와 마우스 왼쪽 버튼을 누른 채로 마우스를 움직여서 화면을 회전

이어서 유니티 프로젝트 상단에 있는 툴바의 역할을 알아보겠습니다. 툴바 왼쪽에는 다양한 도구들이 있는 것을 확인할 수 있습니다. 해당 도구들을 이용해 오브젝트의 이동, 회전, 크기 조절 등을 수행할 수 있습니다.

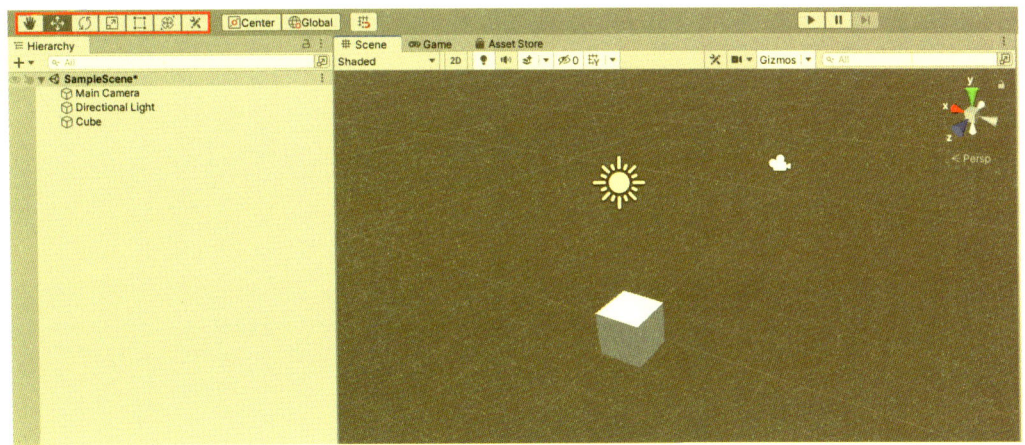

그림 2-40. 툴바 왼쪽에 있는 다양한 도구들

툴바 왼쪽에 있는 여섯 가지 도구에 대해 알아보겠습니다. 각 도구의 명칭은 왼쪽부터 순서대로 Hand 툴, Move 툴, Rotate 툴, Scale 툴, Rect 툴, Transform 툴 입니다. 각 도구를 클릭해 선택하거나 키보드의 Q, W, E, R, T, Y 키가 각 도구들의 단축키이므로 단축키를 이용해 편하게 선택할 수도 있습니다.

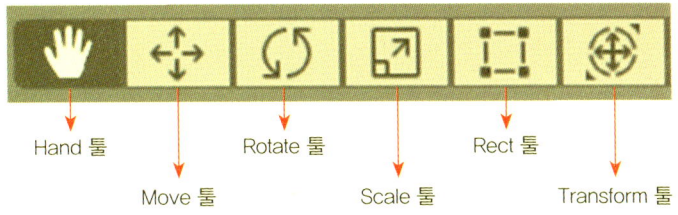

그림 2-41. 툴바 좌측 도구들의 이름

Hand 툴

첫 번째 툴은 Hand 툴입니다. Hand 툴을 선택한 후 씬 뷰에서 마우스 왼쪽 버튼을 클릭하고 마우스를 움직이면 씬 뷰 전체를 움직일 수 있습니다. 앞서 설명한 마우스 휠을 클릭한 후 마우스를 움직이면 씬 뷰의 화면 전체를 이동시킬 수 있는 것과 동일한 작업을 수행합니다.

Move 툴

두 번째 툴은 Move 툴입니다. 씬 뷰나 하이러키 창에서 게임 오브젝트를 선택하고 Move 툴을 클릭하면 다음 그림과 같이 씬 뷰에 해당 오브젝트의 X, Y, Z 축을 따라 세 방향으로 화살표가 표시되는 것을 확인할 수 있습니다. 해당 화살표들 중 하나를 마우스 왼쪽 버튼으로 클릭하고 축의 방향으로 드래그하면 선택된 게임 오브젝트를 해당 축 방향으로 이동시킬 수 있습니다.

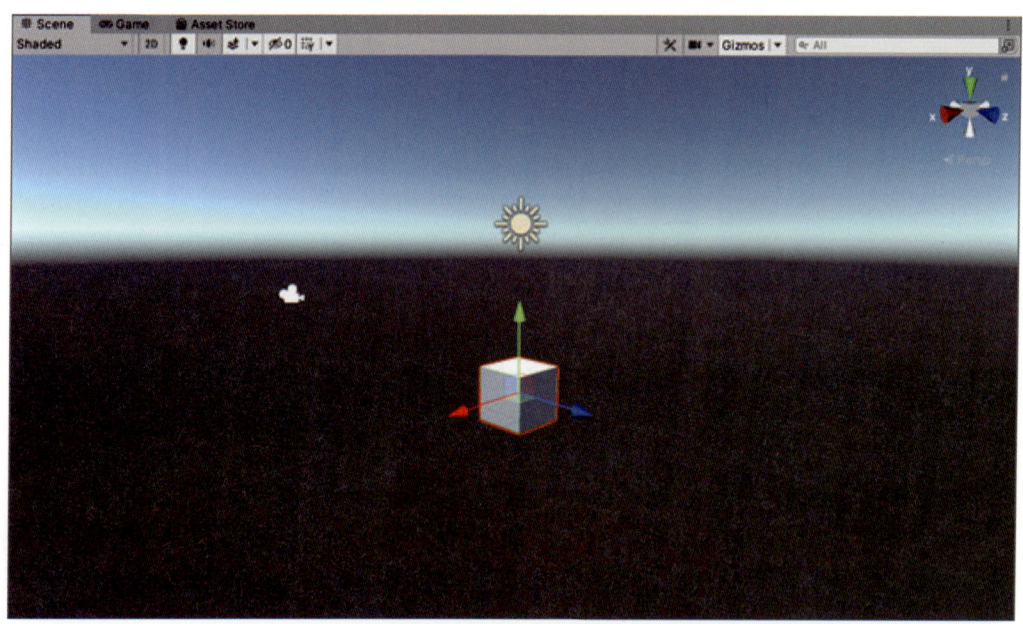

그림 2-42. Move 툴을 선택하고 게임 오브젝트를 선택했을 때의 예

Rotate 툴

세 번째 툴은 Rotate 툴입니다. 마찬가지로 씬 뷰나 하이러키 뷰에서 게임 오브젝트를 선택하고 Rotate 툴을 클릭하면 해당 오브젝트의 X, Y, Z 축을 따라 세 방향으로 원형 표시가 나타나는 것을 확인할 수 있습니다. 해당 원형 표시 중 하나를 마우스 왼쪽 버튼으로 클릭하고 원을 따라 마우스를 드래그하면 선택된 게임 오브젝트를 해당 원을 따라 회전시킬 수 있습니다.

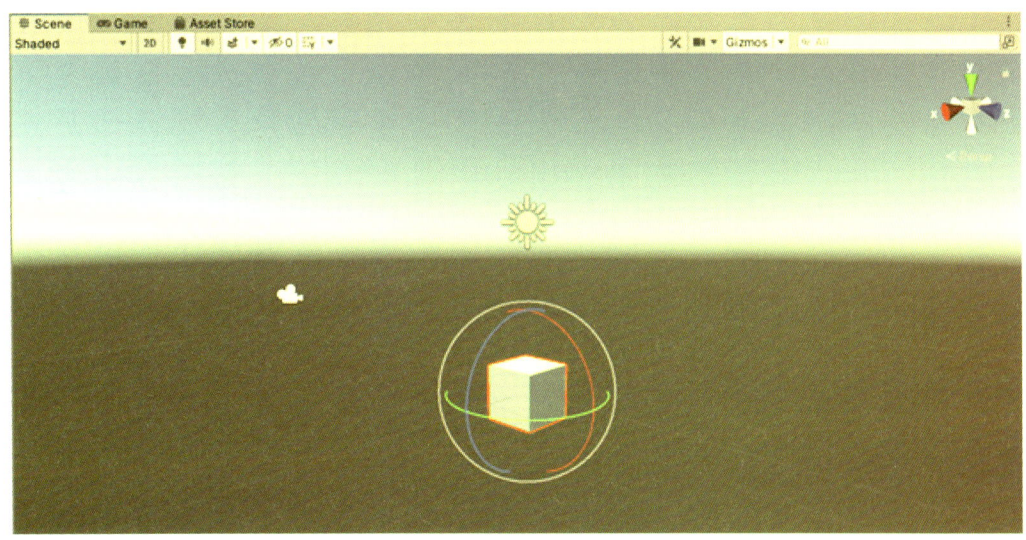

그림 2-43. Rotate 툴을 선택하고 게임 오브젝트를 선택했을 때의 예

Scale 툴

네 번째 툴은 Scale 툴입니다. 마찬가지로 씬 뷰나 하이러키 뷰에서 게임 오브젝트를 선택하고 Scale 툴을 클릭하면 해당 오브젝트의 X, Y, Z 축을 따라 네모난 표시가 나타나는 것을 확인할 수 있습니다. 해당 표시 중 하나를 마우스 왼쪽 버튼으로 클릭하고 선의 방향을 따라 마우스를 드래그하면 선택된 게임 오브젝트를 해당 방향으로 늘리거나 줄일 수 있습니다.

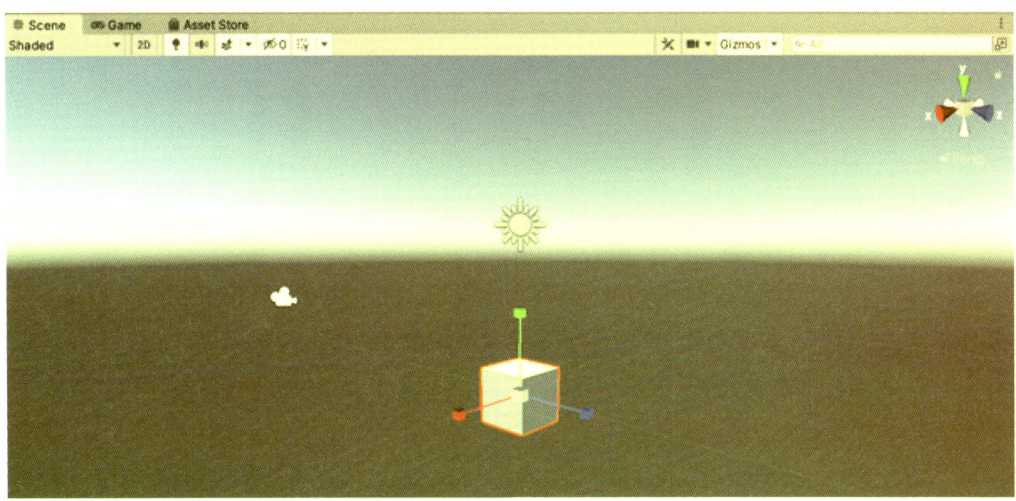

그림 2-44. Scale 툴을 선택하고 게임 오브젝트를 선택했을 때의 예

Rect 툴

다섯 번째 툴은 Rect 툴입니다. 씬 뷰나 하이러키 뷰에서 게임 오브젝트를 선택하고 Rect 툴을 클릭하면 해당 오브젝트에 네모난 표시와 네모의 각 모서리에 작은 파란 원이 있는 것을 확인할 수 있습니다. 또한 네모의 중심에 도넛 모양의 원형의 표시가 있는 것을 확인할 수 있습니다. 해당 표시 중 모서리 부분을 마우스 왼쪽 버튼으로 클릭한 뒤 마우스를 드래그하면 오브젝트의 크기를 변경할 수 있습니다. 또한 가운데 원형의 표시를 마우스 왼쪽 버튼으로 클릭한 뒤 마우스를 드래그하면 오브젝트를 이동시킬 수 있습니다.

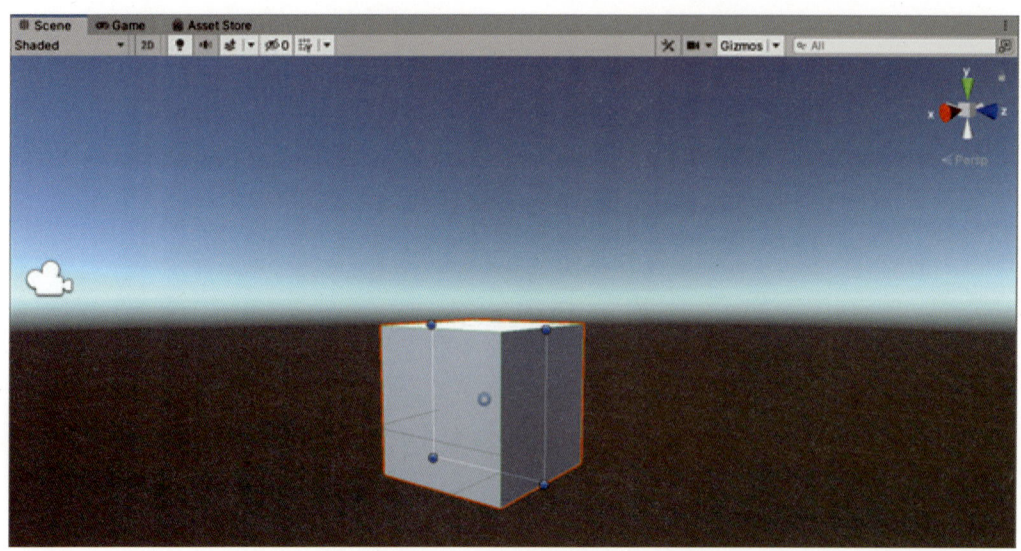

그림 2-45. Rect 툴을 선택하고 게임 오브젝트를 선택했을 때의 예

Transform 툴

마지막 여섯 번째 툴은 Transform 툴입니다. 씬 뷰나 하이러키 뷰에서 게임 오브젝트를 선택하고 Transform 툴을 클릭하면 Move, Rotate 툴의 표시가 동시에 나타나는 것을 확인할 수 있습니다. 해당 표시들을 통해 오브젝트에 대한 이동과 회전을 수행할 수 있습니다. 또한 중간의 회색 상자를 클릭하고 마우스를 움직이면 오브젝트의 크기 또한 조절할 수 있습니다. 이를 통해 알 수 있듯이 이 도구는 Move, Rotate, Scale 툴의 기능을 모두 수행할 수 있는 도구입니다.

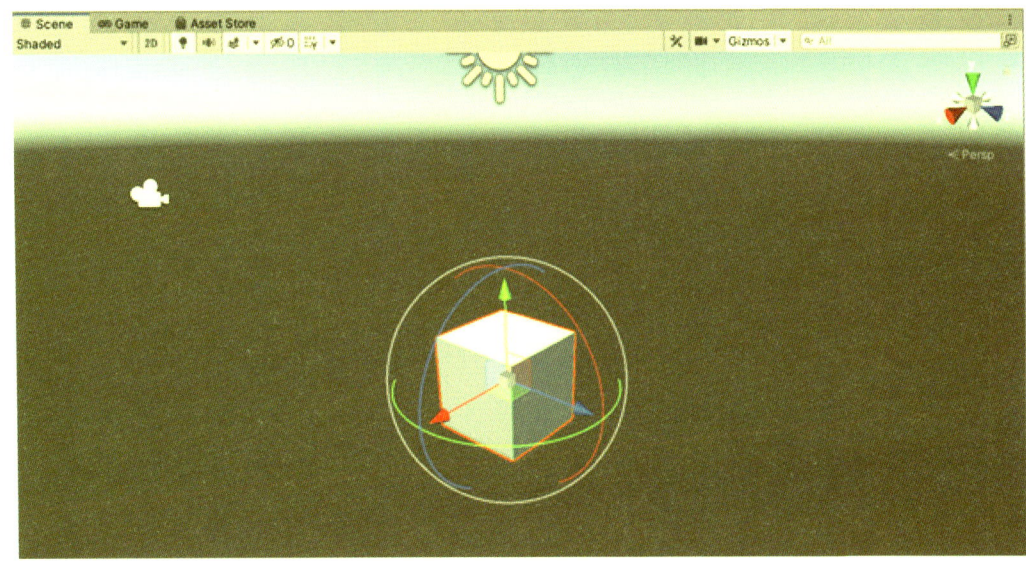

그림 2-46. Transform 툴을 선택하고 게임 오브젝트를 선택했을 때의 예

이렇게 물체를 이동시키고 회전시키고 크기를 변경할 수 있는 툴바의 도구들에 대해 살펴봤습니다. 게임 오브젝트를 선택하고 인스펙터 창의 위쪽을 보면 Transform 컴포넌트를 볼 수 있습니다. 툴바의 도구들을 사용해 위치, 회전, 크기를 변경했던 것처럼 Transform 컴포넌트를 이용해 게임 오브젝트에 대한 이동, 회전, 크기 변경을 수행할 수 있습니다. Position 오른쪽에 있는 X, Y, Z에 값을 입력해서 각 축의 방향으로 게임 오브젝트를 이동시킬 수 있으며 Rotation을 통해 게임 오브젝트를 회전시킬 수 있고, Scale을 통해 물체의 크기를 변경할 수 있습니다.

Transform			
Position	X 0	Y 0	Z 0
Rotation	X 0	Y 0	Z 0
Scale	X 1	Y 1	Z 1

그림 2-47. 인스펙터 창의 Transform 컴포넌트

툴바의 가운데를 보면 Play, Pause, Step 버튼을 볼 수 있습니다.

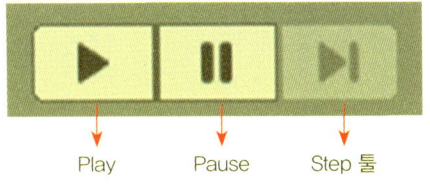

그림 2-48. Play, Pause, Step 버튼

Play 버튼

첫 번째 Play 버튼을 클릭하면 현재의 환경이 실행됩니다. 말 그대로 제작한 게임을 플레이 해 볼 수 있는 것입니다. 환경을 제작하면서 중간중간 게임이 의도에 맞게 만들어졌는지 직접 게임을 실행해보며 확인할 수 있습니다.

Pause 버튼

게임을 진행하는 중에 두 번째 Pause 버튼을 클릭하면 실행되던 게임을 일시정지 할 수 있습니다.

Step 버튼

마지막으로 Step 버튼을 클릭하면 환경을 한 스텝씩 실행할 수 있습니다. Step 버튼을 이용하면 마치 슬로우 모션처럼 천천히 환경을 실행하면서 환경이 잘 제작됐는지 확인할 수 있습니다.

마지막으로 툴바의 가장 오른쪽을 보면 Layout이라는 도구가 있는 것을 확인할 수 있습니다. 이는 유니티 프로젝트에 있는 창들의 배치를 변경하는 도구입니다. 이를 변경해보면 다음 그림과 같이 창들의 배치가 다양하게 변경되는 것을 확인할 수 있습니다. 이 책에서는 default 레이아웃을 사용하겠습니다.

그림 2-49. 유니티 창의 배치를 다양하게 변경할 수 있는 Layout 도구

이번 절에서는 유니티 허브를 설치하고, 라이선스를 설정하는 방법을 알아봤습니다. 이어서 유니티를 설치하는 방법과 프로젝트를 생성하는 방법을 알아보고 유니티의 화면 구성, 기초적인 사용 방법을 알아봤습니다.

2.3 ML-Agents 설치

이번 절에서는 ML-Agents의 설치 방법을 알아보겠습니다. ML-Agents의 경우 유니티와 파이썬에 따라 설치를 진행해야 합니다. 유니티에서는 유니티 패키지를 이용해 설치를 진행하여 유니티로 만든 환경에 다양한 강화학습과 관련된 설정을 수행할 수 있습니다. 파이썬에서는 라이브러리로 설치를 진행하여 ML-Agents에서 제공하는 강화학습 알고리즘들을 사용할 수 있으며, 파이썬 코드를 통해 유니티 환경과 통신할 수 있도록 설정합니다.

2.3.1 ML-Agents 파일 내려받기

먼저 유니티에 ML-Agents를 설치하겠습니다. 먼저 ML-Agents의 깃허브에서 필요한 파일들을 내려받습니다. ML-Agents의 깃허브 주소는 다음과 같습니다.

- https://github.com/Unity-Technologies/ml-agents

해당 페이지에서 아래쪽으로 스크롤을 내려 보면 지금까지 배포된 다양한 버전의 ML-Agents를 살펴볼 수 있습니다. 이 책에서는 유니티 패키지 2.0.0 버전에 해당하는 Release 17을 사용할 것입니다. 현재 페이지에서는 Release 17을 찾아볼 수 없기 때문에 다른 방법으로 내려받도록 하겠습니다.

Version	Release Date	Source	Documentation	Download	Python Package	Unity Package
main (unstable)	--	source	docs	download	--	--
Release 19	January 14, 2022	source	docs	download	0.28.0	2.2.1
Verified Package 1.0.8	May 26, 2021	source	docs	download	0.16.1	1.0.8

그림 2-50. 깃허브 페이지 내부의 Releases 페이지

만약 Release 17처럼 깃허브 페이지 하단에 원하는 버전이 없는 경우 깃허브 페이지 오른쪽에 있는 **Releases** 페이지로 이동해서 원하는 버전의 ML-Agents를 찾아줍니다.

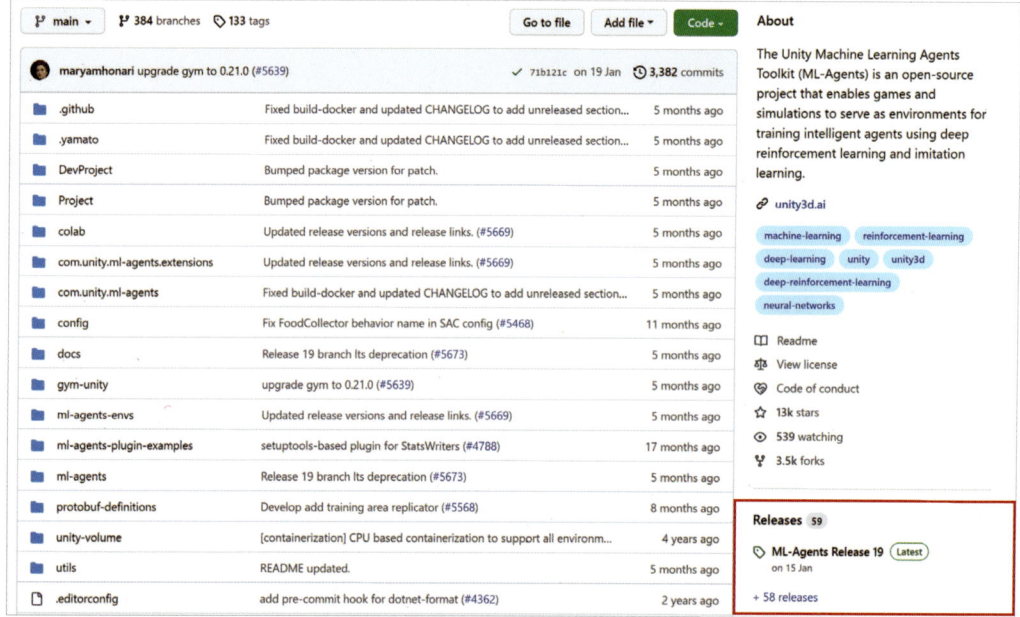

그림 2-51. 깃허브 페이지 내부의 Releases 페이지

원하는 버전의 ML-Agents를 찾은 후 하단의 Source code를 클릭해 압축 파일을 내려받습니다.

그림 2-52. Release 페이지에서 원하는 버전의 압축 파일 내려받기

압축을 해제한 파일의 구성 요소들과 이 책에서 주로 다룰 요소는 다음과 같습니다. 해당 요소에 대해서는 앞으로 하나씩 사용해보면서 자세히 살펴보겠습니다.

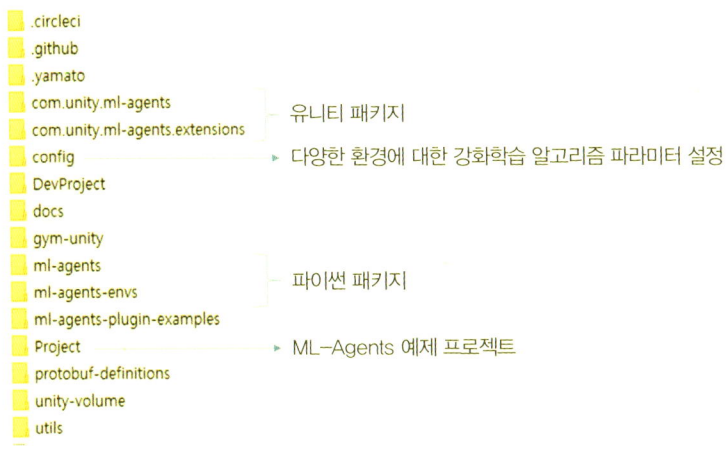

그림 2-53. ML-Agents 압축 파일의 구성 요소

이제 본격적으로 ML-Agents의 설치를 진행해보겠습니다. ML-Agents는 유니티와 파이썬 각각 설치를 진행해야 합니다. 유니티와 파이썬에 어떻게 ML-Agents 설치하는지 하나씩 살펴보겠습니다.

2.3.2 유니티에 ML-Agents 설치하기

ML-Agents를 유니티에 설치하는 방법은 총 3가지가 있습니다.

1. 유니티 패키지에서 기본적으로 제공하는 ML-Agents 패키지 설치
2. 직접 ML-Agents 패키지 설치
3. ML-Agents의 예제 프로젝트 이용

이후 각 방법에 대해 자세히 설명하겠지만 일반적으로는 2, 3번 방법이 가장 안정적으로 설치되는 편이므로 해당 방법으로 설치하는 것을 권장합니다.

설치 방법 1. 유니티 패키지에서 기본적으로 제공하는 ML-Agents 패키지 설치

먼저 유니티 프로젝트의 상단 메뉴에서 [Window] → [Package Manager]를 클릭합니다.

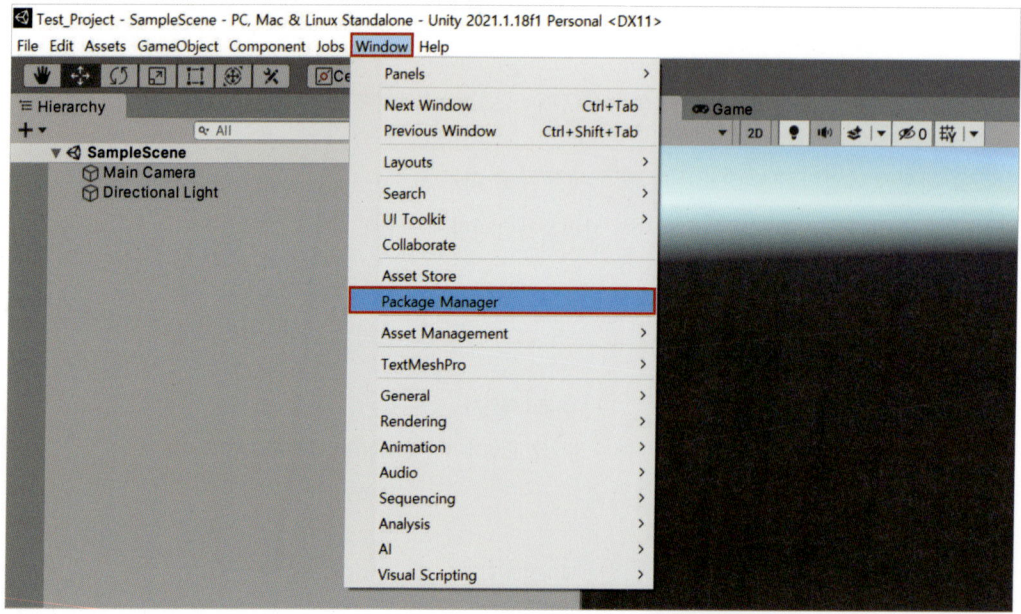

그림 2-54. [Window] → [Package Manager] 클릭

Package Manager 창이 나오면 상단에서 [Packages] → [Unity Registry]를 선택합니다.

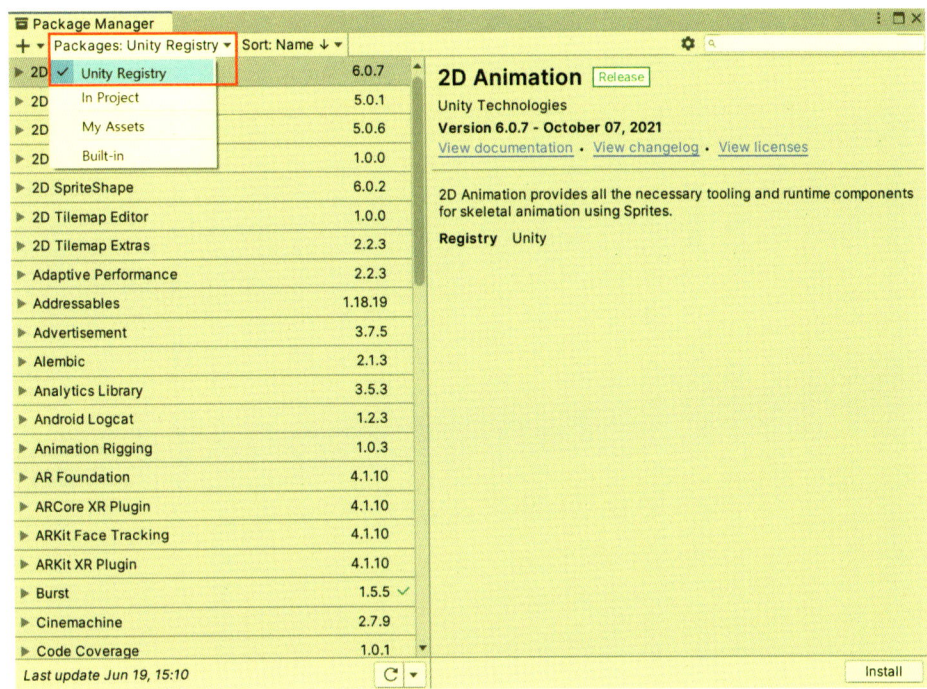

그림 2-55. [Packages] → [Unity Registry] 선택

이렇게 진행하면 유니티에 등록된 패키지들의 리스트를 확인할 수 있습니다. 이 리스트 중에서 ML Agents를 찾고 오른쪽 아래에 있는 [Install] 버튼을 클릭하면 ML-Agents 패키지를 설치할 수 있습니다.

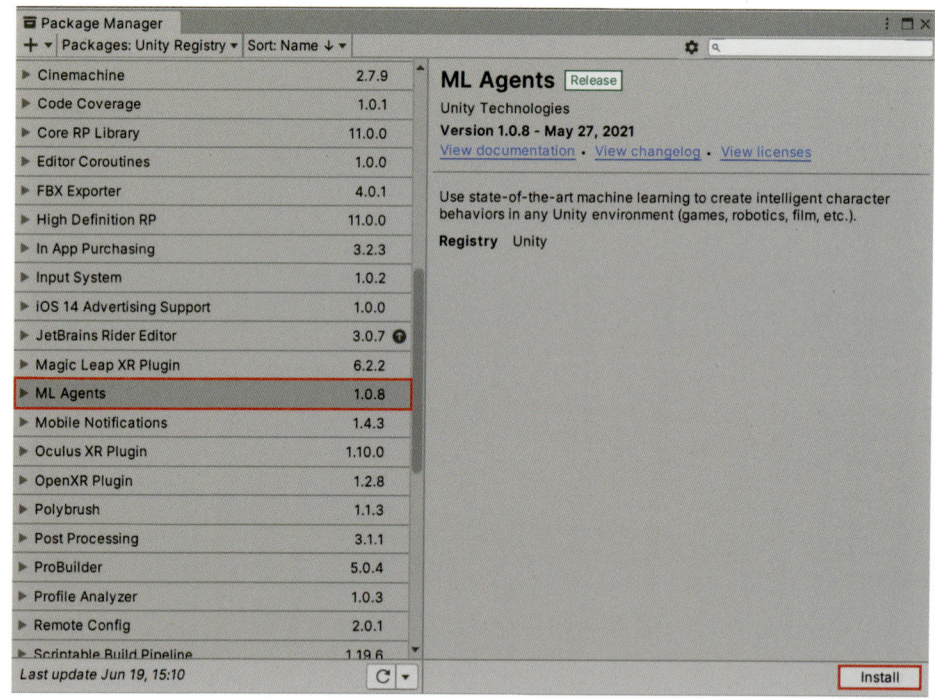

그림 2-56. ML Agents 패키지 설치

패키지 설치가 완료되면 프로젝트 창에서 Packages에 ML Agents가 포함된 것을 확인할 수 있습니다.

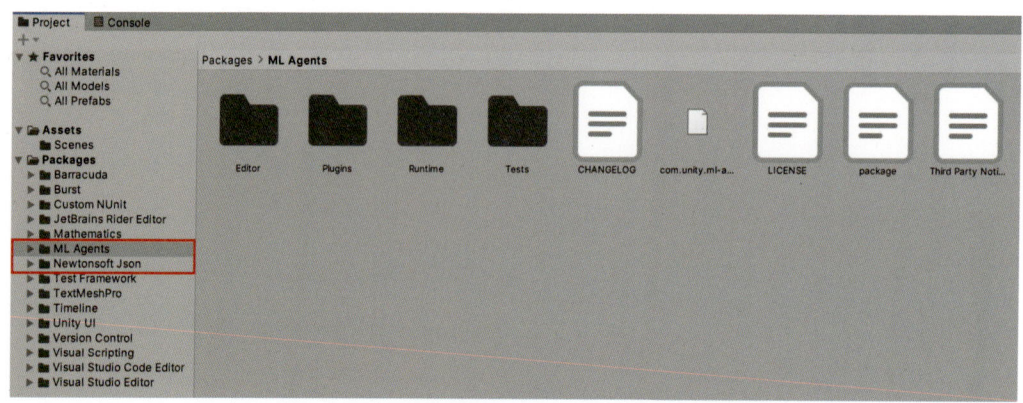

그림 2-57. 프로젝트 창에 포함된 ML Agents 패키지

ML-Agents 깃허브에서 내려받은 요소들 중 Project 폴더는 ML-Agents 예제 프로젝트를 포함하는 폴더입니다. 해당 예제 프로젝트의 일부 내용을 이용할 예정이므로 해당 프로젝트의 내용을 옮기는 방법을 살펴보겠습니다.

깃허브에서 받은 파일에서 Project/Assets/ML-Agents 폴더를 현재 유니티 프로젝트의 프로젝트 뷰로 드래그 앤 드롭합니다.

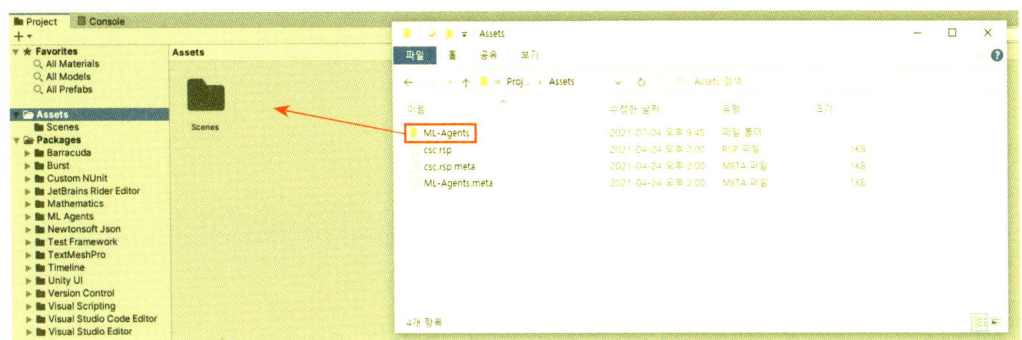

그림 2-58. 유니티 프로젝트로 ML-Agents 예제 프로젝트 옮기기

이 경우 콘솔을 확인하면 다음과 같이 많은 에러들이 발생하는 것을 확인할 수 있습니다. 첫 번째 방법으로 ML-Agents를 설치하는 경우 고정된 버전의 ML-Agents가 설치되므로 예제 프로젝트의 버전에 따라 서로 호환이 되지 않아 에러가 발생하는 경우가 많습니다.

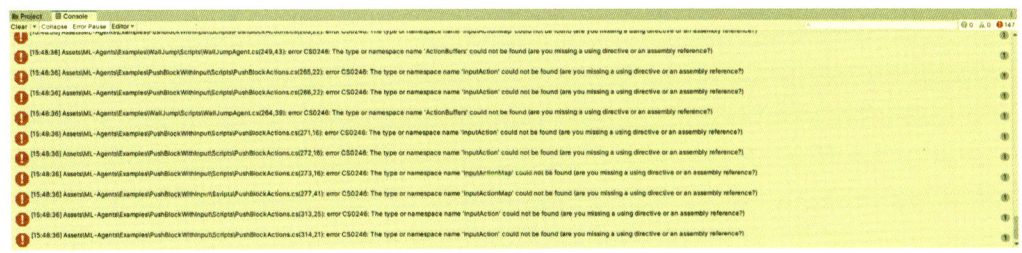

그림 2-59. 콘솔에서 발생하는 오류 확인

지금까지 유니티에 ML-Agents를 설치하는 첫 번째 방법을 알아봤습니다. 이 설치 방법은 매우 간단하지만 원하는 버전의 ML-Agents를 설치할 수 없다는 점과, 기본 유니티 프로젝트에 ML-Agents만 설치하는 방식이기 때문에 버전에 따라서는 에러들이 발생할 수 있다는 단점이 있습니다.

설치 방법 2. 직접 ML-Agents 패키지 설치

두 번째 방법은 깃허브에서 내려받은 유니티 패키지를 직접 설치하는 방법입니다. 우선 설치 방법 1과 동일하게 상단 메뉴에서 [Window] → [Package Manager]를 클릭합니다. Package Manager 창이 나오면 왼쪽 상단의 [+] 버튼을 클릭하고 [Add package from disk]를 클릭합니다. 이 기능을 이용해 로컬 컴퓨터에 있는 유니티 패키지를 현재 프로젝트에 추가할 수 있습니다.

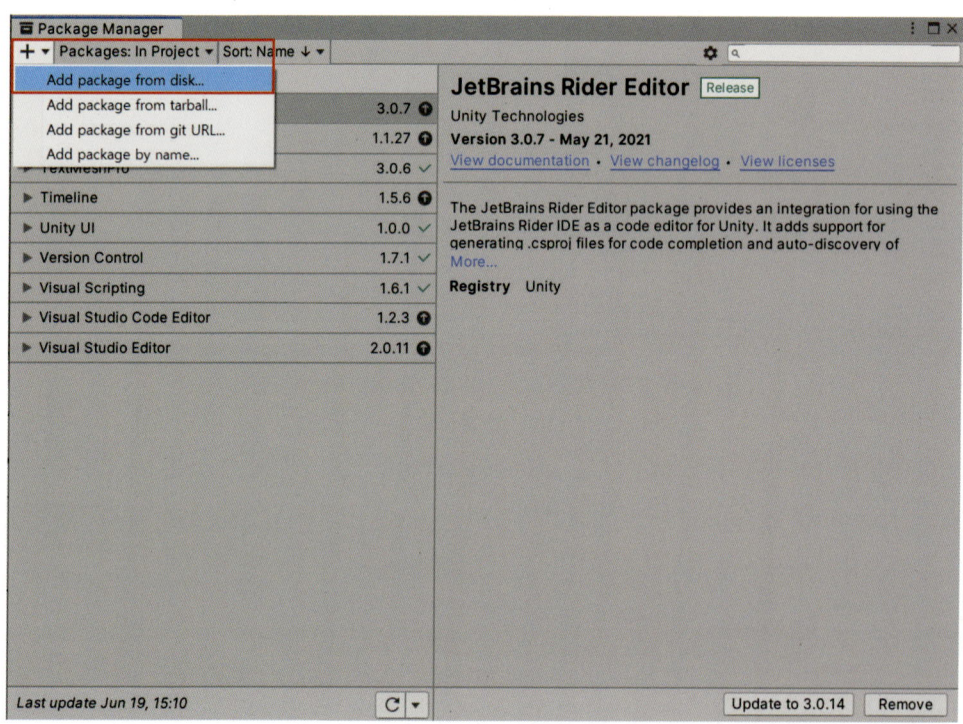

그림 2-60. Package Manager 창 왼쪽 상단의 [+] 버튼을 클릭하고 [Add package from disk] 클릭

파일 선택 창이 나오면 깃허브에서 내려받은 항목들 중 com.unity.ml-agents 폴더 내부로 이동하고 package.json 파일을 선택해 ML-Agents 패키지를 직접 추가합니다. 같은 방법으로 com.unity.ml-agents.extensions 내부의 package.json을 선택하면 ML-Agents 패키지 추가가 마무리됩니다.

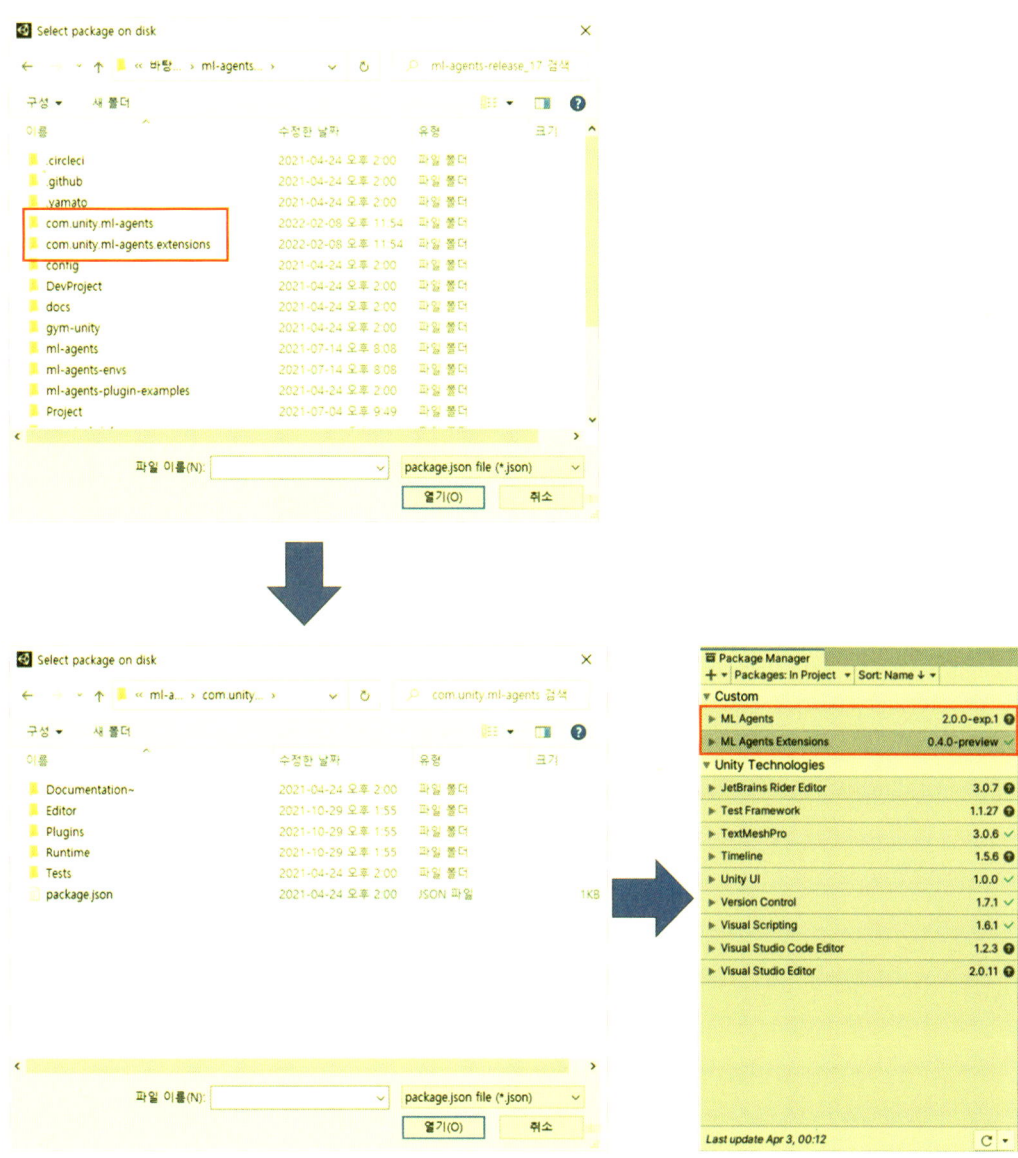

그림 2-61. ML-Agents 패키지 추가 과정

ML-Agents의 예제 프로젝트를 옮기는 과정은 설치 방법 1과 동일합니다. 깃허브에서 내려받은 파일 중에서 Project/Assets/ML-Agents 폴더를 현재 유니티 프로젝트의 프로젝트 뷰로 드래그 앤 드롭 합니다. 이 경우에도 PushBlockWithInput 환경에서 에러가 발생하는 경우가 있습니다. 에러가 발생 한다면 프로젝트 뷰에서 Assets/ML-Agents/Examples/PushBlockWithInput 폴더를 삭제합니다.

지금까지 유니티에 ML-Agents를 설치하는 두 번째 방법을 알아봤습니다. 두 번째 방법을 이용해 설치하면 원하는 버전의 ML-Agents를 설치할 수 있지만 초기 유니티 프로젝트에 ML-Agents 패키지만 추가하는 방식이기 때문에 버전에 따라서는 사소한 에러가 발생한다는 단점이 있습니다.

설치 방법 3. ML-Agents의 예제 프로젝트 이용

세 번째 설치 방법은 깃허브에서 받은 항목 중에서 ML-Agents 예시 프로젝트인 Project 폴더를 직접 이용하는 방법입니다. 깃허브에서 내려받은 항목 중 Project 폴더를 복사하고 원하는 경로에 해당 폴더를 붙여 넣습니다.

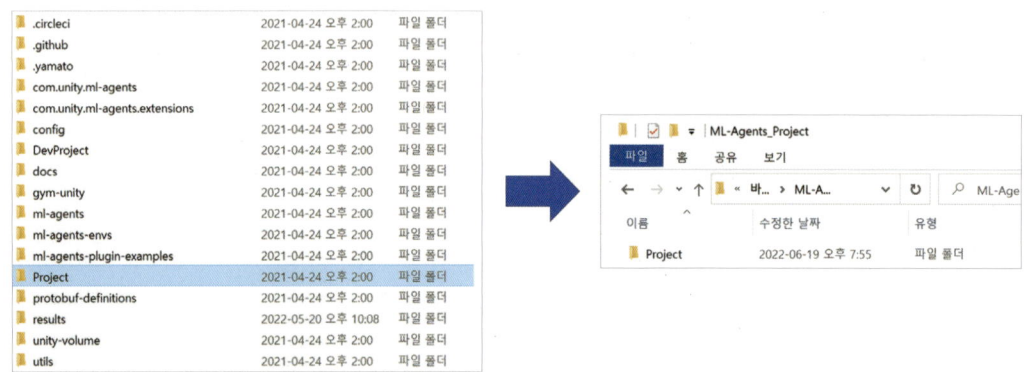

그림 2-62. 깃허브 항목 중 Project 폴더를 복사한 다음 원하는 경로에 붙여넣기

유니티 허브를 열고 [프로젝트] 메뉴를 선택한 다음 오른쪽 상단에 있는 [열기] 버튼을 클릭합니다. 폴더 선택 창이 나오면 Project 폴더를 붙여 넣은 경로로 이동한 다음 Project 폴더를 선택하고 [열기]를 클릭합니다.

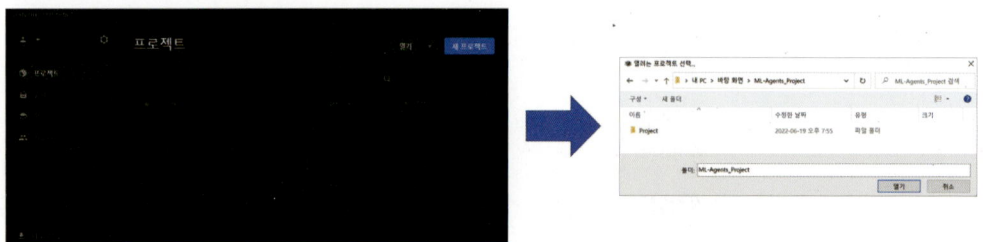

그림 2-63. 유니티 허브에서 Project 폴더 열기

이 경우 다음과 같은 메시지가 나올 수 있습니다. 이는 해당 유니티 프로젝트(Project 폴더)가 현재 설치된 유니티 에디터 버전과 다르기 때문에 나오는 것입니다.

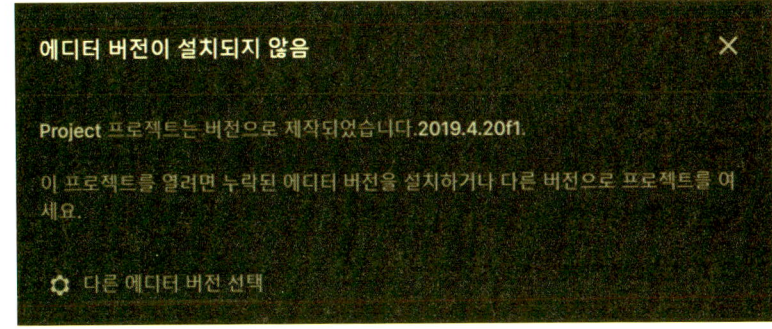

그림 2-64. 유니티 허브에서 Project 폴더를 열 때 발생할 수 있는 메시지

이 경우 하위의 [다른 에디터 버전 선택]을 클릭하고 현재 설치된 버전의 유니티 에디터를 선택해 열어줍니다.

그림 2-65. 현재 설치된 버전의 유니티 에디터로 프로젝트 열기

프로젝트가 열리는 중에 오류가 발생한다는 경고가 나오는데 이는 현재 프로젝트에 설정된 ML-Agents 관련 패키지의 경로가 바뀐 관계로 발생하는 오류입니다. ML-Agents 관련 패키지의 경로는 재설정할 예정이므로 해당 오류는 무시할 것입니다. [continue]를 클릭하며 진행합니다. 프로젝트가 실행되고 나면 콘솔창에 다음과 같이 많은 오류가 발생하는 것을 확인할 수 있습니다.

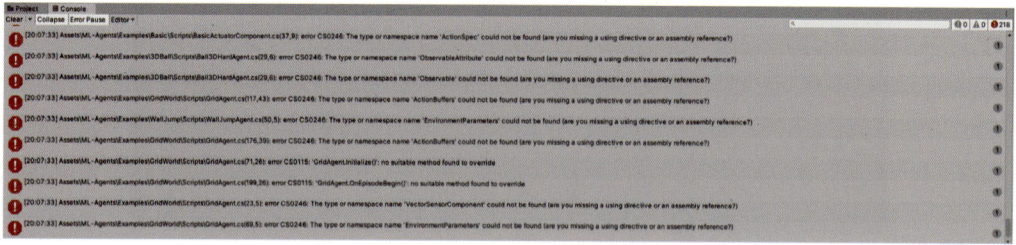

그림 2-66. 프로젝트 실행 시 콘솔창에 발생하는 에러 로그

설치 방법 1, 2와 동일하게 상단 메뉴에서 [Window] → [Package Manager]를 클릭합니다. Package Manager 창이 나오면 현재 프로젝트의 패키지(In Project)에서 ML-Agents, ML-Agents Extensions의 경로를 찾지 못하는 것을 확인할 수 있습니다.

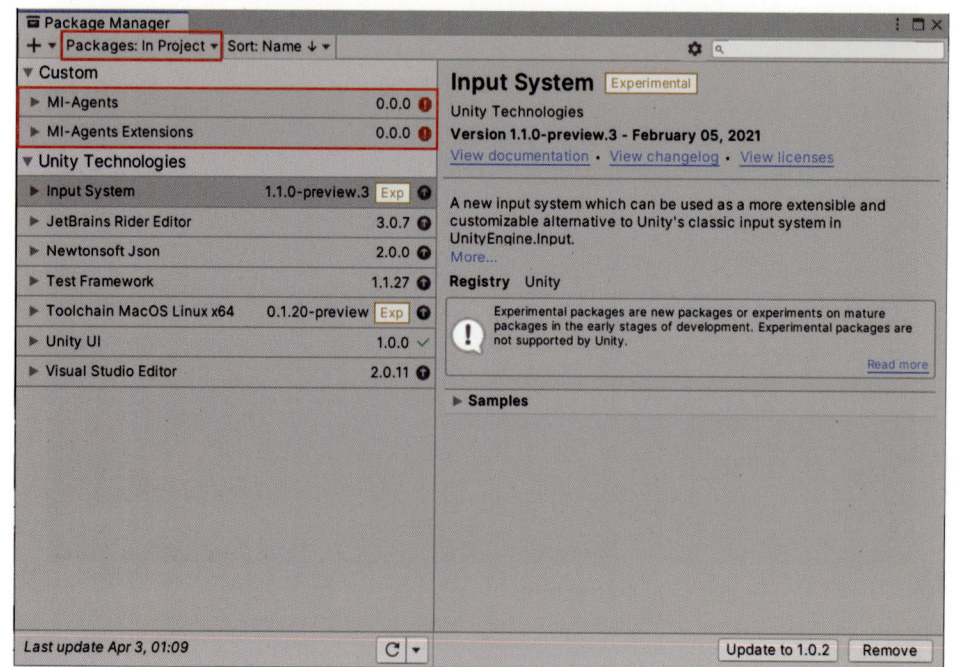

그림 2-67. Package Manager에서 ML-Agents 관련 패키지 확인

이제 설치 방법 2와 동일하게 좌측 상단의 [+] 버튼을 클릭하고 [Add package from disk]를 클릭합니다. 그리고 깃허브에서 내려받은 항목들 중 com.unity.ml-agents 폴더에 있는 package.json 파일을 선택합니다. 같은 방법으로 com.unity.ml-agents.extensions 폴더에 있는 package.json을 선택하면 ML-Agents와 관련된 패키지의 경로가 제대로 지정된 것을 확인할 수 있습니다.

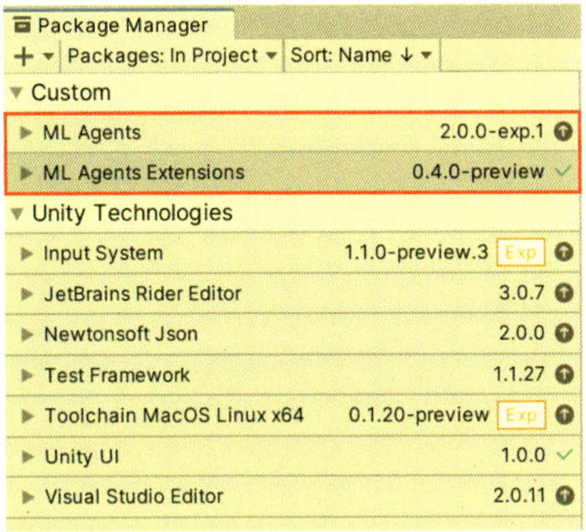

그림 2-68. ML-Agents와 관련된 패키지 추가 완료

여기까지의 내용을 진행하면 콘솔의 모든 에러가 사라진 것을 확인할 수 있습니다. 설치 방법 3을 통해 설치하는 경우 ML-Agents에서 기본적으로 설정을 마친 예제이므로 ML-Agents에 대한 패키지만 재설정하면 일반적으로 원하는 버전의 ML-Agents를 에러 없이 사용할 수 있습니다. 지금까지 유니티에 ML-Agents를 설치하는 세 가지 방법을 모두 살펴봤습니다.

2.3.3 ML-Agents 파이썬 패키지 설치하기

ML-Agents 파이썬 패키지의 설치는 pip를 이용해 간단하게 진행할 수 있습니다. 먼저 유니티 패키지의 버전에 대응되는 파이썬 패키지의 버전을 확인해야 합니다. 이 책에서 설치한 유니티 패키지의 버전 2.0.0에 대응되는 파이썬 패키지의 버전은 0.26.0입니다. 따라서 다음의 명령어를 이용해 pip로 mlagents 파이썬 패키지를 설치할 수 있습니다.

```
pip install mlagents==0.26.0
```

다음과 같이 "Successfully installed"라는 메시지가 나오면 잘 설치된 것입니다.

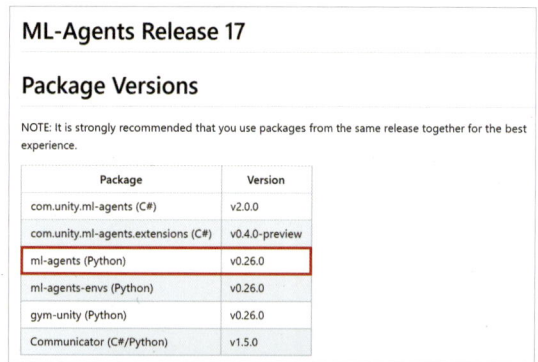

그림 2-69. pip을 이용한 mlagents 파이썬 패키지 설치

ML-Agents 관련 파이썬 패키지가 잘 설치됐는지는 다음의 명령어로 확인할 수 있습니다.

```
pip show mlagents
pip show mlagents-envs
```

다음과 같이 명령어를 입력했을 때 이름과 버전이 나오면 잘 설치된 것입니다.

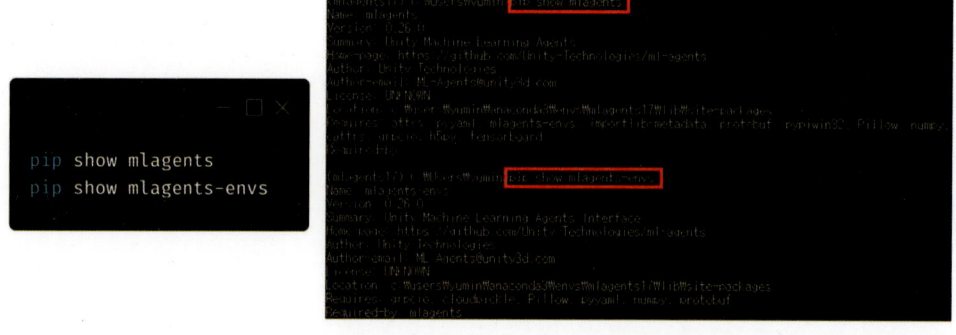

그림 2-70. mlagents 파이썬 패키지가 잘 설치됐는지 확인

지금까지 mlagents 파이썬 패키지를 설치하고, 잘 설치됐는지 확인하는 방법을 살펴봤습니다. 이제 설치는 모두 완료됐으니 본격적으로 ML-Agents와 관련된 요소들을 살펴보고 직접 사용해보겠습니다.

2.4 ML-Agents의 구성 요소

이번 절에서는 ML-Agents의 3DBall 예제 환경을 열어보고, 유니티 프로젝트 내에서 ML-Agents를 구성하는 다양한 요소들을 살펴보겠습니다. 그리고 환경을 빌드하는 방법을 살펴보겠습니다.

설치 방법 3을 이용해서 ML-Agents 환경을 열었다면 유니티 프로젝트에 3DBall 환경이 기본적으로 실행돼 있을 것입니다. 만약 3DBall 환경이 실행돼 있지 않다면 프로젝트 뷰에서 다음 경로의 파일을 실행해 3DBall씬 파일을 열어줍니다.

Assets/ML-Agents/Examples/3DBall/Scenes/3DBall.unity

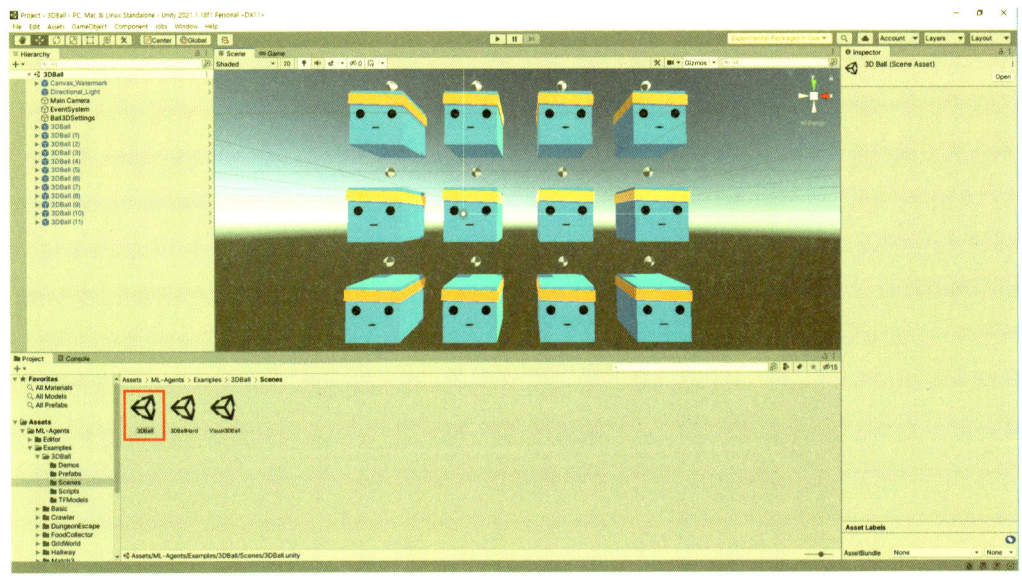

그림 2-71. 3DBall 씬 파일 실행

해당 환경은 박스 위에 있는 공이 떨어지지 않도록 박스를 회전시켜서 제어하는 환경입니다. 해당 환경의 하이러키 창을 보면 12개의 동일한 요소들(3DBall ~ 3DBall (11))이 있는 것을 확인할 수 있습니다. 각 요소의 하위 요소들을 보면 공과 에이전트로 구성돼 있으며 에이전트의 하위에는 각 에이전트를 구성하는 세부 요소들로 이뤄진 것을 알 수 있습니다.

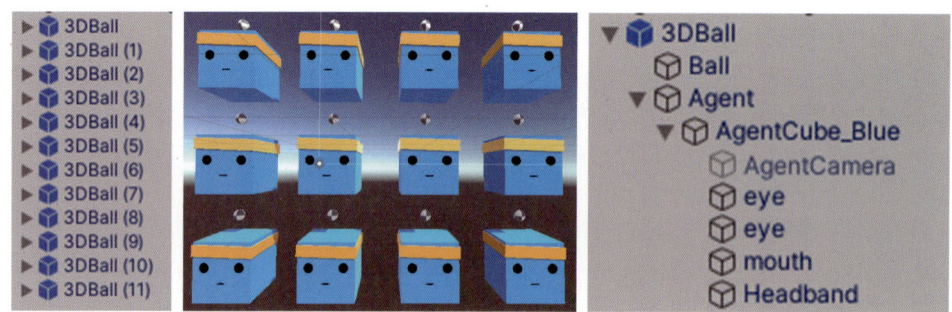

그림 2-72. 3DBall을 구성하는 12개의 요소들 (각 요소는 공과 박스로 구성)

이중 하나의 3DBall 요소를 선택해 하위에 있는 Agent를 클릭하면 인스펙터 창에서 ML-Agents와 관련된 요소들을 살펴볼 수 있습니다. 다음과 같이 Behavior Parameters, Ball 3D Agent, Decision Requester, Model Overrider가 ML-Agents와 관련된 요소들입니다. 유니티로 만든 환경에 해당 스크립트의 내용만 작성하면 일반 시뮬레이션 환경을 강화학습 환경으로 만들 수 있습니다. 해당 요소들을 하나씩 살펴보겠습니다.

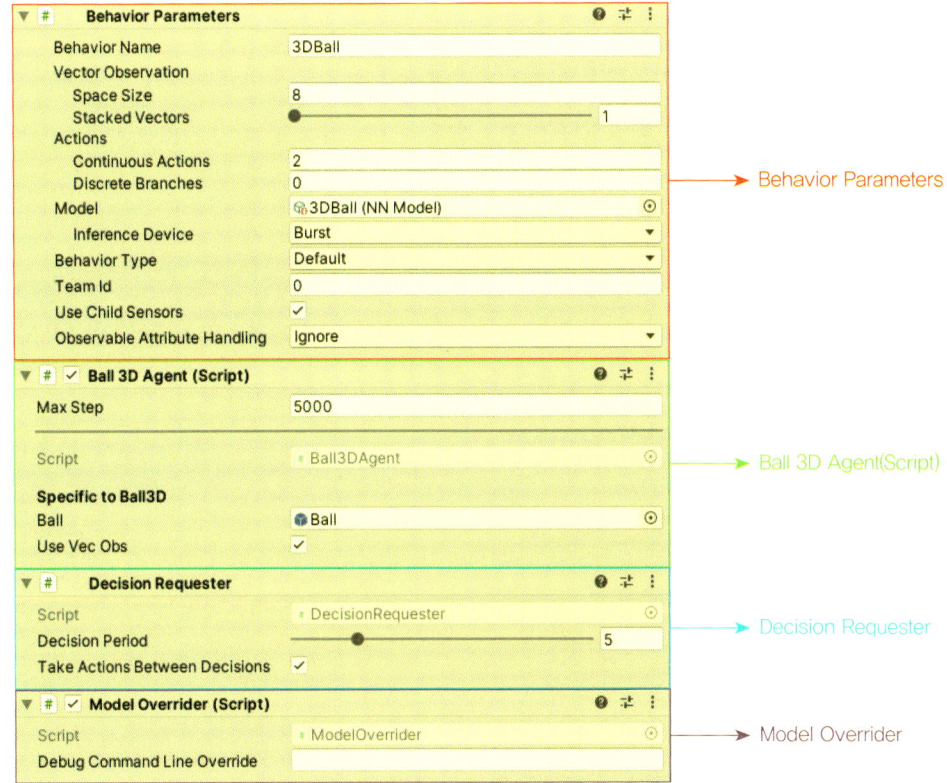

그림 2-73. ML-Agents와 관련된 요소들

2.4.1 Behavior Parameters

첫 번째 요소인 Behavior Parameters는 Behavior Name, Vector Observation, Actions, Model, Behavior Type, Team Id, Use Child Sensors, Observable Attribute Handling으로 구성돼 있습니다. 각 구성 요소를 하나씩 자세히 살펴보겠습니다.

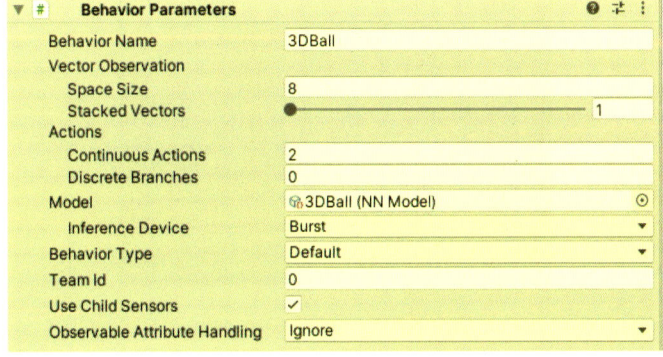

그림 2-74. Behavior Parameters

Behavior Name

Behavior Parameters의 이름을 결정합니다. 여러 개의 Behavior Parameters를 사용하는 경우 이들을 구분하기 위한 것이므로 적절한 이름을 설정합니다.

Vector Observation

Vector Observation에서는 본 환경에서 사용할 벡터 관측과 관련된 설정을 합니다.

- Space Size에서는 현재 환경에서 사용할 벡터 관측의 크기를 설정합니다. 예시에서는 8로 설정돼 있으며 이는 8개의 숫자로 구성된 벡터를 벡터 관측으로 사용한다는 의미입니다.
- Stacked Vectors는 벡터 관측의 누적 횟수를 결정합니다. 이는 시간에 따른 누적으로 해당 누적 횟수만큼 시간 스텝에 대해서 벡터 관측을 누적합니다.

예시를 통해 살펴보겠습니다. 다음 그림은 Space Size=3, Stacked Vectors=3으로 설정한 벡터 관측에 대한 예시입니다. 여기서 사용하는 3가지 숫자는 위치 좌표(x, y, z)로 구성된 3개의 숫자로 가정하겠습니다. 이렇게 현재 시간 스텝이 t인 경우 Stacked Vectors=3으로 설정하면 t-1 스텝과 t-2 스텝의 벡터 관측도 한꺼번에 누적하여 하나의 벡터 관측으로 사용합니다.

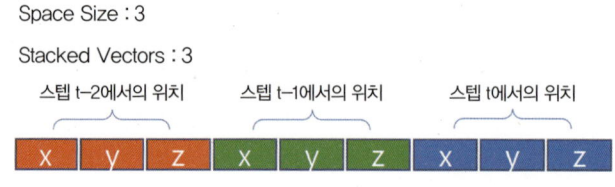

그림 2-75. Space Size=3, Stacked Vectors=3으로 설정한 벡터 관측의 예

이렇게 벡터 관측을 쌓아주는 이유를 생각해보겠습니다. 다음은 퐁 환경의 예시입니다.

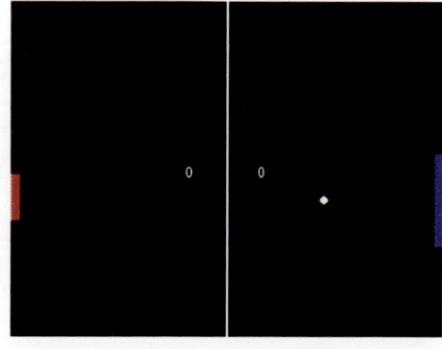

그림 2-76. 퐁 환경의 예시

퐁 환경은 왼쪽의 빨간 바와 오른쪽의 파란 바가 위아래로 움직이면서 하얀색의 공을 받아 쳐야 하는 게임입니다. 하지만 위와 같이 한순간의 상태만으로는 공이 어느 방향으로, 얼만큼의 속도로 이동하고 있는지 알 수 없습니다. 하지만 이를 다음과 같이 시간에 따라 이미지들을 누적하여 살펴보겠습니다.

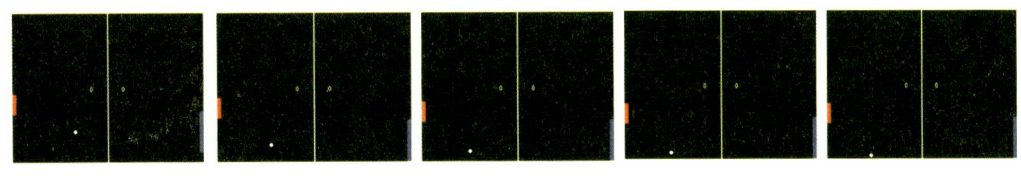

그림 2-77. 퐁 환경의 이미지를 누적한 예시

이렇게 이미지를 시간에 따라 누적한 경우에는 공이 어느 방향으로, 어느 정도의 속도로 이동하고 있는지 알 수 있습니다. 이렇게 속도나 방향과 같이 시간에 대한 정보가 필요한 경우에는 상태를 누적해야 합니다.

Actions

에이전트의 행동과 관련된 설정을 합니다. 에이전트의 연속적 행동과 이산적 행동의 수를 설정할 수 있습니다. 먼저 연속적 행동의 경우를 살펴보겠습니다. 3DBall 환경의 경우 에이전트를 두 축으로 회전시키면서 박스를 제어합니다. 이때 각 축에 대한 회전량을 연속적인 행동 값으로 결정합니다. 이에 따라 두 개의 축에 대한 회전을 제어하기 위해 Continuous Actions를 2로 설정합니다.

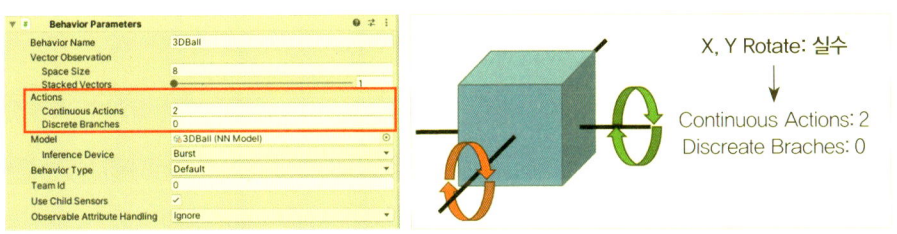

그림 2-78. 연속적인 행동 설정에 대한 예(Continuous Actions=2)

다음은 이산적인 행동에 대한 설정을 살펴보겠습니다. 먼저 Branches라는 개념을 이해해야 합니다. Branches는 행동에 대한 그룹을 의미합니다. 다음은 Branches=1로 설정하고 Branch 0 Size=4로 설정한 예시입니다. 다음 그림을 보면 에이전트가 격자로 된 공간에서 위, 아래, 왼쪽, 오른쪽으로 이동할 수 있는 상황입니다. 이 경우는 총 이산적인 4개의 행동이 한 세트로 구성돼 있으므로 Discrete Branches=1, Branch 0 Size=4로 정의할 수 있습니다.

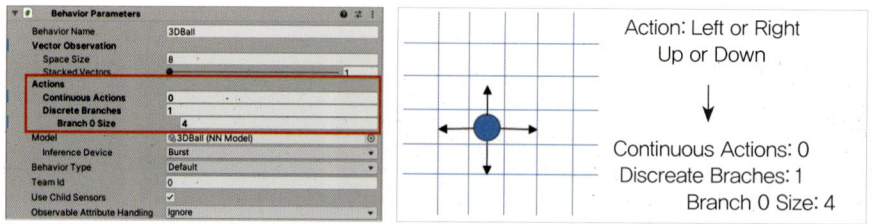

그림 2-79. 이산적인 행동 설정에 대한 예(Discrete Branches=1)

다음은 Branches=2로 설정하고 Branch 0 Size=3, Branch 1 Size=3으로 설정한 예시입니다. 다음 그림을 보면 첫 번째 Branch의 경우 행동을 정지, 위, 아래 3개로 설정하고, 두 번째 Branch의 경우 행동을 정지, 왼쪽, 오른쪽 3개로 설정하겠습니다. 이 경우 첫 번째 Branch에서 위, 두 번째 Branch에서 오른쪽의 행동을 조합하여 행동을 선택하는 경우 오른쪽 위의 대각선 방향으로 최종 행동을 결정할 수 있습니다. 혹은 첫 번째 Branch에서 정지, 두 번째 Branch에서 왼쪽의 행동을 조합하여 선택하는 경우 왼쪽의 방향으로 최종 행동을 결정할 수 있습니다. 이런 식의 조합으로 첫 번째 Branch에서 3개의 행동, 두 번째 Branch에서 3개의 행동 조합으로 위, 아래, 왼쪽, 오른쪽 뿐만 아니라 4개의 각 대각선 방향의 행동, 정지와 같이 총 9개의 행동을 정의할 수 있습니다.

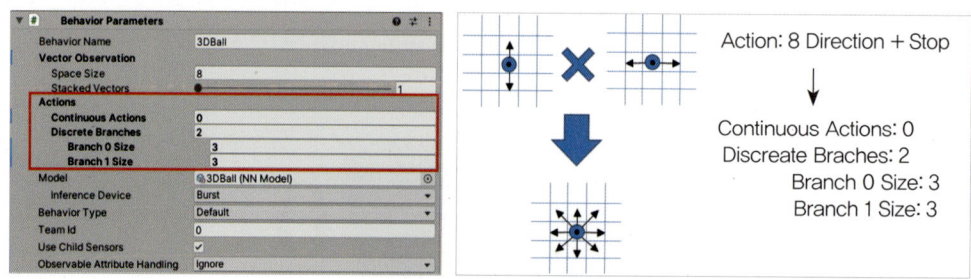

그림 2-80. 이산적인 행동 설정에 대한 예(Discrete Branches=2)

Model

Model에서는 ML-Agents에서 제공하는 알고리즘으로 학습하는 방식인 mlagents-learn을 통해 학습된 에이전트의 모델을 적용할 수 있습니다. mlagents-learn을 통해 학습하는 경우 학습된 모델이 nn 혹은 onnx라는 확장자를 가진 파일로 저장됩니다. 해당 파일을 Model에 적용하면 학습된 대로 유니티 내에서 에이전트를 제어할 수 있게 됩니다. 또한 학습된 모델을 적용하고 유니티 환경을 빌드하는 경우 해당 빌드 환경을 실행하면 에이전트가 빌드된 환경 내에서 학습된 대로 행동하게 됩니다.

- Inference device는 해당 학습 모델을 적용하여 추론을 수행할 때 사용할 연산 장치를 결정합니다. 여기서는 Default, CPU, GPU, Burst로 설정할 수 있습니다. Burst와 CPU, Default는 CPU를 이용해 추론 연산을 하는 옵션이며, GPU는 말 그대로 GPU를 사용해 추론 연산을 하는 옵션입니다. 현재 Burst와 Default는 같은 기능을 하며, CPU 옵션과의 차이점은 CPU 사용량을 높여 사용하는 것입니다.

Behavior Type

Behavior Type은 Default, Inference Only, Heuristic Only로 3가지 설정이 있습니다. Default는 위에서 살펴본 Behavior Parameters의 Model에 학습 모델(.nn, .onnx 파일)이 적용돼 있다면 해당 모델의 학습 결과대로 에이전트가 행동을 수행하는 Inference를 수행합니다. 만약 적용된 모델이 없다면 정해진 규칙대로 행동하거나 사람이 직접 에이전트를 제어하는 Heuristic으로 적용되는 옵션입니다. 또한 빌드 후 학습을 수행하려면 Behavior Type을 Default로 설정하고 환경에 대한 빌드를 진행해야 합니다. Inference Only는 적용된 모델을 통해서만 에이전트의 행동을 결정하고 Heuristic Only는 사용자가 직접 정한 규칙에 의해서만 에이전트를 제어합니다. Heuristic으로 설정하는 경우 특정 규칙에 따라 에이전트의 행동을 결정할 수도 있고, 키보드 입력을 설정해 사람이 직접 에이전트를 제어하도록 설정할 수도 있습니다.

Team ID

Team ID는 에이전트간 공유할 정책 index로, 같은 Team ID를 가진 에이전트들은 정책을 공유하여 업데이트를 한다고 이해할 수 있습니다. 여러 에이전트가 정책을 공유하며 업데이트를 하는 경우 동시에 데이터를 수집하여 빠른 학습이 가능하도록 설정할 수 있습니다. 또한 여러 에이전트가 존재하는 환경에서 Team ID를 몇 개의 에이전트에 대해서는 0으로 몇 개의 에이전트에 대해 1로 설정할 수도 있습니다. 이 경우 같은 Team ID를 가진 에이전트들은 서로 협력하고 다른 Team ID를 가지는 에이전트들과는 서로 경쟁하며 학습을 수행하는 Multi-Agents 강화학습 환경을 만들 수 있습니다.

Use Child Sensors, Observable Attribute Handling

Use Child Sensors는 에이전트가 하위 오브젝트를 가지고 있고, 하위 오브젝트가 센서를 가지고 있다면 체크 박스를 선택해 해당 센서를 에이전트의 관측으로 사용할 수 있습니다. Observable Attribute Handling은 앞서 설명한 Vector Observation 외에 관측할 속성을 추가로 넣을 수 있는 파라미터입니다. 해당 요소들은 이 책에서는 사용하지 않을 것이므로 간략하게 역할만 언급하고 넘어가겠습니다.

2.4.2 Agent Script

다음은 ML-Agents와 관련된 요소 중 두 번째 요소인 Agent Script입니다.

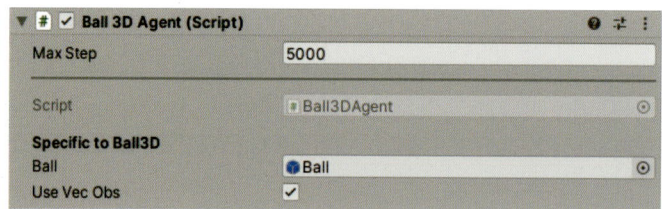

그림 2-81. 3DBall의 Agent Script

Max Step

해당 스크립트의 파라미터는 Max Step입니다. 이는 한 에피소드의 최대 스텝 수를 정하는 값으로 만약 이를 5000으로 설정한 경우 환경이 초기화되고 5000 스텝이 지나면 한 에피소드가 자동으로 종료됩니다.

Ball, Use Vec Obs

다음으로 Ball이나 Use Vec Obs 같은 Agent 스크립트의 public 변수들을 확인할 수 있습니다. 이는 Ball 3D Agent 스크립트에서 코드를 통해 설정된 값으로, ML-Agents를 위해 사용되는 요소가 아니기 때문에 자세히 설명하지는 않겠습니다.

ML-Agents에서 에이전트에 대한 각종 코딩은 이 Agent 스크립트 내부에서 진행합니다. 해당 스크립트에서 어떤 정보들을 관측으로 사용할지, 각 액션 값에 대해 어떻게 에이전트를 제어할 것인지, 어떤 경우 얼만큼의 보상 혹은 패널티를 줄 것인지, 어떤 조건에서 에피소드를 종료할 것인지 등 각종 강화학습 에이전트와 관련된 코딩을 수행합니다.

이어서 직접 Agent 스크립트를 살펴보며 주요 함수들이 어떤 역할을 하는지 설명하겠습니다. 필수적인 함수들의 역할을 중점적으로 설명하고, 코드의 세부 내용은 간략하게만 설명하겠습니다. 각 함수 내부에 코드를 작성하는 자세한 내용은 이후에 직접 환경을 제작하며 설명할 것입니다. 해당 함수들 중 스크립트에 꼭 포함돼야 하는 함수는 CollectObservations, OnActionReceived, OnEpisodeBegin 함수입니다.

Initialize 함수

먼저 Initialize 함수는 환경이 처음 실행될 때 한 번만 호출되는 초기화 함수로 각 오브젝트들과 파라미터를 초기화하는 내용이 구성됩니다.

```
public override void Initialize()
{
    m_BallRb = ball.GetComponent<Rigidbody>();
    m_ResetParams = Academy.Instance.EnvironmentParameters;
    SetResetParameters();
}
```

CollectObservations 함수

CollectObservations 함수는 에이전트에게 전달할 벡터 관측의 요소를 결정하는 역할을 수행합니다. 조금 더 자세히 설명하자면 이 함수는 Vector Sensor를 sensor로 정의하고 이 sensor의 AddObservation 함수를 통해 각 데이터를 벡터 관측의 요소로 전달합니다. 3DBall 환경에서는 박스의 x, z축 회전량과 공과 판의 상대 거리의 (x, y, z) 좌표, 공의 속도의 x, y, z 방향 값 까지 총 8개의 값을 벡터 관측에 추가하는 것을 확인할 수 있습니다. 이에 따라 앞서 Behavior Parameters의 Vector Observation에서 Space Size를 8로 설정한 것입니다. 이렇게 Behavior Parameters 내부에 있는 Vector Observation의 Space Size는 Agent 스크립트의 CollectObservations 함수에서 설정한 벡터 관측의 수와 동일한 값으로 설정해야 합니다.

```
public override void CollectObservations(VectorSensor sensor)
{
    if (useVecObs)
    {
        sensor.AddObservation(gameObject.transform.rotation.z);
        sensor.AddObservation(gameObject.transform.rotation.x);
        sensor.AddObservation(ball.transform.position - gameObject.transform.position);
        sensor.AddObservation(m_BallRb.velocity);
    }
}
```

OnActionReceived 함수

OnActionReceived 함수는 알고리즘을 통해 결정된 행동에 따라 에이전트 제어, 보상 결정, 에피소드 종료 조건 설정 등을 담당하는 함수입니다. 가장 먼저 에이전트가 결정한 행동을 actionbuffers에서 읽어오고 그 행동을 환경에 반영합니다. 3DBall의 경우 행동 값에 따라 연속적인 값을 통해 박스를 2개의 축 방향으로 회전시키는 제어를 수행합니다. 예시 코드에서는 인덱스 0의 행동을 통해 z축으로 박스를 회전시키며 인덱스 1의 행동을 통해 x축으로 박스를 회전시킵니다.

그렇게 진행된 환경에서 에피소드를 마무리 지을지 또는 보상을 얼마나 줄지 판단하여 에피소드를 진행하게 됩니다. 예시 코드에서는 공이 떨어져서 공과 판의 y좌표 거리 차이 −2보다 작은 경우 x, z 축 방향으로 공과 판의 상대거리가 3이상 차이나는 경우 −1의 패널티를 받고 게임이 종료됩니다. 그 이외의 경우 0.1의 보상을 받고 게임이 종료되지 않는 간단한 조건문을 사용합니다.

```csharp
public override void OnActionReceived(ActionBuffers actionBuffers)
{
    var actionZ = 2f * Mathf.Clamp(actionBuffers.ContinuousActions[0], -1f, 1f);
    var actionX = 2f * Mathf.Clamp(actionBuffers.ContinuousActions[1], -1f, 1f);

    if ((gameObject.transform.rotation.z < 0.25f && actionZ > 0f) ||
        (gameObject.transform.rotation.z > -0.25f && actionZ < 0f))
    {
        gameObject.transform.Rotate(new Vector3(0, 0, 1), actionZ);
    }

    if ((gameObject.transform.rotation.x < 0.25f && actionX > 0f) ||
        (gameObject.transform.rotation.x > -0.25f && actionX < 0f))
    {
        gameObject.transform.Rotate(new Vector3(1, 0, 0), actionX);
    }
    if ((ball.transform.position.y - gameObject.transform.position.y) < -2f ||
        Mathf.Abs(ball.transform.position.x - gameObject.transform.position.x) > 3f ||
        Mathf.Abs(ball.transform.position.z - gameObject.transform.position.z) > 3f)
    {
        SetReward(-1f);
        EndEpisode();
    }
    else
    {
```

```
            SetReward(0.1f);
        }
    }
```

OnEpisodeBegin 함수

OnEpisodeBegin은 각 에피소드가 시작할 때마다 호출되는 함수로 환경의 상태를 초기화하도록 구성합니다. 게임에서 매 판이 새로 시작할 때 게임 환경을 초기화하는 설정을 수행한다고 생각하면 됩니다.

```
    public override void OnEpisodeBegin()
    {
        gameObject.transform.rotation = new Quaternion(0f, 0f, 0f, 0f);
        gameObject.transform.Rotate(new Vector3(1, 0, 0), Random.Range(-10f, 10f));
        gameObject.transform.Rotate(new Vector3(0, 0, 1), Random.Range(-10f, 10f));
        m_BallRb.velocity = new Vector3(0f, 0f, 0f);
        ball.transform.position = new Vector3(Random.Range(-1.5f, 1.5f), 4f, Random.Range(-1.5f,
        1.5f))
            + gameObject.transform.position;
        //Reset the parameters when the Agent is reset.
        SetResetParameters();
    }
```

Heuristic 함수

마지막으로 Heuristic은 앞서 설명한 Heuristic Only 모드에서 에이전트를 제어하는 방법을 결정합니다. 예시 코드에서는 사용자가 어떤 키를 눌렀을 때 어떻게 행동을 할지 정의했습니다. ContinuousActionsOut의 첫 번째 인덱스에는 "Horizontal" 입력을 받는데 이는 키보드에서 A, D키 혹은 방향키의 왼쪽, 오른쪽을 의미합니다. 마찬가지로 ContinuousActionsOut의 두 번째 인덱스에는 "Vertical" 입력을 받는데 이는 키보드에서 W, S키 혹은 방향키의 위, 아래를 의미합니다. 이렇게 입력한 뒤 Heuristic Only 모드로 환경을 실행하면 OnActionReceived 함수에서 정의한 대로 ContinuousActionsOut의 첫 번째 인덱스에 지정된 Horizontal 입력 값을 통해 박스를 z축으로 회전시킬 수 있습니다. 동일하게 OnActionReceived 함수에서 정의한 대로 ContinuousActionsOut의 두 번째 인덱스에 지정된 Vertical 입력 값을 통해 박스를 x축으로 회전시킬 수 있습니다.

```
public override void Heuristic(in ActionBuffers actionsOut)
{
    var continuousActionsOut = actionsOut.ContinuousActions;
    continuousActionsOut[0] = -Input.GetAxis("Horizontal");
    continuousActionsOut[1] = Input.GetAxis("Vertical");
}
```

2.4.3 Decision Requester, Model Overrider

다음으로 ML-Agents를 구성하는 요소들 중 Decision Requester와 Model Overrider에 대해 알아보겠습니다.

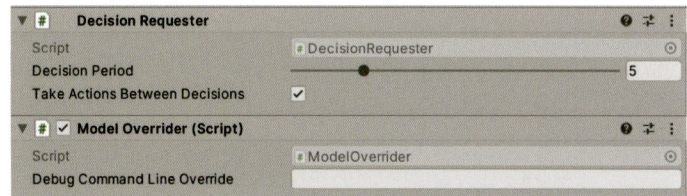

그림 2-82. Decision Requester, Model Overrider

Decision Period

Decision Request의 Decision Period는 에이전트가 새로운 행동을 결정하는 스텝의 간격입니다. 이를 5로 설정한 경우 5스텝마다 한 번씩 행동을 결정합니다. 따라서 Decision period의 값이 작아질수록 에이전트는 자주 새로운 행동을 결정하게 됩니다.

Take Actions Between Decisions

Take Actions Between Decisions는 행동 결정 사이의 간격 동안 이전에 결정된 행동을 반복할지, 아니면 아무 행동도 취하지 않을지 선택하는 설정입니다. 예를 들어 Take Actions Between Decision을 체크하는 경우 에이전트가 왼쪽으로 이동하도록 행동을 결정하면 다음 새로운 행동을 결정하기 전까지 계속 왼쪽으로 이동하는 행동을 취합니다. 해당 설정에 대한 체크를 해제하는 경우에는 왼쪽으로 이동하는 행동을 한 번만 수행하고 새로운 행동을 결정할 때까지 정지하게 됩니다. 테트리스 같은 게임을 예시로 생각해보면 한번 왼쪽으로 행동을 결정했다고 다음 새로운 행동을 결정하기 전까지 여러 번 왼쪽으로 이동하면 안 됩니다. 이런 경우 해당 설정에 대한 체크를 해제하는 것이 좋습니다.

Model Overrider는 학습이 완료된 후 모델의 유효성을 검사하기 위해 내부적으로 사용되는 요소입니다. 해당 요소는 ML-Agents 설정을 위해 필수적으로 포함돼야 하는 요소는 아닙니다.

2.4.4 환경 빌드하기

이제 3DBall환경에 대한 빌드를 진행합니다. 유니티 환경을 빌드하는 것은 해당 유니티 프로젝트를 설정한 운영체제에 맞는 실행 파일로 만드는 것을 의미합니다. 상단 메뉴에서 [File] → [Build Settings]를 클릭합니다.

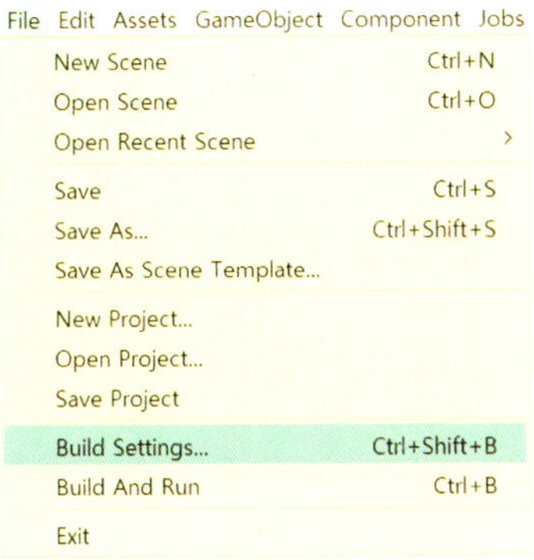

그림 2-83. [File] → [Build Settings] 클릭

Build Settings 창이 나오면 먼저 [Add Open Scenes] 버튼을 클릭해 Scenes In Build에 현재 씬을 추가합니다. 또는 프로젝트 뷰에서 씬 파일을 드래그 앤 드롭하여 추가할 수도 있습니다.

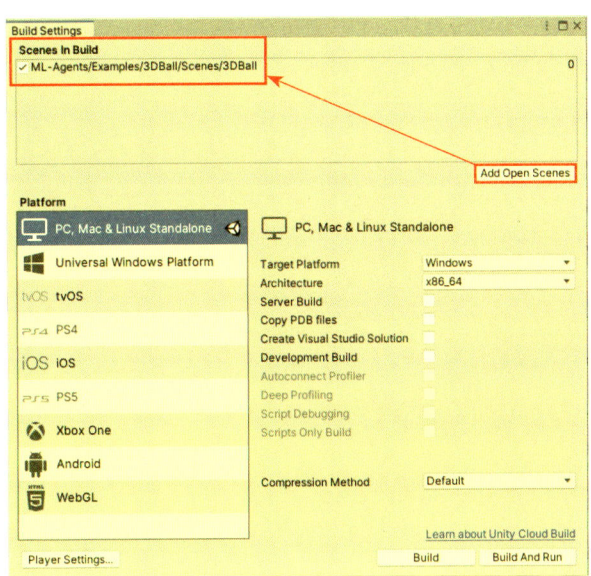

그림 2-84. [Add Open Scenes] 버튼을 클릭해 Scenes In Build에 Scene 추가

이어서 플랫폼에 대한 설정을 진행합니다. 이 책에서는 플랫폼은 [Windows, Mac, Linux]로 설정하고, Target Platform은 [Windows]를 선택하겠습니다.

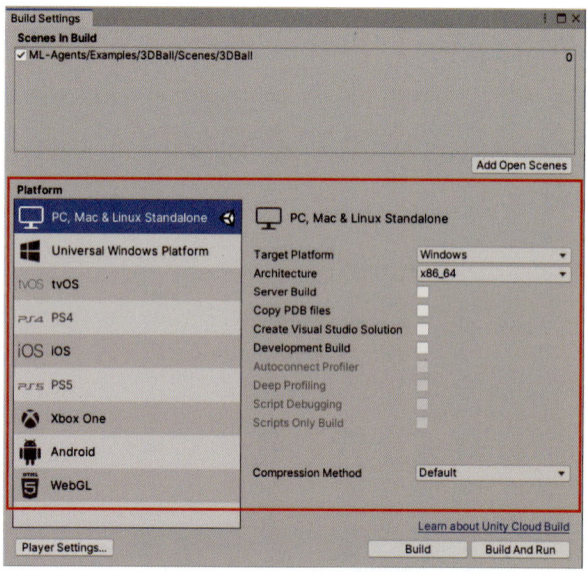

그림 2-85. 플랫폼 관련 설정

다음으로 왼쪽 아래의 [Player Settings]를 클릭하면 환경과 관련된 다양한 설정을 할 수 있습니다. 우선 Product Name을 3DBall로 수정하겠습니다. 윈도우 빌드의 경우 이 이름에 따라 생성되는 파일의 이름이 결정됩니다. 아래쪽의 Resolution에서는 실행될 창의 크기를 결정합니다. 여기서는 너비 320, 높이 240으로 설정하겠습니다.

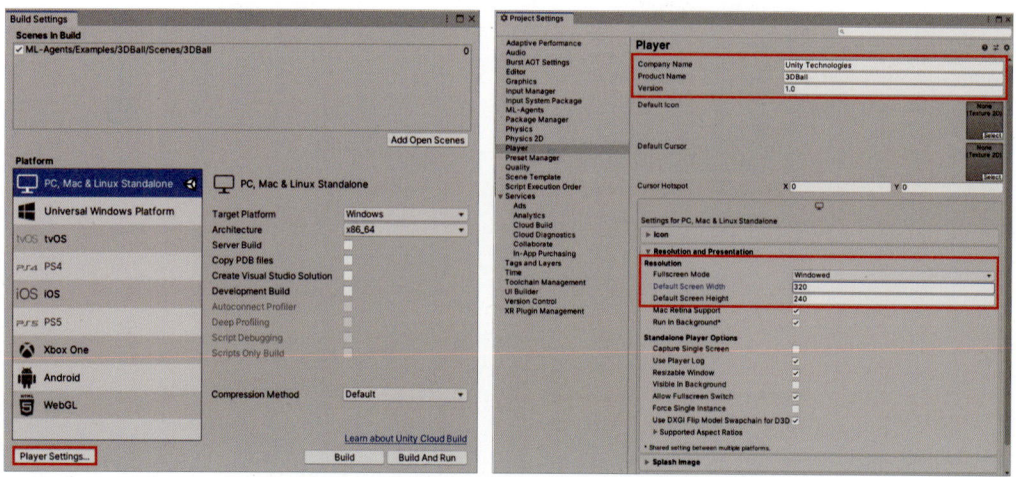

그림 2-86. Player Settings 관련 설정

설정이 마무리되면 [Build]를 클릭하고 빌드 파일을 생성한 경로를 설정해 최종적으로 빌드를 마무리합니다. 빌드가 잘 완료되는 경우 설정한 경로에 빌드된 파일들이 나타나게 되고, 콘솔에서도 성공적으로 빌드가 완료됐다는 메세지를 확인할 수 있습니다.

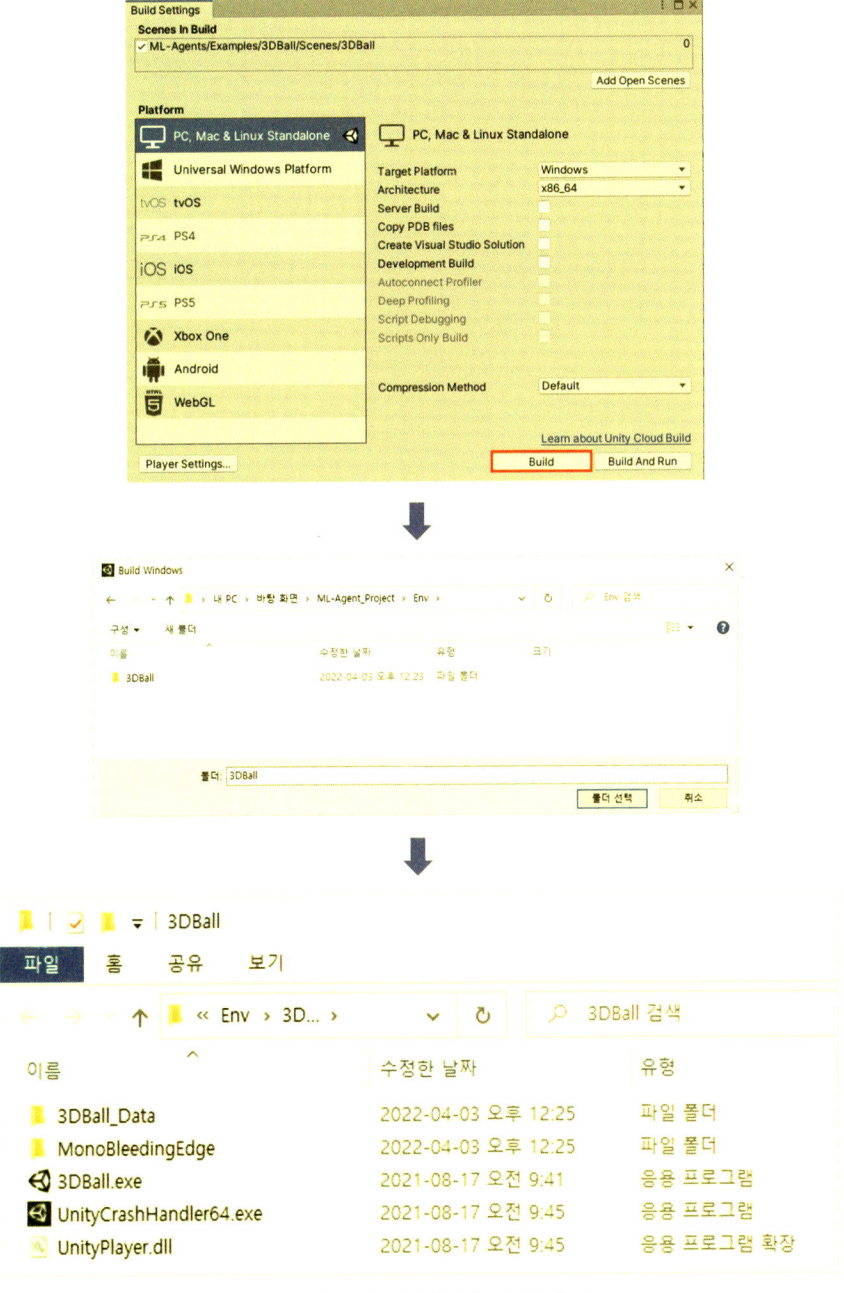

그림 2-87. 빌드 경로 설정 및 빌드 결과 파일 확인

2.5 mlagents-learn을 이용해 ML-Agents 사용하기

ML-Agents를 사용하여 제작한 환경을 학습하는 방법은 두 가지가 있습니다. 첫 번째 방법은 ML-Agents에서 제공하는 mlagents-learn 기능을 이용해 학습을 수행하는 것입니다. 이 경우 강화학습 알고리즘을 직접 구현하지 않아도 되고 간단한 명령어만으로 학습을 수행할 수 있습니다. 하지만 학습과 관련된 파라미터만 변경할 수 있고, 알고리즘에 대한 변경은 제한적이라는 단점이 있습니다. 두 번째 방법은 ML-Agents의 Python-API를 사용하여 직접 구성한 파이썬 코드를 통해 에이전트를 학습하는 것입니다. 이 경우는 알고리즘에 대한 변경이 자유롭다는 장점이 있지만, 알고리즘을 직접 다 구현해야 한다는 점에서 사용에 대한 난이도가 높습니다. 이 책에서는 두 가지 방법 모두 살펴볼 것입니다.

이번 절에서는 먼저 ML-Agents에서 지원하는 다양한 강화학습 알고리즘과 학습 방식을 살펴보겠습니다. 그리고 빌드된 3DBall 환경을 ML-Agents에서 제공하는 강화학습 알고리즘 중 PPO(Proximal Policy Optimization) 알고리즘을 이용해 학습하는 방법을 살펴보겠습니다.

2.5.1 ML-Agents에서 제공하는 강화학습 알고리즘

현재 ML-Agents에서는 다음과 같은 알고리즘들을 제공합니다. 제공하는 알고리즘에는 강화학습 알고리즘뿐 아니라 모방학습(Imitation learning) 알고리즘도 있습니다.

강화학습(Reinforcement learning)

- Proximal Policy Optimization (PPO)
- Soft Actor Critic (SAC)
- Curiosity based Exploration (ICM, RND)
- Multi-Agent Posthumous Credit Assignment (MA-POCA)

모방학습(Imitation learning)

- Behavioral Cloning (BC)
- Generative Adversarial Imitation Learning (GAIL)

Proximal Policy Optimization(PPO)과 Soft Actor Critic(SAC)

먼저 강화학습 알고리즘으로는 일반적인 강화학습 알고리즘인 Proximal Policy Optimization (PPO)과 Soft Actor Critic(SAC)을 제공합니다. 해당 알고리즘들은 강화학습에서 가장 대중적으로 사용되는 알고리즘들로 일반적으로 좋은 성능을 보이며 안정적으로 학습됩니다. 또한 연속적인 행동과 이산적인 행동 환경 모두에서 사용할 수 있습니다.

Curiosity based Exploration(ICM, RND)

다른 알고리즘들의 경우 특수한 문제를 풀기 위한 강화학습 알고리즘들입니다. 먼저 ICM과 RND 알고리즘은 호기심 기반 탐험을 위한 알고리즘으로 강화학습의 탐험에 대한 성능을 향상시킨 알고리즘입니다. 해당 알고리즘은 Hard exploration 문제들, 즉 보상을 얻기까지 복잡한 탐험을 수행해야하는 문제를 풀기 위한 특수한 알고리즘입니다.

Multi-Agent Posthumous Credit Assignment(MA-POCA)

마지막 MA-POCA 알고리즘은 멀티 에이전트 환경, 즉 하나의 환경에 다수의 에이전트가 존재하는 환경에서 학습을 수행하는 알고리즘입니다. 해당 알고리즘의 경우 여러 에이전트가 효율적으로 협력하여 일부 희생을 하더라도 공동의 목표를 수행하도록 학습하는 알고리즘입니다.

Behavioral Cloning(BC)과 Generative Adversarial Imitation Learning(GAIL)

다음으로 모방학습은 강화학습과는 학습 방법이 다릅니다. 모방학습 알고리즘은 사람의 플레이 데이터를 기반으로 에이전트가 사람의 플레이를 모방하도록 학습하는 알고리즘입니다. 여기서는 단순히 지도학습처럼 사람의 행동을 모방하는 Behavioral Cloning과 Generative Adversarial Network (GAN)의 방식을 도입한 Generative Adversarial Imitation Learning, 줄여서 GAIL 알고리즘을 제공합니다.

2.5.2 ML-Agents에서 제공하는 학습 방식

ML-Agents에서는 다음과 같이 특별한 강화학습의 학습 방식들을 제공합니다.

- Curriculum Learning
- Parameter Randomization
- Competitive Multi Agent
- Cooperative Multi Agent

Curriculum Learning

첫 번째 학습 방식은 Curriculum Learning입니다. 예를 들어 굉장히 어려운 문제가 있을 때 처음부터 어려운 문제를 학습하는 것은 어렵기 때문에 난이도를 쉽게 만들고 순차적으로 난이도를 높여가면서 학습을 수행하는 방식이 Curriculum Learning입니다. 예를 들어 다음 그림과 같이 소코반이라는 보드게임 문제를 푸는 경우를 생각해보겠습니다. 처음부터 가장 오른쪽과 같이 맵의 크기가 크고 오브젝트의 수가 많은 어려운 환경을 푸는 것이 아닌, 맵의 크기도 작고 오브젝트의 수도 적은 가장 왼쪽 환경부터 조금씩 난이도를 올려가면서 학습을 수행하여 최종적으로 어려운 문제를 풀 수 있도록 학습하는 것입니다.

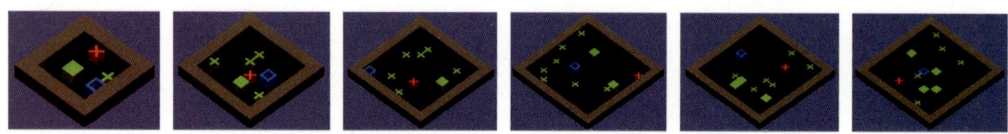

그림 2-88. Curriculum Learning의 예 (소코반 환경)

Parameter Randomization

두 번째 학습 방식은 Parameter Randomization입니다. 예를 들어 다음 그림과 같이 3DBall 문제를 푼다고 가정했을 때 환경 내의 다양한 파라미터들을 변경해가며 학습을 수행하는 것입니다. 다음은 공의 크기를 다양하게 변경해가며 학습을 수행하는 경우의 예시입니다. 실제적인 다양한 상황들을 생각해봤을 때 환경의 다양한 부분이 변경되는 경우가 있습니다. 예를 들어 운전을 할 때 노면의 마찰 계수가 다양한 노면을 주행해야 할 수도 있고, 드론을 제어할 때 바람의 세기가 다양한 환경에서 제어를 수행해야 할 때도 있습니다. 이때 환경의 다양한 파라미터들을 변경하며 학습을 수행하면 이런 변화들에 더욱 강인한 에이전트를 학습시킬 수 있습니다. 이렇게 다양하게 환경의 파라미터를 변경하며 수행하는 기능도 ML-Agents에서 제공하고 있습니다.

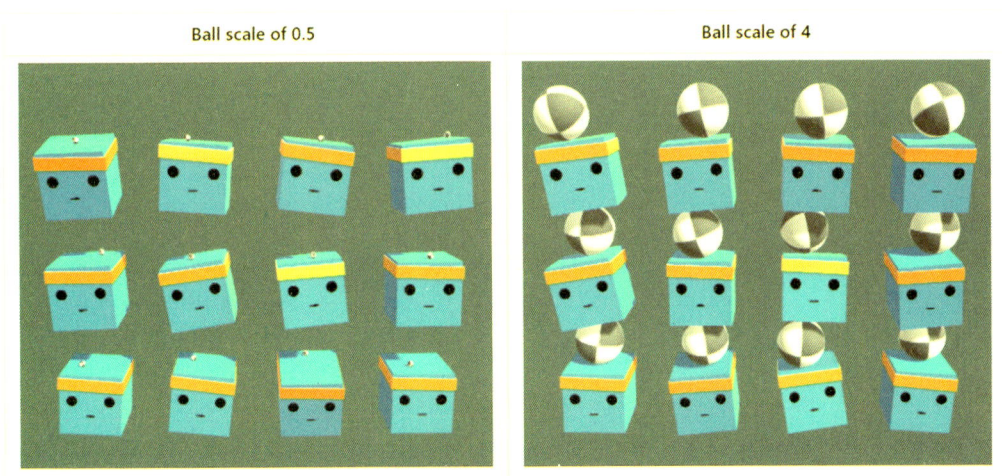

그림 2-89. Parameter Randomization의 예 (3DBall 환경)

다음 학습 방식을 설명하기 전에 멀티 에이전트 강화학습에 대해서 조금 더 자세히 알아보겠습니다. 일반적인 강화학습의 경우 하나의 환경에 하나의 에이전트가 존재합니다. 이 경우 환경 내에 있는 하나의 에이전트만 제어하면 됩니다. 하지만 멀티 에이전트 강화학습은 하나의 환경 내에 다수의 에이전트가 존재하는 문제입니다. 다수의 에이전트를 동시에 제어하는 알고리즘이고 다수의 에이전트가 서로 잘 협력하거나 경쟁하도록 학습합니다. 실생활에서는 다수의 문제들이 멀티 에이전트 문제로 정의될 수 있습니다. 이런 멀티 에이전트 문제의 예시로는 다수의 물류 로봇이 서로 충돌하지 않도록 제어하거나 다수의 자율주행 차량을 제어하는 경우, 드론의 군집제어, 네트워크 최적화, 다수의 교차로가 존재하는 환경에서 신호등 제어 등을 생각할 수 있습니다.

Competitive Multi Agent

ML-Agents에서 제공하는 멀티 에이전트 강화학습 중 첫 번째는 Competitive 에이전트, 즉 경쟁적인 에이전트입니다. 예를 들어 다음 그림과 같은 퐁 환경의 예시를 생각해보겠습니다. 왼쪽의 바와 오른쪽의 바가 위아래로 이동하면서 공을 받아 치는 게임으로 왼쪽과 오른쪽의 바 모두 강화학습 에이전트로 설정하고 학습을 진행합니다. 이렇게 경쟁적으로 학습하는 경우 두 에이전트가 서로를 이기도록 학습하며 점점 게임을 잘 플레이하도록 학습하게 되는 것입니다.

그림 2-90. 경쟁적으로 학습하는 Competitive 에이전트의 예 (퐁 환경)

Cooperative Multi Agent

ML-Agents에서 제공하는 멀티 에이전트 강화학습 중 두 번째는 Cooperative 에이전트, 즉 협력적인 에이전트입니다. 다음 그림의 환경은 ML-Agents에서 제공하는 Dungeon Escape 환경입니다. 해당 환경에서는 용 한 마리가 열쇠를 물고 있고 세 개의 에이전트 중 하나가 용에게 가면 용과 해당 에이전트가 죽게 됩니다. 그럼 남은 에이전트들이 열쇠를 주워서 던전을 탈출해야 하는 환경입니다. 해당 알고리즘의 경우 하나의 에이전트가 희생을 하더라도 결국 모든 에이전트들의 공동 목표인 용을 죽이고 탈출하도록 학습을 합니다. 이렇게 에이전트들이 협력하여 문제를 해결하는 알고리즘을 위한 학습도 ML-Agents에서 지원합니다.

그림 2-91. 협력적으로 학습하는 Cooperative 에이전트의 예 (Dungeon Escape)

2.5.3 PPO 알고리즘을 이용한 3DBall 환경 학습

ML-Agents에서 제공하는 알고리즘을 이용해 환경에 대한 학습을 진행할 때는 명령 프롬프트에 명령어를 입력하여 진행합니다. 명령 프롬프트에 입력할 기본 명령어는 아래와 같습니다.

```
mlagents-learn [trainer-path] --env=[env-path]/build_name --run-id=[run-id]
```

사용자가 입력해야 할 내용들에 대해 살펴보겠습니다.

trainer-path

먼저 trainer-path는 학습 알고리즘의 설정 파일(.yaml)이 위치한 경로입니다. 따로 위치를 이동하지 않았다면 깃허브에서 내려받은 mlagents 폴더 내부의 config 폴더에 위치해 있습니다.

env-path

다음으로 설정할 env-path는 학습을 실행시킬 환경의 경로, 즉 빌드된 파일이 위치한 경로입니다.

run-id

마지막으로 run-id는 학습을 진행하면서 도출되는 파일들을 저장할 폴더의 이름입니다. 도출되는 파일로는 텐서보드 파일, 학습된 에이전트의 모델 등이 있습니다.

각 요소들에 대해서 조금 더 자세히 살펴보겠습니다. 깃허브에서 내려받은 ML-Agents 관련 폴더를 살펴보면 config 폴더가 있습니다. 해당 폴더 내부에는 imitation, poca, ppo, sac 같은 강화학습 알고리즘에 해당하는 폴더들이 있는 것을 확인할 수 있습니다. 이번 절에서 사용할 알고리즘인 ppo 폴더 내부로 들어가보면 3DBall, Basic, Crawler 등 다양한 환경에 대한 설정 파일이 있는 것을 확인할 수 있습니다.

이 중에 3Dball에 대한 mlagents-learn의 PPO의 파라미터들을 살펴보면 다음과 같이 설정할 수 있는 파라미터들이 굉장히 많은 것을 볼 수 있습니다. PPO 알고리즘의 이론에 대한 내용은 응용편에서 자세히 다룰 예정입니다. 이번 기초편에서는 PPO를 예제로 mlagents-learn을 통한 학습을 수행하는 것이 목표이므로 각 파라미터들이 어떤 역할을 하는지 공식 깃허브의 내용에 기반하여 간단하게 설명하겠습니다.

```
behaviors:
  3DBall:
    trainer_type: ppo
    hyperparameters:
      batch_size: 64
      buffer_size: 12000
      learning_rate: 0.0003
      beta: 0.001
      epsilon: 0.2
      lambd: 0.99
      num_epoch: 3
      learning_rate_schedule: linear
    network_settings:
      normalize: true
      hidden_units: 128
      num_layers: 2
      vis_encode_type: simple
    reward_signals:
      extrinsic:
        gamma: 0.99
        strength: 1.0
    keep_checkpoints: 5
    max_steps: 500000
    time_horizon: 1000
    summary_freq: 12000
```

trainer type

trainer type 파라미터는 학습에 사용할 강화학습 기법으로, 기본값은 ppo입니다. 해당 파라미터에는 기본적인 강화학습 알고리즘인 ppo, sac 뿐 아니라 멀티에이전트 알고리즘인 poca로도 설정할 수 있습니다.

batch size

batch size는 한번 학습할 때 몇 개의 데이터를 동시에 사용하여 학습을 수행할 것인지 결정하는 값입니다. 일반적으로 연속적인 행동 알고리즘은 값은 크게(128~2048), 이산적인 행동 알고리즘은 값을 작게(32~512) 설정하는 편입니다.

buffer size

ppo 알고리즘은 버퍼에 데이터를 일정량 모은 후 batch size만큼 데이터를 추출해서 몇 번의 epoch만큼 학습을 수행합니다. 이렇게 데이터를 저장할 버퍼의 크기가 buffer size입니다. 2048~409600이 일반적인 값의 범위이며 buffer size가 클수록 일반적으로 안정적인 학습 수행이 가능하지만, 많은 데이터를 저장하므로 큰 메모리를 차지하게 됩니다.

learning rate

learning rate는 학습을 위한 초기 학습률입니다. 기본값은 3e-4이며 일반적인 값의 범위는 1e-5 ~ 1e-3입니다. 해당 값이 너무 크면 학습 결과가 최적으로 수렴하지 못할 수 있고 값이 너무 작으면 학습 시간이 오래 걸리게 됩니다. 만약 학습이 불안정하거나 보상이 지속적으로 증가하지 않는 경우 일반적으로 learning rate를 감소시키는 것이 좋습니다.

learning rate schedule

learning rate schedule은 학습이 진행됨에 따라 learning rate를 어떻게 변경할지 결정하는 방법입니다. 이에 대한 기본값은 PPO 알고리즘에 대해서는 linear, SAC 알고리즘에 대해서는 constant입니다. PPO는 학습이 진행되는 동안 서서히 학습률을 감소시키는 경우 더 안정적으로 학습이 수렴합니다. 이에 따라 learning rate schedule을 linear로 설정합니다. 다음으로 SAC는 전체 학습과정 동안 학습률을 일정하게 유지하여 자연스럽게 큐 함수값이 수렴할 때까지 학습을 합니다. 이에 따라 learning rate schedule을 constant로 설정합니다.

여기서부터 살펴볼 값들은 PPO와 관련된 하이퍼 파라미터입니다.

beta

beta는 탐험과 관련된 값으로, 해당 값이 클수록 더 많은 랜덤 행동, 즉 탐험을 수행하게 됩니다. 기본값은 5e-3이며 일반적으로 1e-4~1e-2로 값을 설정합니다.

epsilon

다음은 epsilon입니다. 이 값은 clipping과 관련된 하이퍼 파라미터로 epsilon의 값이 클수록 업데이트를 하는 범위가 커지기 때문에 이는 학습을 얼마나 빠르게 할지 결정하는 값입니다. 하지만 값을 너무 크게 설정하면 학습이 불안정해지며 값이 낮을수록 안정적이지만 학습을 느리게 수행하게 됩니다. 기본적으로는 0.2로 설정하며 일반적으로 0.1~0.3으로 설정합니다.

lambd

lambd는 Generalized Advantage Estimate(GAE)의 Regularization 파라미터입니다. 이 값은 업데이트된 가치를 추정할 때 현재 가치에 얼마나 의존할지를 결정하는 값입니다. 해당 값이 작으면 현재 추정한 가치, 즉 미래 보상에 더욱 의존하게 되고 해당 값이 크면 환경을 통해 받은 실제 보상에 더 의존하게 됩니다. 해당 값을 적절하게 설정해야 안정적인 학습이 가능합니다. 기본값은 0.95이며 일반적으로는 0.9~0.95로 설정합니다.

num epoch

다음은 num epoch입니다. 버퍼의 모든 데이터를 batch만큼 추출하여 전체 버퍼의 데이터를 1회 학습한 것이 1epoch라는 학습 단위입니다(그림 2-92). 학습을 3epoch 수행했다는 것은 버퍼의 전체 데이터를 batch만큼 샘플링하여 총 3회 학습을 수행한 것입니다. 해당 값이 클수록 안정적으로 학습을 수행하지만 학습이 느려지므로 학습 시간이 오래 걸리게 됩니다. 기본값은 3이며 일반적으로는 3~10으로 설정합니다.

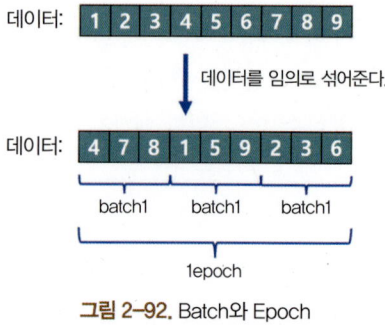

그림 2-92. Batch와 Epoch

여기서부터 살펴볼 값들은 딥러닝 네트워크와 관련된 하이퍼 파라미터입니다.

normalize

normalize는 벡터 관측 데이터를 정규화할지 결정하는 파라미터입니다. 복잡하고 연속적인 행동 문제의 경우 normalization이 학습에 도움이 될 수 있지만 간단하고 이산적인 행동 문제에는 성능이 저하될 수 있습니다.

hidden units

hidden units은 인공신경망의 각 층에서 사용할 노드의 갯수를 결정합니다.

num layers

num layers는 인공신경망을 몇 층으로 사용할지 네트워크의 구조를 결정합니다. 네트워크의 노드와 층에 대한 예시는 다음 그림과 같습니다.

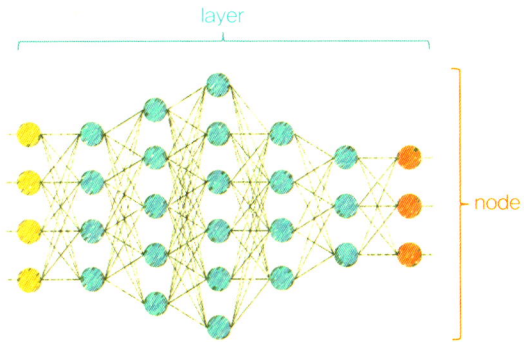

그림 2-93. 딥러닝 네트워크의 레이어와 노드의 예

vis encode type

vis encode type은 시각적 관측 데이터를 인코딩할 딥러닝 모델을 결정합니다. 기본값은 simple로 두 개의 convolution layer로 구성된 간단한 모델입니다. 해당 파라미터는 nature cnn, resnet, match3, fully connected와 같은 설정이 가능합니다.

여기서부터는 보상과 관련된 파라미터들입니다.

strength

첫 번째는 strength로 환경에서 제공하는 보상에 이 strength라는 값을 곱해서 보상의 범위를 조절, 즉 scaling을 하는 파라미터입니다. 일반적으로는 환경의 보상을 그대로 사용하도록 1의 값을 사용합니다.

gamma

다음 파라미터는 gamma입니다. gamma는 1장에서 살펴본 감가율, discount factor입니다. 이는 미래에 받을 보상을 학습에 얼마나 고려할지 결정하는 값입니다. 해당 값이 클수록 미래에 받을 것으로 예측되는 보상의 비율을 높게 결정하여 학습을 수행합니다. 기본값은 0.99이며 일반적으로는 0.8~0.995의 범위의 값을 사용합니다.

여기서부터는 기타 파라미터들입니다.

keep checkpoints

keep checkpoints는 유지할 모델 체크포인트의 최대 숫자입니다. 해당 숫자를 넘어서 체크포인트가 저장되는 경우 가장 오래된 것을 삭제하고 새로운 모델을 추가합니다. 기본값은 5입니다.

max steps

몇 스텝 동안 학습을 진행할지 결정하는 값입니다. 기본값은 500,000입니다.

time horizon

버퍼에 데이터를 저장하기 전에 몇 스텝동안 데이터를 수집할지 결정하는 값입니다. 자주 보상을 받는 환경의 경우 낮게 설정하는 것이 좋습니다. 해당 값의 경우 의미 있는 시퀀스를 다 포함할 수 있을 만큼 크게 설정하는 것이 좋습니다. 기본값은 64이며 일반적으로는 32~2048의 값으로 설정합니다.

summary freq

텐서보드에 몇 스텝마다 한 번씩 학습 통계를 기록할지 결정하는 값입니다. 기본값은 50,000입니다.

이제 mlagents-learn 명령어와 학습과 관련된 내용을 살펴보겠습니다. 명령 프롬프트에서 경로를 깃허브에서 받은 mlagents 폴더 내부로 이동하고 명령어를 입력합니다. 입력할 명령어의 예시는 다음과 같습니다.

```
mlagents-learn config/ppo/3DBall.yaml --env=../ML-Agents_Project/Env/3DBall/3DBall.exe --run-id=mlagent_test1
```

그림 2-94. mlagents-learn의 PPO 알고리즘을 이용한 3DBall 환경 학습 예시 명령어

ML-Agents에서 제공하는 mlagents-learn 학습을 위해 mlagents-learn을 먼저 입력하고 사용할 설정 파일(yaml 파일)의 경로를 입력합니다. 본 예시에서는 명령 프롬프트의 경로가 깃허브에서 받은 mlagents 폴더 내부이므로 config/ppo/3DBall.yaml로 설정 파일의 경로를 입력했습니다. 그 다음 --env에는 빌드한 3DBall 환경의 경로를 입력합니다. 마지막으로 --run-id에는 학습 관련 결과물들이 저장되는 폴더의 이름을 입력합니다. 이렇게 명령어를 입력하면 다음과 같이 PPO 알고리즘을 이용하여 3DBall 환경에 대한 학습이 진행되는 것을 확인할 수 있습니다.

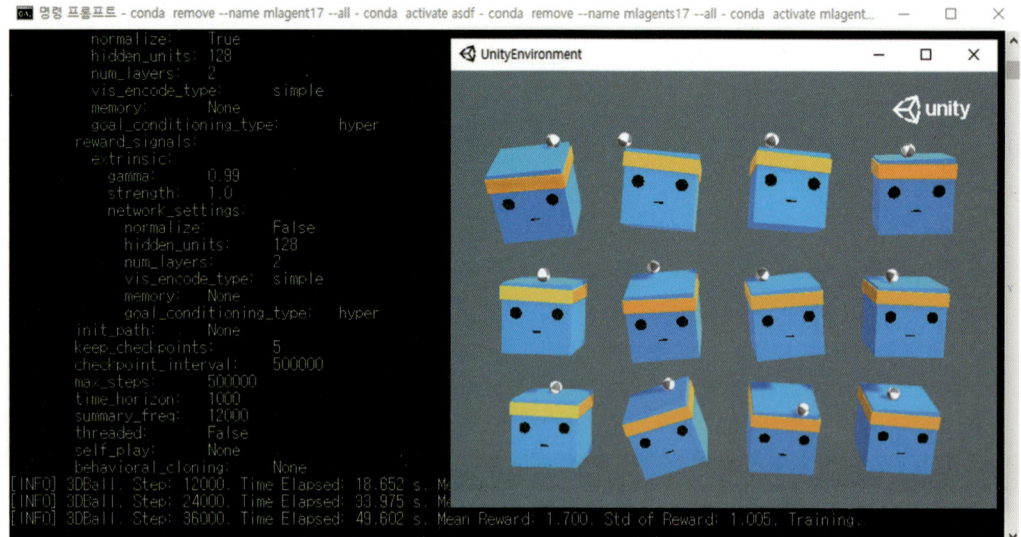

그림 2-95. mlagents-learn을 이용한 3DBall 환경 학습 진행

이렇게 학습이 진행될 때 학습의 진행 상황을 확인하기 위해 텐서보드를 사용할 수 있습니다. 텐서보드는 파이썬 라이브러리로 mlagents를 설치할 때 함께 설치됐으므로 명령 프롬프트에서 깃허브에서 내려받은 폴더로 이동한 후 다음 명령어를 입력합니다.

```
tensorboard --logdir=results --port=6006
```

이렇게 하면 명령 프롬프트에서 다음과 같은 결과를 확인할 수 있으며 여기서 나오는 주소인 http://localhost:6006을 인터넷 브라우저의 주소창에 입력하면 그림 2-97과 같이 환경이 학습되며 얻은 보상의 변화, 손실 함수 값의 변화 등 중간 결과들을 확인하며 학습이 잘 되고 있는지 확인할 수 있습니다.

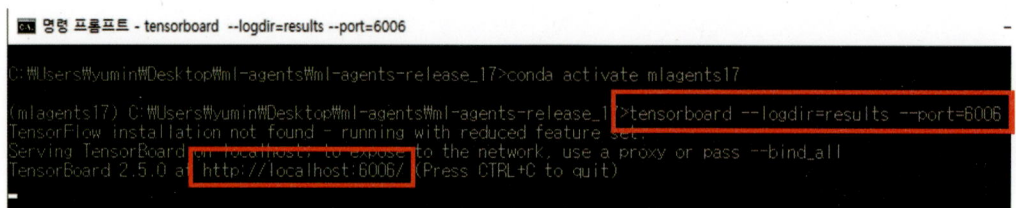

그림 2-96. 텐서보드 명령어 입력 결과

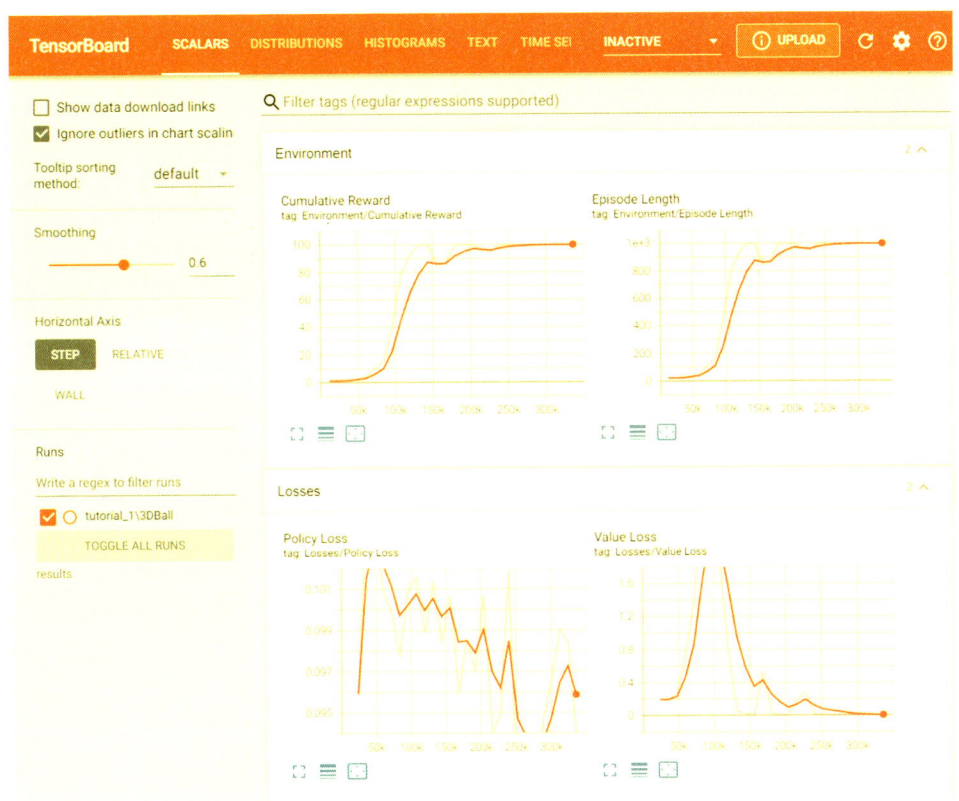

그림 2-97. 텐서보드에서 결과 확인

학습이 마무리되면 깃허브에서 내려받은 mlagents 폴더 내의 results 폴더에 --run_id에 설정한 이름과 동일한 폴더가 생성돼 있고, 그 안에 학습된 모델, onnx 파일이 있는 것을 확인할 수 있습니다. 학습 중에도 해당 모델이 저장됐다는 내용이 출력되는 것을 확인할 수 있습니다.

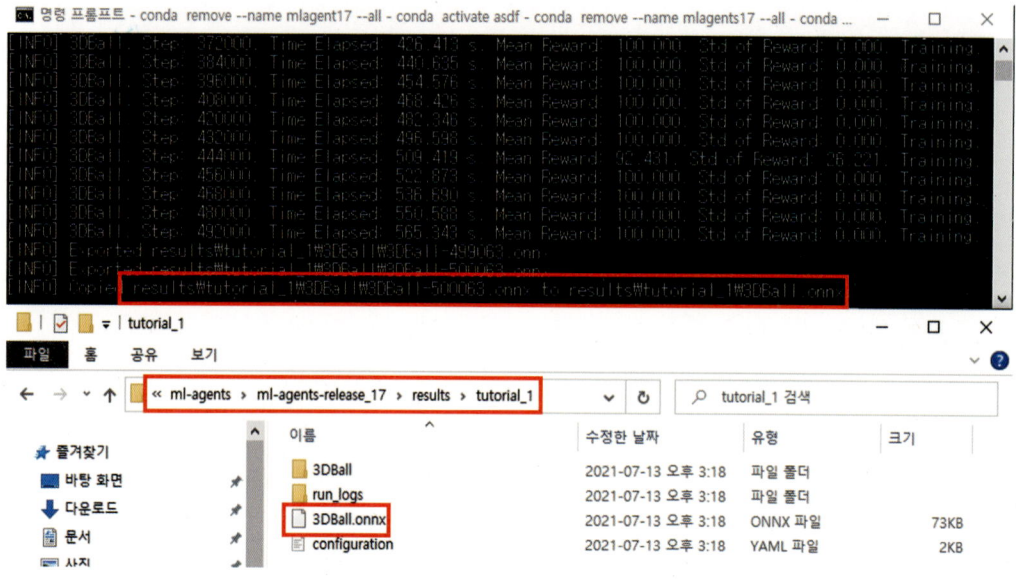

그림 2-98. 3DBall 환경 학습 후 저장된 onnx 파일

이렇게 학습된 onnx 파일을 유니티 프로젝트로 가져오면 2.3.2에서 설명한 유니티 프로젝트의 ML-Agents 관련 요소 중 Behavior Parameters 내부의 Model에 적용할 수 있습니다. 이렇게 적용한 다음 환경을 실행해보면 공을 떨어뜨리지 않도록 학습이 잘 된 onnx 모델이 유니티 내부에 적용된 것을 확인할 수 있습니다. 동일하게 해당 모델을 적용한 후 환경을 빌드하고 실행하면 이 빌드된 환경에서도 학습된 에이전트가 잘 동작하는 것을 확인할 수 있습니다.

추가로 환경을 빌드하지 않고 유니티 프로젝트에서 바로 mlagents-learn을 통해 학습을 진행할 수도 있습니다. 먼저 명령 프롬프트에서 다음과 같이 기본 명령어 중 env-path를 제외하고 입력합니다.

```
mlagents-learn [trainer-path] --run-id=[run-id]
```

이렇게 명령을 입력하면 다음과 같이 명령 프롬프트에 유니티 에디터에서 플레이 버튼을 눌러 학습을 시작하라는 문구가 나옵니다.

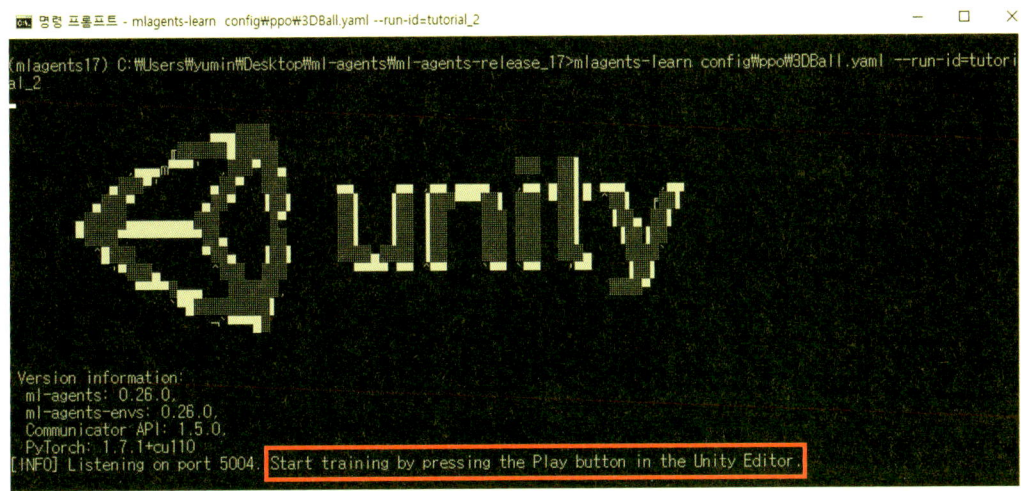

그림 2-99. 환경 경로를 제외한 mlagents-learn 명령 입력 결과

해당 문구가 나오면 학습할 환경이 실행되고 있는 유니티 에디터로 이동하여 상단의 플레이 버튼을 눌러줍니다. 본 예시에서는 3DBall 환경이 열려 있는 유니티 에디터에서 실행 버튼을 클릭해주면 됩니다.

그림 2-100. 환경 빌드 없이 유니티 프로젝트 내에서 학습 환경 실행

이렇게 실행 버튼을 클릭하면 동일하게 `mlagents-learn`을 통해 학습이 진행되는 것을 확인할 수 있습니다.

마지막으로 `mlagents-learn`의 추가적인 명령어를 소개하겠습니다. 기본적인 학습은 앞서 살펴본 기본 명령어로 실행할 수 있지만 이 외에도 다양한 옵션을 추가할 수 있습니다. 다음과 같이 help라는 명령을 통해서 다른 명령어들의 속성과 설명을 확인할 수 있습니다.

```
mlagents-learn --help
```

추가적인 `mlagents-learn`의 명령어들은 다음과 같습니다.

```
usage: mlagents-learn [-h] [--env ENV_PATH] [--resume] [--force] [--run-id RUN_ID] [--initialize-from RUN_ID]
                      [--seed SEED] [--inference] [--base-port BASE_PORT] [--num-envs NUM_ENVS] [--debug]
                      [--env-args ...] [--torch] [--tensorflow] [--results-dir RESULTS_DIR] [--width WIDTH]
                      [--height HEIGHT] [--quality-level QUALITY_LEVEL] [--time-scale TIME_SCALE]
                      [--target-frame-rate TARGET_FRAME_RATE] [--capture-frame-rate CAPTURE_FRAME_RATE]
                      [--no-graphics] [--torch-device DEVICE]
                      [trainer_config_path]
```

그림 2-101. 추가적인 mlagents-learn 명령어

해당 명령어들 중 주요하게 사용되는 명령어들 위주로 설명하겠습니다.

--resume과 --force

같은 run-id를 가진 학습 결과가 이미 존재할 때, 해당 run-id에 학습된 모델로부터 이어서 학습을 진행하려면 --resume을 추가로 입력합니다. 만약 이미 존재하는 run id를 처음부터 새롭게 학습을 시작하고 싶다면 --force를 추가로 입력합니다.

--inference

학습이 아니라 추론을 진행하려면 --inference 명령을 추가합니다. 이에 따라 이미 학습된 모델을 이어서 추론을 수행하려면 --resume과 --inference 명령을 함께 사용합니다.

--base-port

ML-Agents에서는 여러 학습을 동시에 진행하면 동일한 포트를 사용하게 되어 오류가 발생합니다. 이때는 --base-port의 값을 다르게 설정하면 여러 개의 환경을 동시에 실행하며 학습을 진행할 수 있습니다.

--num-envs

--base-port와는 조금 다르게 --num-envs의 값을 설정하면 한번 학습을 수행할 때 여러 개의 환경을 동시에 실행하고 한꺼번에 데이터를 수집하는 분산학습을 수행합니다.

--width와 --height

--width와 --height를 설정하면 실행되는 환경의 윈도우 크기에 대한 너비와 높이를 결정할 수 있습니다. 만약 환경이 어떻게 학습을 수행하는지 살펴보고 싶으면 이 값을 조절하여 윈도우 크기를 눈으로 확인할 수 있을 정도로 크게 조절하면 됩니다.

--time scale

--time scale은 화면 업데이트를 몇 스텝마다 한 번씩 수행할지 결정합니다. 이 값을 크게 설정하면 화면이 여러 스텝마다 한 번씩 렌더링 되기 때문에 마치 뚝뚝 끊기면서 학습을 수행하는 것 같은 느낌을 줍니다. 하지만 이 값이 어느정도 크게 설정되면 렌더링에 사용되는 연산이 줄어드므로 학습 속도가 더 빨라지게 됩니다.

--no graphics

--no graphics는 아예 렌더링을 하지 않는 설정입니다. 이 경우 당연히 학습 속도가 빨라지지만 화면이 보이지 않게 되고 이미지 데이터를 입력으로 쓰는 경우 해당 데이터가 그냥 검은 화면으로 나오는 문제가 발생할 수 있습니다. 이에 따라 벡터 관측만을 입력으로 쓰는 경우에만 해당 옵션을 사용하는 것을 추천합니다.

2.6 Python-API를 이용해 ML-Agents 사용하기

ML-Agents를 사용하여 제작한 환경을 학습하는 방법 중 두 번째 방법은 ML-Agents의 Python-API를 사용하여 직접 구성한 파이썬 코드를 통해 에이전트를 학습하는 것입니다. 이번 절에서는 Python-API의 기본적인 사용법을 알아보고 이를 통해 ML-Agents 환경을 랜덤하게 제어하는 방법을 알아보겠습니다.

2.6.1 Python-API를 통한 에이전트 랜덤 제어

3DBall 환경에서 에이전트를 랜덤하게 제어하는 파이썬 코드를 살펴보겠습니다.

```python
from mlagents_envs.environment import UnityEnvironment

if __name__ == '__main__':
    # 환경을 정의
    env = UnityEnvironment(file_name='./Env/3DBall/3DBall')

    # behavior 불러오기
    env.reset()
    behavior_name = list(env.behavior_specs.keys())[0]
    print(f'name of behavior: {behavior_name}')
    spec = env.behavior_specs[behavior_name]
```

먼저 mlagents_envs.environment 코드를 통해 유니티 환경 라이브러리를 불러옵니다. 이 라이브러리는 유니티와 파이썬 코드간 상호작용을 하는 주요 요소를 모두 포함한 라이브러리이며, 해당 라이브러리의 함수들을 통해 ML-Agents 환경 실행, 환경에 대한 상태와 보상 등 다양한 정보 취득, 행동을 환경으로 보내는 명령 등을 수행할 수 있습니다.

```python
from mlagents_envs.environment import UnityEnvironment
```

다음으로 UnityEnvironment를 env라는 변수에 저장을 합니다. 이때 UnityEnvironment의 입력으로 설정한 file_name에는 빌드된 환경 파일의 경로를 입력하면 환경이 실행되며 해당 환경과 파이썬 코드를 통해 통신할 수 있게 됩니다. 본 코드에서는 예시로 './Env/3DBall/3DBall'을 환경의 경로로 사용했습니다.

```python
env = UnityEnvironment(file_name='./Env/3DBall/3DBall')
```

다음으로 env.reset()을 통해 환경을 초기화해주고 이후 작업을 수행합니다.

```python
env.reset()
```

다음으로 behavior 관련 정보를 behavior_name과 spec에 저장합니다. 이때 behavior는 같은 브레인을 공유하는 에이전트들의 그룹이며, 유니티 프로젝트에서 살펴봤던 ML-Agents 관련 요소 중 behavior parameters를 동일하게 사용하는 에이전트들입니다. 코드를 보면 변수를 정의할 때 behavior_specs라는 변수를 가져와 사용하는데 이 변수에는 에이전트들의 행동이나 관측 정보들이 저장돼 있습니다. 해당 behavior의 이름을 저장하고 그 이름에 대한 행동 및 관측 정보를 spec이라는 변수에 저장하며 초기 환경 세팅을 마치게 됩니다.

```python
spec = env.behavior_specs[behavior_name]
```

이제 에피소드를 반복하며 진행하는 내용을 살펴보겠습니다.

```python
# 에피소드 진행을 위한 반복문 (10 에피소드 반복)
for ep in range(10):
    # 환경 초기화
    env.reset()
    
    # 에이전트가 행동을 요청한 상태인지, 마지막 상태인지 확인
    decision_steps, terminal_steps = env.get_steps(behavior_name)
    
    # 한 에이전트를 기준으로 로그를 출력
    tracked_agent = -1
    done = False
    ep_rewards = 0
```

예시 코드에서는 for 반복문을 통해 에피소드를 10번 진행하는 것을 확인할 수 있습니다.

```python
for ep in range(10):
```

가장 먼저 에피소드 시작과 함께 환경에 대한 초기화를 실행합니다. 여기서 환경의 초기화는 ML-Agents 관련 요소 중 Agent 스크립트의 OnEpisodeBegin 함수 내부의 코드대로 환경을 초기화하는 것입니다.

```python
env.reset()
```

그리고 get_steps 함수를 호출해 decision_steps, terminal_steps를 반환하는 데 get_steps 함수는 각 스텝에서 에이전트의 상태, 행동, 보상 등의 정보를 반환합니다. 해당 정보들이 다음 행동을 요청한 스텝이라면 즉, 아직 환경의 에피소드가 끝나지 않은 상태로 스텝이 진행 중이라면 정보는 decision_step에 저장됩니다. 만약 에피소드가 끝난 마지막 스텝이라면 terminal_step에 정보들이 저장되고 decision_step에는 다음 에피소드의 첫 스텝 정보가 저장됩니다.

```
decision_steps, terminal_steps = env.get_steps(behavior_name)
```

다음으로 환경과 관련된 몇 가지 변수들을 초기화합니다. tracked_agent는 추적할 에이전트의 아이디를 저장합니다. 3DBall 환경의 경우 총 12개의 에이전트가 존재합니다. 이 책에서는 에이전트들 중 한 에이전트만의 정보를 출력할 것이기 때문에 정보를 출력할 에이전트의 아이디를 따로 tracked_agent를 통해 저장합니다. done은 한 에피소드가 마무리됐는지 판단하는 변수입니다. 마지막 ep_reward는 해당 에피소드 동안 보상의 합을 저장할 변수입니다.

```
tracked_agent = -1
done = False
ep_rewards = 0
```

이제 본격적으로 하나의 에피소드가 진행되는 while 문입니다.

```
while not done:
    # tracked agent 지정
    if tracked_agent == -1 and len(decision_steps) >= 1:
        tracked_agent = decision_steps.agent_id[0]

    # 랜덤 액션 결정
    action = spec.action_spec.random_action(len(decision_steps))

    # set actions
    env.set_actions(behavior_name, action)

    # 실제 액션 수행
    env.step()
```

먼저 에피소드의 첫 스텝을 시작할 때, agent_id를 지정하며 tracked_agent를 정의합니다. 본 코드에서는 agent의 아이디 중 첫 번째 아이디를 사용합니다.

```
if tracked_agent == -1 and len(decision_steps) >= 1:
    tracked_agent = decision_steps.agent_id[0]
```

다음으로 spec의 agent_spec.random_action 함수를 통해 무작위 행동을 도출합니다. 이때 decision step의 길이, 즉 에이전트의 총 숫자인 12개의 행동을 도출하여 12개의 에이전트에 대한 행동을 모두 도출하고 이를 action이라는 변수에 저장합니다. 이때 action은 Action Tuple이라는 형태로 저장됩니다.

```
action = spec.action_spec.random_action(len(decision_steps))
```

다음으로 behavior에 대한 에이전트의 행동을 세팅합니다. 현재는 12개의 에이전트가 모두 동일한 behavior parameter를 가지기 때문에 하나의 behavior_name에 대해서 모든 행동을 결정해주면 됩니다. 만약 다른 behavior parameters를 가지는 에이전트들이 있는 경우 각 behavior name에 따라 행동을 따로 정의해야 합니다.

```
env.set_actions(behavior_name, action)
```

이렇게 행동 지정을 완료하면 step() 함수를 통해 환경 내에서 에이전트가 행동을 취하도록 합니다. 그리고 다음 행동이 요구될 때까지 스텝이 진행됩니다.

```python
env.step()

# 스텝 종료 후 에이전트의 정보 (보상, 상태 등) 취득
decision_steps, terminal_steps = env.get_steps(behavior_name)

# 추적중인 에이전트가 행동이 가능한 상태와 종료 상태일 때를 구분하여 보상 저장
if tracked_agent in decision_steps:
    ep_rewards += decision_steps[tracked_agent].reward
if tracked_agent in terminal_steps:
    ep_rewards += terminal_steps[tracked_agent].reward
    done = True

# 한 에피소드가 종료되고 추적중인 에이전트에 대해서 해당 에피소드에서의 보상 출력
print(f'total reward for ep {ep} is {ep_rewards}')

# 환경 종료
env.close()
```

행동이 마무리되면 행동의 결과에 따른 정보들을 decision_steps와 terminal_steps로 behavior_name에 따라 읽어옵니다.

```
decision_steps, terminal_steps = env.get_steps(behavior_name)
```

그리고 추적 중인 에이전트가 에피소드를 계속 진행하고 있는 상태인지, 또는 에피소드가 마무리된 상태인지 구분하여 보상을 저장합니다. 만약 에피소드가 종료되는 단계였다면 에피소드의 종료를 나타내는 Done 변수를 True로 설정하여 while 문을 나오게 되고 해당 에피소드의 보상 정보를 출력하며 에피소드를 마무리합니다.

```
if tracked_agent in decision_steps:
    ep_rewards += decision_steps[tracked_agent].reward
if tracked_agent in terminal_steps:
    ep_rewards += terminal_steps[tracked_agent].reward
    done = True
```

이렇게 에피소드를 반복하여 지정한 에피소드 횟수가 종료되면 마지막으로 close 함수 호출하여 환경을 종료합니다.

```
env.close()
```

위와 같이 작성한 파이썬 코드를 실행하면 3DBall 환경이 실행되고 Python-API를 통해 환경을 랜덤하게 제어하여 다음과 같이 10 에피소드에 대한 평균 보상이 출력되는 것을 확인할 수 있습니다.

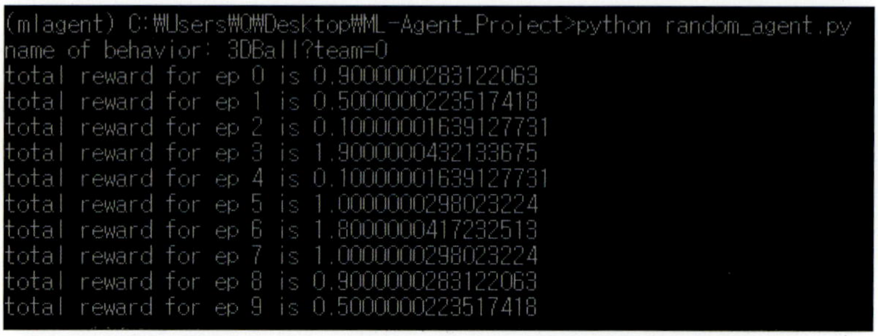

```
(mlagent) C:\Users\O\Desktop\ML-Agent_Project>python random_agent.py
name of behavior: 3DBall?team=0
total reward for ep 0 is 0.9000000283122063
total reward for ep 1 is 0.5000000223517418
total reward for ep 2 is 0.10000001639127731
total reward for ep 3 is 1.9000000432133675
total reward for ep 4 is 0.10000001639127731
total reward for ep 5 is 1.0000000298023224
total reward for ep 6 is 1.800000417232513
total reward for ep 7 is 1.0000000298023224
total reward for ep 8 is 0.9000000283122063
total reward for ep 9 is 0.5000000223517418
```

그림 2-102. Python-API를 통한 3DBall 환경 제어 후 평균 보상 출력

03

그리드월드 환경 만들기

학습 목표

- 유니티 ML-Agents의 예제 환경인 그리드월드의 구성 요소 및 스크립트를 이해한다.
- 예제 환경에 벡터 관측을 추가하는 방법을 알아본다.
- 유니티를 이용해 환경을 제작할 때 효과적인 코딩 방법을 배워본다.

목차

3.1 프로젝트 시작하기
3.2 스크립트 설명
3.3 벡터 관측 추가 및 환경 빌드
3.4 번외 (효과적인 코딩)

이번 장에서 설명한 전체 코드는 아래의 깃허브 주소에서 확인할 수 있습니다.

https://github.com/reinforcement-learning-kr/Unity_ML_Agents_2.0/tree/main/unity_project/GridWorld

3.1 프로젝트 시작하기

먼저 이번 장에서 사용할 그리드월드(GridWorld) 환경을 살펴보겠습니다. 다음 그림은 유니티 ML-Agents에서 예제로 제공하는 그리드월드 환경의 예시 이미지입니다.

그림 3-1. 그리드월드 환경

먼저 그리드월드 환경의 개요와 학습 환경 구성, 조작 방법을 살펴보겠습니다.

개요

- 그리드월드 환경은 격자 구조로 된 환경에서 파란색 네모 모양의 에이전트가 상, 하, 좌, 우로 이동하거나 가만히 있는 5가지 행동 중 하나를 선택하면서 장애물을 피해 목표 지점에 도착하면 끝나는 게임입니다.

- 에이전트의 바닥(Bottom)이 초록색인 경우 초록색 + 오브젝트가 목표 지점이 되고, 빨간색 x는 장애물이 됩니다. 반대로 에이전트 바닥이 빨간색인 경우에는 빨간색 x가 목표 지점이 되고, 초록색 + 가 장애물이 됩니다.

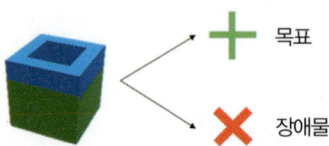

그림 3-2. 바닥이 초록색인 경우

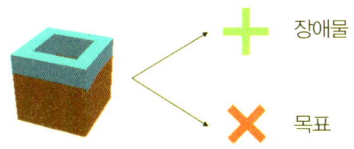

그림 3-3. 바닥이 빨간색인 경우

- 에이전트가 목표 지점으로 이동하면 +1의 보상을 얻으면서 게임이 종료되고, 장애물의 위치로 이동하면 -1의 보상을 받으면서 게임이 종료됩니다.

앞으로 환경 제작하는 부분에서는 ML-Agents에 대한 설치까지 진행되었다고 가정하고 설명을 진행할 것입니다. 이번 장에서는 ML-Agents에서 제공하는 예제 환경 또한 사용할 것입니다. 유니티를 실행하고 깃허브에서 내려받은 유니티 ML-Agents의 예제 프로젝트 중 그리드월드 환경을 열어보겠습니다. 프로젝트 창에서 /Assets/ML-Agents/Examples/GridWorld/Scenes 폴더에 있는 GridWorld 씬(Scene)을 더블클릭해 씬을 엽니다.

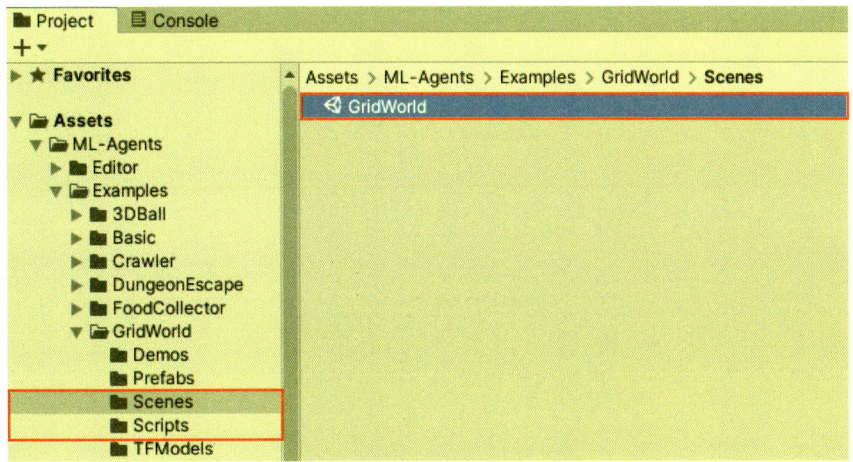

그림 3-4. GridWorld 씬 열기

GridWorld 씬의 기본 구성 요소를 살펴보겠습니다. 하이러키(Hierarchy) 창에서 그리드월드 환경을 구성하는 오브젝트들을 확인할 수 있습니다. Area가 붙은 오브젝트는 GridWorld 게임이 진행되는 하나의 게임 영역입니다. 예제 씬에서는 AreaRenderTexture와 Area, Area(1) … Area(7)까지 총 9개의 Area가 있습니다.

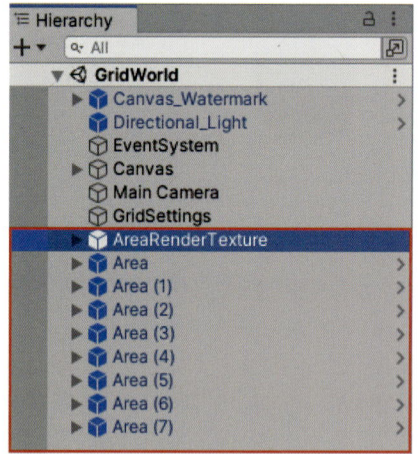

그림 3-5. GridWorld 씬에서 학습할 Area 오브젝트

이번 장에서는 하나의 게임 영역에서 한 개의 에이전트로 학습을 진행할 것입니다. AreaRender Texture를 제외한 나머지 Area 오브젝트들을 비활성화하겠습니다. Ctrl 키를 누르면 오브젝트를 중복해서 선택할 수 있습니다. Ctrl 키를 누른 채로 비활성화 할 Area 오브젝트들을 모두 선택합니다.

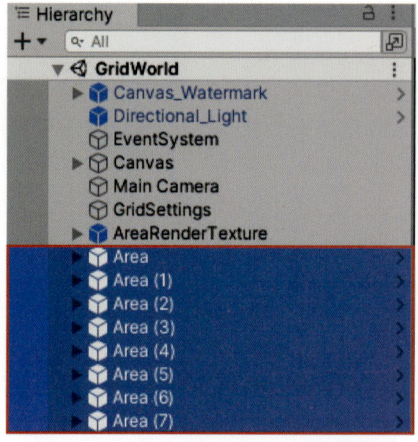

그림 3-6. 비활성화 할 Area 오브젝트 선택

인스펙터 창에서 체크박스를 해제해 비활성화 합니다. 그리고 Ctrl+S 키를 눌러 변경된 씬을 저장합니다.

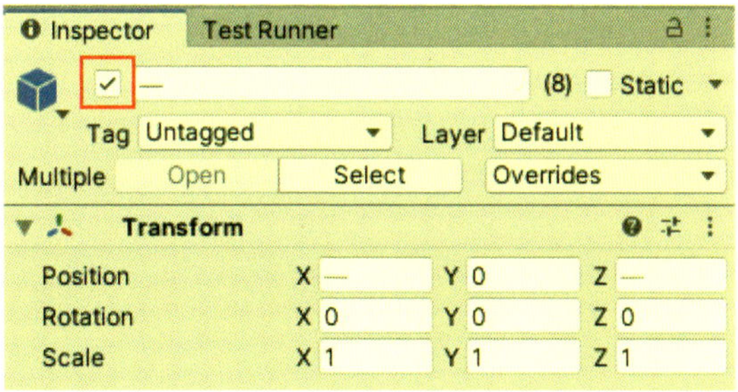

그림 3-7. Area 오브젝트들의 인스펙터 창에서 체크박스 해제

본격적으로 AreaRenderTexture 오브젝트의 구성을 더 자세히 살펴보겠습니다. 하이러키 창에서 AreaRenderTexture를 살펴보면 scene, RenderTextureAgent, agentCam으로 구성된 세 개의 자식 오브젝트를 가지고 있습니다.

그중 scene 오브젝트는 Plane, sE, sW, sN, sS 게임 오브젝트를 가지고 있습니다. Plane은 그리드월드의 바닥 오브젝트입니다. 그리고 sE, sW, sN, sS는 각각 동, 서, 남, 북에 위치한 벽 오브젝트들입니다.

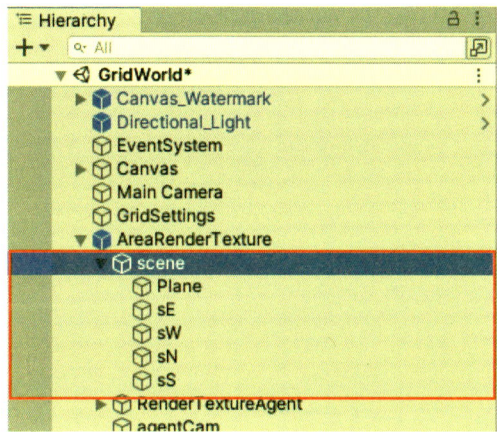

그림 3-8. Scene 오브젝트 구성 요소

다음으로 RenderTextureAgent는 강화학습에서 학습하는 주체인 agent 오브젝트입니다. 하이러키 창에서 RenderTextureAgent를 선택해보겠습니다.

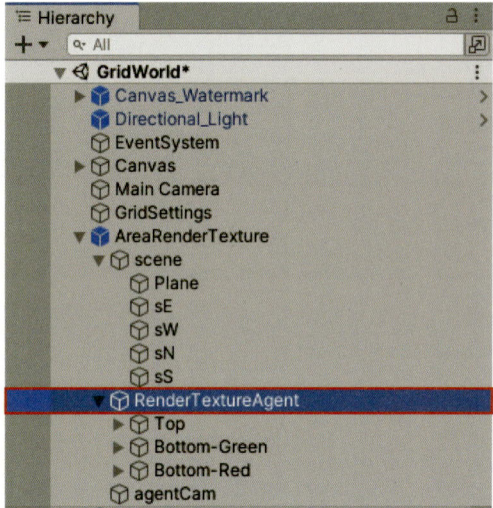

그림 3-9. RenderTextureAgent 오브젝트 구성 요소

RenderTextureAgnet의 인스펙터 창을 살펴보겠습니다.

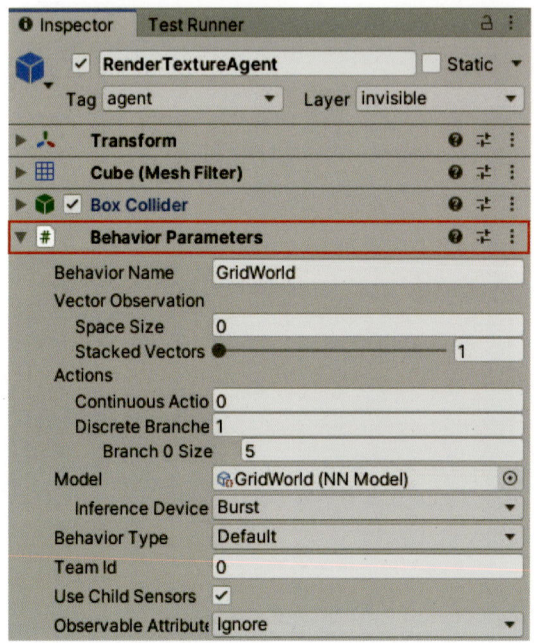

그림 3-10. Behavior Parameters

유니티에서 제공되는 기본 그리드월드 예제에서는 시각 관측 정보만 사용하므로 벡터 관측은 사용하지 않습니다. 이에 따라 Space Size가 0으로 설정돼 있습니다. 하지만 이 책에서는 그리드월드 환경에 벡터 관측을 추가할 예정이므로 이후에 이 값을 수정할 것입니다.

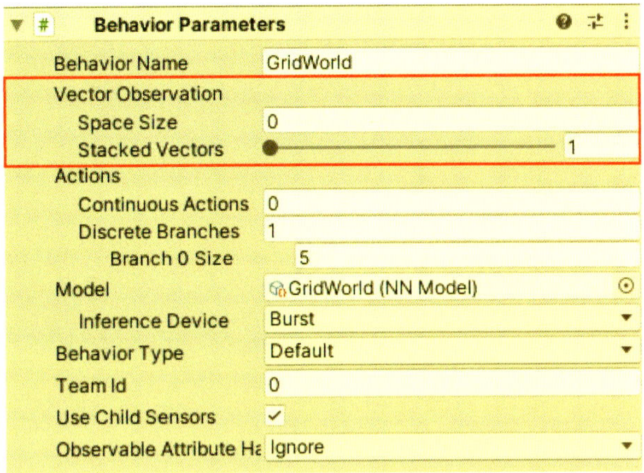

그림 3-11. Behavior Parameters의 Vector Observation

다음으로 Behavior Parameters에서 행동과 관련된 파라미터를 알아보겠습니다. Actions 아래에는 Continuous Actions와 Discrete Branches가 있습니다.

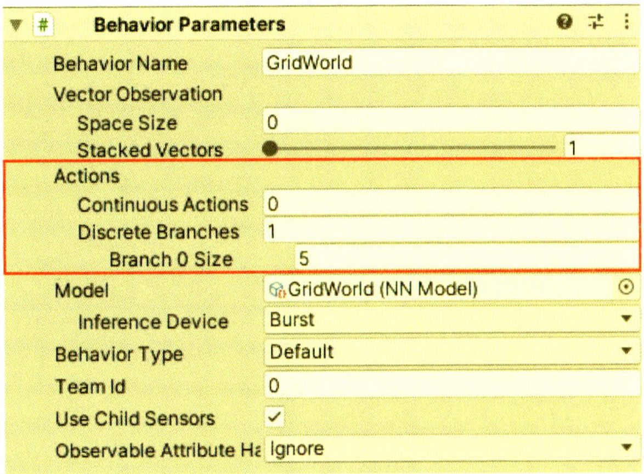

그림 3-12. Behavior Parameters의 Actions

Continuous Actions는 에이전트가 연속적인 값을 가지는 행동을 할 때 사용합니다. Discrete Branches는 에이전트가 이산적인 행동을 할 때 사용합니다. Branch는 행동 묶음을 뜻하며, 에이전트는 매 스텝마다 Discrete Branches에서 Branch마다 각각 하나의 행동 묶음을 선택합니다. 그리드월드에서는 매 스텝마다 상, 하, 좌, 우, 정지 행동 중 하나를 선택합니다. 만약 한 번의 스텝에 상, 하 움직임과 좌, 우 움직임을 동시에 제어하고 싶은 경우 Branch 0에 상, 하 그리고 Branch 1에 좌, 우로 나누어 줄 수 있습니다. 이렇게 설정하면 에이전트는 매 스텝마다 Branch 0에서 하나의 행동을 선택하고, Branch 1에서 또 다른 하나의 행동을 선택하여 동시에 수행합니다.

그리드월드에서는 에이전트가 이산적인 행동을 가지기 때문에 Discrete Branches을 사용합니다. 에이전트의 매 스텝마다 상, 하, 좌, 우, 정지 행동 중 하나를 선택하여 행동하기 때문에 해당 액션들을 하나의 Branch 묶음으로 보고 Discrete Branches는 1로 설정합니다. 그리고 branch 0 size는 agent가 할 수 있는 행동 갯수인 5로 설정합니다.

다음으로 Model 파라미터에는 에이전트가 학습한 결과물인 NN Model 파일을 넣어줄 수 있습니다. NN Model을 설정하면 에이전트는 학습된 모델을 사용해 행동합니다. 예제에서는 이미 학습된 모델 파일이 설정돼 있습니다. 이 책에서는 에이전트 학습을 할 것이므로 Model에 있는 파일을 선택하고 키보드 Delete 키를 눌러 설정된 파일을 제거합니다.

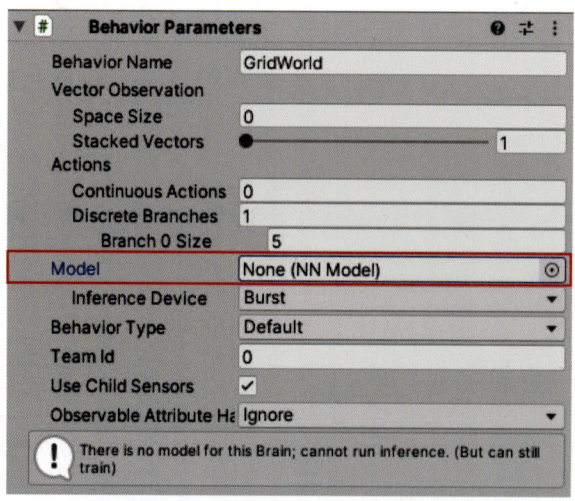

그림 3-13. Behavior Parameters의 Model

다음으로 Render Texture Sensor 컴포넌트를 살펴보겠습니다. 해당 컴포넌트를 사용하면 에이전트가 설정한 Render Texture 정보를 이용해 시각 관측 정보로 사용합니다. 파라미터 설명에 앞서 먼저 Render Texture에 대해 간단히 설명하겠습니다.

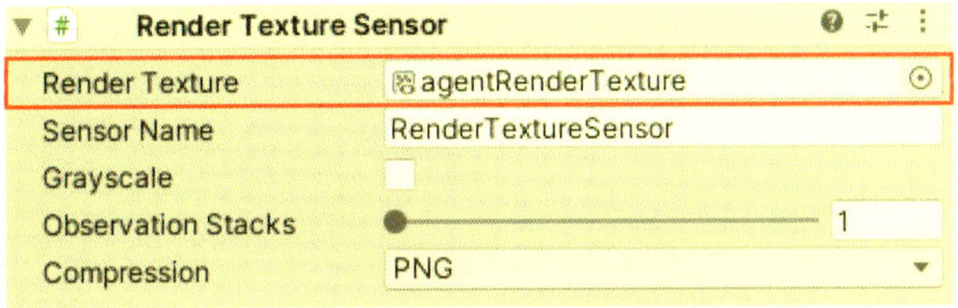

그림 3-14. Render Texture Sensor

렌더 텍스처는 카메라 정보를 실시간으로 담을 수 있는 특수한 타입의 텍스처입니다. 그리드월드에서는 agent cam 게임 오브젝트(카메라)가 게임판을 위에서 아래로 수직으로 비추고 있고, 이 정보를 곧바로 Render Texture에 업데이트하게 돼 있습니다. 따라서 랜더 텍스처에는 그림 3-15에서 강조 표시한 것과 같이 실시간으로 게임판 전체 이미지 정보가 미니맵처럼 담기게 됩니다.

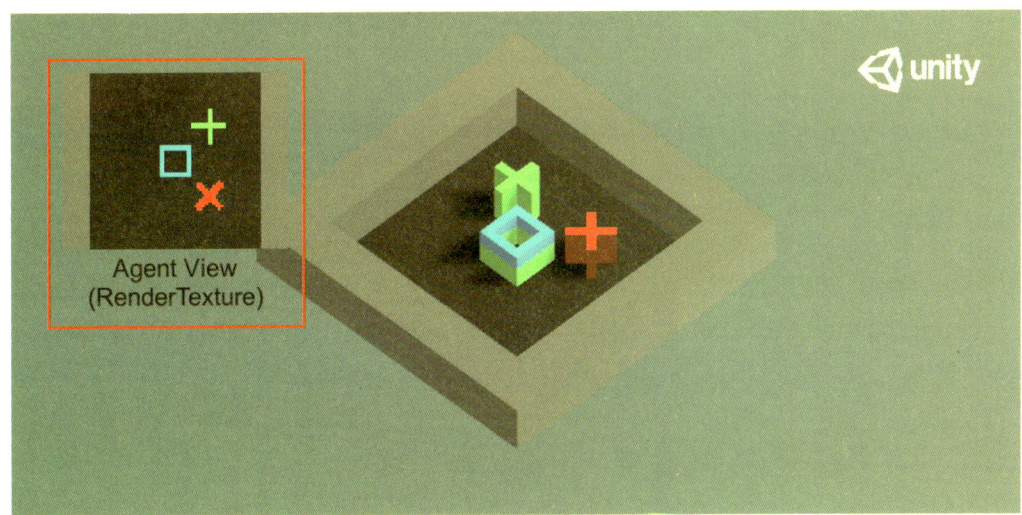

그림 3-15. Render Texture 이미지 정보

3.2 그리드월드 스크립트 설명

이번 절에서는 그리드월드 환경을 구성하는 스크립트들을 살펴보겠습니다. 스크립트별로 간단하게 함수의 역할만 알아볼 예정입니다. 유니티에 익숙하지 않은 분들은 유니티 스크립트의 내용을 이해하는 것이 어려울 수 있습니다. 이번 장에서는 각 함수의 역할만 이해하고 넘어가도 됩니다. 이후 다른 장에서 직접 환경을 제작하면서 자세하게 코드에 관해 설명하겠습니다.

하이러키 창에서 AreaRenderTexture 오브젝트를 선택합니다. 인스펙터 창에서 GridArea 컴포넌트에 있는 Script 항목을 더블 클릭해 GridArea.cs 파일을 열어줍니다.

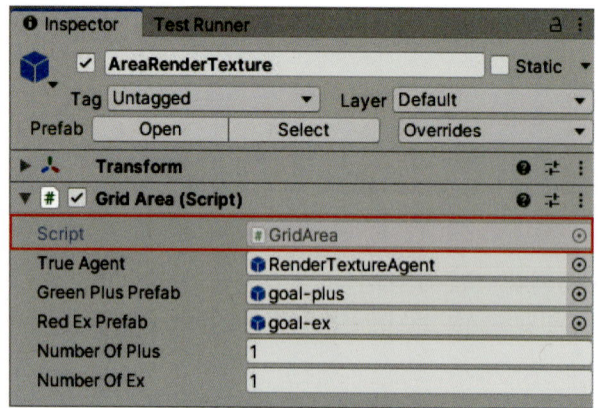

그림 3-16. GridArea 스크립트 열기

이제 GridArea 클래스에 있는 내부 함수들의 역할을 살펴보겠습니다.

Start 함수

먼저 Start 함수는 유니티 내장함수로서 스크립트의 인스턴스가 활성화될 때 한 번만 호출되는 함수입니다. Start 함수에서는 그리드월드에서 사용되는 카메라, 바닥, 벽 등 게임 오브젝트들을 로드하는 기능이 구현돼 있습니다.

GridArea.cs

```
public void Start()
{
    m_ResetParams = Academy.Instance.EnvironmentParameters;

    m_Objects = new[] { GreenPlus+Prefab, RedExPrefab };

    m_AgentCam = transform.Find("agentCam").GetComponent<Camera>();

    actorObjs = new List<GameObject>();

    var sceneTransform = transform.Find("scene");

    m_Plane = sceneTransform.Find("Plane").gameObject;
```

```csharp
    m_Sn = sceneTransform.Find("sN").gameObject;
    m_Ss = sceneTransform.Find("sS").gameObject;
    m_Sw = sceneTransform.Find("sW").gameObject;
    m_Se = sceneTransform.Find("sE").gameObject;
    m_InitialPosition = transform.position;
}
```

SetEnvironment 함수

다음으로 SetEnvironment 함수에서는 바닥, 벽, 카메라의 위치를 초기화하고 그 외 필요한 요소들을 설정합니다.

GridArea.cs

```csharp
void SetEnvironment()
{
    transform.position = m_InitialPosition * (m_ResetParams.GetWithDefault("gridSize", 5f) + 1);
    var playersList = new List<int>();

    for (var i = 0; i < (int)m_ResetParams.GetWithDefault("numPlus+Goals", numberOfPlus+); i++)
    {
        playersList.Add(0);
    }

    for (var i = 0; i < (int)m_ResetParams.GetWithDefault("numExGoals", numberOfEx); i++)
    {
        playersList.Add(1);
    }
    players = playersList.ToArray();

    var gridSize = (int)m_ResetParams.GetWithDefault("gridSize", 5f);
    m_Plane.transform.localScale = new Vector3(gridSize / 10.0f, 1f, gridSize / 10.0f);
    m_Plane.transform.localPosition = new Vector3((gridSize - 1) / 2f, -0.5f, (gridSize - 1) / 2f);
    m_Sn.transform.localScale = new Vector3(1, 1, gridSize + 2);
    m_Ss.transform.localScale = new Vector3(1, 1, gridSize + 2);
    m_Sn.transform.localPosition = new Vector3((gridSize - 1) / 2f, 0.0f, gridSize);
    m_Ss.transform.localPosition = new Vector3((gridSize - 1) / 2f, 0.0f, -1);
    m_Se.transform.localScale = new Vector3(1, 1, gridSize + 2);
    m_Sw.transform.localScale = new Vector3(1, 1, gridSize + 2);
```

```csharp
        m_Se.transform.localPosition = new Vector3(gridSize, 0.0f, (gridSize - 1) / 2f);
        m_Sw.transform.localPosition = new Vector3(-1, 0.0f, (gridSize - 1) / 2f);

        m_AgentCam.orthographicSize = (gridSize) / 2f;
        m_AgentCam.transform.localPosition = new Vector3((gridSize - 1) / 2f, gridSize + 1f, (gridSize - 1) / 2f);
    }
```

AreaReset 함수

AreaReset 함수는 에피소드가 시작될 때마다 한 번씩 호출되는 함수입니다. SetEnvironment 함수가 호출되고, 게임판 내에서 에이전트와 장애물의 위치를 랜덤하게 초기화하는 역할을 합니다.

GridArea.cs
```csharp
public void AreaReset()
{
    var gridSize = (int)m_ResetParams.GetWithDefault("gridSize", 5f);
    foreach (var actor in actorObjs)
    {
        DestroyImmediate(actor);
    }
    SetEnvironment();

    actorObjs.Clear();

    var numbers = new HashSet<int>();
    while (numbers.Count < players.Length + 1)
    {
        numbers.Add(Random.Range(0, gridSize * gridSize));
    }
    var numbersA = numbers.ToArray();

    for (var i = 0; i < players.Length; i++)
    {
        var x = (numbersA[i]) / gridSize;
        var y = (numbersA[i]) % gridSize;
        var actorObj = Instantiate(m_Objects[players[i]], transform);
        actorObj.transform.localPosition = new Vector3(x, -0.25f, y);
```

```
        actorObjs.Add(actorObj);
    }

    var xA = (numbersA[players.Length]) / gridSize;
    var yA = (numbersA[players.Length]) % gridSize;
    trueAgent.transform.localPosition = new Vector3(xA, -0.25f, yA);
}
```

다음으로 행동의 주체인 에이전트 스크립트(GridAgent.cs)를 알아보겠습니다. 프로젝트 창에서 Assets/ML-Agents/GridWorld/Scripts/GridAgent.cs 파일을 더블 클릭해 스크립트를 열어줍니다.

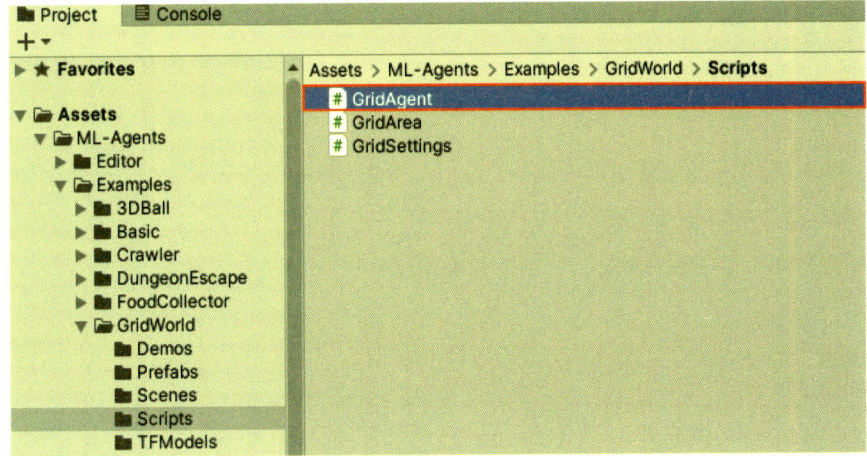

그림 3-17. GridAgent 스크립트 열기

GridAgent 스크립트는 총 6개의 함수로 구성돼 있습니다.

Initialize 함수

먼저 Initialize 함수부터 살펴보겠습니다. 해당 함수는 환경이 처음 시작될 때 한번만 호출되는 함수로 에이전트에 필요한 값들을 초기화하는 역할을 합니다.

GridAgent.cs
```
public override void Initialize()
{
    m_GoalSensor = this.GetComponent<VectorSensorComponent>();
    m_ResetParams = Academy.Instance.EnvironmentParameters;
}
```

CollectObservations 함수

CollectObservations 함수에서는 에이전트에게 전달할 벡터 관측(Vector Observation) 정보의 요소들을 결정합니다.

GridAgent.cs

```csharp
public override void CollectObservations(VectorSensor sensor)
{
    Array values = Enum.GetValues(typeof(GridGoal));
    int goalNum = (int)CurrentGoal;
    m_GoalSensor.GetSensor().AddOneHotObservation(goalNum, values.Length);
}
```

WriteDiscreteActionMask 함수

WriteDiscreteActionMask 함수를 살펴보겠습니다. 이 함수는 에이전트가 게임판 내에서만 이동할 수 있도록 즉, 벽을 뚫고 지나갈 수 없도록 유도하는 함수입니다. 다시 말해 함수에서는 게임판 범위를 벗어나는 행동 값을 가질 수 없도록 마스킹한 행동 결과를 에이전트에게 전달합니다.

GridAgent.cs

```csharp
public override void WriteDiscreteActionMask(IDiscreteActionMask actionMask)
{
    // Mask the necessary actions if selected by the user.
    if (maskActions)
    {
        // Prevents the agent from picking an action that would make it collide with a wall
        var positionX = (int)transform.localPosition.x;
        var positionZ = (int)transform.localPosition.z;
        var maxPosition = (int)m_ResetParams.GetWithDefault("gridSize", 5f) - 1;

        if (positionX == 0)
        {
            actionMask.SetActionEnabled(0, k_Left, false);
        }

        if (positionX == maxPosition)
        {
            actionMask.SetActionEnabled(0, k_Right, false);
```

```csharp
        }

        if (positionZ == 0)
        {
            actionMask.SetActionEnabled(0, k_Down, false);
        }

        if (positionZ == maxPosition)
        {
            actionMask.SetActionEnabled(0, k_Up, false);
        }
    }
}
```

OnActionReceived 함수

OnActionReceived 함수에서는 알고리즘이 결정한 행동을 환경에서 수행하는 역할을 합니다. OnActionReceived 내부를 좀 더 자세히 살펴보겠습니다.

GridAgent.cs
```csharp
public override void OnActionReceived(ActionBuffers actionBuffers)
{
    AddReward(-0.01f);
    var action = actionBuffers.DiscreteActions[0];

    var targetPos = transform.position;
    switch (action)
    {
        case k_NoAction:
            // do nothing
            break;
        case k_Right:
            targetPos = transform.position + new Vector3(1f, 0, 0f);
            break;
        case k_Left:
            targetPos = transform.position + new Vector3(-1f, 0, 0f);
            break;
        case k_Up:
```

```
                targetPos = transform.position + new Vector3(0f, 0, 1f);
                break;
            case k_Down:
                targetPos = transform.position + new Vector3(0f, 0, -1f);
                break;
            default:
                throw new ArgumentException("Invalid action value");
        }

        var hit = Physics.OverlapBox(
            targetPos, new Vector3(0.3f, 0.3f, 0.3f));
        if (hit.Where(col => col.gameObject.CompareTag("wall")).ToArray().Length == 0)
        {
            transform.position = targetPos;

            if (hit.Where(col => col.gameObject.CompareTag("+")).ToArray().Length == 1)
            {
                ProvideReward(GridGoal.Green+);
                EndEpisode();
            }
            else if (hit.Where(col => col.gameObject.CompareTag("ex")).ToArray().Length == 1)
            {
                ProvideReward(GridGoal.RedEx);
                EndEpisode();
            }
        }
    }
}
```

GridWorld에서 에이전트가 빨리 목표지점까지 가도록 하기 위해 매 행동을 할 때 -0.01만큼 보상이 생기도록 합니다.

```
AddReward(-0.01f);
```

그리고 파라미터로 전달받은 행동 값에 따라 에이전트를 이동시키는 역할을 합니다. 에이전트가 이동하게 될 위치 값을 저장하기 위해 Vector3 타입을 가지는 targetPos 변수를 만들어줍니다.

```
var action = actionBuffers.DiscreteActions[0];

var targetPos = transform.position;
```

Vector3는 유니티에서 3차원 벡터와 위치를 표현하기 위해 사용되는 구조체입니다. Vector3는 float 형 x, y, z 멤버변수가 있고 벡터 연산을 하기 위한 함수를 가지고 있습니다.

예를 들어 오른쪽 행동을 전달받은 경우, 에이전트의 현재 위치에서 new Vector(1f, 0, 0) 값을 더한 값을 targetPos 변수에 넣어줍니다. new Vector(1f, 0, 0) 값은 x축으로 양의 방향으로 1 크기를 가진 벡터를 의미합니다. 따라서 에이전트의 현재 위치에서 오른쪽으로 1만큼 이동한 위치 값이 targetPos 변수에 담기게 됩니다.

```
case k_Right:
    targetPos = transform.position + new Vector3(1f, 0, 0f);
    break;
```

targetPos 값으로 바로 에이전트의 위치를 이동하기 이전에 이동할 위치에서 에이전트가 벽에 부딪히는지 여부를 확인합니다. 만약 벽에 부딪히지 않았다면 에이전트 위치를 targetPos 위치로 이동시킵니다.

```
if (hit.Where(col => col.gameObject.CompareTag("wall")).ToArray().Length == 0)
{
    transform.position = targetPos;
```

그리고 이동한 위치에서 + 오브젝트 또는 × 오브젝트를 만났는지 확인합니다. 해당 오브젝트를 만났을 경우, 에피소드를 종료하고 상황에 맞게 보상 값을 더해줍니다.

```
if (hit.Where(col => col.gameObject.CompareTag("+")).ToArray().Length == 1)
{
    ProvideReward(GridGoal.Green+);
    EndEpisode();
}
```

보상 값을 어떻게 주는지는 ProvideReward 함수에서 더 자세히 살펴보겠습니다.

ProvideReward 함수

ProvideReward 함수에서는 에이전트가 + 오브젝트, × 오브젝트 중 어떤 오브젝트와 만났는지 GridGoal 타입의 hitObject 파라미터로 전달받게 됩니다. 그리고 전달받은 파라미터가 현재 설정된 목표 지점이면 +1 보상 값을 agent에 설정합니다. 만약 현재 목표 지점이 아니라면, 전달받은 파라미터는 장애물 오브젝트이므로, −1 값을 보상 값으로 설정합니다.

GridAgent.cs
```
private void ProvideReward(GridGoal hitObject)
{
    if (CurrentGoal == hitObject)
    {
        SetReward(1f);
    }
    else
    {
        SetReward(-1f);
    }
}
```

Heuristic 함수

Heuristic 함수는 에이전트를 사용자가 결정한 규칙에 따라 제어할 수 있도록 설정하는 함수입니다. 사용자가 에이전트를 직접 제어하고 싶을 때에도 이 Heuristic 함수에 관련 내용을 설정하여 사용합니다. 유니티에서 에이전트 오브젝트인 RenderTextureAgent의 인스펙터 창에 있는 Behavior Parameters를 보면 Behavior Type 파라미터가 있습니다.

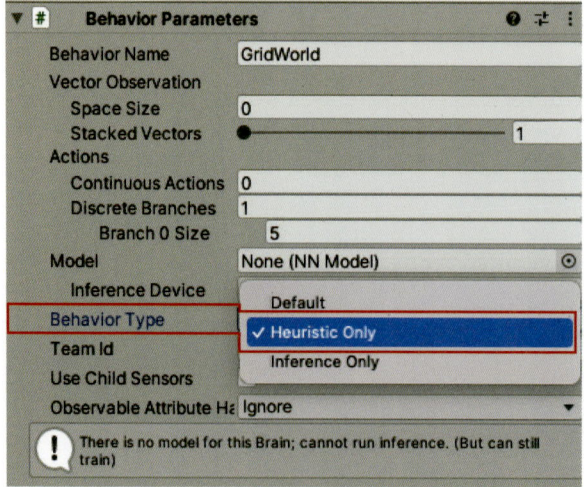

그림 3-18. Behavior Type

이 값을 Heuristic Only로 설정하면 사용자가 원하는 입력으로부터 에이전트를 제어할 수 있도록 Heuristic 함수가 호출됩니다. Heuristic Only 타입을 사용하는 이유는 유니티에서 환경을 완성한 후 에이전트의 행동이 의도한 대로 잘 동작하는지 확인할 필요가 있기 때문입니다. 이 때 사용자가 키보드, 마우스 등으로 직접 제어하여 에이전트의 행동을 테스트할 수 있습니다.

현재 Heuristic 함수는 사용자의 키보드 입력에 따라서 에이전트를 움직일 수 있도록 구현돼 있습니다. 사용자는 키보드의 WASD 키를 눌러 이동할 수 있으며, D키는 오른쪽, W키는 위쪽, A키는 왼쪽, S키는 아래쪽으로 에이전트를 이동할 수 있습니다.

GridAgent.cs
```csharp
public override void Heuristic(in ActionBuffers actionsOut)
{
    var discreteActionsOut = actionsOut.DiscreteActions;
    discreteActionsOut[0] = k_NoAction;
    if (Input.GetKey(KeyCode.D))
    {
        discreteActionsOut[0] = k_Right;
    }
    if (Input.GetKey(KeyCode.W))
    {
        discreteActionsOut[0] = k_Up;
    }
    if (Input.GetKey(KeyCode.A))
    {
        discreteActionsOut[0] = k_Left;
    }
    if (Input.GetKey(KeyCode.S))
    {
        discreteActionsOut[0] = k_Down;
    }
}
```

OnEpisodeBegin 함수

마지막으로 알아볼 OnEpisodeBegin 함수는 에피소드가 시작될 때마다 호출되는 함수입니다. 에피소드마다 환경을 시작하기 전에 필요한 설정을 초기화합니다. 먼저 area.AreaReset을 호출하여 환경과 관련된 설정을 초기화합니다. 그리고 현재 목표 지점을 + 와 × 중에서 랜덤하게 지정합니다.

```
                                                                    GridAgent.cs
public override void OnEpisodeBegin()
{
    area.AreaReset();
    Array values = Enum.GetValues(typeof(GridGoal));
    CurrentGoal = (GridGoal)values.GetValue(UnityEngine.Random.Range(0, values.Length));
}
```

3.3 벡터 관측 추가 및 환경 빌드

유니티 ML-Agents에서 제공되는 그리드월드 환경에서는 에이전트를 학습시키기 위해 게임판 정보가 있는 시각 관측 정보를 사용합니다.

이 책에서는 아래에 있는 6가지 벡터 관측 정보를 추가적으로 사용하여 학습할 것입니다.

- 에이전트 x 좌표
- 에이전트 z 좌표
- + 오브젝트 x 좌표
- + 오브젝트 z 좌표
- x 오브젝트 x 좌표
- x 오브젝트 z 좌표

위 정보를 벡터 관측 정보에 추가하기 위해 현재 프로젝트 스크립트를 수정하겠습니다.

먼저 GridAgent.cs 스크립트를 수정하겠습니다. 프로젝트 창에서 Assets/ML-Agents/Examples/GridWorld/Scripts/GridAgent.cs 스크립트를 더블클릭해 열어줍니다.

앞서 GridAgent 클래스의 CollectObservations 함수가 에이전트에게 전달할 벡터 관측 정보의 요소를 결정하는 함수라고 설명했습니다. 따라서 해당 함수에 추가로 필요한 관측 정보를 작성할 것입니다.

먼저 에이전트의 좌표 정보를 추가하겠습니다. 관측 정보는 sensor.AddObservation 함수를 이용해 추가할 수 있습니다. 유니티에서 각 축의 이동은 다음과 같습니다.

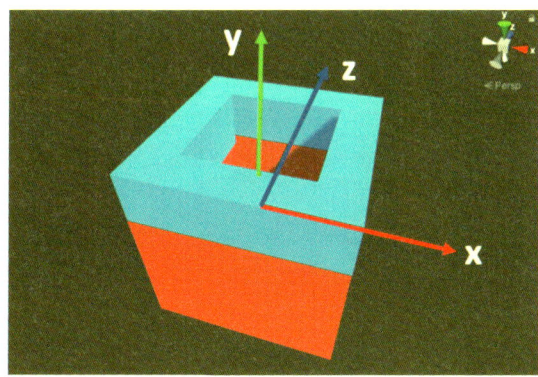 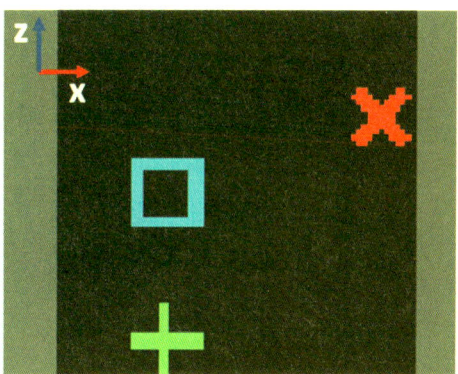

그림 3-19. 그리드월드 좌표

에이전트는 y축으로는 이동하지 않고 x, z축으로만 이동하기 때문에 오브젝트 transform의 x, z 값만 사용할 것입니다. sensor.AddObservation함수를 이용해 현재 에이전트의 x 좌표 위치 값인 transform.x와 z 좌표 위치 값인 transform.z 값을 관측 정보에 추가합니다.

GridAgent.cs

```
public override void CollectObservations(VectorSensor sensor)
{
    Array values = Enum.GetValues(typeof(GridGoal));
    int goalNum = (int)CurrentGoal;

    sensor.AddObservation(transform.position.x);
    sensor.AddObservation(transform.position.z);

    // 목표 지점에 대한 정보
    m_GoalSensor.GetSensor().AddOneHotObservation(goalNum, values.Length);
}
```

이어서 + 오브젝트와 × 오브젝트 좌표를 관측 정보에 추가하겠습니다. 에이전트는 에이전트 오브젝트에 스크립트를 붙여서 사용하기 때문에 transform으로부터 값을 알 수 있었습니다. + 오브젝트와 × 오브젝트는 GridArea.cs 스크립트에서 생성되므로 GridArea 스크립트를 수정하여 해당 정보를 GridAgent에서 가져올 수 있도록 하겠습니다.

프로젝트 창에서 Assets/ML-Agents/Examples/GridWorld/Scripts/GridArea.cs 스크립트를 더블클릭해 열어줍니다.

GridArea.cs 스크립트에서 + 오브젝트와 × 오브젝트 위치 정보를 저장하기 위해 int형 리스트인 otherPos 변수를 선언합니다. 그리고 new List<int>()로 동적 할당을 하겠습니다. 이때 오류가 생긴다면 using System.Collections.Generic; 이 스크립트 위에 있는지 확인하고, 없다면 List를 사용할 수 있도록 코드를 추가합니다. 이후 코드 상단 필드 영역에 다음과 같이 변수를 선언합니다.

GridArea.cs

```
using System.Collections.Generic;
using UnityEngine;
using System.Linq;
using Unity.MLAgents;
using UnityEngine.Serialization;

public class GridArea : MonoBehaviour
{

    [HideInInspector]
    public List<GameObject> actorObjs;
    [HideInInspector]
    public int[] players;

    public List<int> otherPos = new List<int>();

    public GameObject trueAgent;

    Camera m_AgentCam;
```

앞서 GridArea의 AreaReset 함수는 에이전트 클래스에서 에피소드가 시작할 때 호출되는 함수라고 설명했습니다. AreaReset에서 오브젝트의 위치가 초기화되므로 해당 함수에서 위치 정보 값을 저장할 것입니다.

먼저 매번 otherPos 리스트 정보가 초기화 되도록 Clear 함수를 이용해 리스트를 비웁니다.

GridArea.cs

```
var numbers = new HashSet<int>();
while (numbers.Count < players.Length + 1)
{
    numbers.Add(Random.Range(0, gridSize * gridSize));
```

```
    }
    var numbersA = numbers.ToArray();

    otherPos.Clear();
    for (var i = 0; i < players.Length; i++)
    {
        var x = (numbersA[i]) / gridSize;
```

이어서 player를 추가하는 반복문 안에서 오브젝트의 위치가 랜덤하게 생성된 후 Add 함수를 이용해 otherPos에 x 좌표와 z 좌표를 순서대로 추가합니다.

GridArea.cs

```
    for (var i = 0; i < players.Length; i++)
    {
        var x = (numbersA[i]) / gridSize;
        var z = (numbersA[i]) % gridSize;
        var actorObj = Instantiate(m_Objects[players[i]], transform);
        actorObj.transform.localPosition = new Vector3(x, -0.25f, z);
        actorObjs.Add(actorObj);

        otherPos.Add(x);
        otherPos.Add(z);
    }
```

otherPos 리스트에는 다음과 같은 정보가 순서대로 저장됐습니다.

{+ 오브젝트의 x 좌표, + 오브젝트의 z 좌표, x 오브젝트의 x 좌표, x 오브젝트의 z 좌표}

GridArea클래스에서 목표지점과 장애물 오브젝트의 위치 정보를 저장했으니 다시 GridAgent.cs 스크립트에서 저장한 정보를 관측 정보로 추가하겠습니다. int형 리스트인 otherPos 변수를 생성하고 오브젝트의 위치 정보가 있는 area.otherPos 값을 복사해 넣어줍니다. 이때도 마찬가지로 오류가 생긴다면 using System.Collections.Generic; 이 스크립트 상단에 있는지 확인하고, 없다면 List를 사용할 수 있도록 해당 코드를 추가합니다.

GridAgent.cs

```
    Array values = Enum.GetValues(typeof(GridGoal));
    int goalNum = (int)CurrentGoal;
```

```
// Agent의 좌표
sensor.AddObservation(transform.position.x);
sensor.AddObservation(transform.position.z);

// 각각 도형에 대한 좌표
List<int> otherPos = area.otherPos;
```

반복문을 사용하여 + 오브젝트와 × 오브젝트의 위치 정보를 sensor.AddObservations 함수의 파라미터에 담아 관측 정보를 추가합니다.

GridAgent.cs
```
// 각각 도형에 대한 좌표
List<int> otherPos = area.otherPos;

for (int i = 0; i < otherPos.Count; i++)
    sensor.AddObservation(otherPos[i]);

// 목표 지점에 대한 정보
m_GoalSensor.GetSensor().AddOneHotObservation(goalNum, values.Length);
```

이로써 GridAgent.cs의 CollectObservations 함수에 에이전트의 x, z 좌표, + 오브젝트와 × 오브젝트의 x, z 좌표가 벡터 관측 정보로 추가됐습니다.

스크립트 작성을 모두 마쳤습니다. 이어서 환경을 학습할 수 있는 실행 파일을 만들기 위해 빌드를 할 것입니다. 빌드하기에 앞서 몇 가지 확인해야 할 것이 있습니다. 하이러키 창에서 에이전트 오브젝트를 선택하고 인스펙터 창에서 Behavior Parameters 컴포넌트의 항목들이 제대로 됐는지 확인해보겠습니다. 먼저 Vector Observation에서 Space Size의 값을 확인하겠습니다. 에이전트가 관측할 벡터 관측 정보에는 에이전트의 위치 x, z값, + 오브젝트의 x, z 좌표 값, × 오브젝트의 x, z 좌표 값이 들어가게 되므로 총 6개가 맞는지 확인합니다. Model 항목이 None으로 비어 있는지 확인합니다. 그리고 Behavior Type이 Default로 설정돼 있어야 합니다.

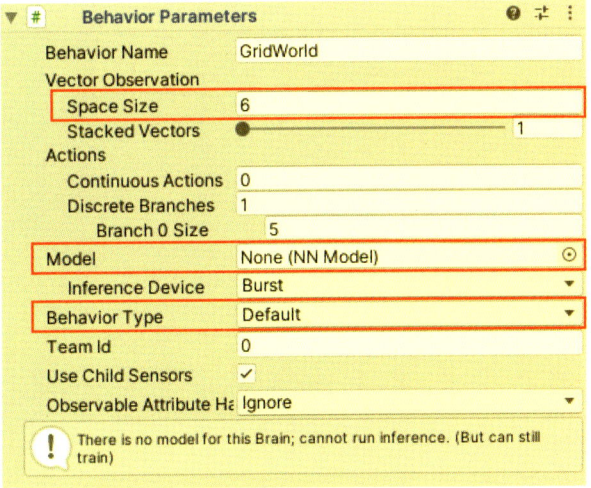

그림 3-20. Behavior Parameters 설정 값 확인하기

모두 제대로 설정했다면 이제 환경을 빌드하겠습니다. 유니티 메뉴에서 [File] → [Build Settings]를 선택합니다.

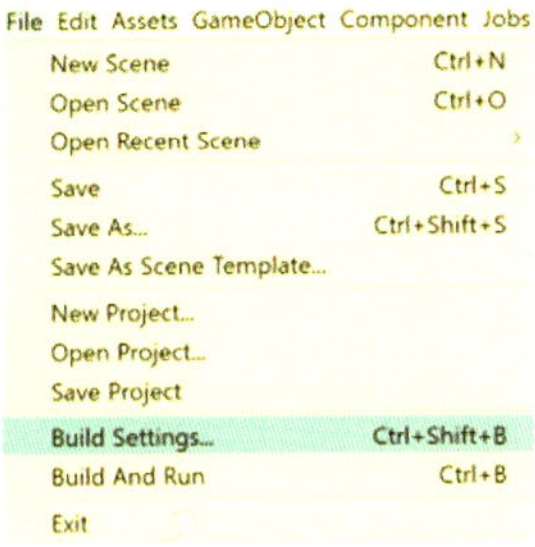

그림 3-21. [File] → [Build Settings] 선택

Build Settings 뷰가 열리면 [Add Open Scenes] 버튼을 클릭해 GridWorld 씬을 추가합니다. 그리고 Target Platform과 Architecture를 개발 환경에 맞춰 선택합니다. 이 책에서는 64비트 Windows 환경에서 테스트하므로 Target Platform은 Windows를 선택하고, Architecture는 x86_64를 선택 했습니다.

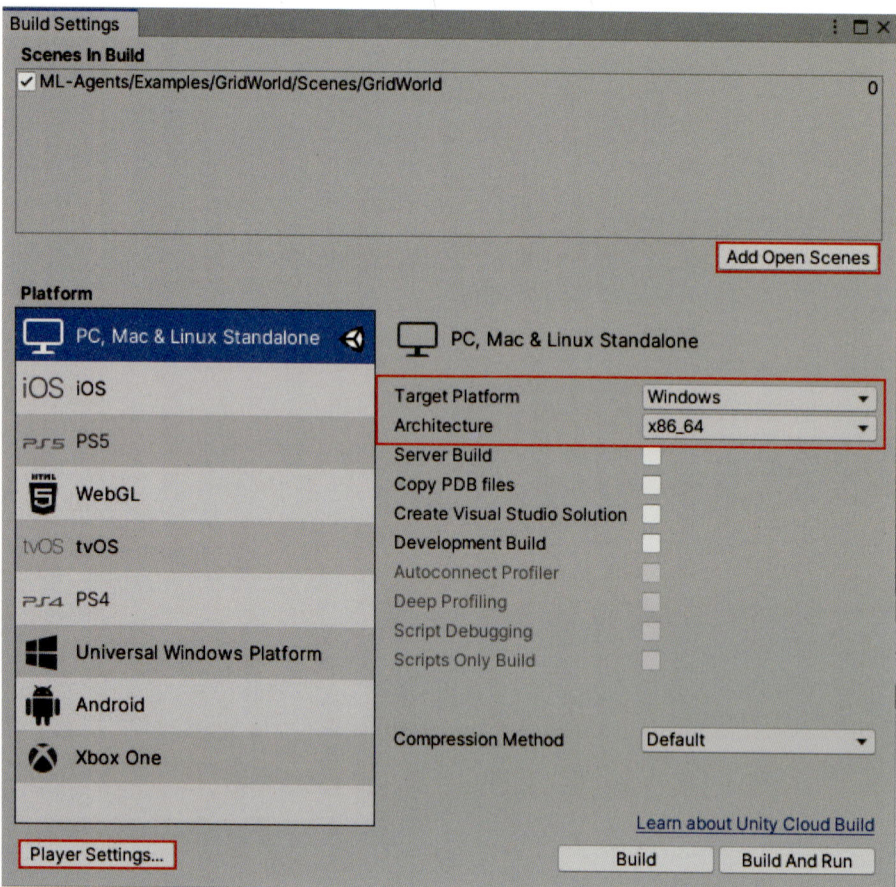

그림 3-22. Build Settings 뷰에서 씬 추가 및 Target Platform 설정

왼쪽 아래에 있는 [Player Settings]를 선택한 다음 Product Name을 GridWorld로 설정합니다.

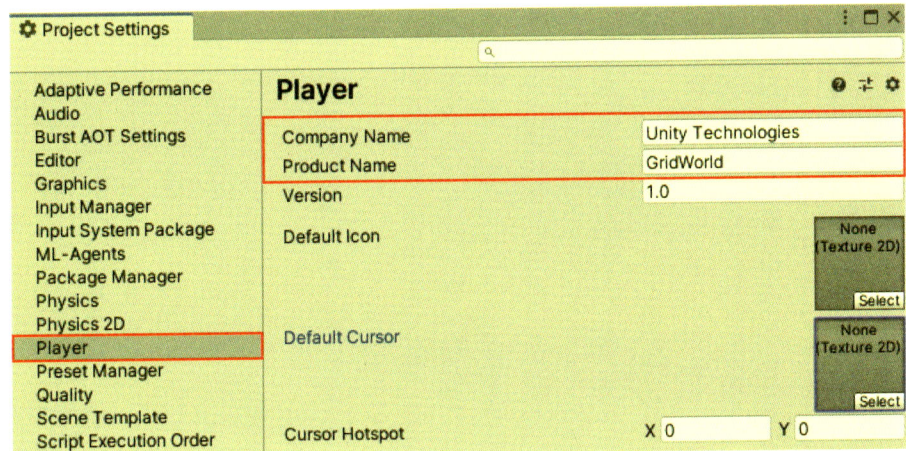

그림 3-23. 환경 이름 설정

마지막으로 빌드할 경로를 선택해 빌드하면 다음과 같이 파일들이 생성됩니다.

그림 3-24. 그리드월드 환경 빌드 결과

지금까지 그리드월드 환경의 구성을 알아보고 일부 스크립트를 변경해 벡터 관측 정보를 추가하는 방법을 살펴봤습니다. 이번 장에서 살펴본 그리드월드 환경은 액션이 위, 아래, 왼쪽, 오른쪽과 같이 불연속적으로 나눠진 이산적인 행동(Discrete Action) 환경입니다. 환경 제작을 완료했으니 이어서 다음 장에서는 그리드월드 환경을 학습할 Deep Q-Network(DQN) 알고리즘의 이론과 코드를 살펴보겠습니다.

3.4 번외: 코드 최적화 하기

지금까지 만든 그리드환경은 단순한 환경이지만, 복잡한 환경을 구성할 때 보다 나은 성능을 낼 수 있도록 코드의 최적화 기법을 다루어 볼 것입니다. GridAgent.cs 코드를 일부 수정하여 효과적인 코딩 방법을 소개 드리겠습니다.

먼저 유니티에서 transform을 통해 위치 정보를 가져오는 부분을 개선해보겠습니다. 유니티 내부는 C++로 구현돼 있습니다. 따라서 transform을 호출하면C++ 내부에서 새로 인스턴스를 찾아서 가져옵니다.

GridAgent.cs 스크립트에서 CollectObservations 함수는 매 스텝마다 호출됩니다. 이처럼 자주 호출되는 함수에서 transform을 이용해 계속해서 호출하는 것은 성능 저하의 요인이 될 수 있습니다.

이때 transform을 함수 내부에서 생성하지 않고 클래스에 변수를 선언해 정보를 저장해두고, 필요할 때 선언해둔 변수를 이용해 호출하는 캐싱(Caching) 기법을 사용하면 매번 인스턴스를 찾는 비용이 없어져 이전보다 좋은 성능을 낼 수 있습니다. (Unity5 이후로는 내부적으로 캐싱을 하지만 직접 캐싱을 사용하면 조금 더 나은 성능을 낼 수 있습니다)

먼저 transform을 캐싱하기 위해 Transform타입의 agentTrans 변수를 만들고 null로 초기화합니다.

GridAgent.cs
```
private Transform agentTrans = null;
```

GridAgent.cs 스크립트에서 transform 을 사용하는 모든 부분을 agentTrans 변수로 변경하겠습니다. 먼저 CollectObservations 함수에서 관측 정보를 추가하는 부분을 transform.position.x, transform.position.z 대신 agentTrans.position.x, agentTrans.position.z로 변경합니다.

GridAgent.cs
```
sensor.AddObservation(agentTrans.position.x);
sensor.AddObservation(agentTrans.position.z);
```

다음으로 WriteDiscreteActionMask 함수에서 쓰이는 transform을 agentTrans로 변경합니다.

GridAgent.cs
```
var positionX = (int)agentTrans.localPosition.x;
var positionZ = (int)agentTrans.localPosition.z;
```

다음으로 OnActionReceived 함수에서도 transform을 agentTrans로 변경합니다.

GridAgent.cs

```
public override void OnActionReceived(ActionBuffers actionBuffers)
{
    AddReward(-0.01f);
    var action = actionBuffers.DiscreteActions[0];
    var targetPos = agentTrans.position;
    switch (action)
    {
        case k_NoAction:
            // do nothing
            break;
        case k_Right:
            targetPos = agentTrans.position + new Vector3(1f, 0, 0f);
            break;
        case k_Left:
            targetPos = agentTrans.position + new Vector3(-1f, 0, 0f);
            break;
        case k_Up:
            targetPos = agentTrans.position + new Vector3(0f, 0, 1f);
            break;
        case k_Down:
            targetPos = agentTrans.position + new Vector3(0f, 0, -1f);
            break;
        default:
            throw new ArgumentException("Invalid action value");
    }
    var hit = Physics.OverlapBox(
        targetPos, new Vector3(0.3f, 0.3f, 0.3f));
    if (hit.Where(col => col.gameObject.CompareTag("wall")).ToArray().Length == 0)
    {
        agentTrans.position = targetPos;
        if (hit.Where(col => col.gameObject.CompareTag("plus")).ToArray().Length == 1)
        {
            ProvideReward(GridGoal.GreenPlus);
            EndEpisode();
        }
        else if (hit.Where(col => col.gameObject.CompareTag("ex")).ToArray().Length == 1)
```

```
        {
            ProvideReward(GridGoal.RedEx);
            EndEpisode();
        }
    }
}
```

다음으로 위치값을 계산할 때 new Vector3를 사용하는 부분을 개선해보겠습니다. 에이전트가 움직일 목표 위칫값을 계산할 때 new 키워드를 이용해 Vector3 값을 지정하고 있습니다. new 키워드를 이용해 벡터값을 만들면 매번 메모리에 동적 할당이 일어나게 됩니다. 이는 가비지 컬렉션이 자주 일어나게 하며, 성능을 저하시킬 수 있습니다. 따라서 Vector3 값도 캐싱해 사용하면 성능을 향상시킬 수 있습니다.

다음과 같이 에이전트가 움직일 수 있는 좌, 우, 아래, 위 방향에 대한 값을 미리 클래스에 선언합니다.

GridAgent.cs

```csharp
private Vector3 moveRight = new Vector3(1, 0, 0);
private Vector3 moveLeft = new Vector3(-1, 0, 0);
private Vector3 moveUp = new Vector3(0, 0, 1);
private Vector3 moveDown = new Vector3(0 ,0, -1);
```

그리고 OnActionReceived 함수의 switch 문에서 벡터를 동적 할당해 구현한 대신 캐싱된 변수를 사용하도록 변경합니다.

GridAgent.cs

```csharp
switch (action)
{
    case k_NoAction:
        // do nothing
        break;
    case k_Right:
        targetPos = agentTrans.position + moveRight;
        break;
    case k_Left:
        targetPos = agentTrans.position + moveLeft;
        break;
    case k_Up:
        targetPos = agentTrans.position + moveUp ;
```

```
        break;
    case k_Down:
        targetPos = agentTrans.position + moveDown ;
        break;
    default:
        throw new ArgumentException("Invalid action value");
}
```

그리드월드 환경은 단순하기 때문에 위와 같이 코드를 변경해도 큰 성능 향상을 확인하기 어렵습니다. 하지만 복잡한 환경을 구현하거나, 장시간 학습시킬 때 성능을 향상할 수 있는 부분을 고려해 코드를 작성하면 가비지 컬렉션으로 인한 지연 현상을 줄일 수 있어 더욱 안정적으로 학습시킬 수 있을 것입니다.

04

Deep Q Network (DQN)

학습 목표

- 강화학습 알고리즘인 Deep Q Network(DQN)의 이론을 학습한다.
- 파이썬과 파이토치를 이용해 DQN 코드를 작성하고 그리드월드 환경을 학습한다.

목차

4.1 DQN 알고리즘의 배경
4.2 DQN 알고리즘의 기법
4.3 DQN 학습
4.4 DQN 코드

이번 장에서 설명한 전체 코드는 아래의 깃허브 주소에서 확인할 수 있습니다.

https://github.com/reinforcement-learning-kr/Unity_ML_Agents_2.0/blob/main/agents/04.dqn.py

4.1 DQN 알고리즘의 배경

이번 절에서는 DQN을 이해하는 데 필요한 개념인 가치 기반 강화학습에 대해 알아보고 DQN 알고리즘의 개요를 살펴보겠습니다.

4.1.1 가치 기반 강화학습

Deep Q Network(DQN)에 대해 본격적으로 알아보기 전에 강화학습의 종류에 대해서 짚고 넘어가겠습니다. 강화학습의 종류를 나누는 방법은 다양하지만, 이중 한가지는 가치 기반 강화학습과 정책 기반 강화학습으로 나누는 것입니다. 이 중에서 가치 기반 강화학습에 대해 알아보겠습니다.

이 기법은 가치를 기반으로 에이전트에 대한 의사결정을 수행합니다. 조금 더 자세히 이야기하자면 큐 함수가 최적의 큐 함수값을 도출할 수 있도록 학습하고 해당 큐 함수값을 통해 의사결정을 수행합니다.

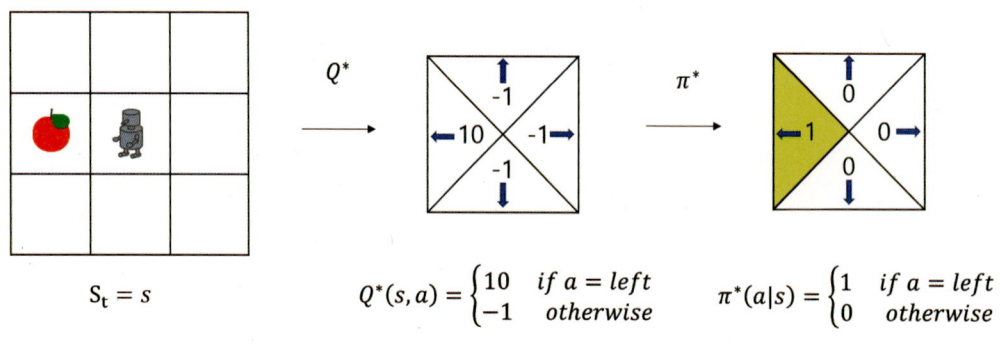

그림 4-1. 최적의 큐 함수 구하기 예시

그림 4-1의 예시를 보면 에이전트의 현재 상태를 큐 함수에 대입하여 왼쪽으로 이동하는 경우 큐 함수값이 10, 다른 방향으로 이동하는 경우 큐 함수값이 -1이라는 결과를 얻을 수 있습니다. 이런 경우 최대의 큐 함수값, 즉 최대의 가치를 가지는 왼쪽 방향으로 에이전트가 이동하도록 행동을 결정합니다. 이와 같은 가치 기반 강화학습 알고리즘 중 대표적인 알고리즘이 DQN입니다. 정책 기반 강화학습에 대해서는 5장 A2C 알고리즘에서 자세히 살펴보겠습니다.

가치 기반 강화학습의 학습과 관련된 부분에 대해서도 내용을 조금 살펴보겠습니다. 이를 위해 1장 강화학습의 이론 부분에서 살펴봤던 큐 함수값에 대한 벨만 최적 방정식을 살펴보겠습니다.

$$q_*(s,a) = \max_\pi q_\pi(s,a) = E\left[R_{t+1} + \gamma \max_{a'} q_*(S_{t+1}, a') \mid S_t = s, A_t = a \right]$$

해당 식은 큐 함수값을 보상과 다음 상태의 큐 함수값 중 최댓값을 이용해 나타내는 식입니다. 가치 기반 강화학습은 최적의 큐 함수를 학습할 때는 시간차 오차(temporal difference error)를 이용해 다음과 같이 업데이트합니다.

$$Q_{k+1}(S_t, A_t) \leftarrow Q_k(S_t, A_t) + \alpha (R_{t+1} + \gamma \max_{a'} Q_k(S_{t+1}, a') - Q_k(S_t, A_t))$$

학습률
(learning rate)

시간차 오차
(temporal difference error)

시간차 오차란 벨만 최적 방정식을 통해 표현한 큐 함수의 값(빨간색 줄)을 큐 함수값의 예측 값(갈색 줄)으로 뺀 값입니다. 이렇게 큐 함수를 충분히 학습하면 "큐 함수가 최적의 큐 함수로 수렴했다"라고 표현을 하고 시간차 오차가 0이 됐음을 의미합니다. 즉, 에피소드를 진행하며 예측한 큐 함수값을 벨만 최적 방정식을 통해 얻은 값에 가까워지도록 업데이트 하는 것입니다. 이때 예측 값이 학습하는 목표가 되는 이 벨만 최적 방정식의 값(빨간색 줄)을 타깃값이라고 합니다 이 타깃값은 이 책에서 다루는 강화학습 이론 내용에 종종 등장할 예정이니 어떤 값인지 형태를 잘 살펴보고 넘어가는 것을 추천합니다.

지금까지 가치 기반 강화학습의 내용을 간단하게 살펴봤습니다. 이제부터 본격적으로 DQN을 살펴보겠습니다.

4.1.2 DQN 알고리즘의 개요

DQN은 딥마인드[1](Deepmind) 사의 대표인 데미스 하사비스(Demis Hassabis)가 공개한 벽돌 깨기 게임(Breakout) 플레이 영상으로 많은 사람에게 큰 충격을 안겨준 알고리즘입니다. 마치 사람처럼 한쪽 벽돌만을 집중적으로 공략해 구멍을 뚫고 위쪽 벽돌을 여러 개 깨는 식으로 인공지능이 벽돌 깨기 게임을 플레이했기 때문입니다[2]. 이외에도 DQN은 사람처럼 다른 입력은 사용하지 않고 게임 화면을 입력으로 하여 학습을 수행한다는 점과 강화학습과 인공신경망의 성공적인 결합을 수행한 알고리즘이라는 점에서도 매우 흥미롭고 많은 의미가 있는 알고리즘이라 할 수 있습니다.

DQN 알고리즘은 2013년 딥마인드가 발표한 "Playing atari with deep reinforcement learning" 이라는 논문[3]에서 처음 소개됐습니다. 그로부터 2년 뒤인 2015년에 더 발전된 버전의 알고리즘인

---

[1] 알파고(https://deepmind.com/research/alphago/)로 유명해진 인공지능 회사. 딥마인드(https://deepmind.com/)
[2] https://www.youtube.com/watch?v=TmPfTpjtdgg
[3] Mnih, Volodymyr, et al. "Playing atari with deep reinforcement learning." arXiv preprint arXiv:1312.5602 (2013).

"Human-level control through deep reinforcement learning"이라는 논문[4]을 네이처(Nature)에서 발표했으며, 이 책에서는 네이처의 논문을 기반으로 이론과 코드를 설명하겠습니다.

우선 DQN의 큰 특징은 합성곱 신경망(Convolutional Neural Network, CNN)을 이용해 상태마다 각 행동의 큐 함수값들을 근사해주는 것입니다. 합성곱 신경망을 이용해 큐 함수값을 근사하는 과정을 그림으로 나타내면 다음과 같습니다.

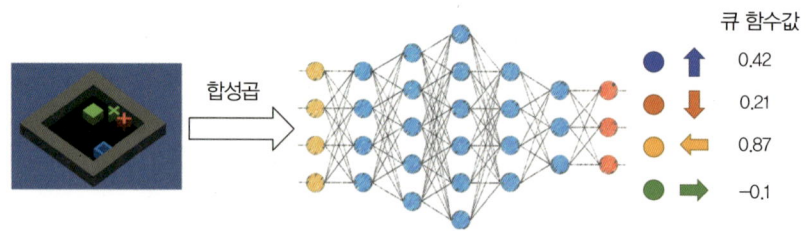

그림 4-2. 합성곱 신경망을 이용한 큐 함수값 근사

기존에 주로 사용됐던 강화학습 알고리즘인 큐 러닝(Q-learning)은 모든 상태와 행동에 대한 큐 함수값을 따로 저장하고, 이를 이용해 학습을 수행하고 행동을 결정합니다. 이 방법은 매우 많은 상태가 존재하는 환경에서는 사용하기가 어렵습니다. 모든 상태와 행동에 대한 큐 함수값을 저장하기가 어렵기 때문입니다.

퐁(Pong) 게임을 예시로 이를 살펴보겠습니다.

그림 4-3. 퐁(Pong) 게임

---

4 Mnih, Volodymyr, et al. "Human-level control through deep reinforcement learning." Nature 518,7540 (2015): 529.

퐁 게임은 빨간색 바와 파란색 바가 위아래로 움직이면서 하얀색 공을 쳐서 상대방이 공을 놓치게 하면 이기는 게임입니다. 이 게임은 공이 한 픽셀씩 움직일 때마다, 바가 위아래로 한 픽셀씩 움직일 때마다 모두 다른 상태입니다. 이 경우 이 게임에 존재하는 상태의 수는 어마어마하게 많을 것입니다. 따라서 이 많은 상태에 대해 각 행동의 큐 함수값을 저장하고 학습하는 것은 불가능에 가깝습니다.

하지만 DQN과 같이 합성곱 신경망을 이용해 각 상태와 행동에 대한 큐 함수값을 근사하면 모든 상태와 행동에 대한 큐 함수값을 따로 저장할 필요 없이 큐 함수값을 추정할 수 있습니다. 이런 이유로 DQN은 많은 상태가 존재하는 환경에서도 학습이 가능하며 좋은 성능을 보입니다. 논문에서 사용하는 합성곱 신경망 모델의 구조는 다음과 같습니다.

그림 4-4. 합성곱 신경망의 구조

이렇게 각 행동에 대한 큐 함수값이 결정되면 엡실론 그리디(ε-greedy) 기법에 따라 행동을 결정합니다. 행동이 결정되면 이에 따라 에이전트가 행동을 취하고, 그 결과 환경에 변화가 생기면서 변화된 다음 상태, 보상, 학습 종료에 대한 정보를 얻을 수 있습니다. 이 정보들을 이용해 합성곱 신경망의 변수에 대해 학습을 수행합니다. 그리고 변화된 상태를 다시 새로운 현재의 상태로 하여 합성곱 신경망 연산을 통해 행동을 도출합니다. 이와 같은 과정을 계속 반복하며 학습을 수행하는 것입니다.

학습 수행 과정에서는 업데이트에 필요한 정보들인 상태, 행동, 다음 상태, 보상 등을 이용해 합성곱 신경망 모델이 더 정확한 큐 함수값을 근사할 수 있도록 합성곱 신경망의 변수들을 학습합니다. 해당 학습 과정은 뒤에 나오는 '4.3절 DQN 학습'에서 자세히 설명하겠습니다.

지금까지 살펴본 내용을 종합하여 DQN 알고리즘의 전체 흐름을 그림으로 나타내면 다음과 같습니다.

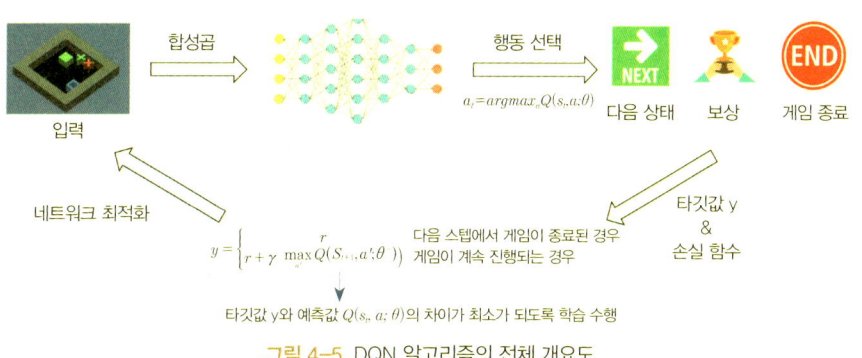

그림 4-5. DQN 알고리즘의 전체 개요도

4.2 DQN 알고리즘의 기법

이번 절에서는 DQN에서 사용되어 안정성 및 성능 개선에 큰 영향을 가져온 2가지 기법을 살펴보겠습니다. 첫 번째 기법은 경험 리플레이(experience replay)이고, 두 번째 기법은 타깃 네트워크(target network) 기법입니다. 두 가지 기법을 차례대로 살펴보겠습니다.

4.2.1 경험 리플레이(experience replay)

DQN의 첫 번째 기법은 경험 리플레이입니다. 이 기법은 1993년에 발표된 "Reinforcement learning for robots using neural networks"라는 논문에서 제시된 기법입니다. 이 기법은 경험(experience)이라는 데이터를 이용합니다. 경험 데이터는 [현재 상태, 현재 행동, 보상, 게임 종료, 다음 상태]로 구성돼 있습니다. 경험들은 매 스텝, 즉 한 번 행동을 취할 때마다 리플레이 메모리라는 데이터 세트에 저장됩니다. 이를 그림으로 나타내면 다음과 같습니다.

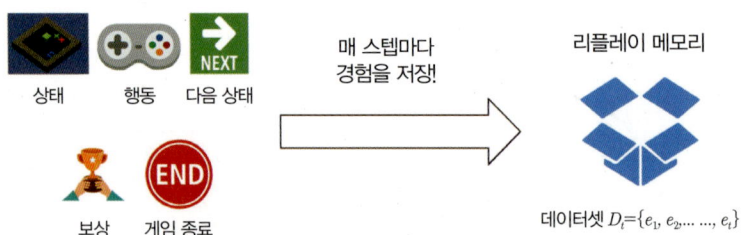

그림 4-6. 경험 데이터를 리플레이 메모리에 저장

그리고 데이터 세트에 특정 숫자만큼 쌓아 놓은 경험들을 매 스텝마다 임의로 일정 개수만큼 추출하여 미니 배치 학습을 수행합니다(그림 4-7). 이 그림에서 e는 경험 데이터, s는 상태, a는 행동, r은 보상, t는 게임의 종료 여부를 나타내며 아래 첨자의 숫자들은 스텝 수를 의미합니다.

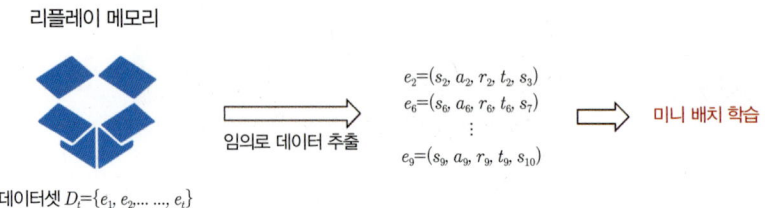

그림 4-7. 리플레이 메모리에서 임의로 경험을 추출해 학습 수행

매 스텝마다 경험을 저장한 리플레이 메모리(그림 4-6)에서 임의로 데이터를 추출하는 내용(그림 4-7)을 종합해 그림으로 나타내보면 다음과 같습니다.

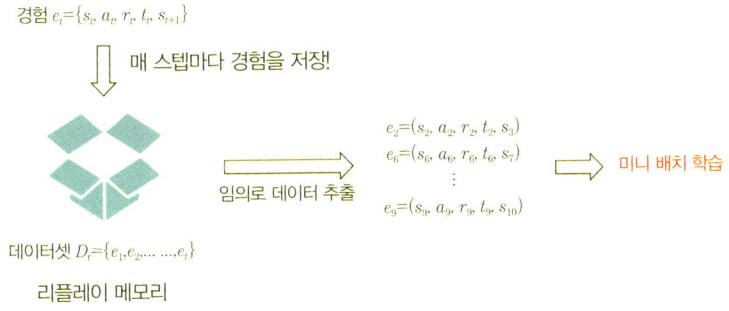

그림 4-8. 경험 리플레이의 전체 과정

경험 리플레이 기법을 사용하면 서로 유사하지 않은 다양한 데이터를 이용해 학습을 수행하기 때문에 학습이 더 안정적으로 수행될 수 있으며 데이터 사이의 상관관계를 없앨 수 있습니다.

경험 리플레이를 사용하여 데이터 사이의 상관관계를 없애는 것이 어떤 장점을 가지는지 예시와 함께 직관적으로 살펴보겠습니다. 강화학습의 특성상 시간 순서대로 데이터가 생성되므로 데이터를 나열해 보면 비슷한 상태끼리 뭉쳐있게 됩니다. 즉 데이터 사이에 상관관계가 생기게 됩니다. 상관관계가 있는 데이터들을 선형으로 근사하는 회귀 문제를 예로 들어 보겠습니다. 다음의 그림과 같이 상관관계를 가지는 데이터가 있다고 해보겠습니다.

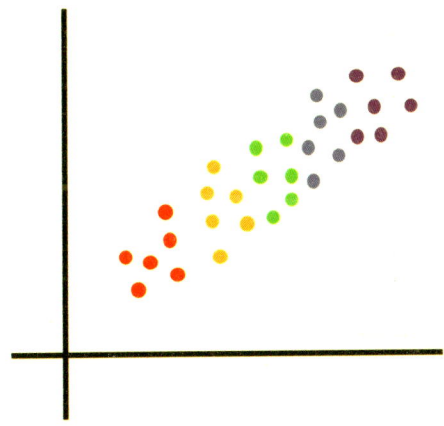

그림 4-9. 상관관계를 가지는 데이터의 예

이 데이터 중 같은 색의 데이터가 서로 상관관계가 있는 데이터라고 가정하겠습니다. 이렇게 상관관계가 있는 각각의 데이터 세트를 선형으로 근사한 결과는 다음과 같습니다.

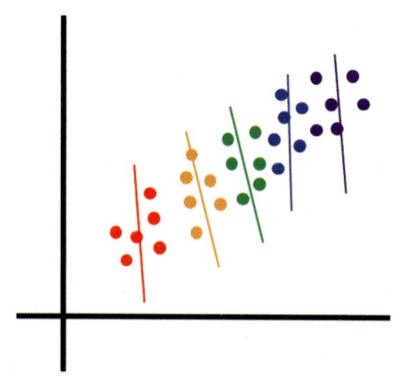

그림 4-10. 상관관계를 가지는 데이터를 이용한 선형 근사

이처럼 상관관계가 있는 데이터를 이용해 선형 근사한 선들은 전체 데이터의 특성을 나타내지 못하고 선들이 제각각입니다. 이것이 리플레이 메모리에서 상관관계가 있는 데이터들을 미니 배치로 학습하는 결과의 예시라고 할 수 있습니다.

하지만 상관관계를 깨고 전체 데이터 중 무작위로 데이터를 뽑아서 선형으로 근사하면 다음과 같은 결과를 얻을 수 있습니다.

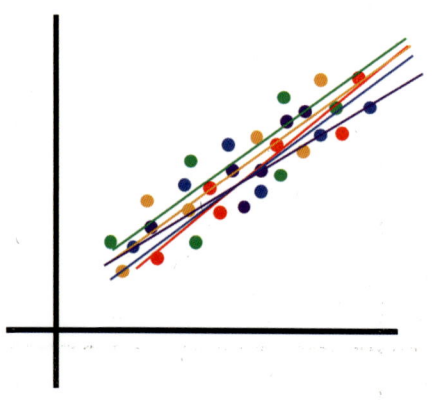

그림 4-11. 랜덤하게 샘플링한 데이터를 이용한 선형 근사

이 경우 모든 선들이 전체 데이터를 대체로 잘 반영하면서 유사한 결과를 보입니다. 이것이 경험 리플레이 기법을 사용해 전체 데이터 중 일부를 추출한 다음 미니 배치로 학습한 결과의 예시라고 할 수 있

습니다. 이와 같은 이유로 경험 리플레이 기법을 사용하면 전체적인 경험에 대한 최적의 추정을 할 수 있도록 네트워크 변수를 학습할 수 있습니다.

4.2.2 타깃 네트워크(target network)

DQN을 학습하려면 학습의 목표가 되는 타깃값을 계산해야 하며, 이때 사용하는 네트워크가 타깃 네트워크입니다. 이를 위해 DQN에서는 2종류의 네트워크가 사용됩니다. 하나는 행동을 구하거나 큐 함수값을 예측할 때 사용하는 일반 네트워크이고, 다른 하나는 타깃값을 계산할 때 이용하는 타깃 네트워크입니다. 타깃값에 대해서는 다음 절인 DQN 학습에서 자세히 설명하겠지만, 타깃값(y)을 구하고 학습을 수행하는 식을 잠시 살펴보겠습니다.

$$y = \begin{cases} r & \text{다음 스텝에서 게임이 종료된 경우} \\ r + \gamma \max_{a'} Q(S_{t+1}, a'; \theta^-) & \text{게임이 계속 진행되는 경우} \end{cases}$$

타깃값 y와 예측값 $Q(s_t, a_t; \theta)$의 차이가 최소가 되도록 학습 수행

θ : 일반 네트워크의 파라미터 θ^- : 타깃 네트워크의 파라미터

그림 4-12. 타깃값의 계산식

타깃값의 계산식에는 θ라는 기호가 계속 등장합니다. θ는 네트워크를 구성하는 가중치(weight)나 편향(bias) 같은 학습을 위한 변수를 의미합니다. 그런데 θ 위에 – 기호가 붙어있는 경우도 있고, 그렇지 않은 경우도 있습니다. θ^-는 타깃 네트워크의 변수들이며 θ는 일반 네트워크의 변수들입니다. 이 두 네트워크의 특징을 그림으로 살펴보겠습니다.

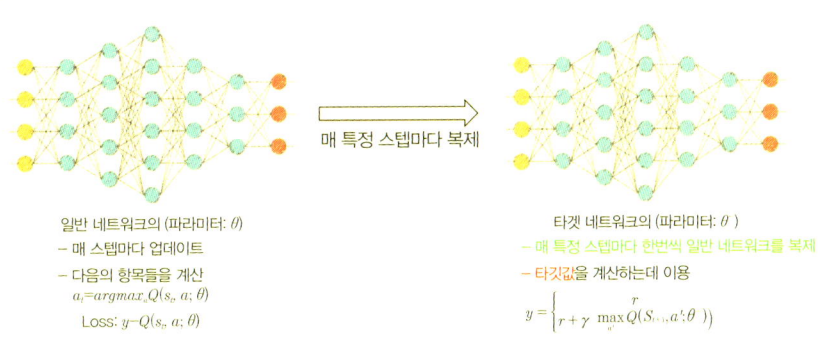

일반 네트워크의 (파라미터: θ)
- 매 스텝마다 업데이트
- 다음의 항목들을 계산
  $a_t = argmax_a Q(s_t, a; \theta)$
  Loss: $y - Q(s_t, a; \theta)$

타깃 네트워크의 (파라미터: θ^-)
- 매 특정 스텝마다 한번씩 일반 네트워크를 복제
- 타깃값을 계산하는데 이용
  $y = \begin{cases} r \\ r + \gamma \max_{a'} Q(S_{t+1}, a'; \theta^-) \end{cases}$

그림 4-13. 일반 네트워크와 타깃 네트워크의 특징

왼쪽에 있는 일반 네트워크는 매 스텝 업데이트를 수행하고 행동을 구하거나 큐 함수값을 예측할 때 사용하는 네트워크입니다. 오른쪽에 있는 타깃 네트워크는 일반 네트워크와 완전히 동일한 크기와 구조를 가집니다. 하지만 이 네트워크는 따로 학습을 수행하지 않고 특정 스텝마다 한 번씩 일반 네트워크의 변수들을 모두 복제합니다. 타깃 네트워크는 타깃값 y를 계산하는 데만 사용하는 네트워크입니다.

타깃값은 네트워크가 학습하기 위한 목표가 되는 값으로 지도 학습(Supervised learning)의 정답과 유사한 역할을 합니다. 하지만 네트워크가 매 스텝마다 학습되고, 이 네트워크를 이용해 타깃값을 구한다면 같은 입력을 이용하더라도 매번 네트워크가 다른 정답을 도출할 수 있습니다. 네트워크의 변수들이 매 스텝 학습되면서 변하기 때문입니다. 우리가 학습의 목표로 하는 정답이 최대한 일정하게 유지돼야 안정적인 학습을 수행할 수 있으므로 정답인 타깃값을 구하는 타깃 네트워크는 일정 스텝 동안 업데이트를 수행하지 않는 방법으로 동일한 입력에 대해 동일한 타깃값을 도출할 수 있도록 합니다. 이와 같은 이유로 타깃 네트워크는 학습의 안정성 향상에 크게 도움되는 기법입니다.

4.3 DQN 학습

이번 절에서는 DQN의 학습에 대한 목표값인 타깃값을 계산하는 방법과 DQN의 학습을 위한 손실 함수값을 어떻게 설정하는지 살펴보겠습니다.

1장에서 살펴본 강화학습 이론에서 큐 함수는 특정 상태에서 특정 행동에 대한 가치, 즉 반환값의 기댓값을 도출한다고 했습니다. 큐 함수 식을 살펴보면 다음과 같습니다.

$$Q(s,a) = E[G_t \mid S_t = s, A_t = a]$$

그리고 가치 기반 강화학습은 최적의 큐 함수를 얻기 위해 이 큐 함수값 $Q(s, a)$를 학습의 목표인 $R_{t+1} + \gamma \max_{a'} Q(S_{t+1}, a')$ 값에 가까워지도록 업데이트한다고 했습니다. 즉 $R_{t+1} + \gamma \max_{a'} Q(S_{t+1}, a')$이 타깃값입니다. 타깃값은 4.2절에서 설명한 대로 타깃 네트워크를 이용해 추정하므로 타깃값 y를 구하는 식은 다음과 같습니다.

$$y = \begin{cases} r & \text{다음 스텝에서 환경이 종료된 경우} \\ r + \gamma \left(\max_{a'} Q(s_{t+1}, a'; \theta^-) \right) & \text{환경이 계속 진행되는 경우} \end{cases}$$

만약 환경이 종료된 경우에는 다음 상태가 존재하지 않기 때문에 받은 보상 자체가 타깃값으로 사용됩니다.

학습은 타깃값과 추정값 두 값의 차이를 줄이는 방향으로 수행합니다.

타깃값 : $y = r + \gamma \left(\max_{a'} Q(s_{t+1}, a'; \theta^-) \right)$

추정값 : $Q(s_t, a_t; \theta)$

DQN에서는 후버 로스(Huber loss)라는 손실 함수를 사용합니다. 이는 타깃값과 예측값의 차이가 -1에서 1 사이일 때는 해당 값의 차이를 제곱한 값을 손실 함수값(loss)으로 설정하고, 이외의 경우에는 해당 값의 차이의 절대값을 손실 함수값으로 설정합니다. 즉 손실 함수의 식은 다음과 같습니다.

$$Error = y - Q(s_t, a_t; \theta)$$

$$Loss = \begin{cases} Error^2 & if \ |Error| < 1 \\ |Error| & if \ |Error| \geq 1 \end{cases}$$

다음은 일반적인 평균 제곱 오차(Squared error)와 후버 로스를 비교한 그래프입니다.

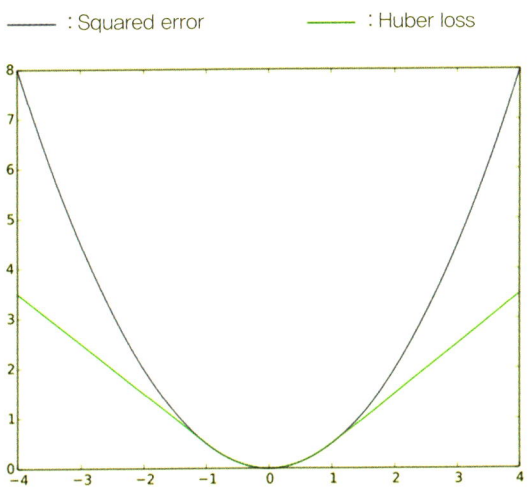

그림 4-14. 평균 제곱 오차(Squared error)와 후버 로스(Huber loss)를 비교한 그래프

이 손실 함수값을 최소화하는 방향으로 학습을 수행하면 네트워크는 점점 타깃값에 가깝게 큐 함수값을 추정하도록 학습될 것이고, 이에 따라 최적의 행동을 통해 에이전트를 제어할 수 있게 됩니다.

4.4 DQN 코드

이번 절에서는 파이썬과 파이토치를 이용해 구성한 DQN 코드를 살펴보겠습니다.

전체 코드를 살펴보기 전에 먼저 DQN 코드가 어떻게 구성돼 있는지 살펴보겠습니다. DQN 전체 코드의 구성은 다음 그림과 같이 4개의 부분으로 나눌 수 있습니다.

그림 4-15. DQN 코드 구성

첫 번째 부분은 라이브러리를 불러오고, 파라미터 값을 설정하는 부분입니다. 여기에서는 DQN 코드를 위한 파이썬 라이브러리를 불러옵니다. 그리고 DQN 알고리즘을 위해 설정해야 하는 다양한 파라미터 값을 결정합니다.

두 번째 부분은 Model 클래스입니다. Model 클래스에서는 DQN에서 사용하는 합성곱 신경망의 구조와 연산 과정을 결정합니다.

세 번째 부분은 Agent 클래스입니다. Agent 클래스에서는 DQN을 위한 행동 선택, 경험 저장, 네트워크 학습 수행 등을 위한 다양한 함수를 정의합니다.

마지막 부분은 Main 함수입니다. Main 함수는 Model 클래스에서 정의한 네트워크와 Agent 클래스에서 정의한 다양한 함수들을 이용해 행동을 결정하고 유니티 환경과 통신하며 학습을 수행하는 부분입니다. 즉 Main 함수가 전체적인 알고리즘이 진행되는 부분이라고 할 수 있습니다.

이제 본격적으로 파이썬과 파이토치로 구성한 DQN 코드를 살펴보겠습니다.

4.4.1 라이브러리 불러오기 및 파라미터 값 설정

라이브러리 불러오기

먼저 DQN을 구현하는 데 필요한 라이브러리를 불러옵니다.

```python
# 라이브러리 불러오기
import numpy as np
import random
import copy
import datetime
import platform
import torch
import torch.nn.functional as F
from torch.utils.tensorboard import SummaryWriter
from collections import deque
from mlagents_envs.environment import UnityEnvironment, ActionTuple
from mlagents_envs.side_channel.engine_configuration_channel\
                    import EngineConfigurationChannel
```

불러온 각 라이브러리를 살펴보겠습니다.

- numpy: 파이썬에서 행렬 연산을 쉽게 할 수 있도록 하는 라이브러리입니다.

- random: 임의의 값을 불러오는 데 사용하는 라이브러리입니다.

- copy: 변수의 얕은 복사와 깊은 복사를 수행하기 위한 라이브러리입니다.

- datetime: 현재 코드를 실행한 날짜 및 시각을 불러오는 데 사용하는 라이브러리입니다.

- platform: 시스템 관련 라이브러리로 현재 사용하는 os에 대한 정보를 확인할 때 사용합니다.

- torch: 딥러닝 라이브러리로 DQN 신경망을 구현할 때 사용합니다.

- torch.nn.funtional: 신경망 관련 함수 라이브러리입니다.

- SummaryWriter: 학습의 진행 상황을 텐서보드에 기록하는 데 사용합니다.

- deque: 양방향 큐 자료구조로서 DQN의 리플레이 메모리 역할을 수행합니다.

- UnityEnvironment: 환경으로부터 상태 및 보상을 취득하고, 행동을 실행하는 등 유니티 환경과 파이썬 코드 간의 상호작용에 필요한 함수들이 있는 라이브러리입니다.

- ActionTuple: 행동을 담아두는 튜플 객체로, 결정된 행동을 유니티 ML-Agents로 제작한 환경에 전달할 때 사용됩니다.

- EngineConfigurationChannel: 유니티 환경 엔진 설정을 관리하는 클래스로, 이를 통해 유니티 환경의 타임스케일 조정 및 창의 크기, 프레임 조절 등이 가능합니다.

파라미터 값 설정

이제 DQN을 위한 파라미터 값을 정의하고 그 값을 지정하겠습니다.

```
# DQN을 위한 파라미터 값 세팅
state_size = [3*2, 64, 84]
action_size = 4

load_model = False
train_mode = True

batch_size = 32
mem_maxlen = 10000
discount_factor = 0.9
learning_rate = 0.00025

run_step = 50000 if train_mode else 0
test_step = 5000
train_start_step = 5000
target_update_step = 500

print_interval = 10
save_interval = 100

epsilon_eval = 0.05
epsilon_init = 1.0 if train_mode else epsilon_eval
epsilon_min = 0.1
explore_step = run_step * 0.8
eplsilon_delta = (epsilon_init - epsilon_min)/explore_step if train_mode else 0.

VISUAL_OBS = 0
GOAL_OBS = 1
VECTOR_OBS = 2
OBS = VISUAL_OBS
```

파라미터 값을 설정하는 코드를 부분별로 나눠서 자세히 살펴보겠습니다.

그리드월드 환경에서는 그리드 상황을 알 수 있는 시각적 관측 정보와 에이전트의 목적지 종류를 판단할 수 있는 목적지 관측 정보가 필요합니다. 시각적 관측 정보는 높이가 64, 너비가 84, 채널이 3인

RGB 이미지입니다. 목적지 관측 정보는 목적지 종류의 갯수를 크기로 가지므로 goal-plus와 goal-ex 두 가지를 사용하여 크기는 2입니다. 논문에 나와있는 DQN 네트워크 구조를 그대로 사용하기 위해 목적지 관측 정보와 시각적 관측 정보를 합쳐 하나의 상태로 만들어 사용할 것입니다. 시각적 관측 정보인 RGB 이미지를 2번(목적지 관측 정보의 크기) 중첩하여 채널을 6으로 만든 후 목적지 관측 정보에 따라 각 채널을 전처리 할 것입니다. (전처리 과정은 추후에 자세히 설명하겠습니다.)

따라서 DQN에서 사용하는 상태 state_size는 높이가 64, 너비가 84, 채널이 6이 됩니다. action_size는 DQN 네트워크의 출력으로 사용할 행동의 크기로 그리드월드에서는 [정지, 위, 아래, 왼쪽, 오른쪽] 5가지 행동을 사용하지만 코드 상에서는 학습의 효율성을 위해 정지 행동을 고려하지 않기 때문에 5가 아닌 4로 설정합니다.

```
state_size = [3*2, 64, 84]
action_size = 4
```

현재 코드에서는 이전에 학습한 모델을 불러오지 않습니다. 따라서 load_model은 False로 설정합니다. 만약 이전에 학습한 모델을 불러오고 싶다면 이 파라미터를 True로 설정합니다. 다음으로 train_mode 파라미터를 True로 설정하면 에이전트를 학습합니다. 이를 False로 설정하면 학습을 진행하지 않고 네트워크의 연산 결과에 따라 행동을 선택합니다.

```
load_model = False
train_mode = True
```

이어서 학습 파라미터 설정에 대해 설명하겠습니다. DQN은 한 번 모델을 학습할 때 리플레이 메모리에서 일정 개수만큼의 경험을 랜덤하게 추출해 미니 배치 학습을 수행합니다. mem_maxlen은 리플레이 메모리의 최대 크기입니다. 이 값만큼 리플레이 메모리에 데이터를 저장하고, 데이터가 mem_maxlen만큼 추가된 이후에도 계속 데이터가 추가되는 경우 가장 오래된 데이터를 삭제하고 새로운 데이터를 추가합니다. discount_factor는 에이전트가 학습을 수행할 때 얼마나 미래의 보상을 고려할지 결정하는 감가율입니다. 감가율은 0부터 1 사이의 값으로 설정하며, 이 값이 클수록 미래의 보상을 많이 고려하여 학습을 수행합니다. learning_rate는 네트워크의 학습을 얼마나 빠르게 수행할지 결정하는 파라미터입니다. 이 값이 너무 작으면 학습 속도가 느려지고 이 값이 너무 크면 학습이 불안정하게 수행됩니다.

```
batch_size = 32
mem_maxlen = 10000
discount_factor = 0.9
learning_rate = 0.00025
```

run_step은 총 몇 번의 스텝 동안 학습을 수행할지 결정합니다. 평가 모드일 때에는 0으로 설정됩니다. test_step은 학습이 끝나고 혹은 평가 모드에 몇 스텝 동안 테스트를 할지 정합니다. train_start_step은 학습을 시작하기 전에 리플레이 메모리에 충분한 데이터를 모으기 위해 몇 스텝 동안 임의의 행동으로 게임을 진행할 것인지 결정합니다. target_update_step은 DQN 알고리즘 기법 중 하나인 타깃 네트워크를 몇 스텝 주기로 업데이트할지 정합니다.

```
run_step = 50000 if train_mode else 0
test_step = 5000
train_start_step = 5000
target_update_step = 500
```

print_interval은 학습이 진행되는 상황을 알려주기 위해 에피소드가 진행될 때마다 학습 상황을 파악할 수 있는 지표를 출력하며 텐서보드에 손실 함숫값, 평균 보상 등의 값을 저장합니다. save_interval은 설정된 에피소드마다 학습이 진행되고 있는 모델을 저장합니다. 아래 코드에서는 저장 간격을 100 에피소드로 설정했습니다.

```
print_interval = 10
save_interval = 100
```

다음 파라미터들은 DQN 알고리즘 기법 중 하나인 엡실론 그리디 기법과 관련된 파라미터들입니다. epsilon_eval은 평가 모드에서의 엡실론(ϵ) 값입니다. 본 스크립트에서는 0.05를 사용합니다. 즉, 평가 모드에서는 5%의 확률로 무작위 행동을 합니다. 일반적으로는 평가 모드에서 0으로 설정하지만, 그리드월드 환경에서는 특정 경우에 목적지에 도달하지 않고 반복 행동을 하며 특정 위치를 벗어나지 못하는 문제가 있어서 5%의 무작위 행동을 하게 하여 이 문제를 보완했습니다. epsilon_init은 엡실론의 초깃값입니다. 에피소드의 초반 구간에서는 에이전트가 탐험을 하도록 1로 설정합니다. epsilon_min은 학습 구간에서의 epsilon의 최솟값입니다. 에이전트가 특정 상태에서 매번 동일한 행동을 하는 것을 막기 위해 0.1로 설정했습니다. explore_step은 엡실론이 감소하는 구간을 의미합니다. 본 스크립트에서는 run_step을 80%로 설정했습니다. epsilon_delta는 한 스텝당 감소하는 epsilon의 변화량입니다. 학습 모드에서 엡실론은 epsilon_init 값인 1로 시작합니다. 그리고 학습이 시작되면 start_train_step 지점부터 학습이 진행되는 explore_step 구간 동안 엡실론 값을 서서히 감소시킵니다. 엡실론 값이 epsilon_min에 도달하면 학습이 끝날 때까지 그 값을 유지하는 전략으로 학습을 진행합니다. 평가 모드에서 엡실론 값은 epsilon_eval 값으로 평가를 진행합니다.

```
epsilon_eval = 0.05
epsilon_init = 1.0 if train_mode else epsilon_eval
epsilon_min = 0.1
explore_step = run_step * 0.8
eplsilon_delta = (epsilon_init - epsilon_min)/explore_step if train_mode else 0.
```

VISUAL_OBS는 그리드월드 환경에서 시각적 관측의 인덱스 상수로 0입니다. GOAL_OBS는 목적지 관측의 인덱스 상수로 1입니다. VECTOR_OBS는 벡터 관측의 인덱스 상수로 2입니다. OBS는 그리드월드 환경에서 어떤 관측을 사용할지 정하는 변수로 DQN 알고리즘에서는 시각적 관측을 사용하기 때문에 VISUAL_OBS로 설정합니다.

```
VISUAL_OBS = 0
GOAL_OBS = 1
VECTOR_OBS = 2
OBS = VISUAL_OBS
```

유니티 환경 불러오기

다음 스크립트는 빌드된 유니티 환경을 불러오는 코드입니다.

```
# 유니티 환경 경로
game = "GridWorld"
os_name = platform.system()
if os_name == 'Windows':
    env_name = f"../envs/{game}_{os_name}/{game}"
elif os_name == 'Darwin':
    env_name = f"../envs/{game}_{os_name}"

# 모델 저장 및 불러오기 경로
date_time = datetime.datetime.now().strftime("%Y%m%d%H%M%S")
save_path = f"./saved_models/{game}/DQN/{date_time}"
load_path = f"./saved_models/{game}/DQN/20210514201212"

# 연산 장치
device = torch.device("cuda" if torch.cuda.is_available() else "cpu")
```

game은 빌드된 환경의 이름을 의미합니다. os_name은 실행 파일이 실행되는 운영체제로 윈도우나 맥 운영체제에 따라 실행 파일을 불러올 수 있습니다. env_name에는 불러올 유니티 환경의 경로를 설정합니다. 학습을 진행할 때 env_name 경로에 유니티에서 빌드한 파일이 존재해야합니다. 현재 코드에서는 상위 폴더의 envs/GridWorld_Windows 폴더에 있는 GridWorld 파일을 불러오도록 설정했습니다.

```python
# 유니티 환경 경로
game = "GridWorld"
os_name = platform.system()
if os_name == 'Windows':
    env_name = f"../envs/{game}_{os_name}/{game}"
elif os_name == 'Darwin':
    env_name = f"../envs/{game}_{os_name}"
```

date_time에는 코드를 실행한 날짜와 시각을 저장합니다. 이는 모델과 텐서보드 파일을 저장할 폴더를 생성할 때 폴더의 이름이 겹치지 않게 하기 위함입니다. save_path에는 학습된 모델과 텐서보드 파일을 저장할 위치를 결정합니다. 현재 폴더의 saved_models/GridWorld/DQN/date_time에 네트워크 모델 및 텐서보드 파일을 저장합니다. load_path에는 학습된 모델을 불러올 경로를 설정합니다. 현재 폴더의 saved_models/GridWorld/DQN/[연월일시분초] 경로에 있는 모델을 불러오도록 설정합니다. device는 에이전트가 학습이나 행동을 계산할 때 설정할 연산 장치입니다. cuda 환경이 있으면 cuda로, 그렇지 않으면 cpu로 설정합니다.

```python
# 모델 저장 및 불러오기 경로
date_time = datetime.datetime.now().strftime("%Y%m%d%H%M%S")
save_path = f"./saved_models/{game}/DQN/{date_time}"
load_path = f"./saved_models/{game}/DQN/20210514201212"

# 연산 장치
device = torch.device("cuda" if torch.cuda.is_available() else "cpu"
```

4.4.2 Model 클래스

Model 클래스에서는 큐 함수값을 근사하기 위한 딥러닝 모델의 구조와 연산 과정을 정의합니다.

```python
class DQN(torch.nn.Module):
    def __init__(self, **kwargs):
        super(DQN, self).__init__(**kwargs)
        self.conv1 = torch.nn.Conv2d(in_channels=state_size[0], out_channels=32,
                                    kernel_size=8, stride=4)
        dim1 = ((state_size[1] - 8)//4 + 1, (state_size[2] - 8)//4 + 1)
        self.conv2 = torch.nn.Conv2d(in_channels=32, out_channels=64,
                                    kernel_size=4, stride=2)
        dim2 = ((dim1[0] - 4)//2 + 1, (dim1[1] - 4)//2 + 1)
        self.conv3 = torch.nn.Conv2d(in_channels=64, out_channels=64,
                                    kernel_size=3, stride=1)
        dim3 = ((dim2[0] - 3)//1 + 1, (dim2[1] - 3)//1 + 1)

        self.flat = torch.nn.Flatten()
        self.fc1 = torch.nn.Linear(64*dim3[0]*dim3[1], 512)
        self.q = torch.nn.Linear(512, action_size)

    def forward(self, x):
        x = x.permute(0, 3, 1, 2)
        x = F.relu(self.conv1(x))
        x = F.relu(self.conv2(x))
        x = F.relu(self.conv3(x))
        x = self.flat(x)
        x = F.relu(self.fc1(x))
        return self.q(x)
```

코드를 하나씩 살펴보겠습니다. DQN 클래스는 torch.nn.Module을 상속받고 있으며 두 함수를 가지고 있습니다. init은 네트워크의 초기화 함수로, 객체를 생성할 때 실행되며, 네트워크를 구성하는 레이어를 정의합니다. forward는 기존에 선언한 레이어를 통해 네트워크 입력 값에 대한 큐 함수값을 계산하는 함수입니다.

먼저 init 함수를 살펴보겠습니다. init 함수는 초기화 함수로써 네트워크를 구성하는 레이어를 정의하고 있습니다. 해당 함수는 model 객체를 데이터와 함께 호출할 때 실행됩니다.

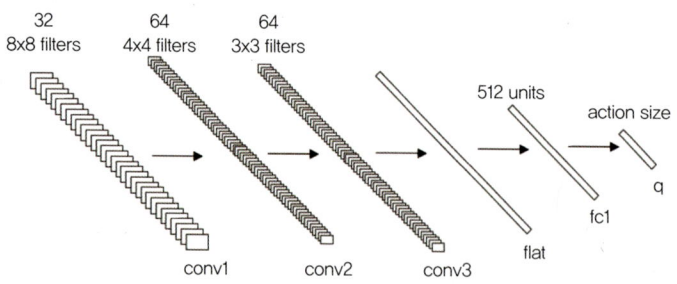

그림 4-16. DQN에서 사용하는 합성곱 신경망의 구조

이 책에서 정의하고 있는 네트워크 구조는 그림 4-16과 같이 DQN 논문에서 제안한 네트워크 구조를 따라 구성한 것입니다. 먼저 torch.nn.Conv2d를 이용해 컨볼루션(convolution) 레이어를 만듭니다. 현재 Conv2D에 입력하는 파라미터는 입력 채널 수, 출력 채널 수, 커널 크기, 스트라이드(stride)입니다. 컨볼루션을 통해 나온 결과를 완전 연결(fully connected) 레이어의 입력으로 사용하려면 결과를 1차원으로 바꿔야 합니다. 따라서 torch.nn.Flatten()를 통해 flatten 레이어를 정의합니다. 마지막으로 torch.nn.Linear를 이용해 완전 연결 레이어를 만들고 마지막 출력인 q를 정의합니다. Linear에 입력하는 파라미터는 입력 차원, 출력 차원입니다.

```python
def __init__(self, **kwargs):
    super(DQN, self).__init__(**kwargs)
    self.conv1 = torch.nn.Conv2d(in_channels=state_size[0], out_channels=32,
                                 kernel_size=8, stride=4)
    dim1 = ((state_size[1] - 8)//4 + 1, (state_size[2] - 8)//4 + 1)
    self.conv2 = torch.nn.Conv2d(in_channels=32, out_channels=64,
                                 kernel_size=4, stride=2)
    dim2 = ((dim1[0] - 4)//2 + 1, (dim1[1] - 4)//2 + 1)
    self.conv3 = torch.nn.Conv2d(in_channels=64, out_channels=64,
                                 kernel_size=3, stride=1)
    dim3 = ((dim2[0] - 3)//1 + 1, (dim2[1] - 3)//1 + 1)

    self.flat = torch.nn.Flatten()
    self.fc1 = torch.nn.Linear(64*dim3[0]*dim3[1], 512)
    self.q = torch.nn.Linear(512, action_size)
```

이어서 DQN 클래스의 두 번째 함수인 forward 함수를 살펴보겠습니다. 해당 함수는 입력 x를 init 함수에서 정의한 레이어들에 순서대로 통과시켜주어 큐 함수값을 계산합니다.

```python
def forward(self, x):
    x = x.permute(0, 3, 1, 2)
    x = F.relu(self.conv1(x))
    x = F.relu(self.conv2(x))
    x = F.relu(self.conv3(x))
    x = self.flat(x)
    x = F.relu(self.fc1(x))
    return self.q(x)
```

먼저 permute 함수를 사용해 입력 이미지의 차원을 변환합니다. 이는 유니티와 파이토치의 이미지 차원이 다르기 때문입니다. 유니티에서는 이미지 shape이 Height, Width, Channel 순서이고, 파이토치에서는 이미지 차원이 Channel, Height, Width 순서입니다.

```python
x = x.permute(0, 3, 1, 2)
```

각 단계별 네트워크 연산은 그림 4-17과 같이 실행됩니다. 먼저 permute 함수를 통과한 데이터를 각 컨볼루션 레이어 conv1, conv2, conv3에 통과시켜 줍니다.

```python
x = F.relu(self.conv1(x))
x = F.relu(self.conv2(x))
x = F.relu(self.conv3(x))
x = self.flat(x)
x = F.relu(self.fc1(x))
return self.q(x)       # 입력이 -1 ~ 1까지 값을 가지도록 정규화
```

그리고 flat 함수를 통해 결과를 1차원으로 만들고, 마지막으로 Linear 레이어인 fc1을 통과시켜 큐 함수값을 도출합니다. 이때, 각 히든 레이어에서는 ReLU 활성화 함수를 사용합니다.

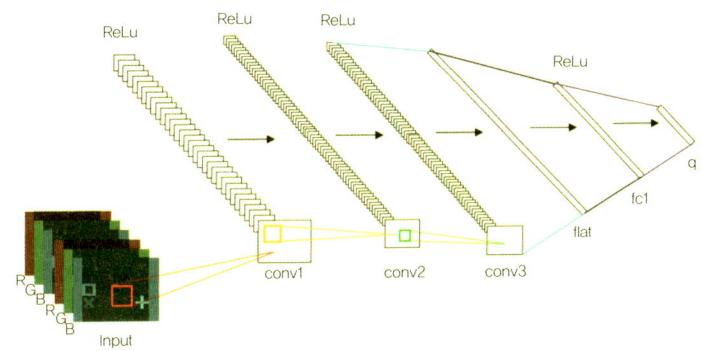

그림 4-17. DQN 네트워크 연산

4.4.3 Agent 클래스

Agent 클래스는 행동 선택, 모델 저장 및 불러오기, 리플레이 메모리에 데이터 저장하기, 모델 학습, 텐서보드에 값 저장하기 등을 수행하는 함수들을 포함하고 있습니다. Agent 클래스의 전체 구조는 다음과 같습니다.

```python
# DQNAgent 클래스 -> DQN 알고리즘을 위한 다양한 함수 정의
class DQNAgent:
    def __init__(self):
        … 생략 …

    # Epsilon greedy 기법에 따라 행동 결정
    def get_action(self, state, training=True):
        … 생략 …

    # 리플레이 메모리에 데이터 추가 (상태, 행동, 보상, 다음 상태, 게임 종료 여부)
    def append_sample(self, state, action, reward, next_state, done):
        … 생략 …

    # 학습 수행
    def train_model(self):
        … 생략 …

    # 타깃 네트워크 업데이트
    def update_target(self):
        … 생략 …

    # 네트워크 모델 저장
    def save_model(self):
        … 생략 …

    # 학습 기록
    def write_summray(self, score, loss, epsilon, step):
        … 생략 …
```

이어서 Agent 클래스 코드의 부분적으로 살펴보겠습니다. 먼저 DQNAgent클래스 객체가 만들어질 때 실행되는 _init_ 함수를 살펴보겠습니다.

```python
def __init__(self):
    self.network = DQN().to(device)
    self.target_network = copy.deepcopy(self.network)
    self.optimizer = torch.optim.Adam(self.network.parameters(), lr=learning_rate)
    self.memory = deque(maxlen=mem_maxlen)
    self.epsilon = epsilon_init
    self.writer = SummaryWriter(save_path)

    if load_model == True:
        print(f"... Load Model from {load_path}/ckpt ...")
        checkpoint = torch.load(load_path+'/ckpt', map_location=device)
        self.network.load_state_dict(checkpoint["network"])
        self.target_network.load_state_dict(checkpoint["network"])
        self.optimizer.load_state_dict(checkpoint["optimizer"])
```

모델 클래스에서 정의한 DQN 모델을 가져와 행동을 결정하거나 큐 함수값을 예측할 때 사용하는 network를 생성합니다. 그리고 학습에 필요한 타깃값을 계산하는 target_network는 copy 라이브러리에서 deepcopy 함수를 사용해 network와 동일한 구조 및 가중치를 갖는 네트워크로 생성합니다. optimizer는 Adam으로 사용합니다.

```python
self.network = DQN().to(device)
self.target_network = copy.deepcopy(self.network)
self.optimizer = torch.optim.Adam(self.network.parameters(), lr=learning_rate)
```

memory는 리플레이 메모리 역할을 하는 변수입니다. deque를 이용하여 데이터를 저장하면 mem_maxlen보다 더 많은 데이터를 저장할 때, 자동으로 가장 오래된 데이터를 삭제한 후 새로운 데이터를 추가합니다. epsilon은 epsilon_init 값으로 초기화합니다. writer는 진행 상황을 텐서보드에 기록하기 위해 사용합니다. SummaryWriter에 save_path를 입력으로 하여 모델이 저장되는 경로를 설정합니다.

```python
self.memory = deque(maxlen=mem_maxlen)
self.epsilon = epsilon_init
self.writer = SummaryWriter(save_path)
```

저장된 모델을 사용할 경우, load_model을 True로 설정해 network, target_network, optimizer에 대한 모델 정보를 불러와 사용할 수 있습니다.

```python
if load_model == True:
    print(f"... Load Model from {load_path}/ckpt ...")
    checkpoint = torch.load(load_path+'/ckpt', map_location=device)
    self.network.load_state_dict(checkpoint["network"])
    self.target_network.load_state_dict(checkpoint["network"])
    self.optimizer.load_state_dict(checkpoint["optimizer"])
```

다음 함수는 에이전트의 행동을 선택하는 get_action 함수입니다. get_action 함수는 상태와 학습 모드를 입력값으로 받고 행동을 출력합니다.

```python
def get_action(self, state, training=True):
    # 네트워크 모드 설정
    self.network.train(training)
    epsilon = self.epsilon if training else epsilon_eval

    # 랜덤하게 행동 결정
    if epsilon > random.random():
        action = np.random.randint(0, action_size, size=(state.shape[0],1))
    # 네트워크 연산에 따라 행동 결정
    else:
        q = self.network(torch.FloatTensor(state).to(device))
        action = torch.argmax(q, axis=-1, keepdim=True).data.cpu().numpy()
    return action
```

먼저 network.train 함수에 training 변수를 전달해 네트워크 학습 모드 또는 평가 모드를 설정합니다. 만약 네트워크에 batch_normalization 레이어나 dropout 레이어가 있을 경우 학습 모드일 때와 평가 모드일 때 다르게 작동합니다. epsilon은 학습 모드일 때는 epsilon 값을 그대로 사용하고, 평가 모드일 때는 epsilon_eval 값으로 사용합니다.

```python
# 네트워크 모드 설정
self.network.train(training)
epsilon = self.epsilon if training else epsilon_eval
```

다음으로 엡실론 그리디 기법에 따라 행동을 선택하는 코드입니다. 엡실론 값이 0~1사이의 랜덤하게 생성된 값보다 크면 에이전트는 엡실론 그리디에 따라 랜덤하게 행동을 선택합니다. 그리드월드의 행동 크기는 4이므로 np.random.randint 함수를 이용해 0~3 사이의 값 중에서 하나의 값을 임의로 선택합니다. 엡실론 값이 랜덤하게 생성된 값보다 작으면 네트워크에 도출된 결과에 따라서 행동을 선택합니다. 네트워크에서 파라미터를 넣어줄 때는 상태를 FloatTensor 형태로 바꾸어 넣어줍니다. 그리고 네트워크 결과(q)에서 가장 큰 큐 함수값을 가지는 인덱스를 action으로 선택합니다.

```python
        # 랜덤하게 행동 결정
        if epsilon > random.random():
            action = np.random.randint(0, action_size, size=(state.shape[0],1))
        # 네트워크 연산에 따라 행동 결정
        else:
            q = self.network(torch.FloatTensor(state).to(device))
            action = torch.argmax(q, axis=-1, keepdim=True).data.cpu().numpy()
        return action
```

다음으로 append_sample 함수는 상태, 행동, 보상, 다음 상태, 게임 종료 여부를 입력으로 사용합니다. 리플레이 메모리인 memory에 이 입력 데이터들을 하나의 튜플로 추가합니다.

```python
    # 리플레이 메모리에 데이터 추가 (상태, 행동, 보상, 다음 상태, 게임 종료 여부)
    def append_sample(self, state, action, reward, next_state, done):
        self.memory.append((state, action, reward, next_state, done))
```

train_model 함수는 미니 배치 학습을 위해 배치 데이터를 추출하여 네트워크 학습을 수행하는 함수입니다.

```python
    def train_model(self):
        batch = random.sample(self.memory, batch_size)
        state      = np.stack([b[0] for b in batch], axis=0)
        action     = np.stack([b[1] for b in batch], axis=0)
        reward     = np.stack([b[2] for b in batch], axis=0)
        next_state = np.stack([b[3] for b in batch], axis=0)
        done       = np.stack([b[4] for b in batch], axis=0)

        state, action, reward, next_state, done = map(lambda x: torch.FloatTensor(x).to(device),
                                                      [state, action, reward, next_state, done])

        eye = torch.eye(action_size).to(device)
        one_hot_action = eye[action.view(-1).long()]
        q = (self.network(state) * one_hot_action).sum(1, keepdims=True)
```

```python
        with torch.no_grad():
            next_q = self.target_network(next_state)
            target_q = reward + next_q.max(1, keepdims=True).values * ((1 - done) * discount_factor)

        loss = F.smooth_l1_loss(q, target_q)

        self.optimizer.zero_grad()
        loss.backward()
        self.optimizer.step()

        # 엡실론 감소
        self.epsilon = max(epsilon_min, self.epsilon - eplsilon_delta)

        return loss.item()
```

먼저 학습을 위해 미니 배치 데이터를 샘플링하는 부분을 살펴보겠습니다. random.sample 함수를 통해 memory에서 batch_size만큼 무작위로 데이터를 추출해 batch에 저장합니다. batch의 데이터는 [상태, 행동, 보상, 다음 상태, 게임 종료 여부] 순으로 저장돼 있습니다. 이어서 np.stack 함수를 이용해 각각의 상태, 행동, 보상, 다음 상태, 게임 종료 여부를 numpy ndarray 벡터로 변환하고, 0번째 축을 기준으로 배치 차원만큼 스택합니다. 그리고 map 함수를 사용해 state, action, reward, next_state, done 데이터를 각각 FloatTensor로 변환하고 할당된 디바이스 메모리에 올려줍니다.

```python
batch      = random.sample(self.memory, batch_size)
state      = np.stack([b[0] for b in batch], axis=0)
action     = np.stack([b[1] for b in batch], axis=0)
reward     = np.stack([b[2] for b in batch], axis=0)
next_state = np.stack([b[3] for b in batch], axis=0)
done       = np.stack([b[4] for b in batch], axis=0)

state, action, reward, next_state, done = map(lambda x: torch.FloatTensor(x).to(device),
                                              [state, action, reward, next_state, done])
```

현재 행동에 대한 q 값만 취득하기 위해 다음과 같은 작업을 실시합니다. 먼저 action_size 크기만큼 action에 대해 원핫 인코딩을 진행합니다. 그리고 state에 대한 일반 네트워크의 출력에 one_hot_action을 곱하면 현재 행동의 인덱스에 해당하는 큐 함수값만 남고 나머지는 0이 됩니다. 그리고 sum을 통해 현재 행동에 대한 큐 함수값을 구해 q에 저장합니다.

```
eye = torch.eye(action_size).to(device)
one_hot_action = eye[action.view(-1).long()]
q = (self.network(state) * one_hot_action).sum(1, keepdims=True)
```

네트워크를 학습시키기 위해서는 타깃값이 필요합니다. 타깃값을 구하는 과정이 네트워크 업데이트에 관여되지 않도록 with torch.no_grad() 구문 안에서 해당 코드를 작성하여 그래디언트 추적이 되지 않게 합니다. 타깃값을 구하는 수식은 다음과 같습니다.

$$\text{타깃값} : \underbrace{r + \gamma \underbrace{\max_{a'} Q(s_{t+1}, a'; \theta^-)}_{\text{next\_q}})}_{\text{target\_q}}$$

먼저 수식에 필요한 next_q를 구하기 위해 타깃 네트워크를 이용하여 next_state에 대한 큐 값을 구합니다. 그리고 next_q 값에 대해 각 행동에 대한 큐 함수값 중 가장 큰 큐 함수값을 max 함수로 구하여 target_q에 저장합니다.

```
with torch.no_grad():
    next_q = self.target_network(next_state)
    target_q = reward + next_q.max(1, keepdims=True).values * ((1 - done) * discount_factor)
```

F.smooth_f1_loss 를 사용해 q와 target_q 값의 후버 로스인 loss를 계산합니다.

$$Error = \underbrace{y}_{\text{target\_q}} - \underbrace{Q(s_t, a_t; \theta)}_{q}$$

```
loss = F.smooth_l1_loss(q, target_q)
```

여기까지의 과정을 완료했다면 모델 업데이트를 위한 준비가 됐습니다. 모델 업데이트를 진행하기 위해 먼저, optimizer.zero_grad()로 옵티마이저의 그래디언트를 0으로 초기화합니다. 이어서 loss.backward()를 이용해 역전파를 통해 그래디언트 값을 계산합니다. 그리고 optimzier.step()를 통해 model의 파라미터값들을 업데이트 합니다.

```
self.optimizer.zero_grad()
loss.backward()
self.optimizer.step()
```

다음으로 엡실론 그리디에 따라 학습을 진행하기 위해 엡실론을 서서히 감소시킵니다. 엡실론의 하한 값인 epsilon_min보다 클 때만 epsilon_delta만큼 감소시킵니다. 다음은 코드에서 사용한 엡실론 그래프입니다.

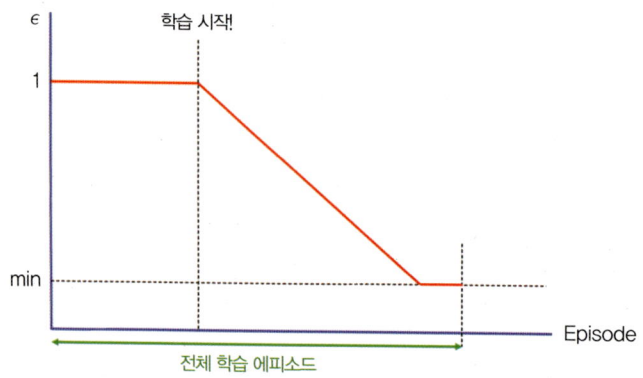

그림 4-18. 코드에서 사용한 ε 감소식을 이용했을 때의 ε 그래프

그림 4-18과 같이 엡실론 값은 학습 시작 후 일정하게 감소하여 학습이 끝나기 전 epsilon_min 값에 도달하게 되고, 학습이 끝날 때까지 그 값을 유지합니다. 그리고 학습을 마치고 loss 값을 반환합니다. 이상으로 DQN 모델을 학습하는 train_model 함수에 대해 알아보았습니다.

```
# 엡실론 감소
self.epsilon = max(epsilon_min, self.epsilon - eplsilon_delta)
return loss.item()
```

다음으로 update_target 함수입니다. update_target 함수에서는 타깃 네트워크의 파라미터를 일반 네트워크의 파라미터로 업데이트합니다. state_dict를 통해 일반 네트워크를 불러온 후 load_state_dict를 통해 타깃 네트워크에 파라미터를 복제합니다.

```
# 타깃 네트워크 업데이트
def update_target(self):
    self.target_network.load_state_dict(self.network.state_dict())
```

다음으로 save_model 함수입니다. 현재 네트워크를 설정한 경로에 ckpt 파일로 저장합니다. torch.save를 통해 모델을 저장할 수 있습니다. network.state_dict와 optimizer.state_dict를 사용해 현재 network와 optimizer의 파라미터 정보를 저장합니다.

```python
# 네트워크 모델 저장
def save_model(self):
    print(f"... Save Model to {save_path}/ckpt ...")
    torch.save({
        "network" : self.network.state_dict(),
        "optimizer" : self.optimizer.state_dict(),
    }, save_path+'/ckpt')
```

write_summary 함수는 텐서보드에 기록할 점수, 손실 함수값, 엡실론, 스텝 값을 입력으로 받습니다. writer.add_scaler를 통해 스텝에 대한 점수, 손실 함수값, 엡실론 값을 텐서보드에 기록합니다.

```python
# 학습 기록
def write_summray(self, score, loss, epsilon, step):
    self.writer.add_scalar("run/score", score, step)
    self.writer.add_scalar("model/loss", loss, step)
    self.writer.add_scalar("model/epsilon", epsilon, step)
```

지금까지 Agent 클래스를 모두 살펴봤습니다. 마지막으로 Main 함수를 살펴보겠습니다.

4.4.4 Main 함수

Main 함수는 Model 클래스에서 정의한 네트워크와 Agent 클래스에서 정의한 다양한 함수들을 이용해 행동을 결정하고 유니티 환경과 통신하며 학습을 수행하는 함수입니다. 실제로 코드의 알고리즘이 진행되는 부분입니다. Main 함수는 다음과 같은 과정을 거쳐 진행됩니다.

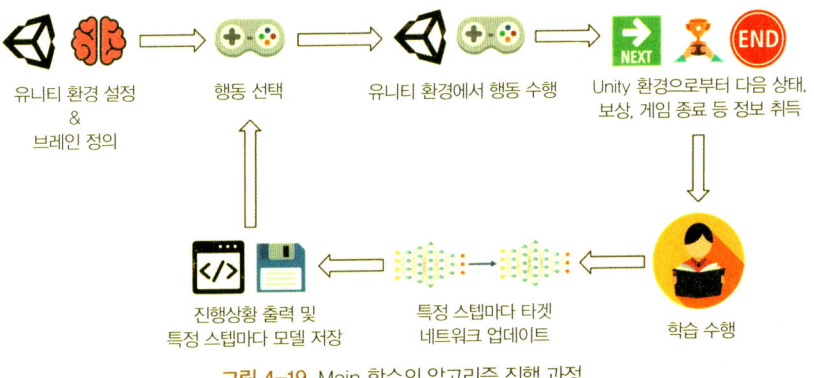

그림 4-19. Main 함수의 알고리즘 진행 과정

먼저 유니티 환경에 대한 설정을 하고 브레인을 정의합니다. 다음으로 에이전트가 취할 행동을 선택하고, 유니티 환경의 브레인을 통해 해당 행동을 전송해 유니티 환경 내부의 에이전트가 행동을 수행하도록 합니다. 에이전트가 행동을 취하면 파이썬 코드는 유니티를 통해 다음 상태, 보상, 게임 종료 여부 등을 전달받습니다. 이런 정보들을 이용해 네트워크에 대한 학습을 수행합니다. 그리고 특정 스텝마다 타깃 네트워크를 업데이트합니다. 또한, 스텝마다 현재 알고리즘의 진행 상황을 출력하며 네트워크 모델을 특정 스텝마다 저장합니다. 여기까지가 Main 함수의 한 과정입니다. 이후 다시 반복문에 따라 행동을 선택하고 위의 과정들을 다시 반복하게 됩니다.

Main 함수의 코드를 부분별로 나눠서 살펴보겠습니다.

가장 먼저 engine_configuration_channel 변수에 사이드 채널을 생성합니다. EngineConfigurationChannel의 사이드 채널은 유니티 환경의 time-scale이나 해상도, 그래픽 퀄리티 등을 수정할 때 사용합니다.

```
# Main 함수 -> 전체적으로 DQN 알고리즘을 진행
if __name__ == '__main__':
    # 유니티 환경 경로 설정 (file_name)
    engine_configuration_channel = EngineConfigurationChannel()
```

env 변수에는 유니티 환경과 파이썬의 메인 인터페이스인 UnityEnvironment를 만듭니다. UnityEnvironment 파라미터 중 file_name에는 그리드월드 파일 경로를 지정하고, 사이드 채널에는 위에서 생성한 engine_configuration_channel을 넣어 환경을 생성합니다. 환경 생성을 완료했다면 리셋 함수로 환경을 초기화합니다.

```
    env = UnityEnvironment(file_name=env_name,
                           side_channels=[engine_configuration_channel])
    env.reset()
```

다음으로 유니티 브레인을 설정하겠습니다. 먼저 env.behavior_specs.keys()는 모든 behavior 정보를 가지고 있습니다. 그리드월드 환경에서는 "GridWorld" 이름을 가진 behavior 하나만 사용하므로 첫 번째 behavior를 behavior_name에 저장합니다.

```
    # 유니티 브레인 설정
    behavior_name = list(env.behavior_specs.keys())[0]
```

그리고 env.behavior_specs에서 behivor_name 키를 통해 spec정보를 얻을 수 있습니다. 해당 spec에는 observation shape 정보와 action_spec 정보가 담겨 있습니다.

```
spec = env.behavior_specs[behavior_name]
```

그리고 engine_configuration_channel의 set_configuration_parameters 함수에 time_scale 값을 12로 설정합니다.

```
engine_configuration_channel.set_configuration_parameters(time_scale=12.0)
```

이어서 환경으로부터 step 정보를 가져옵니다. env.get_steps 함수에 behavior_name을 입력해 해당 behavior의 스텝 정보를 얻고, dec, term 변수에 저장합니다. 여기서 dec은 decision step을 의미하고 term은 terminal step을 의미합니다. 추가로 decision step이란 환경에서 에피소드가 종료되지 않고 계속 진행 중인 상황에 대한 step의 정보이고 terminal step은 에피소드가 종료된 step 정보입니다.

```
dec, term = env.get_steps(behavior_name)
```

그리고 DQNAgent 객체를 생성해 agent로 설정합니다.

```
# DQNAgent 클래스를 agent로 정의
agent = DQNAgent()
```

학습을 시작하기 위해 학습 진행 상황에 기록할 정보들을 초기화합니다. 다음으로 학습 진행을 위한 반복문이 학습 모드 스텝 수와 테스트 모드 스텝 수를 더한 만큼 실행됩니다. 학습 모드 스텝 수만큼 실행되면 agent.save_model() 함수를 호출해 모델을 저장합니다. 그리고 테스트 모드가 실행될 수 있도록 train_mode를 False로 설정합니다. 또한 테스트 모드에서 학습이 잘 됐는지 눈으로 확인할 수 있어야 하므로 time_scale을 1로 설정합니다.

```
losses, scores, episode, score = [], [], 0, 0
for step in range(run_step + test_step):
    if step == run_step:
        if train_mode:
            agent.save_model()
        print("TEST START")
        train_mode = False
        engine_configuration_channel.set_configuration_parameters(time_scale=1.0)
```

preprocess는 시각적 관측 정보와 목적지 관측 정보를 전처리하는 람다 함수입니다. dec.obs는 지정한 behavior 이름을 가진 모든 에이전트에 대한 모든 관측을 포함하는 튜플입니다. OBS를 시각적 관측 인덱스인 0으로 설정했기 때문에 dec.obs[OBS]에는 시각적 관측 정보가 있고 dec.obs[GOAL_OBS]에는 목적지 관측 정보가 있습니다. 목적지가 + 일 때는 [[1, 0]], - 일 때는 [[0, 1]]을 정보로 가집니다.

preprocess 함수를 통해 시각적 관측 정보에 goal[0][0]과 goal[0][1]을 각각 곱해 concatenate 연산을 합니다. 그 결과, 목적지가 plus일 때는 6채널 중 앞에 있는 세 채널만 RGB값으로 들어가고 나머지 세 채널에는 모두 0 값이 들어갑니다. 반대로 목적지가 ex일 때는 뒤에 있는 세 채널 값이 RGB로 앞 세 채널은 0 값이 들어가게 됩니다.

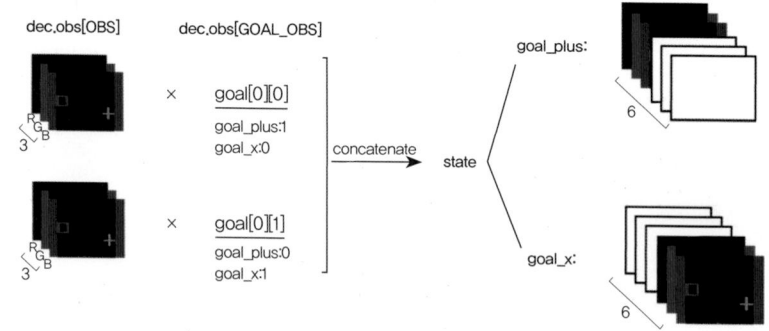

그림 4-20. 전처리 진행 과정

전처리 과정을 통해 시각적 관측 정보와 목적지 관측 정보가 모두 담긴 값을 state에 저장합니다.

```
preprocess = lambda obs, goal: np.concatenate((obs*goal[0][0], obs*goal[0][1]), axis=-1)
state = preprocess(dec.obs[OBS],dec.obs[GOAL_OBS])
```

다음으로 agent를 통해 action을 결정하고 환경에 전달하겠습니다. 행동은 agent.get_action 함수를 통해 엡실론 그리디 기법에 따라 선택합니다. real_action에는 action값에 1을 더해줌으로써, 그리드월드 환경에서 0번 인덱스인 정지 행동을 선택하지 않게 됩니다.

```
action = agent.get_action(state, train_mode)
real_action = action + 1
```

다음으로 ActionTuple()을 생성하고, add_discrete 함수를 통해 real_action 값을 설정합니다. 그리고 env.set_action 함수를 통해 환경의 해당 behavior_name에 action_tuple을 전달합니다. 위 과정을 거치고 env.step 함수를 통해 시뮬레이션을 한 스텝 진행합니다.

```
action_tuple = ActionTuple()
action_tuple.add_discrete(real_action)
env.set_actions(behavior_name, action_tuple)
env.step()
```

이어서 학습을 위한 샘플 정보를 저장합니다. env.get_steps 함수에 behavior_name을 입력해 환경으로부터 해당 behavior의 dec와 term 정보를 가져옵니다. 그리드월드 환경은 하나의 에이전트만 존재하기 때문에 term의 agent_id의 갯수를 보고 종료 여부를 파악할 수 있습니다. 즉, 0이라면 종료가 아닌 상태이며, 1이라면 종료된 상태를 나타냅니다. 따라서 해당 정보로 얻은 종료 여부를 done에 저장합니다. 보상과 다음 상태 값은 종료 여부에 따라 다른 값을 가져오므로 종료됐다면 term으로부터, 그렇지 않으면 dec로부터 값을 가져옵니다.

```
dec, term = env.get_steps(behavior_name)
done = len(term.agent_id) > 0
reward = term.reward if done else dec.reward
```

다음 상태는 state와 동일하게 전처리하여 값을 저장합니다. 그리고 스텝마다 보상을 score에 더합니다.

```
next_state = preprocess(term.obs[OBS], term.obs[GOAL_OBS]) if done\
        else preprocess(dec.obs[OBS], dec.obs[GOAL_OBS])
score += reward[0]
```

train_mode가 True인 경우 학습 모드이므로 agent의 append_sample 함수를 통해 리플레이 메모리에 데이터를 저장합니다.

```
if train_mode:
    agent.append_sample(state[0], action[0], reward, next_state[0], [done])
```

DQN 알고리즘은 배치 학습을 하기 위해 적어도 배치 사이즈 이상의 데이터가 필요합니다. 그리고 알고리즘 특성상 충분한 데이터를 모아두고 학습을 시작합니다. 따라서 train_start_step과 batch_size 중 큰 값만큼 데이터가 모이면 학습을 시작합니다. 데이터가 충분히 모이면 agent의 train_model 함수를 이용해 학습을 진행합니다. 함수로부터 반환된 손실 함수값을 loss에 저장하고 losses 리스트에 loss를 추가합니다.

```
if train_mode and step > max(batch_size, train_start_step):
    # 학습 수행
    loss = agent.train_model()
    losses.append(loss)
```

또한 스텝이 target_update_step만큼 진행될 때마다 agent의 update_target() 함수를 이용해 타깃 네트워크를 업데이트합니다.

```
# 타깃 네트워크 업데이트
if step % target_update_step == 0:
    agent.update_target()
```

에피소드의 종료를 나타내는 done이 True일 경우 에피소드에 1을 더하고 에피소드 동안 얻은 점수를 scores 리스트에 추가합니다. 그리고 score를 0으로 초기화합니다.

```
if done:
    episode +=1
    scores.append(score)
    score = 0
```

그리고 에피소드가 print_interval만큼 진행됐다면 진행한 에피소드 동안 얻은 score들의 평균값, loss들의 평균값을 구합니다. 그리고 agent.write_summary 함수에 score 평균값, loss 평균값, 엡실론, step 값을 입력해 텐서보드에 스텝별 해당 정보들을 기록합니다. 기록을 마친 후에는 losses, scores 리스트를 초기화합니다. 그 후에 다음과 같이 학습 진행 상황을 출력합니다.

```
# 게임 진행 상황 출력 및 텐서보드에 보상과 손실 함수값 기록
if episode % print_interval == 0:
    mean_score = np.mean(scores)
    mean_loss = np.mean(losses)
    agent.write_summray(mean_score, mean_loss, agent.epsilon, step)
    losses, scores = [], []

    print(f"{episode} Episode / Step: {step} / Score: {mean_score:.2f} / " +\
          f"Loss: {mean_loss:.4f} / Epsilon: {agent.epsilon:.4f}")
```

```
1120 Episode / Step: 17375 / Score: 0.92 / Loss: 0.0008 / Epsilon: 0.5359
1130 Episode / Step: 17431 / Score: 0.75 / Loss: 0.0005 / Epsilon: 0.5338
1140 Episode / Step: 17558 / Score: 0.88 / Loss: 0.0008 / Epsilon: 0.5291
1150 Episode / Step: 17638 / Score: 0.73 / Loss: 0.0008 / Epsilon: 0.5261
1160 Episode / Step: 17680 / Score: 0.77 / Loss: 0.0007 / Epsilon: 0.5245
1170 Episode / Step: 17735 / Score: 0.96 / Loss: 0.0006 / Epsilon: 0.5224
1180 Episode / Step: 17802 / Score: 0.74 / Loss: 0.0005 / Epsilon: 0.5199
```
(에피소드 + 스텝 + 점수 + 손실 + 엡실론)

그림 4-21. 학습 진행 상황 출력

이어서 학습 모드일 때 에피소드가 save_interval만큼 진행됐다면 agent의 save_model() 함수를 통해 모델 정보를 저장합니다. 설정한 스텝만큼 반복문을 실행했다면 env.close()를 이용해 유니티 환경을 종료하고 스크립트를 마칩니다.

```python
# 네트워크 모델 저장
if train_mode and episode % save_interval == 0:
    agent.save_model()

env.close()
```

코드 작성을 완료하였다면 다음 명령어를 통해 학습을 진행합니다. 스크립트 작성을 마쳤으면 해당 파일을 저장합니다. 이 책에서는 04.dqn.py이라는 이름으로 파일을 저장했습니다. 그리고 다음과 같은 명령어를 명령 프롬프트에 입력하여 학습을 진행합니다.

```
python 04.dqn.py
```

4.4.5 학습 결과

이제 텐서보드를 직접 실행해 학습하면서 기록한 정보들을 확인해보겠습니다. 앞서 살펴본 스크립트로 DQN 학습을 수행하면 saved_model/GridWorld/DQN 폴더가 생성됩니다. 해당 폴더에는 '실행한 시각'으로 명명된 폴더가 있고, 이 폴더에 다음과 같이 텐서보드 파일과 네트워크 모델이 저장됩니다.

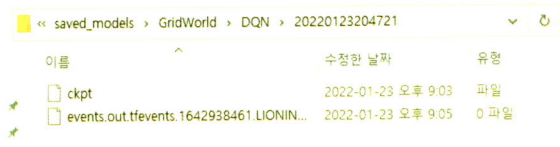

그림 4-22. 텐서보드 및 네트워크 모델 저장 경로

콘솔 창을 열고 해당 폴더로 이동한 후 다음과 같이 명령어를 입력합니다.

```
tensorboard --logdir="./"
```

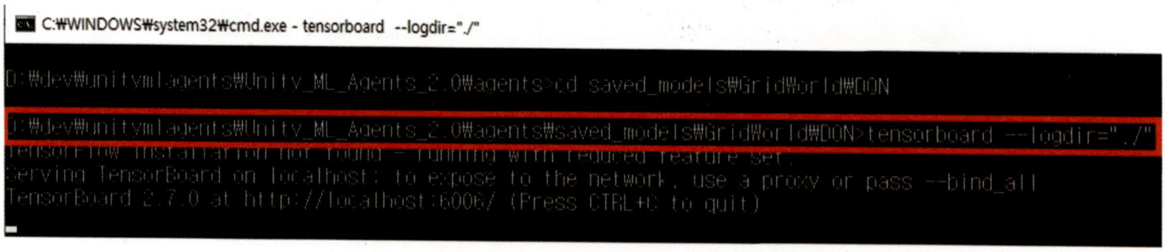

그림 4-23. 콘솔 창에서 텐서보드 명령어 입력

인터넷 브라우저를 열고 주소창에 http://localhost:6006을 입력해 텐서보드에 접속합니다. 텐서보드에서 다음과 같이 손실 함수값과 보상 그래프를 확인할 수 있습니다.

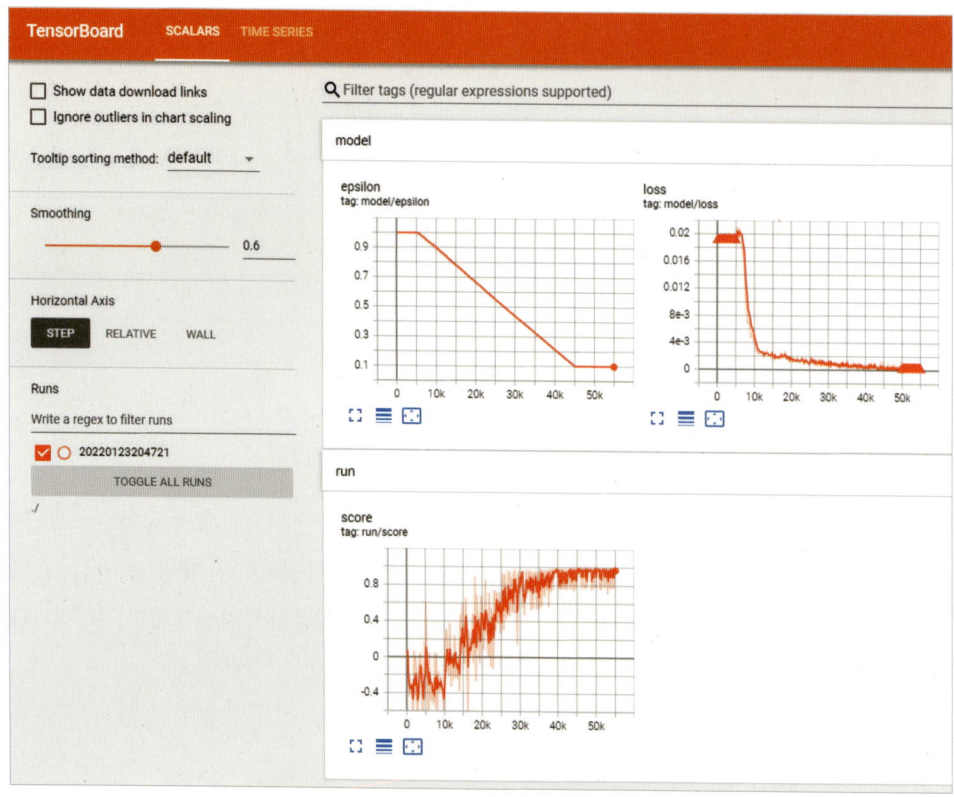

그림 4-24. 텐서보드에서 확인한 학습 결과 그래프

손실 함수값은 학습이 진행될수록 감소하는 것을 확인할 수 있습니다. 네트워크의 큐 함수값에 대한 예측이 타깃값과 비슷해지는 것을 의미합니다. 그리고 점수 그래프는 학습이 진행될수록 증가합니다. 그리드월드에서 평균 1점 정도의 점수를 얻는 것은 에이전트가 목적지에 잘 도착한다는 것을 의미합니다.

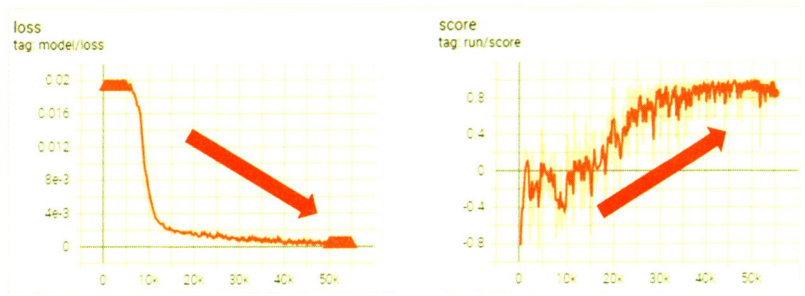

그림 4-25. 손실 함수 및 보상 변화 그래프

테스트 과정을 통해 에이전트의 학습 결과를 직접 확인해보겠습니다. 다시 DQN 코드를 열고, 파라미터 중에서 load_model, train_mode, load_path를 변경합니다. 여기서 load_path에 설정된 경로는 예시이므로 자신의 경로에 맞게 입력해야 합니다.

```
load_model = True
train_mode = False

load_path = f"./saved_models/{game}/DQN/20210514201212"
```

이 코드는 모델을 불러오고, 학습 모드를 해제하는 설정입니다. 불러올 모델의 경로는 saved_model 폴더에서 가장 최근에 학습을 수행한 폴더 내부의 모델 경로로 설정합니다. 이처럼 설정하고 다시 DQN 코드를 실행하면 학습된 대로 그리드월드 게임을 플레이하는 에이전트를 확인할 수 있습니다.

지금까지 DQN 알고리즘의 이론과 특징적인 기법을 알아봤습니다. 또한, DQN 알고리즘의 코드를 직접 구현해보고 3장에서 구현한 그리드월드 환경에서 DQN 알고리즘의 성능을 테스트해봤습니다.

> 이번 장에서 설명한 전체 코드는 아래의 깃허브 주소에서 확인할 수 있습니다.
> https://github.com/reinforcement-learning-kr/Unity_ML_Agents_2.0/blob/main/agents/04.dqn.py

05

Advantage Actor Critic(A2C)

학습 목표

- 강화학습 알고리즘인 Advantage Actor Critic(A2C)의 이론을 학습한다.
- 파이썬과 파이토치를 이용해 A2C 코드를 작성하고 그리드월드 환경을 학습한다.

목차

5.1 A2C 알고리즘의 개요
5.2 액터-크리틱 네트워크의 구조
5.3 A2C 알고리즘의 학습 과정
5.4 A2C의 전체적인 학습 과정
5.4 A2C 코드

이번 장에서 설명한 전체 코드는 아래의 깃허브 주소에서 확인할 수 있습니다.

https://github.com/reinforcement-learning-kr/Unity_ML_Agents_2.0/blob/main/agents/05.a2c.py

5.1 A2C 알고리즘의 개요

먼저 AC2에 대해 알아보기 전에 액터-크리틱(Actor-Critic)에 대해 간단히 알아보겠습니다. 액터-크리틱은 가치 기반 강화학습과 정책 기반 강화학습 알고리즘을 결합한 형태의 알고리즘이라고 할 수 있습니다. 두 종류의 네트워크를 사용하며 하나의 네트워크는 DQN과 같이 가치 함수값을 근사하고 다른 네트워크로는 직접적으로 정책을 근사하는 알고리즘입니다. 액터-크리틱 기반 알고리즘에도 여러 가지가 있지만, 이번 장에서는 그중에서도 기본적이면서 대표적인 알고리즘인 Advantage Actor-Critic(A2C)에 대해 알아보겠습니다.

A2C에서는 앞서 언급했듯이 두 종류의 신경망을 사용합니다. 먼저, 정책 네트워크(Policy network)는 정책을 직접 도출하고, Policy gradient를 사용해 신경망을 학습하며, 학습한 정책을 이용해 에이전트의 의사결정을 수행합니다. 또 다른 네트워크는 가치 네트워크(Value network)로써, DQN과 마찬가지로 상태 가치를 학습하고, 손실 함수도 DQN의 손실 함수와 같습니다.

두 개의 네트워크를 사용하는 액터-크리틱 구조는 딥마인드의 알파고(AlphaGo)에도 적용됐습니다. 알파고에서도 가치 네트워크를 통해 승률을 계산하며 정책 네트워크를 통해 바둑판에서 행동에 해당하는 착수를 하도록 했습니다.

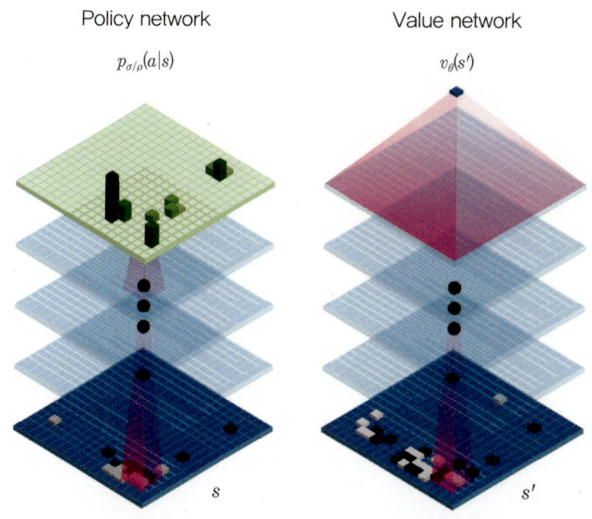

그림 5-1. 알파고에서 사용된 액터-크리틱 구조[1]

---

[1] https://www.nature.com/articles/nature16961

액터-크리틱 형식을 가진 강화학습 기법은 1983년도에 발표된 "Neuronlike adaptive elements that can solve difficult learning control problems"이라는 논문부터 다양한 논문들에 의해 연구돼 왔는데, 1999년도에 발표된 "Policy gradient methods for reinforcement learning with function approximation"이라는 논문에 의해 그 이론이 정립됐다고 볼 수 있습니다.

5.2 액터-크리틱 네트워크의 구조

A2C 알고리즘은 일반적으로 신경망을 가치 네트워크와 정책 네트워크, 두 가지로 나누어서 가치 네트워크는 상태에 대한 가치를, 정책 네트워크는 정책을 근사하도록 설계합니다. 이때 정책은 입력으로 받은 상태에서 각 행동을 취할 확률을 의미하고, 에이전트는 이 확률을 기반으로 행동을 결정합니다. 확률적으로 행동을 결정하기 때문에 반드시 가장 확률이 높은 행동을 취하지는 않습니다.

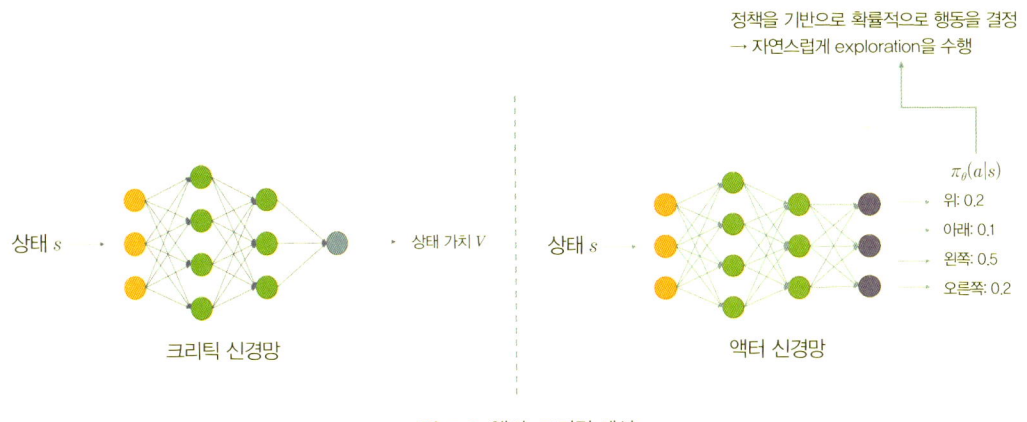

그림 5-2. 액터-크리틱 예시

그림 5-2의 예시를 살펴보면 위, 아래, 왼쪽, 오른쪽이 각각 0.2, 0.1, 0.5, 0.2의 확률을 가지는 것을 확인할 수 있습니다. 왼쪽으로 행동을 취할 확률이 50%로 가장 크지만, 확률적으로 행동을 선택하면 각각 20%, 10%, 20%의 확률로 위, 아래, 오른쪽으로 행동을 취할 수도 있습니다. 이러한 특성 때문에 에이전트는 학습 초기에 자연스럽게 탐험을 수행할 수 있습니다.

또한 액터-크리틱은 두 신경망의 입력으로 동일한 상태를 사용합니다. 이에 따라 신경망의 출력 레이어를 제외한 다른 레이어를 공유하고 출력 레이어 부분에서 한꺼번에 정책과 가치 함수를 근사하는 신경망 구조를 사용하기도 합니다.

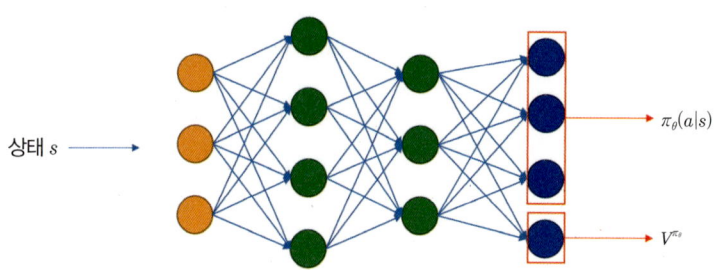

그림 5-3. 출력을 제외한 부분을 공유하는 액터-크리틱 네트워크의 구조

5.3 A2C 알고리즘의 학습 과정

이제부터 A2C 알고리즘 중 정책 네트워크의 학습 과정을 알아보겠습니다. 최대화할 목적 함수 $J(\theta)$를 $v_{\pi_\theta}(s_0)$이라고 했을 때, 이 목적 함수의 그래디언트는 다음과 같이 계산될 수 있습니다.

$$\nabla_\theta J(\theta) = \nabla_\theta \sum_s \underline{d_{\pi_\theta}(s)} \sum_a \pi_\theta(a|s) q_\pi(s,a)$$

└─ 정책 π_θ를 통해 에피소드 진행 시 상태 s 방문 확률

이때 $d_{\pi_\theta}(s)$는 정책 π_θ를 통해 에피소드 진행 시 상태 s를 방문할 확률이고, 아래와 같은 로그미분법의 테크닉을 활용하면 다음 식과 같이 목적 함수의 그래디언트를 얻을 수 있습니다.

$$\frac{\nabla_\theta \pi_\theta(a|s)}{\pi_\theta(a|s)} = \nabla_\theta \log \pi_\theta(a|s) \text{이므로}$$

$$\nabla_\theta J(\theta) = \mathbb{E}\big[\nabla_\theta \log \pi_\theta(a|s) \cdot q_\pi(s,a)\big]$$

또한 이 로그 함수에 곱해지는 행동 가치 함수 $q_\pi(s,a)$에 특정 상수 b(또는 행동 a와 무관한 함수)를 빼도 전체 기댓값은 바뀌지 않으므로 식을 다음과 같이 변형할 수 있습니다.

$$\nabla_\theta J(\theta) = \mathbb{E}\big[\nabla_\theta \log \pi_\theta(a|s) \cdot (q_\pi(s,a) - b)\big]$$

여기서 특정 상수 b를 베이스라인이라고 부릅니다.

$$\text{REINFORCE} \rightarrow \nabla_\theta J(\theta) = \mathbb{E}\big[\nabla_\theta \log \pi_\theta(a|s) \cdot G_t\big]$$

A2C 알고리즘 이전에 위와 같은 그래디언트 식을 가진 REINFORCE 알고리즘이 있었는데, A2C와 다른 점은 로그에 곱해지는 항이 반환값 G_t라는 것입니다. REINFORCE 알고리즘은 분산이 굉장히 커서 학습이 불안정하다는 단점이 있었는데, 실제로 REINFORCE의 그래디언트 식과 같이 그래디언트가 반환값에 전적으로 의존함을 볼 수 있습니다. 반환값은 길이가 긴 특정 에피소드들에 대해 굉장히 큰 값을 가질 수 있으므로 결과적으로 목적 함수의 그래디언트가 크게 요동치게 되고, 이는 학습을 불안정하게 만드는 요소였습니다.

다시 A2C로 돌아와서 A2C에서는 베이스라인을 도입함으로써 REINFORCE의 문제점인 분산이 매우 커지는 문제를 해결할 수 있었습니다. 이는 타임 스텝의 길이에 지나치게 의존적인 반환값 대신 현재 상태에서 특정 행동을 함으로써 기대되는 가치의 값이 "상대적으로" 얼마나 좋은지 나타내는 어드밴티지 함수 $A(s,a)$를 사용함으로써 분산을 줄이는 데 크게 기여했습니다. 베이스라인 함수로는 일반적으로 가치 함수 $v_\pi(s)$를 사용하는데 이를 이용하면 목적 함수의 그래디언트가 다음과 같고, 이를 $A(s,a)=q_\pi(s,a)-v_\pi(s)$라는 어드밴티지 함수로 정의하게 됩니다.

$$\nabla_\theta J(\theta) = \mathbb{E}[\nabla_\theta \log \pi_\theta(a \mid s) \cdot (q_\pi(s,a) - v_\pi(s))] = \mathbb{E}[\nabla_\theta \log \pi_\theta(a \mid s) A(s,a)]$$

다음으로 각 신경망의 손실 함수를 알아보겠습니다. 위에서 설명한 정책 네트워크의 목적 함수는 이를 최대화하는 것을 목표로 합니다. 하지만 최적화는 일반적으로 특정 값을 최소화하는 방향으로 학습을 합니다. 이에 따라 이 목적 함수의 그래디언트 식에 −1을 곱하고 이를 최소화하는 방향으로 학습을 수행할 수 있습니다. 음의 값을 최소화하는 문제가 양의 값을 최대화하는 문제와 같기 때문에 본 식을 통해 정책 네트워크의 목적 함수를 최대화할 수 있습니다.

$$L = \sum_i -(\log \pi_\theta(a_i \mid s_i) A(s_i, a_i))$$

가치 네트워크의 손실 함수는 평균 제곱 오차(Mean Squared Error, MSE) 손실 함수입니다. 타깃값과 현재 가치 함수 값에 대한 MSE를 구한 후, 해당 에러를 최소화하는 방향으로 가치 신경망이 업데이트됩니다.

$$L = \frac{1}{2}\sum_i (y_i - V(s_i))^2 \quad \text{where } y_i = r_i + \gamma V(s_{i+1})$$

5.4 A2C의 전체적인 학습 과정

마지막으로 A2C의 전체적인 학습 과정을 살펴보겠습니다.

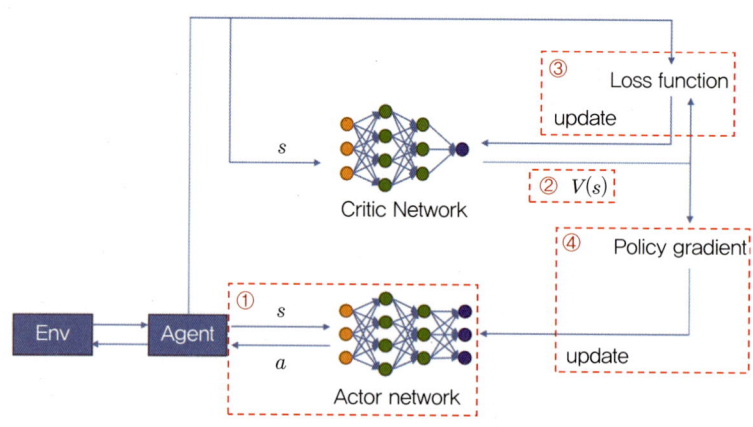

그림 5-4. A2C의 전체적인 학습 과정

먼저 현재 상태를 입력으로 정책 네트워크가 상태에 대한 정책을 출력하고, 에이전트는 그 정책을 사용하여 확률적으로 행동을 선택합니다(그림 5-4의 ①). 다음으로 가치 네트워크가 해당 상태에 대한 가치 함수값을 예측합니다(그림 5-4의 ②). 그리고 다음 상태를 가치 네트워크의 입력으로 하여 구한 다음 상태에 대한 예측 가치와 보상 정보를 이용하여 타깃값을 계산합니다. 그리고 5.3절에서 살펴본 가치 네트워크의 손실 함수 식처럼 타깃값과 현재 상태가치 추정값의 차이를 최소화하도록 가치 네트워크가 업데이트됩니다(그림 5-4의 ③). 동시에 해당 상태가치 추정값을 이용해 어드밴티지 함수를 구한 후, 어드밴티지 함수와 로그 정책의 그래디언트를 활용하여 정책 네트워크를 업데이트합니다(그림 5-4의 ④).

A2C 이후에도 여러 단점들을 보완하여 액터-크리틱 기반의 알고리즘들이 연구되고 있기 때문에 오늘날 A2C가 자주 쓰이지는 않지만, 정책 그래디언트의 모태라고 할 수 있는 REINFORCE 알고리즘의 치명적인 문제점을 해결하고 이후의 액터-크리틱 기반 알고리즘들의 초석이 되었다는 점에서 큰 의의가 있습니다.

5.5 A2C 코드

이번 절에서는 A2C 코드를 설명하겠습니다. 먼저 A2C 코드가 어떻게 구성돼 있는지 살펴보겠습니다. A2C 전체 코드의 구성은 다음과 같이 4개의 부분으로 나눌 수 있습니다.

그림 5-5. A2C 코드의 구성

먼저 첫 번째 부분은 라이브러리를 불러오고 파라미터 값을 설정하는 부분입니다. 여기에서는 A2C 알고리즘 구현에 필요한 라이브러리와 파라미터 값을 설정합니다.

두 번째 부분인 Model 클래스에서는 A2C 알고리즘에서 사용할 인공신경망의 구조와 연산 과정을 결정합니다.

세 번째 부분인 Agent 클래스에서는 A2C 알고리즘에서 사용할 에이전트에 필요한 함수들을 구현합니다.

마지막 부분은 Main 함수입니다. Main 함수에서는 A2C에이전트가 그리드월드환경과 상호작용하며 학습하는 코드를 구현합니다. 그 후에 텐서보드를 통해 학습 그래프를 확인합니다.

5.5.1 라이브러리 불러오기 및 파라미터 값 설정

라이브러리 불러오기

먼저 A2C를 구현하는 데 필요한 라이브러리를 불러옵니다.

```
# 라이브러리 불러오기
import numpy as np
import datetime
import platform
import torch
```

```python
import torch.nn.functional as F
from torch.utils.tensorboard import SummaryWriter
from mlagents_envs.environment import UnityEnvironment, ActionTuple
from mlagents_envs.side_channel.engine_configuration_channel\
                    import EngineConfigurationChannel
```

각 라이브러리는 모두 4장 DQN에서 사용한 라이브러리와 같습니다.

파라미터 값 설정

이제 A2C 알고리즘을 위한 파라미터 값을 정의하고 그 값을 지정합니다.

```python
#파라미터 값 세팅
state_size = 6*2
action_size = 4

load_model = False
train_mode = True

discount_factor = 0.9
learning_rate = 0.00025

run_step = 50000 if train_mode else 0
test_step = 5000

print_interval = 10
save_interval = 100

VISUAL_OBS = 0
GOAL_OBS = 1
VECTOR_OBS = 2
OBS = VECTOR_OBS
```

파라미터 값을 설정하는 코드를 부분별로 자세히 살펴보겠습니다.

A2C는 DQN에서와 다르게 벡터 관측을 사용합니다. 벡터 관측 정보는 에이전트의 x, z 좌표, + 목적지의 x, z 좌표, x 목적지의 x, z 좌표로 길이가 6인 벡터입니다. state_size는 목적지 관측 정보에 대해 각각 벡터 관측 정보를 전처리하여 이용하므로 12로 설정합니다. 또한 action_size는 DQN과 동일하게 4로 설정합니다.

```
#파라미터 값 세팅
state_size = 6*2
action_size = 4
```

관측 정보 OBS는 A2C에서 벡터 관측을 사용하기 때문에 수치적 관측인 VECTOR_OBS로 설정합니다.

```
VISUAL_OBS = 0
GOAL_OBS = 1
VECTOR_OBS = 2
OBS = VECTOR_OBS
```

유니티 환경 불러오기

빌드된 유니티 환경을 불러오는 코드입니다.

```
# 유니티 환경 경로
game = "GridWorld"
os_name = platform.system()
if os_name == 'Windows':
    env_name = f"../envs/{game}_{os_name}/{game}"
elif os_name == 'Darwin':
    env_name = f"../envs/{game}_{os_name}"

# 모델 저장 및 불러오기 경로
date_time = datetime.datetime.now().strftime("%Y%m%d%H%M%S")
save_path = f"./saved_models/{game}/A2C/{date_time}"
load_path = f"./saved_models/{game}/A2C/20210514201212"

# 연산 장치
device = torch.device("cuda" if torch.cuda.is_available() else "cpu")
```

5.5.2 Model 클래스

다음으로 Model 클래스를 살펴보겠습니다. Model 클래스에서는 액터, 크리틱 네트워크의 레이어와 구조를 정의합니다.

```python
# A2C 클래스 -> Actor Network, Critic Network 정의
class A2C(torch.nn.Module):
    def __init__(self, **kwargs):
        super(A2C, self).__init__(**kwargs)
        self.d1 = torch.nn.Linear(state_size, 128)
        self.d2 = torch.nn.Linear(128, 128)
        self.pi = torch.nn.Linear(128, action_size)
        self.v = torch.nn.Linear(128, 1)

    def forward(self, x):
        x = F.relu(self.d1(x))
        x = F.relu(self.d2(x))
        return F.softmax(self.pi(x), dim=1), self.v(x)
```

A2C 클래스는 torch.nn.Module을 상속받고 있으며 두 함수를 가지고 있습니다. init은 네트워크의 초기화 함수로 해당 함수에서 네트워크를 구성하는 레이어를 정의합니다. 초기화 함수는 객체를 생성할 때 실행됩니다. forward 함수는 기존에 선언한 레이어를 통해 벡터 관측 정보인 네트워크 입력 값에 대한 정책과 가치 함수를 계산하는 함수입니다. model 객체를 데이터와 함께 호출하면 자동으로 실행됩니다.

우선 init 함수를 살펴보겠습니다. 먼저 super의 init 함수를 실행시켜 부모 클래스를 초기화합니다. 그리고 A2C 알고리즘에 필요한 레이어들을 정의합니다. 해당 네트워크는 액터와 크리틱을 각각 다른 네트워크로 구성하지 않고 하나의 네트워크에 마지막 레이어만 따로 나누어 구성하여 정책과 가치를 따로 계산할 수 있도록 합니다. 네트워크의 구조는 다음과 같습니다.

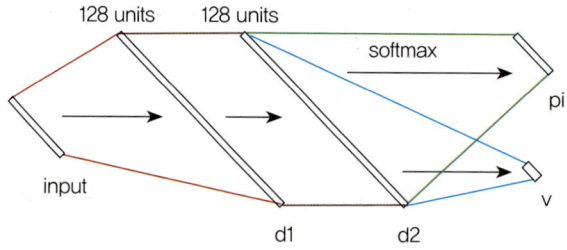

그림 5-6. A2C에서 사용하는 신경망의 구조

정책은 행동에 대한 확률이므로 행동 크기인 4를 출력 차원으로 설정하고, 가치는 상태에 대한 가치이기 때문에 1을 출력 차원으로 설정합니다.

```python
# A2C 클래스 -> Actor Network, Critic Network 정의
class A2C(torch.nn.Module):
    def __init__(self, **kwargs):
        super(A2C, self).__init__(**kwargs)
        self.d1 = torch.nn.Linear(state_size, 128)
        self.d2 = torch.nn.Linear(128, 128)
        self.pi = torch.nn.Linear(128, action_size)
        self.v = torch.nn.Linear(128, 1)
```

이어서 forward 함수를 살펴보겠습니다. forward 함수는 init 함수에서 정의한 레이어들을 순서대로 입력에 대해 통과시켜 정책과 가치를 계산합니다. 정책은 확률처럼 만들기 위해 마지막 활성화 함수를 소프트맥스(softmax) 함수로 사용합니다. 가치는 실수 범위로 계산하기 위해 활성화 함수를 따로 설정하지 않습니다.

```python
    def forward(self, x):
        x = F.relu(self.d1(x))
        x = F.relu(self.d2(x))
        return F.softmax(self.pi(x), dim=1), self.v(x)
```

5.5.3 Agent 클래스

이어서 Agent 클래스를 살펴보겠습니다. A2CAgent 클래스는 초기화 함수, 행동 선택, 모델 학습, 모델 저장 및 불러오기, 텐서보드에 값 저장하기를 수행하는 5가지 함수들을 포함합니다. Agent 클래스의 전체 구조는 다음과 같습니다.

```python
# A2CAgent 클래스 -> A2C 알고리즘을 위한 다양한 함수 정의
class A2CAgent:
    def __init__(self):
        … 생략 …

    # 정책을 통해 행동 결정
    def get_action(self, state, training=True):
        … 생략 …

    # 학습 수행
    def train_model(self, state, action, reward, next_state, done):
        … 생략 …
```

```python
# 네트워크 모델 저장
def save_model(self):
    … 생략 …

# 학습 기록
def write_summray(self, score, actor_loss, critic_loss, step):
    … 생략 …
```

이제 Agent 클래스 코드를 부분적으로 살펴보겠습니다.

먼저 클래스 객체가 만들어질 때 실행되는 init 함수에서는 이전에 정의했던 모델 클래스 객체를 생성하고, optimizer는 Adam으로 설정합니다. 또한 텐서보드에 기록하기 위해 SummaryWriter객체를 생성합니다. 저장된 모델을 사용할 때는 주어진 경로의 network와 optimizer에 대한 모델 정보를 불러와 사용합니다.

```python
def __init__(self):
    self.a2c = A2C().to(device)
    self.optimizer = torch.optim.Adam(self.a2c.parameters(), lr=learning_rate)
    self.writer = SummaryWriter(save_path)

    if load_model == True:
        print(f"... Load Model from {load_path}/ckpt ...")
        checkpoint = torch.load(load_path+'/ckpt', map_location=device)
        self.a2c.load_state_dict(checkpoint["network"])
        self.optimizer.load_state_dict(checkpoint["optimizer"])
```

get_action 함수는 에이전트의 행동을 선택하는 함수입니다. 상태와 학습 모드를 입력값으로 받고 행동을 출력합니다.

```python
# 정책을 통해 행동 결정
def get_action(self, state, training=True):
    # 네트워크 모드 설정
    self.a2c.train(training)

    # 네트워크 연산에 따라 행동 결정
    pi, _ = self.a2c(torch.FloatTensor(state).to(device))
    action = torch.multinomial(pi, num_samples=1).cpu().numpy()
    return action
```

먼저 a2c.train 함수에 training 변수를 전달해 네트워크의 모드를 학습 모드 또는 평가 모드로 설정합니다.

```
# 네트워크 모드 설정
self.a2c.train(training)
```

그 후에 a2c 네트워크를 통해 정책을 계산하고, torch.multinomial 함수를 이용해 해당 정책에 따라 랜덤 샘플링을 통해 행동을 결정합니다.

```
# 네트워크 연산에 따라 행동 결정
pi, _ = self.a2c(torch.FloatTensor(state).to(device))
action = torch.multinomial(pi, num_samples=1).cpu().numpy()
return action
```

이 과정을 그림으로 나타내면 다음과 같습니다.

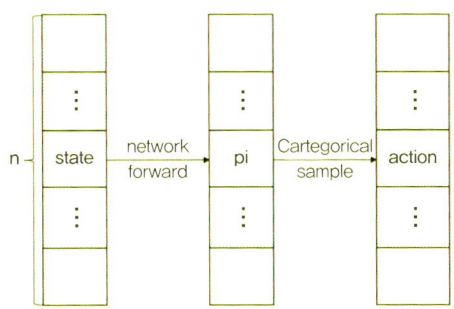

그림 5-7. 네트워크 연산에 따른 행동 결정 방법

다음으로 train_model 함수는 상태, 행동, 보상, 다음 상태, 게임 종료 여부를 입력으로 받아 네트워크 학습을 수행하는 함수입니다.

```
# 학습 수행
def train_model(self, state, action, reward, next_state, done):
    state, action, reward, next_state, done = map(lambda x: torch.FloatTensor(x).to(device),
                                                    [state, action, reward, next_state, done])
    pi, value = self.a2c(state)

    #가치신경망
    with torch.no_grad():
```

```
            _, next_value = self.a2c(next_state)
            target_value  = reward + (1-done) * discount_factor * next_value
        critic_loss = F.mse_loss(target_value, value)

        #정책신경망
        eye = torch.eye(action_size).to(device)
        one_hot_action = eye[action.view(-1).long()]
        advantage = (target_value - value).detach()
        actor_loss = -(torch.log((one_hot_action * pi).sum(1))*advantage).mean()
        total_loss = critic_loss + actor_loss

        self.optimizer.zero_grad()
        total_loss.backward()
        self.optimizer.step()

        return actor_loss.item(), critic_loss.item()
```

먼저 map 함수를 사용해 상태, 행동, 보상, 다음 상태, 게임 종료 여부 데이터에 대해 각각 FloatTensor로 변환하고 할당된 디바이스 메모리에 올려줍니다. 그리고 a2c 네트워크를 이용해 현재 상태에 대한 정책과 가치를 계산합니다.

```
        state, action, reward, next_state, done = map(lambda x: torch.FloatTensor(x).to(device),
                                                      [state, action, reward, next_state, done])
        pi, value = self.a2c(state)
```

그다음 가치 신경망 손실 함수를 계산하기 위해 타깃값을 계산합니다. 이때 타깃값을 계산하는 코드는 네트워크 업데이트에 관여하지 않도록 with torch.no_grad() 구문 안에 작성해 그래디언트 추적을 막습니다. 다음 상태에 대한 모델의 가치를 계산해 next_value에 넣어주고, 타깃값 수식에 따라 타깃값을 계산해 target_value에 넣어줍니다. 그리고 mse_loss 함수를 통해 가치 신경망 손실 함수를 계산하여 critic_loss에 저장합니다.

- next_value : 다음 상태에 대한 모델의 가치
- target_value : value의 근사 타깃값

$$target_v = r + \gamma V(s')$$

- critic_loss : MSE loss 사용 $\frac{1}{2}\sum(target_v - V(s'))^2$

```
#가치신경망
with torch.no_grad():
    _, next_value = self.a2c(next_state)
    target_value  = reward + (1-done) * discount_factor * next_value
critic_loss = F.mse_loss(target_value, value)
```

그리고 정책신경망 손실 함수를 해당 수식에 따라 계산합니다. 먼저 선택한 행동에 대한 확률을 구하기 위해 행동에 대해 원핫 인코딩을 진행하고, 어드밴티지를 해당 수식에 맞게 계산합니다. 해당 수식에서 q 값은 가지고 있는 데이터를 통해 계산하기 위해 보상+다음 상태의 가치 함수에 감가율을 곱한 것, 즉 target_value로 치환합니다.

$$\text{advantage}: A(s,a)=q(s,a)-V(s)=R_{t+1}+\gamma V(s')-V(s)$$

이때 해당 어드밴티지 계산 과정이 액터 네트워크 업데이트에 관여하지 않도록 detach 함수를 이용해 그래디언트 추적을 막습니다. 그 후에 one_hot_action에 정책을 곱하고 1차원에 대해 더해주어 선택한 행동에 대한 확률을 계산하고, 이 확률에 로그를 씌운 후 advantage를 곱하여 정책 신경망 목적 함수를 구합니다. 그리고 목적 함수에 -를 붙인 값을 최소화하는 것이 원래의 목적 함수를 최대화하는 것과 같기 때문에, 목적 함수에 -을 붙여 그래디언트 어센트 알고리즘을 적용합니다. 그 후, 평균을 취해 actor_loss에 대입합니다.

$$\text{actor\_loss}: -\sum(\log \pi_\theta(a|s)A(s,a))$$

actor_loss와 critic_loss를 모두 구했다면 두 손실 함수 값을 더해 전체 손실 함수를 만듭니다. 그리고 전체 손실 함수에 대해 모델 파라미터들을 업데이트합니다. 모델 업데이트를 마쳤다면 정책 손실 함수 값과 가치 손실 함수값을 반환합니다.

```
#정책신경망
eye = torch.eye(action_size).to(device)
one_hot_action = eye[action.view(-1).long()]
advantage = (target_value - value).detach()
actor_loss = -(torch.log((one_hot_action * pi).sum(1))*advantage).mean()
total_loss = critic_loss + actor_loss

self.optimizer.zero_grad()
total_loss.backward()
self.optimizer.step()

return actor_loss.item(), critic_loss.item()
```

다음으로 save_model 함수입니다. 현재 network와 optimizer의 파라미터 정보를 설정한 경로에 ckpt 파일로 저장합니다.

```python
# 네트워크 모델 저장
def save_model(self):
    print(f"... Save Model to {save_path}/ckpt ...")
    torch.save({
        "network" : self.a2c.state_dict(),
        "optimizer" : self.optimizer.state_dict(),
    }, save_path+'/ckpt')
```

write_summary 함수는 텐서보드에 기록할 점수 정책 손실 함수 값, 가치 손실 함수 값, 스텝값을 입력으로 받아 writer_add_scalar 함수를 통해 해당 정보들을 텐서보드에 기록합니다.

```python
# 학습 기록
def write_summray(self, score, actor_loss, critic_loss, step):
    self.writer.add_scalar("run/score", score, step)
    self.writer.add_scalar("model/actor_loss", actor_loss, step)
    self.writer.add_scalar("model/critic_loss", critic_loss, step)
```

지금까지 Agent 클래스를 모두 살펴봤습니다. 마지막으로 main 함수를 살펴보겠습니다.

5.5.4 Main 함수

main 함수는 Model 클래스에서 정의한 네트워크와 Agent 클래스에서 정의한 다양한 함수들을 이용해 행동을 결정하고 유니티 환경과 통신하며 학습을 수행하는 함수입니다. 전체 코드는 다음과 같습니다.

```python
# Main 함수 -> 전체적으로 A2C 알고리즘을 진행
if __name__ == '__main__':
    # 유니티 환경 경로 설정 (file_name)
    engine_configuration_channel = EngineConfigurationChannel()
    env = UnityEnvironment(file_name=env_name,
                           side_channels=[engine_configuration_channel])
    env.reset()

    # 유니티 브레인 설정
    behavior_name = list(env.behavior_specs.keys())[0]
    spec = env.behavior_specs[behavior_name]
```

```python
        engine_configuration_channel.set_configuration_parameters(time_scale=12.0)
        dec, term = env.get_steps(behavior_name)

        # A2C 클래스를 agent로 정의
        agent = A2CAgent()
        actor_losses, critic_losses, scores, episode, score = [], [], [], 0, 0

        for step in range(run_step + test_step):
            if step == run_step:
                if train_mode:
                    agent.save_model()
                print("TEST START")
                train_mode = False
                engine_configuration_channel.set_configuration_parameters(time_scale=1.0)

            preprocess = lambda obs, goal: np.concatenate((obs*goal[0][0], obs*goal[0][1]), axis=-1)
            state = preprocess(dec.obs[OBS],dec.obs[GOAL_OBS])
            action = agent.get_action(state, train_mode)
            real_action = action + 1
            action_tuple = ActionTuple()
            action_tuple.add_discrete(real_action)
            env.set_actions(behavior_name, action_tuple)
            env.step()

            #환경으로부터 얻는 정보
            dec, term = env.get_steps(behavior_name)
            done = len(term.agent_id) > 0
            reward = term.reward if done else dec.reward
            next_state = preprocess(term.obs[OBS], term.obs[GOAL_OBS]) if done\
                        else preprocess(dec.obs[OBS], dec.obs[GOAL_OBS])
            score += reward[0]

            if train_mode:
                #학습 수행
                actor_loss, critic_loss = agent.train_model(state, action[0], [reward], next_state, [done])
                actor_losses.append(actor_loss)
                critic_losses.append(critic_loss)
```

```python
        if done:
            episode +=1
            scores.append(score)
            score = 0

            # 게임 진행 상황 출력 및 텐서보드에 보상과 손실 함수 값 기록
            if episode % print_interval == 0:
                mean_score = np.mean(scores)
                mean_actor_loss = np.mean(actor_losses) if len(actor_losses) > 0 else 0
                mean_critic_loss = np.mean(critic_losses) if len(critic_losses) > 0 else 0
                agent.write_summray(mean_score, mean_actor_loss, mean_critic_loss, step)
                actor_losses, critic_losses, scores = [], [], []

                print(f"{episode} Episode / Step: {step} / Score: {mean_score:.2f} / " +\
                    f"Actor loss: {mean_actor_loss:.2f} / Critic loss: {mean_critic_loss:.4f}")

            # 네트워크 모델 저장
            if train_mode and episode % save_interval == 0:
                agent.save_model()
env.close()
```

유니티 환경 경로를 설정하는 코드와 브레인 설정은 4장 DQN과 동일하게 수행합니다. 그리고 A2CAgent 객체를 생성해 agent로 설정합니다. 또한 학습을 시작하기 위해 학습 진행 상황에 기록할 정보들을 초기화합니다.

```python
# A2C 클래스를 agent로 정의
agent = A2CAgent()
actor_losses, critic_losses, scores, episode, score = [], [], [], 0, 0
```

학습 모드의 스텝 수만큼 실행되면 모델을 저장하는 부분과 테스트 모드 실행 부분, 전처리 함수 호출 부분은 4장과 동일합니다. 다만 DQN에서는 시각적 관측 정보와 목적지 관측 정보를 사용했다면, A2C에서는 벡터 관측 정보와 목적지 관측 정보를 이용해 전처리합니다. 그 결과 목적지가 +일 때는 앞단의 벡터 관측 정보만 그대로 들어가고, 뒷단의 벡터 관측 정보는 모두 0이 들어갑니다. 반대로 목적지가 x일 때는 뒷단의 벡터 관측 정보만 그대로 들어가고 앞단의 벡터 관측 정보는 모두 0이 들어갑니다. 해당 전처리 과정을 통해 벡터 관측 정보와 목적지 관측 정보가 모두 담긴 값을 state에 저장합니다.

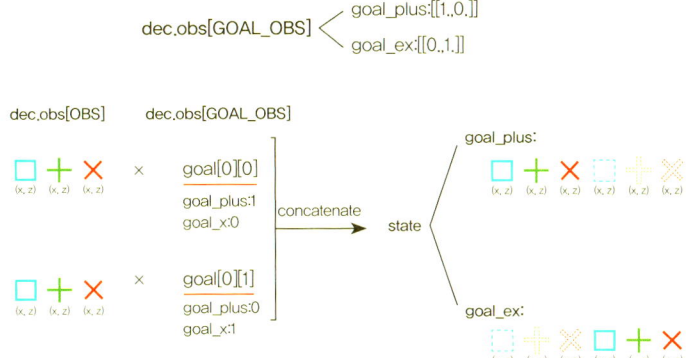

그림 5-8. A2C 알고리즘의 전처리 과정

```
preprocess = lambda obs, goal: np.concatenate((obs*goal[0][0], obs*goal[0][1]), axis=-1)
state = preprocess(dec.obs[OBS],dec.obs[GOAL_OBS])
```

이후 DQN과 같이 환경으로부터 정보를 얻고, 해당 정보들을 활용해 학습을 수행합니다. A2C 알고리즘은 DQN과 다르게 데이터를 리플레이 버퍼에 저장하지 않고 transition마다 바로 학습을 진행합니다. 해당 학습을 진행하고 나온 결과인 정책 손실 함수 값과 가치 손실 함수 값을 각각 actor_losses와 critic_losses에 추가합니다.

```
if train_mode:
    #학습수행
    actor_loss, critic_loss = agent.train_model(state, action[0], [reward], next_state,
[done])
    actor_losses.append(actor_loss)
    critic_losses.append(critic_loss)
```

그리고 에피소드가 print_interval만큼 진행됐다면 진행한 에피소드 동안 얻은 score들의 평균값, 손실 함수 값들의 평균값을 구합니다. 그리고 agent.write_summary 함수에 해당 정보들과 step 값을 입력하여 텐서보드에 기록합니다. 기록을 마친 후에는 해당 정보의 리스트들을 초기화합니다. 이어서 학습 모드일 때 에피소드가 save_interval만큼 진행됐다면 agent의 save_model 함수를 통해 모델 정보를 저장합니다.

```
# 게임 진행 상황 출력 및 텐서보드에 보상과 손실 함수 값 기록
if episode % print_interval == 0:
    mean_score = np.mean(scores)
```

```
            mean_actor_loss = np.mean(actor_losses) if len(actor_losses) > 0 else 0
            mean_critic_loss = np.mean(critic_losses) if len(critic_losses) > 0 else 0
            agent.write_summray(mean_score, mean_actor_loss, mean_critic_loss, step)
            actor_losses, critic_losses, scores = [], [], []

            print(f"{episode} Episode / Step: {step} / Score: {mean_score:.2f} / " +\
                  f"Actor loss: {mean_actor_loss:.2f} / Critic loss: {mean_critic_loss:.4f}")

            # 네트워크 모델 저장
            if train_mode and episode % save_interval == 0:
                agent.save_model()
```

코드 작성을 완료하였다면 다음 명령어를 통해 학습을 진행합니다. 스크립트 작성을 마쳤으면 해당 파일을 저장합니다. 이 책에서는 05.a2c.py이라는 이름으로 파일을 저장했습니다. 그리고 다음과 같은 명령어를 명령 프롬프트에 입력하여 학습을 진행합니다.

```
python 05.a2c.py
```

5.5.5 학습 결과

학습 결과에서는 텐서보드를 직접 실행해 학습하는 동안 기록한 정보들을 확인해보겠습니다. 다음과 같이 이전에 설정했던 save_path 경로를 확인하면 텐서보드 파일과 네트워크 모델이 저장돼 있습니다.

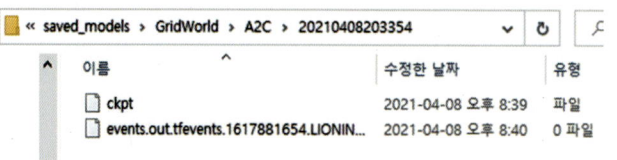

그림 5-9. 텐서보드 및 네트워크 모델 저장 경로

콘솔창을 열고 GridWorld/A2C 경로로 이동한 후 텐서보드를 실행합니다.

```
tensorboard --logdir="./"
```

인터넷 브라우저를 열고 http://localhost:6006에 접속하여 텐서보드를 열어줍니다.

그림 5-10. 텐서보드 실행

텐서보드를 열면 write_summary 함수에서 기록한 값들에 대한 그래프를 확인할 수 있습니다.

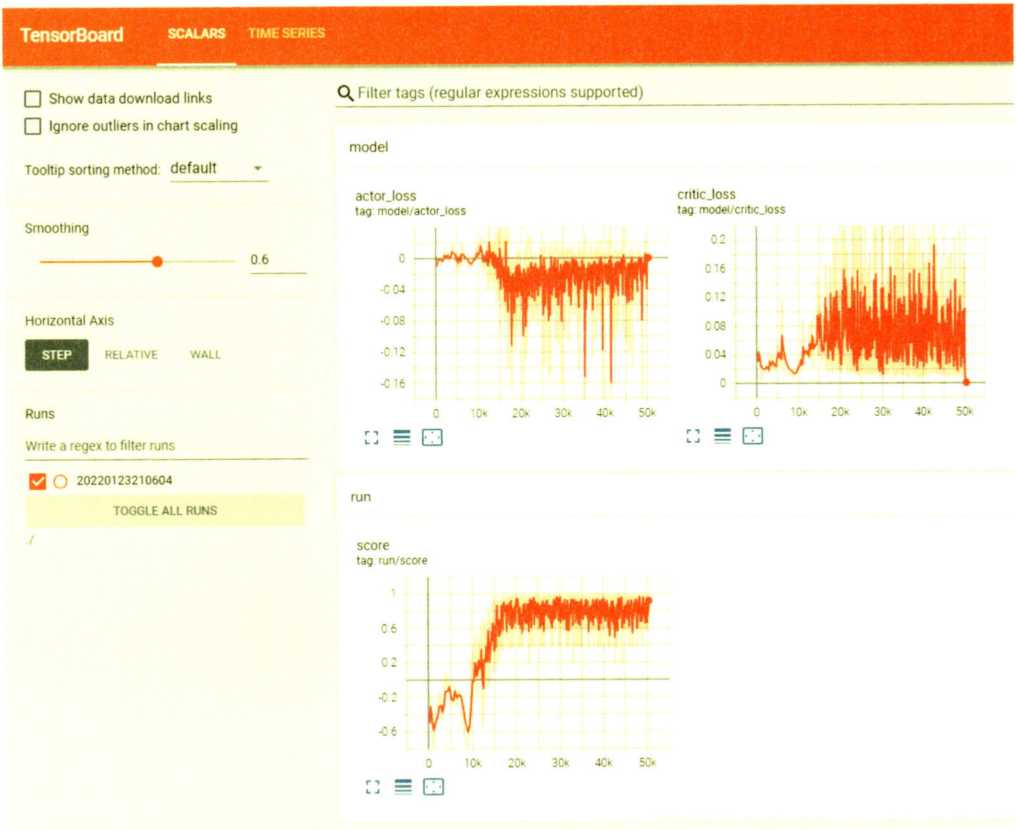

그림 5-11. 텐서보드에서 확인한 학습 결과 그래프

점수 그래프는 학습이 진행될수록 증가합니다. 그리드월드에서 평균 1점 정도의 점수를 얻는 것은 매 에피소드마다 에이전트가 목적지에 잘 도착한다는 것을 의미합니다.

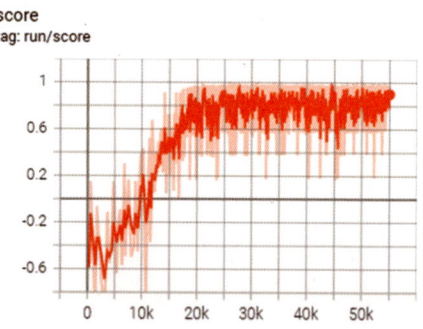

그림 5-12. 텐서보드에서 확인한 점수 그래프

테스트 결과를 확인하기 위해 A2C 스크립트를 열어서 파라미터를 변경하겠습니다. load_model은 True로 변경해 저장된 네트워크를 사용하도록 하고, train_mode는 False로 변경해 평가 모드가 실행되게 합니다. 마지막으로 load_path에는 학습 결과를 테스트할 모델 경로를 입력합니다.

```
load_model = False
train_mode = True

load_path = f"./saved_models/{game}/A2C/20210217000848"
```

변경한 코드로 A2C 코드를 실행하면 학습된 대로 그리드월드 게임을 플레이하는 에이전트를 확인할 수 있습니다. 지금까지 A2C코드를 직접 구현해보고 알고리즘 성능을 테스트해봤습니다.

이번 장에서 설명한 전체 코드는 아래의 깃허브 주소에서 확인할 수 있습니다.
https://github.com/reinforcement-learning-kr/Unity_ML_Agents_2.0/blob/main/agents/05.a2c.py

06

드론 환경 만들기

학습 목표
- 에이전트가 연속적인 행동을 취하는 환경을 제작한다.
- 유니티 에셋스토어에서 받은 무료 드론 에셋을 이용해 드론 환경을 만든다.

목차
6.1 프로젝트 시작하기
6.2 드론 에셋 가져오기 & 오브젝트 추가
6.3 스크립트 설명
6.4 드론 환경 실행 및 환경 빌드

이번 장에서 설명한 전체 코드는 아래의 깃허브 주소에서 확인할 수 있습니다.

https://github.com/reinforcement-learning-kr/Unity_ML_Agents_2.0/tree/main/unity_project/Drone

6.1 프로젝트 시작하기

이번 장에서는 에셋스토어에서 무료로 내려 받을 수 있는 드론 에셋을 설치하고 이를 이용해 에이전트가 연속적인 행동을 취하는 환경인 드론 환경을 제작합니다. 연속적인 행동(continuous action)은 이산적인 행동(discrete action)과 다르게 출력 값의 범위가 실수인 행동이라고 설명했습니다.

다시 한 번 이산적인 행동과 연속적인 행동을 비교해보자면 이산적인 행동을 취하는 환경인 그리드월드 환경에서는 상, 하, 좌, 우, 정지로 행동을 구분할 수 있었습니다. 만약 그리드월드가 연속적인 행동을 취하는 환경이었다면 X축 방향으로 특정 실수 A만큼 움직이고, Y축 방향으로 특정 실수 B만큼 움직였을 것입니다. 예를 들어 A와 B가 0.3과 -0.1이라면 오른쪽으로 0.3만큼 아래쪽으로 0.1만큼 움직이는 것입니다.

그림 6-1. 드론 환경

드론 환경의 개요

드론 환경은 목적지인 하얀 구체까지 날아가도록 드론을 제어하는 환경입니다. 드론이 하얀 구체에 도달하면 보상으로 +1을 얻고 환경이 종료됩니다. 그리고 하얀 구체에서 일정 거리 이상 멀어지면 보상으로 -1을 얻고 환경이 종료됩니다. 그리고 매 순간 거리 변화량(이전 스텝에서 드론과 목적지까지의 거리(Pre_distance) - 현재 스텝에서 드론과 목적지까지의 거리(Cur_distance))만큼 보상(reward)을 받습니다. 따라서 이전 스텝보다 목적지에 더 가까워지면 양의 보상을, 더 멀어지면 음의 보상을 받게 됩니다.

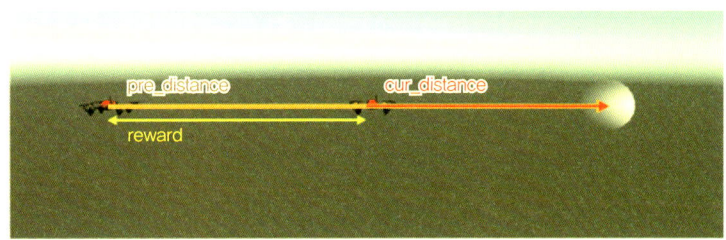

그림 6-2. 거리 변화량에 따른 보상 설정

학습 환경 구성

하얀 구체는 드론 주변의 일정 거리 내에서 랜덤하게 생성됩니다. 게임이 종료되면 드론의 위치는 초기화되고, 하얀 구체는 다시 일정 거리 안에서 랜덤하게 생성됩니다.

조작 방법

드론은 (x, y, z)의 방향으로 각 값만큼 이동합니다(x, y, z 는 실수).

예를 들어 액션이 (0.2, 0.1, -0.1)로 정해졌다면 현재 위치에서 x축 방향으로 0.2, y축 방향으로 0.1, z축 방향으로 -0.1만큼 이동합니다.

프로젝트 준비

이번 장도 2.3절 'ML-Agents 설치'에서 살펴본 설치 과정을 수행했다고 가정하고 설명하겠습니다. 지금부터 초기 환경에서 시작하여 드론 환경을 구성해보겠습니다.

드론 폴더 생성 및 파일명 변경

먼저 드론 프로젝트를 진행할 유니티 프로젝트를 실행합니다. 프로젝트 창의 Assets 폴더에서 마우스 오른쪽 버튼을 누른 뒤 [Create] → [Folder]를 클릭해 폴더를 하나 생성하고 이름을 Drone으로 변경합니다. 이후 동일한 방법으로 Scenes 폴더를 만들고 Assets 아래에 있는 Scenes 폴더를 Drone 폴더에 넣어줍니다.

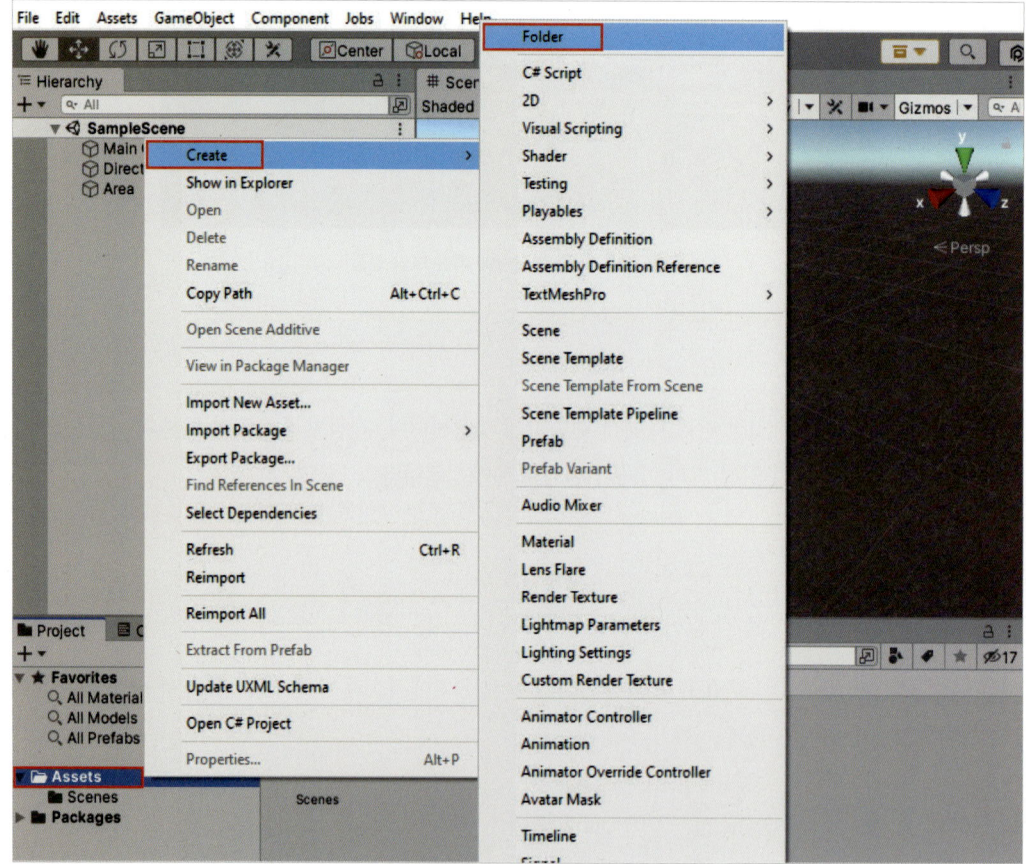

그림 6-3. Drone 폴더 생성

이제 프로젝트에 필요한 스크립트 파일을 생성하겠습니다. Drone 폴더에서 마우스 오른쪽 버튼을 누른 뒤 [Create] → [Folder]를 클릭해 폴더를 하나 생성하고 이름을 Scripts로 변경해 Scripts 폴더를 생성합니다. Scripts 폴더에서 마우스 오른쪽 버튼을 누르고 [Create] → [C# Script]를 클릭해 스크립트 하나를 생성합니다. 그리고 생성된 스크립트의 이름을 DroneSetting으로 변경합니다.

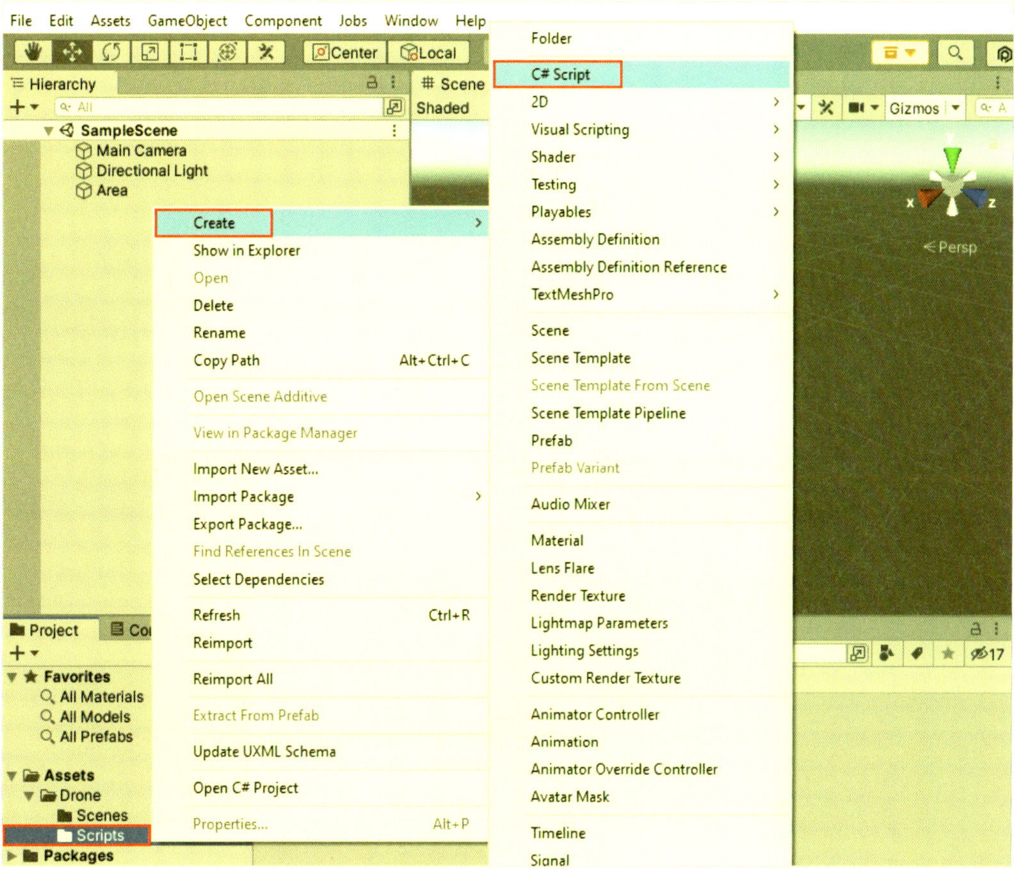

그림 6-4. C# 스크립트 생성

같은 방법으로 스크립트를 하나 더 생성하고, 이름을 DroneAgent로 변경합니다. 이 스크립트는 에이전트에 적용할 것입니다.

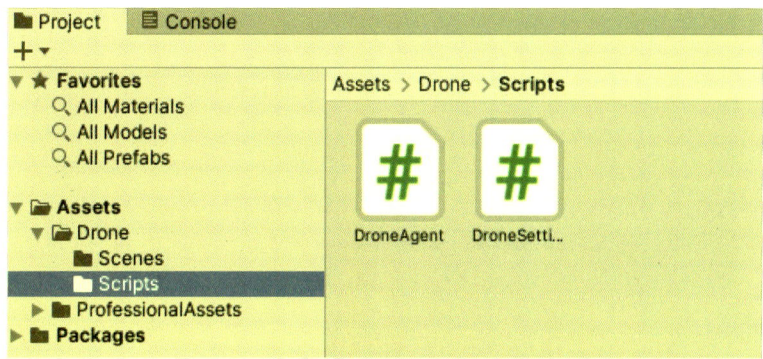

그림 6-5. 스크립트(DroneAgent, DroneSetting) 생성

6.2 드론 에셋 가져오기 & 오브젝트 추가

이번 절에서는 에셋스토어에서 드론 모델을 내려받는 방법을 알아보고, 내려받은 오브젝트를 씬에 추가하여 제작하는 법을 알아보겠습니다.

6.2.1 에셋스토어에서 드론 에셋 내려받기

유니티 상단 메뉴에서 [Window] → [Asset Store]를 클릭하거나 단축키 Ctrl + 9 키를 눌러 에셋스토어를 엽니다.

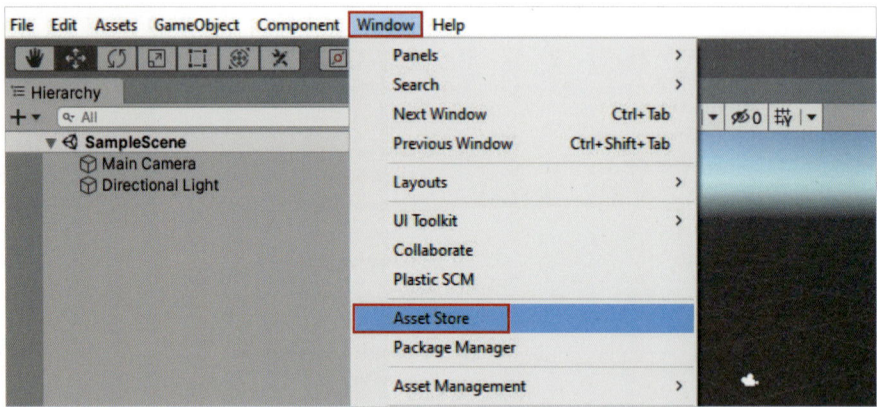

그림 6-6. 에셋스토어 열기

Asset Stores 뷰가 열리면 [Search online] 버튼을 클릭합니다. 버튼을 클릭하면 브라우저에서 에셋스토어가 열립니다.

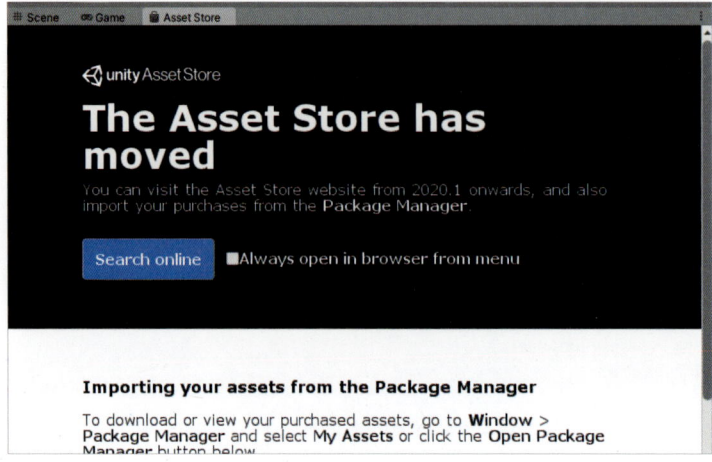

그림 6-7. 에셋스토어 열기

브라우저에 에셋스토어가 나오면 검색창에 drone을 입력합니다. 무료 에셋을 찾기 위해 Pricing의 가격 범위를 $0–$0으로 설정합니다. 가격 범위는 Pricing 오른쪽에 있는 [+] 버튼을 눌러 Pricing 탭을 확장한 다음 원형 버튼을 조절해 설정할 수 있습니다. 가격을 설정했으면 [>] 버튼을 눌러 필터를 적용합니다.

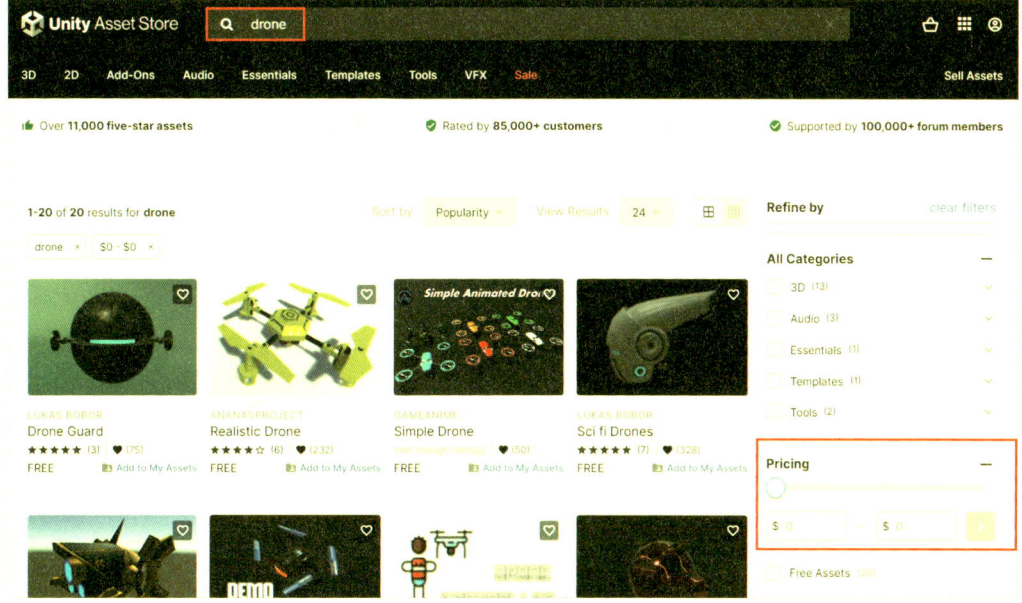

그림 6-8. 에셋스토어에서 무료 드론 에셋 찾기

이 책에서 사용할 에셋 이름은 FREE PACK입니다. 브라우저가 한글로 설정돼 있다면 [무료 팩 전문 무인 비행기 팩 + 무인 항공기 컨트롤러(VR, PC, 모바일, 게임 패드)]라고 나옵니다. 해당 에셋을 선택합니다.

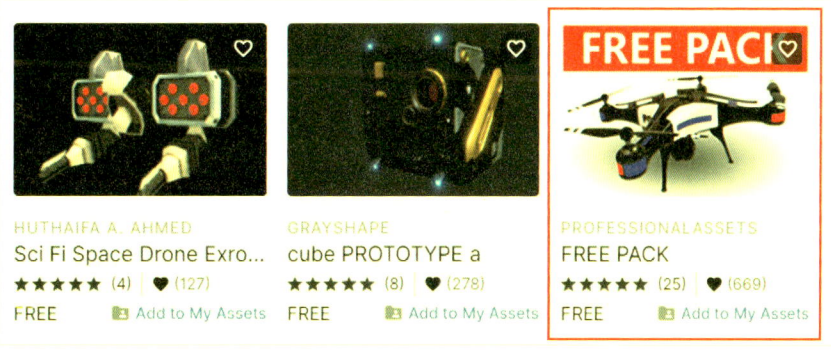

그림 6-9. 에셋스토어에 있는 드론 에셋

먼저 [Add to My Assets] 버튼을 클릭한 다음 [Open in Unity] 버튼을 클릭하면 유니티 내부에 해당 에셋을 가져오게 됩니다.

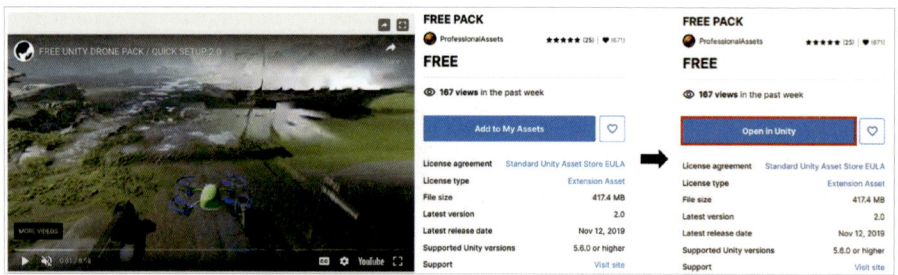

그림 6-10. 에셋스토어에서 드론 에셋 가져오기

[Open in Unity] 버튼를 클릭하면 자동으로 유니티 에디터 창으로 전환되고 패키지 매니저가 보입니다. 왼쪽 리스트에서 FREE PACK을 선택하고 오른쪽 아래에 있는 [Download] 버튼을 클릭합니다. 다운로드 후 [Import] 버튼을 클릭합니다.

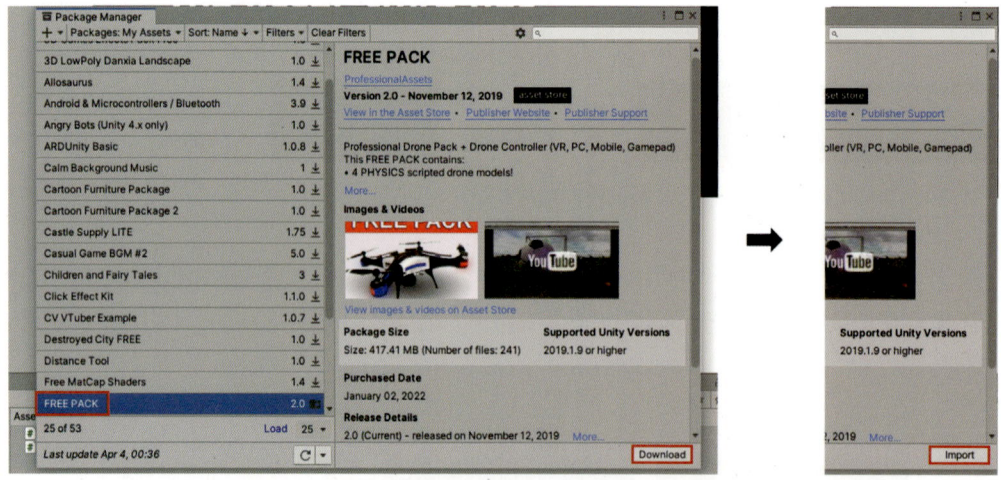

그림 6-11. 에셋스토어에서 드론 에셋 가져오기

Import Unity Package 창이 나오면 [Import] 버튼을 클릭합니다. 에셋을 임포트하면 유니티 내부에서 드론 에셋을 사용할 수 있습니다.

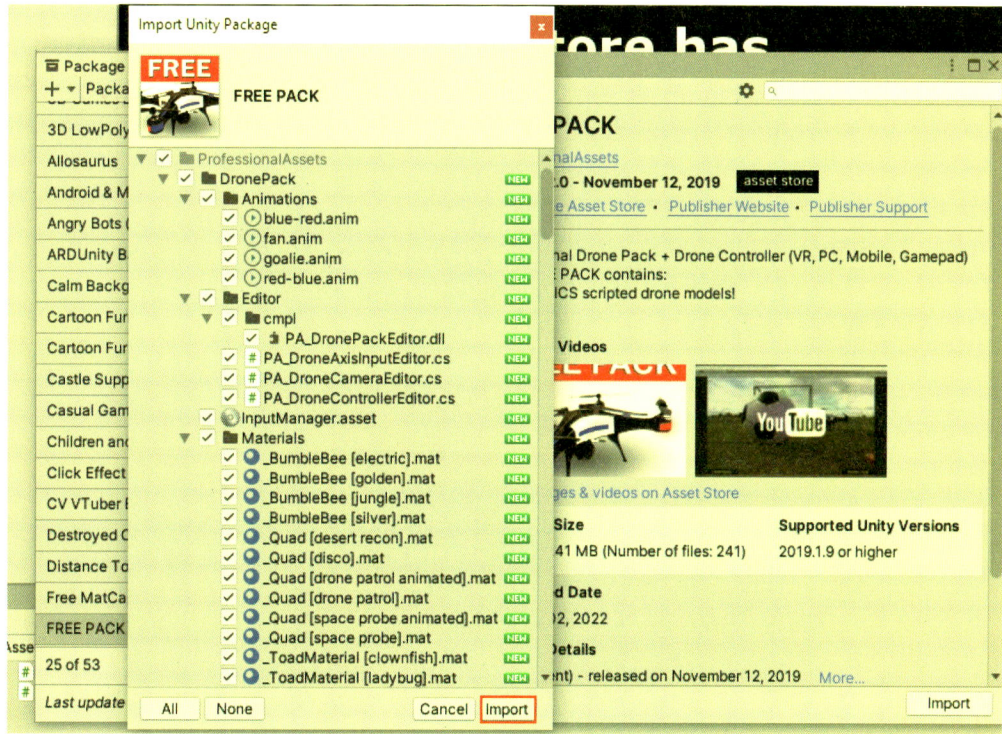

그림 6-12. 패키지 매니저에서 드론 에셋 임포트하기

에셋 임포트가 완료되면 Assets 폴더 아래에 드론 에셋이 추가됩니다.

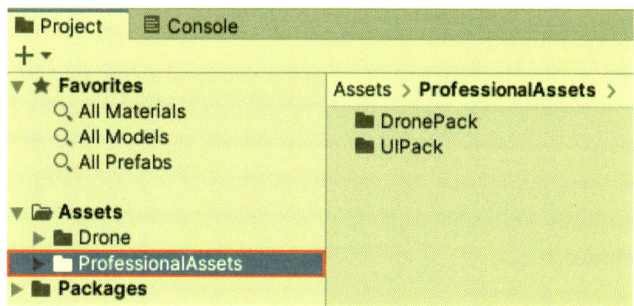

그림 6-13. 불러온 드론 에셋

6.2.2 드론 환경 제작하기

지금까지 에셋스토어에서 드론 에셋을 가져오고 이를 유니티 프로젝트에 추가해봤습니다. 지금부터는 드론 환경을 유니티 씬에 구성하겠습니다.

하이러키 창에서 Scene 항목을 마우스 오른쪽 버튼으로 클릭한 후 [GameObject] → [Create Empty]를 클릭해 빈 게임 오브젝트를 생성합니다. 생성된 게임 오브젝트의 이름은 Area로 변경합니다.

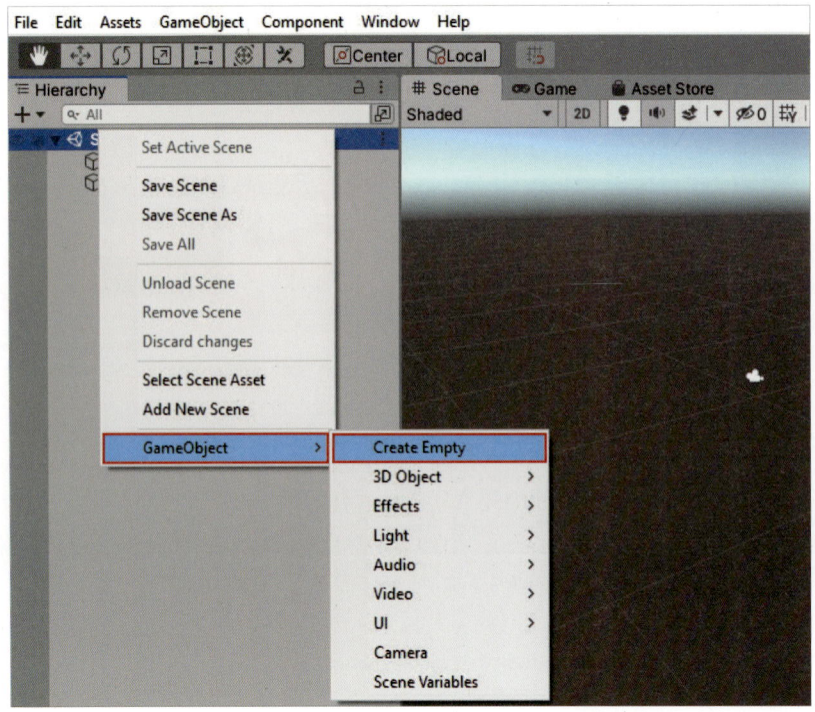

그림 6-14. 게임 오브젝트 생성하기

Area 게임 오브젝트를 선택하고 인스펙터 창에서 Transform의 Position, Rotation 값을 모두 0으로 설정합니다.

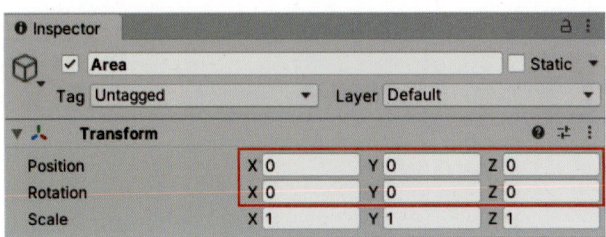

그림 6-15. Transform 위치값, 회전값 초기화 방법 1

또는 Transform 컴포넌트 오른쪽에 있는 삼점 아이콘을 클릭하고 [Reset]을 선택해도 됩니다.

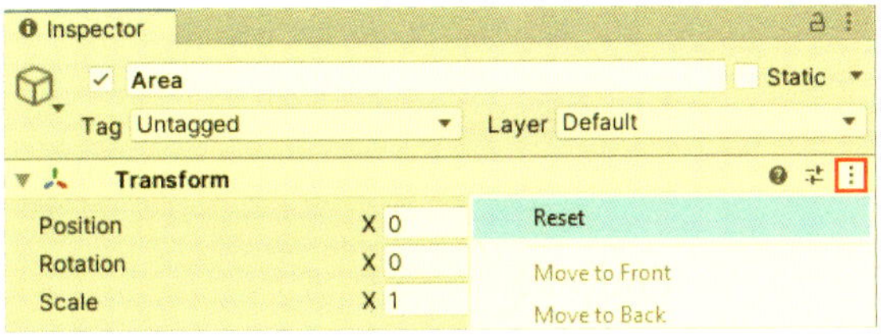

그림 6-16. Transform 위치값, 회전값 초기화 방법 2

이제 드론 에이전트 오브젝트를 만들어보겠습니다. /Assets/ProfessionalAssets/DronePack/ Prefabs 폴더에서 마음에 드는 드론 프리팹[1]을 골라 하이러키 뷰의 Area 게임 오브젝트로 드래그 앤 드 드롭합니다. 이때 해당 에셋의 업데이트 등으로 현재 유니티 에디터에서 인식을 못하여 패키지 처리 오류가 발생하는 경우가 있습니다. 이때는 걱정하지 말고 유니티를 재시작하면 됩니다. 또한 에셋스토 어의 에셋들은 지속적으로 업데이트 되는 경우가 있습니다. 책이 출간된 이후로 해당 에셋이 업데이트 가 되면서 오류가 발생하는 경우도 있으니 지속적으로 에셋 관련하여 오류가 발생하는 경우 이 책의 코 드가 올라가 있는 깃허브[2]의 unity_project에 있는 드론 에셋을 사용하면 에셋 관련 에러를 해결할 수 있을 것입니다.

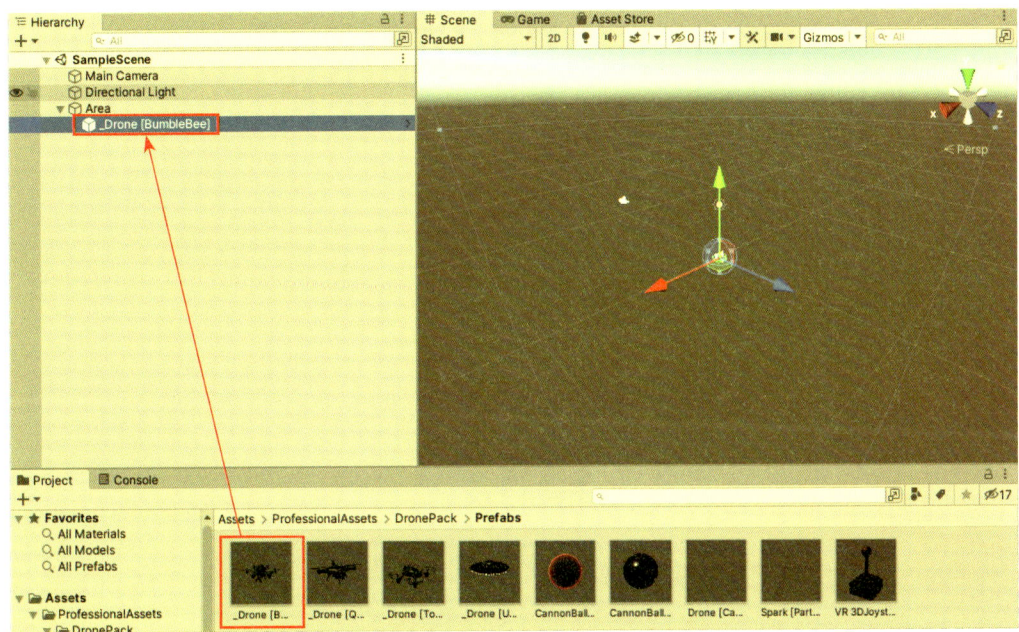

그림 6-17. 드론 프리팹을 Area로 드래그 앤 드롭

1 이미 구성이 완성되고 재사용 가능한 게임 오브젝트. 이 책에서는 이름이 _Drone [BumbleBee]인 드론을 사용합니다
2 https://github.com/reinforcement-learning-kr/Unity_ML_Agents_2.0

하이러키 창으로 가져온 드론 프리팹을 인스펙터 창에서 다음과 같이 설정합니다. (그림 6-18참고)

1. 이름을 Drone으로 변경합니다.
2. Transform 컴포넌트에서 Position, Rotation 값을 모두 0으로 초기화합니다.
3. MeshCollider 컴포넌트의 체크박스를 해제해 비활성화합니다. (현재 드론 환경에서는 충돌 관련 처리가 필요 없으므로 해제합니다.)
4. PA_Drone Controller를 제외한 모든 스크립트(PA_Drone Axis Input, Audio Resource)의 컴포넌트 체크박스를 해제하여 비활성화합니다. PA_Drone Controller 스크립트는 가져온 에셋의 API를 이용해 드론을 제어하기 위해 남겨둡니다. (PA_Drone Axis Input은 사용자의 입력을 받아 처리하는 기능이므로 필요 없습니다. Audio Resource 또한 음향은 필요 없기 때문에 해제합니다).

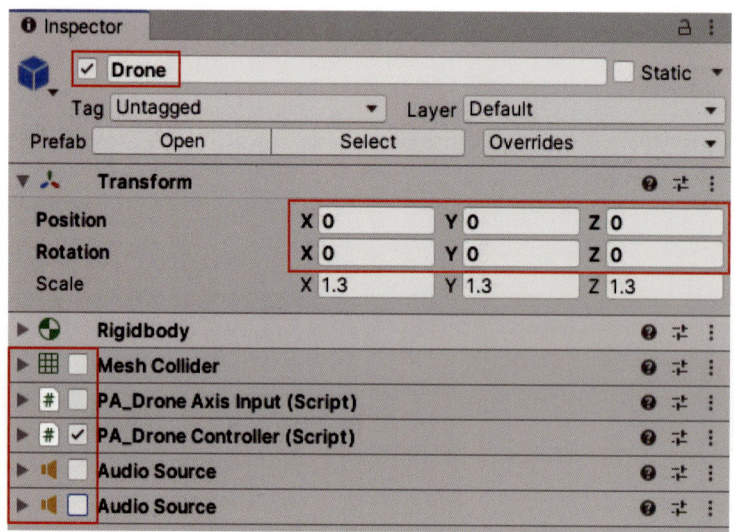

그림 6-18. 인스펙터 뷰에서 드론 프리팹 수정

이제 드론이 날아갈 목적지인 Goal 오브젝트를 생성하고 인스펙터 창에서 관련 설정을 진행하겠습니다.

1. 하이러키 창에서 Area 게임 오브젝트를 마우스 오른쪽 버튼으로 클릭한 다음 [3D Object] → [Sphere]를 클릭해 구 오브젝트를 추가합니다.
2. 방금 생성한 Sphere 오브젝트의 이름을 "Goal"로 변경합니다.
3. 구를 투명하게 만들기 위해 인스펙터 창에서 Mesh Renderer의 Materials → Element 0을 Default-Particle로 변경합니다.

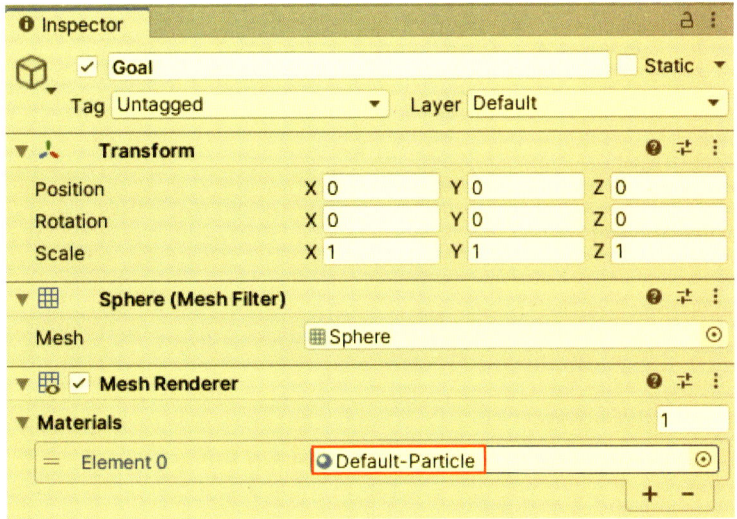

그림6-19. Goal Object 생성 및 설정

6.3 스크립트 설명

이번 절에서는 드론 환경의 상태, 행동, 보상을 설계하는 방법을 알아보겠습니다. 먼저 Scripts 폴더에서 DroneSettings.cs 스크립트를 더블 클릭해 엽니다.

DroneSettings 스크립트는 전역변수 설정, Start, AreaSetting으로 구성돼 있고, 이 순서대로 코드를 살펴보겠습니다.

6.3.1 DroneSetting 스크립트

DroneSetting에서는 환경을 제어하는 스크립트를 작성하며, 에피소드가 시작될 때마다 환경의 요소들을 초기화합니다. DroneSetting.cs 스크립트를 더블 클릭하여 열어줍니다. 기본적으로 Start 함수와 Update 함수가 있습니다.

DroneSetting.cs

```
using UnityEngine;
using Unity.MLAgents;

public class DroneSetting : MonoBehaviour
```

```csharp
{
    public GameObject DroneAgent;
    public GameObject Goal;

    Vector3 areaInitPos;
    Vector3 droneInitPos;
    Quaternion droneInitRot;

    EnvironmentParameters m_ResetParams;

    private Transform AreaTrans;
    private Transform DroneTrans;
    private Transform GoalTrans;

    private Rigidbody DroneAgent_Rigidbody;

    void Start()
    {
        Debug.Log(m_ResetParams);

        AreaTrans = gameObject.transform;
        DroneTrans = DroneAgent.transform;
        GoalTrans = Goal.transform;

        areaInitPos = AreaTrans.position;
        droneInitPos = DroneTrans.position;
        droneInitRot = DroneTrans.rotation;

        DroneAgent_Rigidbody = DroneAgent.GetComponent<Rigidbody>();
    }

    public void AreaSetting()
    {
        DroneAgent_Rigidbody.velocity = Vector3.zero;
        DroneAgent_Rigidbody.angularVelocity = Vector3.zero;

        DroneTrans.position = droneInitPos;
        DroneTrans.rotation = droneInitRot;
```

```
        GoalTrans.position = areaInitPos + new Vector3(Random.Range(-5f, 5f), Random.Range(-5f,
  5f), Random.Range(-5f, 5f));
    }
}
```

변수 설정

우선 Unity.MLAgents 네임스페이스를 추가합니다.

DroneSetting.cs

```
using UnityEngine;
using Unity.MLAgents;

public class DroneSetting : MonoBehaviour
{
    public GameObject DroneAgent;
    public GameObject Goal;

    Vector3 areaInitPos;
    Vector3 droneInitPos;
    Quaternion droneInitRot;

    EnvironmentParameters m_ResetParams;

    private Transform AreaTrans;
    private Transform DroneTrans;
    private Transform GoalTrans;

    private Rigidbody DroneAgent_Rigidbody;
```

DroneSetting 클래스의 변수는 다음과 같습니다.

- DroneAgent: 드론 에이전트 오브젝트입니다.
- Goal: 드론이 날아갈 목적지 오브젝트입니다
- areaInitPos: Area 오브젝트의 초기 위치로 목적지 초기 위치를 계산할 때 기준 위치로 사용하기 위한 변수입니다.
- droneInitPos: 매 에피소드가 끝나면 드론을 초기 위치로 리셋하기 위해 드론의 초기 위치 정보를 저장할 변수입니다.

- droneInitRot: 매 에피소드가 끝나면 드론을 초기 회전량으로 리셋하기 위해 드론의 초기 회전량 정보를 저장할 변수입니다.

- m_ResetParams: 학습에 필요한 인자들을 관리하는 기능입니다.

- AreaTrans: Area 오브젝트의 위치, 회전 정보를 설정하기 위한 Area 오브젝트의 Transform 레퍼런스를 저장할 변수입니다.

- DroneTrans: 드론 오브젝트의 위치, 회전 정보를 설정하기 위한 드론 오브젝트의 Transform 레퍼런스를 저장할 변수입니다.

- GoalTrans: 목적지 오브젝트의 위치, 회전 정보를 설정하기 위한 목적지 오브젝트의 Transform 레퍼런스를 저장할 변수입니다.

- DroneAgent_Rigidbody: 드론 오브젝트에 설정된 Rigidbody 컴포넌트를 불러와 오브젝트에 힘을 가해 속도를 제어하는 역할을 합니다.

유니티에서 위치 값은 Vector3을 사용해서 x, y, z 좌표로 표현합니다. 회전값도 Vector3를 사용해 표현할 수 있지만, 같은 방향으로 오브젝트의 두 회전 축이 겹치는 현상 즉, 짐벌락 현상이 생길 수 있기 때문에 Quaternion 사원수 기법으로 표현합니다.

Drone 오브젝트를 선택하고 인스펙터 창를 확인해보면 Rigidbody 컴포넌트가 있는 것을 확인할 수 있습니다.

드론 환경에서는 드론에 힘을 가하게 되면 Velocity와 AngularVelocity 값이 변하게 됩니다. Rigidbody는 물리 컴포넌트이며 이를 사용하면 물체에 힘을 가해 속도를 변화시킬 수 있습니다

초기화 설정

Start 함수는 유니티 내장함수로 DroneSetting 스크립트가 실행될 때 맨 처음에 한 번만 실행되는 코드입니다.

DroneSetting.cs

```
void Start()
{
    Debug.Log(m_ResetParams);

    AreaTrans = gameObject.transform;
    DroneTrans = DroneAgent.transform;
    GoalTrans = Goal.transform;
```

```
        areaInitPos = AreaTrans.position;
        droneInitPos = DroneTrans.position;
        droneInitRot = DroneTrans.rotation;

        DroneAgent_Rigidbody = DroneAgent.GetComponent<Rigidbody>();
    }
```

gameObject.transform은 스크립트가 실행되는 오브젝트의 Transform 정보를 가져옵니다. 즉 해당 스크립트가 연결된 오브젝트의 위치, 회전, 크기 정보가 담긴 Transform을 가져옵니다. 그리고 이를 이용해서 환경이 시작된 직후에 Area 오브젝트의 초기 Transform 정보를 AreaTrans 변수에 저장합니다.

DroneAgent.transfrom은 드론 오브젝트의 Transform을 가져옵니다. 이를 사용해서 환경이 시작된 직후에 드론의 Transform 컴포넌트에 대한 레퍼런스를 DroneTrans 변수에 저장합니다.

Goal.transform은 목적지 오브젝트의 Transform을 가져옵니다. 목적지 Transform을 GoalTrans 변수에 저장합니다.

Area Transform에서 현재 위치 정보가 저장된 position 값을 Vector3로 가져와 areaInitPos 변수에 복사합니다. 즉 Area의 위치를 areaInitPos 변수에 저장합니다.

DroneTrans.position은 드론 오브젝트의 위치 정보를 Vector3로 가져와 droneInitPos 변수에 저장합니다. DroneTrans.rotation은 드론 오브젝트의 현재 회전량을 Quaternion으로 가져옵니다. 즉 해당 스크립트가 연결된 오브젝트의 (w, x, y, z) 회전량을 가져오고, 이를 이용해 환경이 시작된 직후에 드론의 초기 회전량을 droneInitRot 변수에 저장합니다.

환경 요소 초기화 설정

환경을 새로 시작하기 위해 모든 상황을 초기화해야 합니다. 환경이 새로 시작될 때 환경을 초기화하는 함수 AreaSetting을 새로 생성합니다.

DroneSetting.cs

```
    public void AreaSetting()
    {
        DroneAgent_Rigidbody.velocity = Vector3.zero;
        DroneAgent_Rigidbody.angularVelocity = Vector3.zero;

        DroneTrans.position = droneInitPos;
        DroneTrans.rotation = droneInitRot;
```

```
        GoalTrans.position = areaInitPos + new Vector3(Random.Range(-5f, 5f), Random.Range(-5f, 5f), Random.Range(-5f, 5f));
    }
```

GetComponent<Rigidbody>()를 통해 게임 게임 오브젝트의 Rigidbody 컴포넌트를 가져옵니다. 드론 에이전트의 Rigidbody를 DroneAgent_Rigidbody 변수에 저장합니다.

먼저 드론의 속도와 각속도를 모두 0으로 초기화합니다. 이를 위해 Vector3.zero를 이용합니다. 그리고 초기에 저장한 드론의 초기 위치와 초기 회전값으로 드론을 초기화합니다. 다음으로 목적지의 위치를 드론 기준으로 x, y, z 방향으로 각각 (-5, 5)의 범위 내에서 랜덤하게 설정합니다.

6.3.2. DroneAgent 스크립트

DroneAgent 스크립트는 실제 드론의 움직임 및 관측 정보를 관리하는 클래스입니다.

네임스페이스 추가

DroneAgent.cs
```
using Unity.MLAgents;
using Unity.MLAgents.Actuators;
using Unity.MLAgents.Sensors;
using UnityEngine;
using PA_DronePack;
```

DroneAgent에 필요한 네임스페이스를 추가합니다. 먼저 Unity.MLAgents를 추가해야 합니다.

- Unity.MLAgents.Actuators: MLAgents에서 액츄에이터를 생성할 수 있습니다.
- Unity.MLAgetns.Sensors: MLAgents에서 환경을 관찰할 수 있는 센서와 관련된 기능을 사용할 수 있습니다.
- PA_DronePack: DroneAsset을 제어할 수 있는 함수가 있습니다.

변수 설정

DroneAgent.cs

```
public class DroneAgent : Agent
{
    private PA_DroneController dcoScript;

    public DroneSetting area;
    public GameObject goal;

    float preDist;

    private Transform agentTrans;
    private Transform goalTrans;

    private Rigidbody agent_Rigidbody;
```

- dcoScript: API를 통해 드론을 제어하기 위한 PA_DroneController 클래스입니다.
- area: 이전에 작성한 DroneSetting 클래스입니다.
- goal: 드론이 날아갈 목적지 오브젝트입니다.
- preDist: 앞서 보상은 (이전 드론의 위치와 목적지의 거리 − 현재 드론의 위치와 목적지의 거리)로 설정하기로 했습니다. 이를 위해 preDist 정보를 저장할 변수입니다.
- agentTrans: 에이전트 드론의 Transform입니다.
- goalTrans: 목표 지점 즉, 골의 Transform입니다.
- agent_Rigidbody: 에이전트의 Rigidbody를 저장하는 변수입니다

Initialize 함수

Initialize 함수는 Unity.MLAgents 네임스페이스의 Agent 클래스에 정의돼 있습니다. 이 함수는 에이전트가 처음 활성화될 때 한번 호출됩니다. 해당 함수를 오버라이드하여 작성하겠습니다.

DroneAgent.cs

```
public override void Initialize()
{
    dcoScript = gameObject.GetComponent<PA_DroneController>();
```

```
        agentTrans = gameObject.transform;
        goalTrans = goal.transform;

        agent_Rigidbody = gameObject.GetComponent<Rigidbody>();
    }
```

변수 설정에서 선언한 변수에 해당하는 값들을 저장할 것입니다.

먼저 dcoScript 변수에는 gameObject.GetComponent를 이용해 gameObject의 컴포넌트를 불러옵니다. 이를 통해 Drone 에이전트에 있는 PA_DroneController 스크립트를 불러와 dcoScript 변수에 저장합니다.

agentTrans에는 gameObject.transform을 사용해 Drone 에이전트의 Transform 컴포넌트를 불러옵니다. 그리고 goalTrans는 목적지 오브젝트의 Transform 컴포넌트를 가져옵니다.

agent_Rigidbody에는 gameObject. GetComponent<Rigidbody>() 함수를 이용해 드론 오브젝트의 Rigidbody 컴포넌트를 불러옵니다.

CollectObservations 함수

CollectObservations 함수는 Unity.MLAgents 네임스페이스의 Agent 클래스에 정의돼 있습니다. 이는 에이전트의 벡터 관측을 수집하는 역할을 하는 함수입니다.

DroneAgent.cs

```
    public override void CollectObservations(VectorSensor sensor)
    {
        // 거리벡터
        sensor.AddObservation(agentTrans.position - goalTrans.position);

        // 속도벡터
        sensor.AddObservation(agent_Rigidbody.velocity);

        // 각속도 벡터
        sensor.AddObservation(agent_Rigidbody.angularVelocity);
    }
```

CollectObservations 함수는 매 스텝 에이전트에 대한 상태를 입력해 주는 함수입니다.

우선 AddObservation 함수는 Unity.MLAgents.Sensors 네임스페이스에 정의돼 있는 함수로 환경에서 사용하는 벡터 상태 값을 추가하는 함수입니다.

이렇게 AddObservation을 이용해 추가된 값들은 하나의 VectorSensor로 파이썬 코드로 전달되며, 이 벡터의 값들을 유니티 ML-Agents의 벡터 관측(Vector Observation)으로 이용합니다.

드론 환경은 스텝마다 다음 3개의 벡터를 정보를 사용합니다. 벡터마다 x, y, z값이 있으므로 총 9개의 값을 상태로 사용합니다.

- 드론과 목적지 사이의 상대거리 벡터
- 드론의 속도 벡터
- 드론의 각속도 벡터

드론과 목적지 사이의 상대거리 벡터를 이용하면 드론을 기준으로 목적지가 어느 방향에 있는지 알 수 있습니다.

OnActionReceived 함수

OnActionReceived 함수는 Unity.MLAgents 네임스페이스의 Agent 클래스에 정의돼 있습니다. 매 스텝 파이썬 코드로부터 행동 결과를 전달받았을 때 에이전트의 행동을 처리하고, 그에 대한 보상을 제공하고 에피소드의 종료 여부를 결정하는 함수입니다.

DroneAgent.cs

```
public override void OnActionReceived(ActionBuffers actionBuffers)
{
    AddReward(-0.01f);

    var actions = actionBuffers.ContinuousActions;

    float moveX = Mathf.Clamp(actions[0], -1, 1f);
    float moveY = Mathf.Clamp(actions[1], -1, 1f);
    float moveZ = Mathf.Clamp(actions[2], -1, 1f);
```

먼저 AddReward 함수는 매 스텝마다 -0.01만큼 설정해 에이전트가 목적지에 빨리 도달했을 때 보상의 총합이 크게 해주겠습니다.

파이썬 코드에서 전달된 액션은 ActionBuffers 구조로 유니티 코드로 전달됩니다.

ActionBuffers는 Unity.ML.Agents.Actuators 네임스페이스에 정의된 구조체입니다.

드론 환경에서 액션은 연속적인 값이기 때문에 actionsBuffers.ContinuousActions를 이용해 actions에 행동 정보를 저장합니다.

드론 환경에서 액션은 x, y, z 방향으로 실숫값만큼 이동한다고 했습니다. 드론 환경에서는 x축, y축, z축 총 3개의 실숫값을 받기 때문에 0, 1, 2 총 3개의 인덱스로 각 실숫값을 받아옵니다.

이때 Mathf.Clamp(actions[0], -1, 1)의 값은 moveX로, Mathf.Clamp(actions[1], -1, 1)의 값은 moveY로, Mathf.Clamp (actions[2], -1, 1)의 값은 moveZ로 저장합니다.

여기서 Mathf.Clamp 함수는 입력값을 지정한 최솟값, 최댓값의 범위로 자르는 함수입니다. 즉 최솟값보다 작으면 최솟값으로, 최댓값보다 크면 최댓값으로 그 외의 값은 그대로 출력합니다. 예를 들어 최솟값을 -1, 최댓값을 1로 설정했을 때 -2라는 값이 들어오면 최솟값보다 작기 때문에 -1로 바뀌어 출력됩니다. 그 외에 -1과 1사이의 값이 들어오면 그대로 출력됩니다.

이어서 dcoScript의 DriveInput, StrafeInput, LiftInput을 이용해 드론을 제어합니다. DriveInput은 z축 방향(앞, 뒤)을, StrafeInput은 x축 방향(좌, 우)을, LiftInput은 y축 방향(위, 아래)을 제어합니다. 이 함수들의 정보는 에셋스토어에서 설치했던 /Assets/ProfessionalAssets/DronePack_Free/Scripts/PA_DroneAxisInput.cs 스크립트를 참고해서 가져왔습니다. moveX, moveY, moveZ 값을 이 함수들의 입력으로 전달합니다.

DroneAgent.cs

```
dcoScript.DriveInput(moveX);
dcoScript.StrafeInput(moveY);
dcoScript.LiftInput(moveZ);
```

다음은 AgentAction 함수 중 보상 및 게임 종료에 대한 부분입니다. 먼저 보상의 기준이 되는 distance 값을 계산합니다. Vector3.Magnitude 함수는 해당 파라미터의 벡터의 크기를 반환합니다. 드론과 목적지 사이의 상대거리 벡터의 크기를 distance 변수에 저장합니다.

DroneAgent.cs

```
float distance = Vector3.Magnitude(goalTrans.position - agentTrans.position);
```

보상 부분 코드를 하나씩 나눠서 살펴보겠습니다.

먼저 드론과 목적지의 거리가 0.5보다 작거나 같으면 목적지에 도착한 것입니다. 보상으로 1을 받고
에피소드를 종료합니다.

DroneAgent.cs
```
        if(distance <= 0.5f)
        {
            SetReward(1f);
            EndEpisode();
        }
```

다음으로 드론과 목적지의 거리가 10보다 크면, 드론과 목적지 사이의 거리가 너무 멀어졌으니 실패로
판단하여 보상으로 -1을 받고 에피소드를 종료합니다.

DroneAgent.cs
```
        else if(distance > 10f)
        {
            SetReward(-1f);
            EndEpisode();
        }
```

성공도 실패도 하지 않은 경우에는 거리 변화량만큼 보상을 받습니다. 그리고 이전 거리를 저장한
preDist 변숫값을 현재 거리로 업데이트합니다.

DroneAgent.cs
```
        else
        {
            float reward = preDist - distance;
            SetReward(reward);
            preDist = distance;
        }
    }
```

OnEpisodeBegin 함수

OnEpisodeBegin 함수는 Unity.MLAgents 네임스페이스의 Agent 클래스에 정의돼 있으며 에피소드가 시작
할 때 환경을 초기화하는 함수입니다.

먼저 에피소드가 시작되면 모든 상황을 초기화하기 위해 앞서 DroneSetting 클래스에서 작성한 초기화 함수인 area.AreaSetting 함수를 호출합니다. 그리고 preDist 변수에 현재 드론과 목적지의 거리를 저장합니다.

DroneAgent.cs

```
public override void OnEpisodeBegin()
{
    area.AreaSetting();

    preDist = Vector3.Magnitude(goalTrans.position - agentTrans.position);
}
```

Heuristic 함수

Heuristic 함수는 Unity.MLAgents 네임스페이스의 Agent 클래스에 정의돼 있습니다. 사용자가 키보드, 마우스, 게임컨트롤러 등으로 행동을 결정할 수 있도록 하는 함수입니다. 유니티 환경에서 에이전트의 행동이 제대로 동작하는지 확인하기 위해 사용자가 드론 에이전트를 조종할 수 있도록 하는 휴리스틱 함수를 작성해보겠습니다.

DroneAgent.cs

```
public override void Heuristic(in ActionBuffers actionsOut)
{
    var continuousActionsOut = actionsOut.ContinuousActions;

    continuousActionsOut[0] = Input.GetAxis("Vertical");
    continuousActionsOut[1] = Input.GetAxis("Horizontal");
    continuousActionsOut[2] = Input.GetAxis("Mouse ScrollWheel");
}
```

actionsOut.ContinuousActions를 이용해 사용자의 입력을 액션 정보로 저장합니다. 유니티에서 Input.GetAxis는 키보드와 조이스틱의 입력값으로 -1에서 1까지의 값을 나타냅니다. 그리고 파라미터에 따른 움직임은 다음과 같습니다.

- Input.GetAxis("Vertical"): 키보드, 조이스틱에서 상, 하 입력
- Input.GetAxis("Horizontal"): 키보드, 조이스틱에서 좌, 우 입력
- Input.GetAxis("Mouse ScrollWheel"): 마우스 휠 스크롤 입력

C#에서 in 예약어가 붙은 매개변수는 레퍼런스를 전달합니다. 레퍼런스로 전달받은 ActionBuffers 형태의 actionsOut에 사용자의 커스텀 입력값을 저장합니다.

x, y, z축에 값이 0, 1, 2 총 3개의 인덱스로 액션에 저장되므로 x축은 상/하 입력값, y축은 좌/우 입력값, z축은 마우스 스크롤 입력값을 저장합니다.

WaitTimeInference 함수

DroneAgent.cs

```
    public float DecisionWaitingTime = 5f;
    float m_currentTime = 0f;

    public void WaitTimeInference(int action)
    {
```

WaitTimeInference 함수에서는 DecisionRequest 함수를 추가합니다.

DecisionRequest 호출을 받아야 실제 행동 수행이 가능하기 때문입니다.

먼저 기능을 수행하기 위한 변수를 설정하겠습니다.

- DecisionWaitingTime: 기다릴 최대 시간
- m_currentTime: 경과 시간을 나타내는 변수

기다릴 최대 시간은 5초로 설정합니다. 현재 시간 m_currentTime은 0으로 초기화 합니다.

커뮤니케이션이 되고 있는 상황부터 보겠습니다. 해당 함수는 매 스텝이 진행되기 전 호출되는 함수이므로 매 스텝을 수행하기 전 RequestDecision 함수가 호출됩니다.

DroneAgent.cs

```
        if(Academy.Instance.IsCommunicatorOn)
        {
            RequestDecision();
        }
```

커뮤니케이션이 안 되고 있을 때는 직접 시간을 계산해서 일정 시간마다 RequestDecision 함수를 호출합니다.

DroneAgent.cs
```
        else
        {
            if(m_currentTime >= DecisionWaitingTime)
            {
                m_currentTime = 0f;
                RequestDecision();
            }
            else
            {
                m_currentTime += Time.fixedDeltaTime;
            }
        }
    }
}
```

현재 경과시간이 5보다 같거나 클 경우 경과시간을 0으로 초기화하고 RequestDecision 함수를 호출합니다. 경과시간이 5보다 작을 경우, 경과시간을 Time.fixedDeltaTime만큼 더해줍니다. Time.fixedDeltaTime은 유니티의 fixedUpdate가 호출되는 시간 간격입니다.

마지막으로 Initialize 함수 마지막 줄에 다음 코드를 추가합니다.

DroneAgent.cs
```
public override void Initialize()
{
    dcoScript = gameObject.GetComponent<PA_DroneController>();

    agentTrans = gameObject.transform;
    goalTrans = goal.transform;

    agent_Rigidbody = gameObject.GetComponent<Rigidbody>();

    Academy.Instance.AgentPreStep += WaitTimeInference;
}
```

Academy.Instance.AgentPreStep은 에이전트가 매 스텝을 수행하기 이전에 호출되는 일종의 이벤트입니다. 이 이벤트가 발생할 때마다 작성한 WaitTimeInference 함수가 호출되게 합니다.

이는 C#의 델리게이트 기능을 사용한 것인데 델리게이트는 무엇을 대신해주는 대리자 역할을 합니다. 따라서 AgentPreStep이 호출될 때마다 WaitTimeInference가 호출되게 해주는 역할을 합니다.

DroneAgent의 전체 코드는 다음과 같습니다.

DroneAgent.cs

```csharp
using Unity.MLAgents;
using Unity.MLAgents.Actuators;
using Unity.MLAgents.Sensors;
using UnityEngine;
using PA_DronePack;

public class DroneAgent : Agent
{
    private PA_DroneController dcoScript;

    public DroneSetting area;
    public GameObject goal;

    float preDist;

    private Transform agentTrans;
    private Transform goalTrans;

    private Rigidbody agent_Rigidbody;

    public override void Initialize()
    {

        dcoScript = gameObject.GetComponent<PA_DroneController>();

        agentTrans = gameObject.transform;
        goalTrans = goal.transform;

        agent_Rigidbody = gameObject.GetComponent<Rigidbody>();

        Academy.Instance.AgentPreStep += WaitTimeInference;
    }
```

```csharp
public override void CollectObservations(VectorSensor sensor)
{
    // 거리벡터
    sensor.AddObservation(agentTrans.position - goalTrans.position);

    // 속도벡터
    sensor.AddObservation(agent_Rigidbody.velocity);

    // 각속도 벡터
    sensor.AddObservation(agent_Rigidbody.angularVelocity);
}


public override void OnActionReceived(ActionBuffers actionBuffers)
{
    AddReward(-0.01f);

    var actions = actionBuffers.ContinuousActions;

    float moveX = Mathf.Clamp(actions[0], -1, 1f);
    float moveY = Mathf.Clamp(actions[1], -1, 1f);
    float moveZ = Mathf.Clamp(actions[2], -1, 1f);

    dcoScript.DriveInput(moveX);
    dcoScript.StrafeInput(moveY);
    dcoScript.LiftInput(moveZ);

    float distance = Vector3.Magnitude(goalTrans.position - agentTrans.position);

    if(distance <= 0.5f)
    {
        SetReward(1f);
        EndEpisode();
    }
    else if(distance > 10f)
    {
        SetReward(-1f);
        EndEpisode();
    }
```

```csharp
        else
        {
            float reward = preDist - distance;
            SetReward(reward);
            preDist = distance;
        }
    }

    public override void OnEpisodeBegin()
    {
        area.AreaSetting();
        preDist = Vector3.Magnitude(goalTrans.position - agentTrans.position);
    }

    public override void Heuristic(in ActionBuffers actionsOut)
    {
        var continuousActionsOut = actionsOut.ContinuousActions;

        continuousActionsOut[0] = Input.GetAxis("Vertical");
        continuousActionsOut[1] = Input.GetAxis("Horizontal");
        continuousActionsOut[2] = Input.GetAxis("Mouse ScrollWheel");
    }

    public float DecisionWaitingTime = 5f;
    float m_currentTime = 0f;

    public void WaitTimeInference(int action)
    {
        if(Academy.Instance.IsCommunicatorOn)
        {
            RequestDecision();
        }
        else
        {
            if(m_currentTime >= DecisionWaitingTime)
            {
                m_currentTime = 0f;
                RequestDecision();
            }
```

```
            else
            {
                m_currentTime += Time.fixedDeltaTime;
            }
        }
    }
}
```

6.4 드론 환경 실행 및 환경 빌드

환경이 동작할 수 있도록 작성한 스크립트에 해당하는 게임 오브젝트를 연결하겠습니다.

하이러키 창에서 Area 게임 오브젝트를 선택합니다. 그다음 인스펙터 창에서 [AddComponent] 버튼을 클릭한 다음 "DroneSetting"을 검색하고 검색된 DroneSetting 스크립트를 선택해 컴포넌트로 추가합니다.

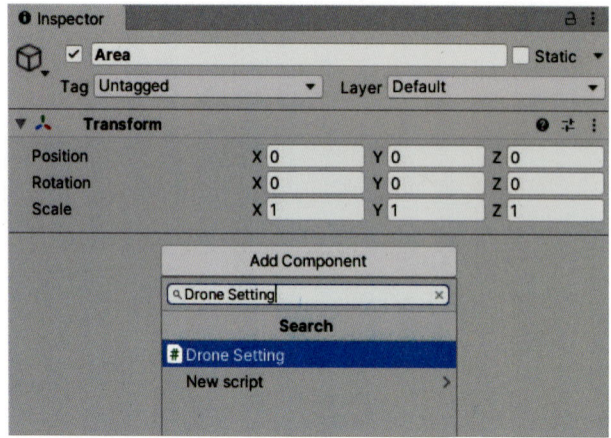

그림 6-20. Drone Setting 스크립트 추가

인스펙터 창에서 DroneAgent에는 Drone 오브젝트를, Goal에는 Goal 오브젝트를 드래그 앤 드롭해 연결합니다.

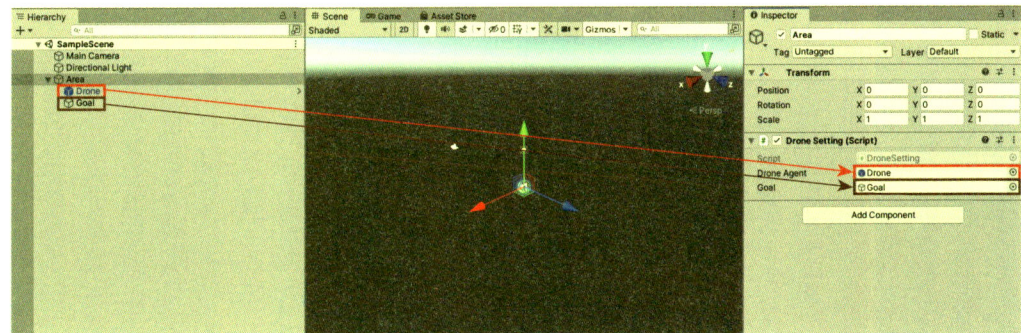

그림 6-21. Drone Setting에 Agent와 Goal 연결

다음으로 DroneAgent 스크립트를 연결하겠습니다. 하이러키 창에서 Drone 오브젝트를 선택한 후 인스펙터 창에서 하단의 [AddComponent] 버튼을 클릭합니다. 검색창에 "DroneAgent"를 검색하고 DroneAgent 스크립트를 선택해 컴포넌트로 추가합니다.

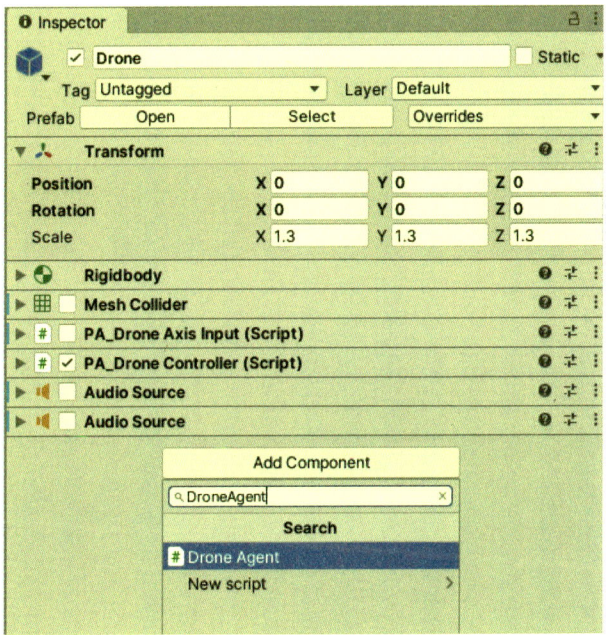

그림 6-22. DroneAgent 스크립트 추가

인스펙터 창에서 Area에는 Area 오브젝트를, Goal에는 Goal 오브젝트를 드래그 앤 드롭해 연결합니다. 마지막으로 Decision waiting time을 0.01로 설정합니다. 마지막으로 PA_DroneAxisInput 컴포넌트도 해제합니다.

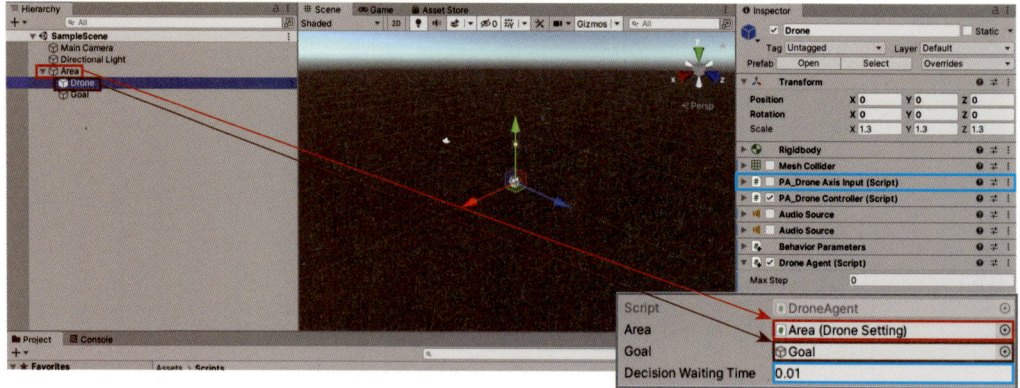

그림 6-23. Drone Agent에 Area 와 Goal오브젝트 연결

다음으로 Behavior Parameter의 컴포넌트 파라미터를 수정하겠습니다.

Vector Observation은 에이전트가 받을 벡터 상태에 대한 정보로써 DroneAgent 스크립트에서 AddObservation을 이용해 추가해준 값들로 구성된 벡터입니다. Space Size는 해당 벡터의 길이입니다. 앞서 DroneAgent 스크립트의 CollectObservations 함수에서 드론과 목적지 간의 상대 거리 벡터, 드론의 속도 벡터, 드론의 각속도 벡터 총 9개의 성분을 AddObservation를 이용해 추가했습니다. 따라서 벡터의 길이는 9입니다. 그리고 상태를 누적하지 않으므로 Stacked Vectors는 1로 설정합니다. 또한 드론 환경의 행동은 x, y, z 축 각각에 대해 연속적인 실수값을 가지므로 Actions의 Continuous Actions에 길이를 3으로 설정합니다. 그리고 우선 환경이 제대로 동작하는지 살펴보기 위해서 직접 환경을 제어할 것이므로 Behavior Type을 Heuristic Only로 설정합니다.

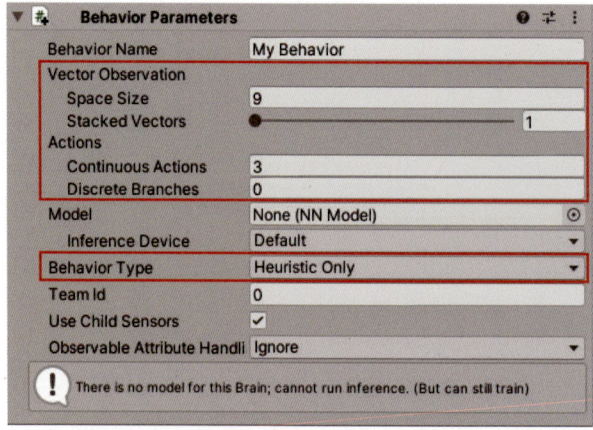

그림 6-24. Behavior Parameters의 관련 파라미터 설정

작성한 코드가 잘 동작하는지 확인하기 위해 드론 환경을 실행하겠습니다. 유니티 상단의 실행 버튼을 클릭해 환경을 실행합니다. 그리고 키보드와 마우스를 이용해 드론이 의도한 대로 움직이는지, 골의 위치로 이동했을 때나 골과 충분히 멀어졌을 때 환경이 재시작되는지 확인합니다.

그림 6-25. 드론 환경 실행

드론 환경이 오류 없이 잘 실행되는 것을 확인했으면 드론 환경을 빌드합니다. 위에서 환경의 동작을 확인하기 위해 Behavior Parameters의 Behavior Type을 Heuristic Only로 변경했었습니다. 학습에 사용하기 위한 환경을 빌드를 하기 위해 Behavior Type을 Default로 변경합니다.

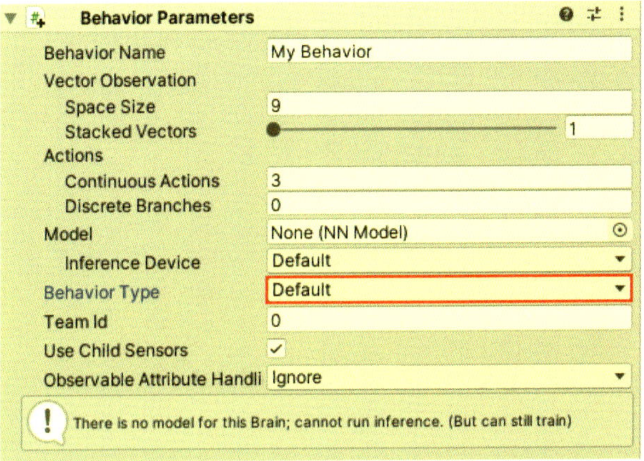

그림 6-26. 인스펙터 창에서 Behavior Type을 Default로 수정

이제 Drone 환경을 빌드하겠습니다. 유니티 상단 메뉴에서 [File] → [Build Settings]를 클릭합니다. Build Settings 창이 나오면 [Add Open Scenes] 버튼을 클릭해 씬을 추가하고, Drone/Scene 왼쪽에 있는 체크박스에 체크합니다.

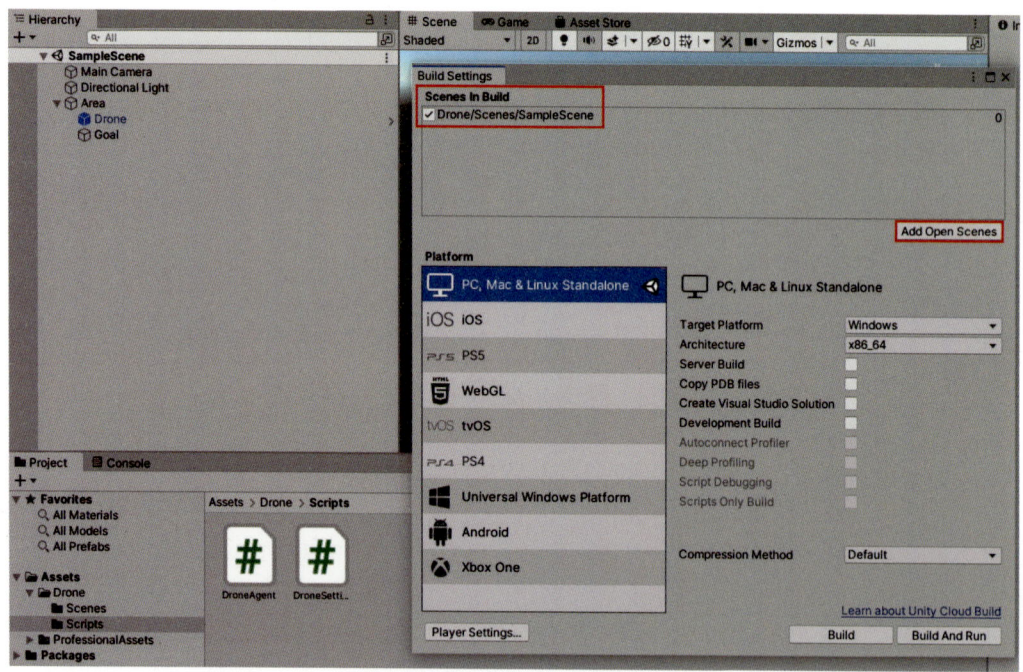

그림 6-27. Build Settings 창에서 씬 추가

그다음 왼쪽 아래에 있는 [Player Settings] 버튼을 클릭해 나오는 Project Settings 창에서 Product Name을 Drone으로 변경합니다.

그리고 Resolution and Presentation에 있는 Fullscreen Mode를 Windowed로 설정하고 Default Screen Width를 512, Default Screen Height을 384로 설정합니다. 이렇게 설정하면 전체화면 모드가 아닌 사용자가 지정한 해상도로 확인할 수 있습니다.

06 _ 드론 환경 만들기   233

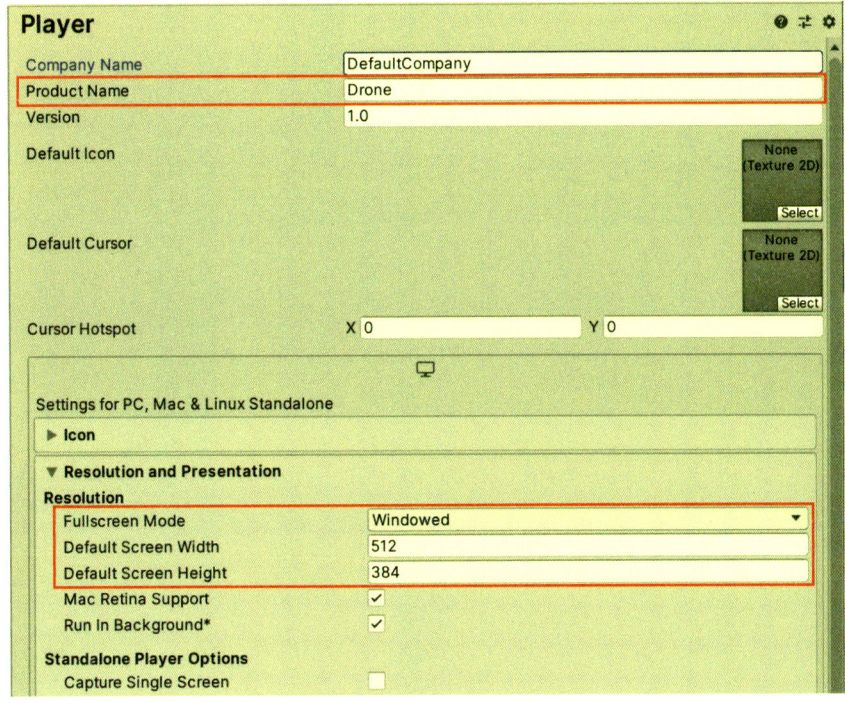

그림 6-28. Project Settings설정

이제 [Build] 버튼을 클릭한 다음 빌드할 경로를 설정하면 Drone 환경이 빌드됩니다. 빌드가 완료되면 다음과 같이 실행 파일이 생성됩니다.

그림 6-29. Drone 환경 빌드 결과

지금까지 드론 환경을 제작하는 방법을 모두 살펴봤습니다. 먼저 에셋스토어에서 드론 모델을 임포트하여 다른 사람이 제작한 모델을 이용해 환경을 만드는 방법을 알아봤습니다. 그리고 에이전트의 액션을 x, y, z 방향으로 연속으로 제어하는 연속적인 행동 환경을 제작하는 방법도 알아봤습니다. 이제 환경은 모두 제작했으니 다음 장에서 드론 환경을 학습할 Deep Deterministic Policy Gradient(DDPG) 알고리즘의 이론과 코드를 살펴보겠습니다.

07

Deep Deterministic Policy Gradient (DDPG)

학습 목표

- 강화학습 알고리즘인 Deep Deterministic Policy Gradient(DDPG) 알고리즘의 이론을 학습한다.
- 파이썬과 파이토치를 이용해 DDPG 코드를 작성하고 드론 환경을 학습한다.

목차

7.1 DDPG 알고리즘의 개요
7.2 DDPG 알고리즘의 기법
7.3 DDPG 학습
7.4 DDPG 코드

이번 장에서 설명한 전체 코드는 아래의 깃허브 주소에서 확인할 수 있습니다.

https://github.com/reinforcement-learning-kr/Unity_ML_Agents_2.0/blob/main/agents/07.ddpg.py

7.1 DDPG 알고리즘의 개요

이번 장에서는 DDPG가 어떤 알고리즘이고, 어떤 특징이 있으며 어떤 과정으로 알고리즘이 진행되는지 알아보겠습니다.

4장에서 소개한 DQN은 그리드월드처럼 제한된 갯수의 행동 중 하나의 행동(왼쪽, 오른쪽, 위, 아래)을 선택하는 이산적인 행동(discrete action)의 환경에서 성공적으로 학습되는 것을 보여주었습니다. 그러나 DQN 알고리즘은 연속적인 행동이 필요한 환경에서는 적용하기 어렵다는 단점이 있습니다. 여기서 말하는 연속적인 행동이란 특정 범위의 연속적인 실숫값 중 한가지 값을 고르는 것을 의미합니다. 예를 들자면 로봇 팔의 움직임, 로켓의 엔진 분출량 같은 값들입니다. 이런 값들은 범위에 대한 제한은 있지만, 그 사이에 존재하는 실수가 무한하므로 행동을 선택할 수 있는 값들이 연속적이며 그 수가 무한합니다. 즉 DQN은 이미지와 같은 고차원 상태에 대해 성공적으로 학습하는 결과를 보여주었지만 고차원 행동의 환경에서는 제한적이라고 할 수 있습니다.

DDPG는 5장에서 설명한 액터-크리틱(Actor-Critic) 기반의 강화학습 알고리즘으로서 DPG(Deterministic Policy Gradient) 알고리즘에 심층 인공 신경망(Deep Neural Network) 기법을 적용한 것입니다. 여기서 DPG 알고리즘의 행동 출력 방식을 통해 연속적인 행동을 선택할 수 있습니다. 기존의 정책 기반 강화학습 알고리즘에서는 가능한 행동에 대한 선택지가 있었고, 정책은 가능한 행동들을 취할 확률을 출력했습니다. 하지만 DPG 알고리즘은 Deterministic이라는 이름대로 결정적입니다. 행동 선택지가 따로 존재하여 정책이 그 행동들에 대한 확률 분포를 출력하는 것이 아니라, 연속적인 값 중에서 한 가지 행동 값을 결정하여 출력합니다. 즉 선택지를 만들지 않고 실수 범위에서 행동 값을 출력할 수 있습니다. 예를 들면 -1~1 사이의 연속적인 실숫값 중에서 한가지의 실숫값을 선택하는 것입니다.

이번 장에서는 DDPG 알고리즘을 설명한 논문인 Continuous control with deep reinforcement learning(2016)의 내용 기반으로 이론 및 코드를 설명하겠습니다.

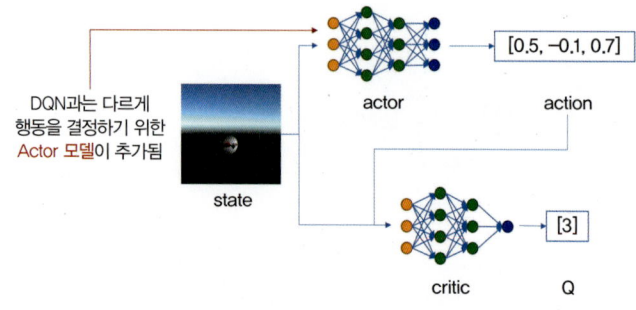

그림 7-1. DDPG의 네트워크의 구성

DDPG의 네트워크는 기본적으로 그림 7-1과 같이 상태를 입력 받아 행동을 출력하는 액터(Actor) 모델과 상태와 행동을 입력 받아 큐 함수값을 예측하는 크리틱(Critic) 모델로 구성돼 있습니다. 큐 함수값을 계산하는 하나의 네트워크로만 이뤄져 있던 DQN과는 달리 행동을 결정하기 위한 액터 모델이 추가된 것을 확인할 수 있습니다.

그리고 DDPG 알고리즘은 DQN과 같이 네트워크의 학습 성능 향상 및 안정적인 학습을 위해 경험 리플레이(experience replay)와 타깃 네트워크(target network) 기법을 사용합니다. 이때, DQN의 타깃 네트워크 업데이트와 달리 소프트 타깃 업데이트(soft yarget update)를 통해 매 스텝 타깃 네트워크를 업데이트합니다. 그 외에 DQN과 다른 점은 탐험(exploration)을 위해 OU 노이즈(Ornstein Uhlenbeck noise)를 사용한다는 점이 있습니다. 다음 절에서는 지금까지 설명한 기법들에 대해서 자세히 살펴보겠습니다.

7.2 DDPG 알고리즘의 기법

DDPG에서는 DQN에서 소개한 경험 리플레이와 새롭게 설명할 소프트 타깃 업데이트, 액터 크리틱 네트워크, OU 노이즈 기법이 적용됐습니다. 이번 절에서는 DDPG 알고리즘에 적용된 4가지 기법을 살펴보겠습니다.

7.2.1 경험 리플레이(experience replay)

DDPG의 경험 리플레이는 DQN에서 사용한 경험 리플레이와 같습니다. 연속적인 결정 과정에서 발생하는 샘플 간의 상관관계 문제를 해결하기 위해 리플레이 메모리에서 샘플 단위로 학습하여 학습 효과를 증가시킵니다.

7.2.2 타깃 네트워크(target network)

DDPG에서는 DQN과 같이 타깃 네트워크를 따로 설정합니다. 하나는 행동을 구하거나 큐 함수값을 예측할 때 사용하는 일반 네트워크이고, 다른 하나는 타깃값을 계산할 때 이용하는 타깃 네트워크입니다. 이를 통해 학습의 안정성을 증가시킵니다.

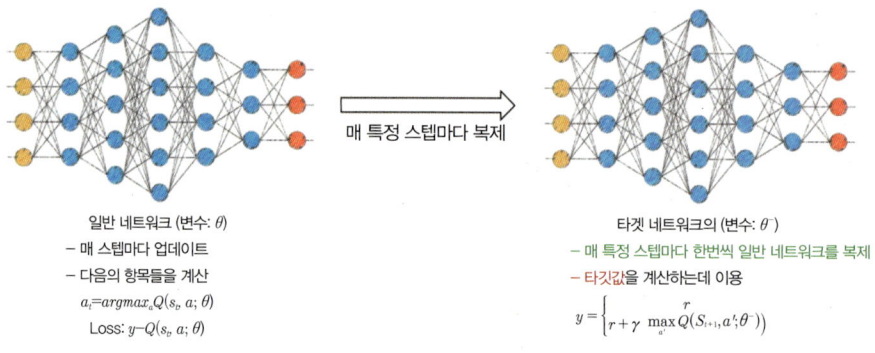

그림 7-2. 타깃 네트워크의 형태

7.2.3 소프트 타깃 업데이트(soft target update)

DDPG에서는 DQN과 같이 네트워크의 변수들을 그대로 복사하는 방식이 아닌, 지수 이동 평균과 같은 방법을 사용하는 소프트 타깃 업데이트를 통해 타깃 네트워크를 업데이트합니다. 업데이트 비율을 의미하는 τ 값을 설정하고, 이 τ 값의 비율만큼 타깃 네트워크의 가중치를 업데이트합니다. 각 네트워크의 업데이트 수식은 다음과 같습니다.

$$\theta^-_{critic} \leftarrow \tau \theta_{critic} + (1-\tau)\theta^-_{critic}$$
$$\theta^-_{actor} \leftarrow \tau \theta_{actor} + (1-\tau)\theta^-_{actor}$$

위 식을 통해 확인할 수 있듯이 τ는 타깃 네트워크의 파라미터를 업데이트할 때 일반 네트워크의 파라미터를 얼마나 반영할지 결정하는 값입니다. 예를 들어, τ가 0이면 타깃 네트워크의 파라미터는 변하지 않습니다. 반대로 τ가 1인 경우 타깃 네트워크의 파라미터는 일반 네트워크의 파라미터와 완전히 동일하게 됩니다. 즉, DQN과 같이 하드 타깃 업데이트(hard target update)가 되는 것입니다. 이와 같이 τ의 값이 클수록 타깃 네트워크의 파라미터들이 더 빠르게 일반 네트워크의 파라미터를 반영하도록 설정됩니다. 이처럼 소프트 타깃 업데이트를 사용하면 급격한 네트워크의 변화를 방지하여 안정적으로 네트워크가 수렴하도록 도와줍니다.

7.2.4 OU 노이즈(Ornstein Uhlenbeck Noise)

4장에서 다룬 이산적인 행동 환경인 그리드월드에서는 ε-greedy 기법에 따라 랜덤 행동을 통해 탐험을 할 수 있었습니다. 그러나 연속적인 행동 환경에서는 행동의 경우의 수가 엄청나게 많기 때문에 행동에 대한 선택지를 만드는 것이 불가능합니다. 따라서 선택지를 만들지 않고 실수 범위에서 행동을 선택하여 탐험할 방법이 필요합니다. 이를 위해 랜덤하게 평균으로 회귀하면서 노이즈를 생성하는 OU 노이즈 기법을 적용합니다.

OU 노이즈를 생성하는 OU 프로세스는 기본적으로 X라는 값이 있고 이를 기반으로 생성한 변화량 dx를 더해 X 값을 업데이트하면서 랜덤한 실숫값을 만들어 냅니다. X 값을 업데이트하는 수식은 다음과 같습니다.

$$X_{t+1} = X_t + dx_t$$

위 식에서 X_t는 이전에 생성됐던 변화량 dx_{t-1}의 영향을 이어받아 과거 노이즈들과 시간적으로 연관돼 있다는 특징이 있습니다. 그리고 t 스텝에서 dx_t를 계산하는 식은 다음과 같습니다.

$$dx_t = \theta(\mu - X_t)dt + \sigma dW_t$$

위 식에서 사용되는 변수를 살펴보겠습니다. 여기서 직접적으로 조절하는 변수들은 μ, θ, σ이며, 이 변수들을 중점적으로 설명하겠습니다.

- μ는 OU 프로세스를 통해 회귀하는 평균을 의미합니다. 즉 μ가 0이라면 OU 프로세스를 통해 회귀하고자 하는 값이 0이 되는 것입니다.
- θ는 평균 회귀 속도를 의미합니다. 이는 노이즈 값이 X_t에서 평균으로 얼마나 빨리 회귀할지를 조절하는 역할을 합니다. θ가 크면 빠르게 평균으로 회귀하게 됩니다.
- σ는 OU 프로세스의 변동성을 의미합니다. 이는 노이즈 값이 얼마나 크게 변동하면서 평균으로 회귀할지 조절하는 역할을 합니다. 즉 σ가 크면 X가 요동치듯이 변하면서 평균으로 회귀하게 됩니다.
- dt는 시간 t의 변화량을 의미합니다. 본 알고리즘에서는 dt를 1로 설정했습니다.
- dW_t에서 W_t는 위너 확률 과정(Wiener stochastic process)을 의미합니다. 따라서 dW_t는 위너 확률 과정의 변화량을 의미합니다. 위너 확률 과정의 변화량은 평균이 0이고 분산이 dt인 정규분포를 따릅니다.

이제 θ와 σ 값의 변화에 따라 노이즈가 어떻게 변하는지 살펴보겠습니다(그림 7-3). 예시에서는 X의 초깃값을 0으로 설정했습니다.

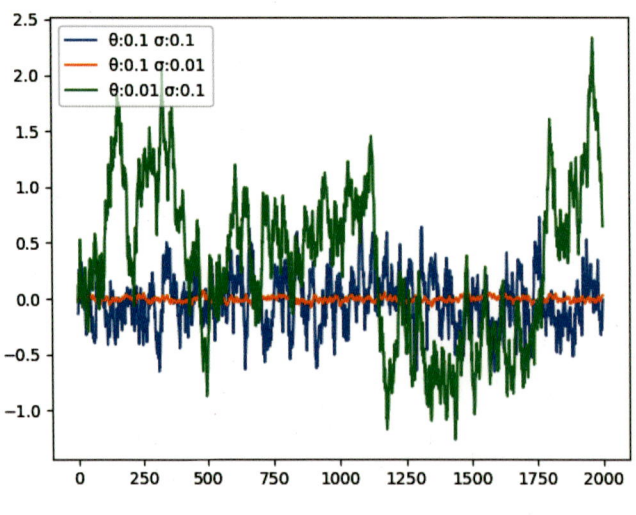

그림 7-3. θ와 σ 값의 변화에 따른 노이즈 변화 그래프

그림 7-3는 θ와 σ 값을 바꿔가며 총 3개의 노이즈 변화 곡선을 그린 그래프입니다. 각 변숫값에 따라 곡선이 어떻게 변하는지 알아보겠습니다.

먼저 θ 값이 같고 σ 값이 다른 **파란색 선**과 **주황색 선**을 비교해보겠습니다. 파란색 선이 변동성을 의미하는 σ 값이 크기 때문에 주황색 선보다 노이즈의 범위가 더 넓은 것을 알 수 있습니다.

그리고 σ 값이 같고 θ 값이 다른 **파란색 선**과 **녹색 선**을 비교해보겠습니다. 변동성을 의미하는 σ 값은 같지만, 파란색 선이 평균으로 회귀하려는 속도를 의미하는 θ 값이 커서 더 빨리 평균으로 회귀하려는 경향이 있습니다. 이에 따라 녹색 선보다 파란색 선의 노이즈의 범위가 더 좁은 것을 확인할 수 있습니다.

7.3 DDPG 학습

이번 절에서는 DDPG에서 사용된 액터, 크리틱의 손실 함수와 학습 과정을 살펴보겠습니다. DDPG에서는 액터 네트워크와 크리틱 네트워크를 각각 업데이트합니다.

7.3.1 크리틱 네트워크 업데이트

먼저 크리틱 네트워크의 업데이트 과정부터 살펴보겠습니다. 크리틱 네트워크의 업데이트는 DQN처럼 큐 함수값에 대한 예측값과 타깃값의 차이를 줄이는 방향으로 업데이트합니다. 타깃값의 계산식은 다음과 같이 DQN과 같습니다.

07 _ Deep Deterministic Policy Gradient (DDPG)

$$y = \begin{cases} r & \text{다음 스텝에서 게임이 종료된 경우} \\ r + \gamma \max_{a'} Q(S_{t+1}, a'; \theta^-) & \text{게임이 계속 진행되는 경우} \end{cases}$$

그리고 DDPG 크리틱 모델의 손실 함수는 예측값과 타깃값의 차이의 제곱의 평균인 MSE로 설정합니다. 손실 함수의 식은 다음과 같습니다.

$$Loss = \frac{1}{N} \sum_t (Q(s_t, a_t; \theta) - y_t)^2$$

크리틱 네트워크는 이 손실 함수값을 최소화하는 방향으로 학습을 진행합니다.

7.3.2 액터 네트워크 업데이트

액터 네트워크의 업데이트 과정을 살펴보겠습니다. 먼저 5장의 액터-크리틱에서 정책 π_θ를 업데이트 하기 위해 목표 함수 $J(\theta)$를 설정했습니다. 그리고 이 목표 함수를 최대화하는 방향으로 정책을 업데이트했습니다. 여기서 설정한 목표 함수는 정책 π_θ를 통해 의사결정을 했을 때 초기 상태의 가치 함수이고, 이는 한 에피소드의 전체 가치를 의미한다고 했습니다. 즉 수식으로 표현하면 다음과 같습니다.

$$J(\theta) = v_{\pi_\theta}(s_0)$$

지금까지는 정책을 π라고 표기했습니다. 하지만 가능한 모든 행동들의 확률분포를 출력하는 것이 아닌 한 가지 행동만 출력하는 정책은 μ라고 표기합니다. 따라서 이를 반영하여 목표 함수를 다시 표현하면 다음과 같습니다.

$$J(\theta) = v_{\mu_\theta}(s_0)$$

그리고 이 식을 큐 함수를 이용해 변형해서 표현하면 다음과 같이 나타낼 수 있습니다.

$$J = \sum_t \left[\rho^\mu(s) Q(s, a; \theta^Q) \mid_{s=s_t, a=\mu(s_t|\theta^\mu)} \right]$$

즉 한 에피소드 동안 거쳤던 상태에서 취한 행동에 대한 큐 함수값의 평균입니다. 이 또한 정책 μ_θ를 통해 의사결정을 했을 때 한 에피소드의 전체 가치를 의미할 수 있습니다. 여기서 θ^μ, θ^Q라는 표현이 나오는데 DDPG 알고리즘에서는 액터, 크리틱 네트워크가 따로 존재하기 때문에 이를 다르게 표현하기 위한 표기법입니다. 즉 θ^Q는 크리틱 네트워크의 파라미터들을 의미합니다. 그리고 앞으로 나올 θ^μ는 액터 네트워크의 파라미터들을 의미합니다. 그리고 여기서 ρ^μ는 정책 μ를 통해 에피소드를 진행했을 때 상태 s를 방문할 확률입니다.

이제 정책 네트워크를 학습하기 위해 이 목표 함수를 최대화하는 방향으로 파라미터를 업데이트하는 과정을 살펴보겠습니다. 최대화하는 방향을 계산하기 위해 5장에서 설명했던 것처럼 정책 파라미터에 대한 그래디언트 값을 구하는 식은 다음과 같습니다.

$$\nabla_{\theta^\mu} J = \sum_t \left[\rho^\mu(s) \nabla_{\theta^\mu} Q(s, a; \theta^Q) \mid_{s=s_t, a=\mu(s_t \mid \theta^\mu)} \right]$$

그리고 액터 네트워크의 파라미터들을 학습시키기 위해 다음과 같은 연쇄 법칙(chain rule)이라는 미분 성질을 이용할 것입니다.

$$\frac{\partial Q(s, a; \theta^Q)}{\partial \theta^\mu} = \frac{\partial Q(s, a; \theta^Q)}{\partial a} \frac{\partial a}{\partial \theta^\mu}$$

즉, 큐 함수를 정책 네트워크의 파라미터에 대해 미분을 구한 ($\frac{\partial Q(s, a; \theta^Q)}{\partial \theta^\mu}$)은 큐 함수를 행동에 대해 미분을 구한 것 ($\frac{\partial Q(s, a; \theta^Q)}{\partial a}$)에 행동을 정책 네트워크의 파라미터로 미분한 것 ($\frac{\partial a}{\partial \theta^\mu}$)을 곱한 것과 같습니다. 위 연쇄 법칙을 이용해서 목표 함수의 그래디언트를 다시 표현하면 다음과 같습니다.

$$\nabla_{\theta^\mu} J = \sum_t \left[\rho^\mu(s) \nabla_a Q(s, a; \theta^Q) \mid_{s=s_t, a=\mu(s_t \mid \theta^\mu)} \nabla_{\theta^\mu} \mu(s; \theta^\mu) \mid_{s=s_t} \right]$$

하지만 현재 진행하는 강화학습 환경에서는 상태 방문 확률 $\rho^\mu(S)$를 알기 어렵기 때문에 다음 식과 같이 총 스텝 N으로 나눠 근삿값을 구할 것입니다.

$$\nabla_{\theta^\mu} J \approx \frac{1}{N} \sum_t \left[\nabla_a Q(s, a; \theta^Q) \mid_{s=s_t, a=\mu(s_t \mid \theta^\mu)} \nabla_{\theta^\mu} \mu(s; \theta^\mu) \mid_{s=s_t} \right]$$

위 식이 액터 네트워크를 업데이트하기 위한 최종 식입니다. 우리는 이 그래디언트를 가지고 목표 함수를 최대화하는 방향으로 학습을 진행합니다.

7.4 DDPG 코드

이번 절에서는 DDPG 코드를 살펴보겠습니다. 먼저 DDPG 코드가 어떻게 구성돼 있는지 살펴보겠습니다. DDPG 전체 코드의 구성은 다음과 같이 6개의 부분으로 나눌 수 있습니다.

그림 7-4. DDPG 코드의 구성

먼저 첫 번째 부분은 라이브러리를 불러오고 파라미터 값을 설정하는 부분입니다. 여기에서는 DDPG 알고리즘 구현에 필요한 라이브러리와 파라미터 값을 설정합니다.

두 번째 부분에서는 DDPG 알고리즘에서 탐험에 필요한 OU Noise 클래스를 구현합니다.

세 번째와 네 번째 부분에서는 각각 DDPG의 액터 클래스와 크리틱 클래스의 인공신경망을 구현합니다.

다섯 번째 부분에서는 DDPG 에이전트에 필요한 함수들을 구현합니다.

마지막 부분은 Main 함수입니다. Main 함수에서는 DDPG 에이전트가 Drone 환경과 상호작용하며 학습하는 코드를 구현하고, 텐서보드를 통해 학습 그래프를 확인하겠습니다.

7.4.1 라이브러리 불러오기 및 파라미터 값 설정

라이브러리 불러오기

먼저 DDPG를 구현하는 데 필요한 라이브러리를 불러옵니다.

```python
# 라이브러리 불러오기
import numpy as np
import random
```

```python
import copy
import datetime
import platform
import torch
import torch.nn.functional as F
from torch.utils.tensorboard import SummaryWriter
from collections import deque
from mlagents_envs.environment import UnityEnvironment, ActionTuple
from mlagents_envs.side_channel.engine_configuration_channel\
    import EngineConfigurationChannel
```

각 라이브러리는 모두 4장, 5장에서 사용한 라이브러리와 같습니다.

파라미터 값 설정

DDPG 알고리즘을 위한 파라미터 값을 정의하고 그 값을 지정합니다.

```python
# DDPG를 위한 파라미터 값 세팅
state_size = 9
action_size = 3

load_model = False
train_mode = True

batch_size = 128
mem_maxlen = 50000
discount_factor = 0.99
actor_lr = 1e-4
critic_lr = 5e-4
tau = 1e-3

# OU noise 파라미터
mu = 0
theta = 1e-3
sigma = 2e-3

run_step = 50000 if train_mode else 0
test_step = 10000
train_start_step = 5000
```

```
print_interval = 10
save_interval = 100
```

파라미터 값을 설정하는 코드를 부분별로 나눠서 자세히 살펴보겠습니다.

먼저, DDPG는 벡터 관측을 사용합니다. 벡터 관측 정보는 현재 드론의 위치를 시작점으로 하고 목적지의 위치를 도착점으로 하는 벡터, 현재 드론의 속도 벡터, 현재 드론의 각속도 벡터입니다. state_size는 x, y, z축 3차원 벡터가 총 3개 존재하므로 9로 설정합니다. action_size는 각 축 방향으로의 움직임이므로 3으로 설정합니다.

```
# DDPG를 위한 파라미터 값 세팅
state_size = 9
action_size = 3
```

다음으로 액터, 크리틱 네트워크에 각각에 대한 학습률을 설정하고, 소프트 타깃 업데이트를 위한 파라미터인 tau 값을 설정합니다.

```
actor_lr = 1e-4
critic_lr = 5e-4
tau = 1e-3
```

다음으로 OU Noise 클래스에 필요한 파라미터를 설정합니다. 먼저 회귀할 평균값인 mu는 0으로, 얼마나 빨리 평균으로 회귀할 지 결정하는 theta는 1e-3으로, 그리고 랜덤 프로세스의 변동성을 의미하는 sigma는 2e-3으로 설정합니다.

```
# OU noise 파라미터
mu = 0
theta = 1e-3
sigma = 2e-3
```

유니티 환경 불러오기

빌드된 유니티 환경을 불러오는 코드입니다.

```
# 유니티 환경 경로
game = "Drone"
os_name = platform.system()
```

```python
if os_name == 'Windows':
    env_name = f"../envs/{game}_{os_name}/{game}"
elif os_name == 'Darwin':
    env_name = f"../envs/{game}_{os_name}"

# 모델 저장 및 불러오기 경로
date_time = datetime.datetime.now().strftime("%Y%m%d%H%M%S")
save_path = f"./saved_models/{game}/DDPG/{date_time}"
load_path = f"./saved_models/{game}/DDPG/20210514201212"

# 연산 장치
device = torch.device("cuda" if torch.cuda.is_available() else "cpu")
```

7.4.2 OU Noise 클래스

다음으로 OU Noise 클래스를 살펴보겠습니다. OU Noise 클래스에서는 에이전트 탐험에 필요한 노이즈를 정의하며, OU Noise 클래스의 구조는 다음과 같습니다.

```python
# OU_noise 클래스 -> ou noise 정의 및 파라미터 결정
class OU_noise:
    def __init__(self):
        … 생략 …

    def reset(self):
        … 생략 …

    def sample(self):
        … 생략 …
```

OU Noise 클래스에서 다루는 함수들을 살펴보겠습니다. init 함수는 객체 초기화 함수로 객체를 생성할 때 실행됩니다. reset 함수는 노이즈 리셋 함수이고, sample 함수는 노이즈 값을 샘플링 하는 함수입니다. OU Noise 클래스의 함수들을 부분별로 나누어 자세히 살펴보겠습니다.

먼저 init 함수에서는 reset 함수를 실행해 노이즈 값을 초기화합니다.

```python
def __init__(self):
    self.reset()
```

다음으로 reset 함수에서는 노이즈 X를 평균 mu로 정의합니다.

```
def reset(self):
    self.X = np.ones((1, action_size), dtype=np.float32) * mu
```

다음으로 sample 함수에서는 t 스텝에서의 dx를 해당 수식에 따라 계산하고 노이즈를 최신화합니다. 그리고 최신화 된 노이즈 값을 반환합니다.

```
def sample(self):
    dx = theta * (mu - self.X) + sigma * np.random.randn(len(self.X))
    self.X += dx
    return self.X
```

7.4.3 Actor 클래스

이어서 액터 클래스를 살펴보겠습니다. 액터 클래스에서는 액터 네트워크의 레이어와 구조를 정의합니다. 액터 클래스는 torch.nn.Module을 상속받고 있으며 두 함수를 가지고 있습니다.

```
# Actor 클래스 -> DDPG Actor 클래스 정의
class Actor(torch.nn.Module):
    def __init__(self):
        … 생략 …

    def forward(self, state):
        … 생략 …
```

이제 액터 클래스의 코드를 살펴보겠습니다. 먼저 클래스 객체가 만들어질 때 실행되는 init 함수를 살펴보겠습니다.

먼저 super의 init 함수를 통해 부모 클래스를 초기화합니다. 그리고 DDPG 액터에 필요한 레이어들을 정의합니다.

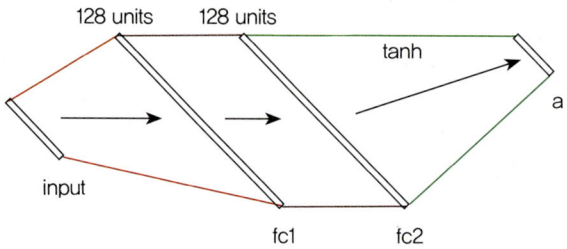

그림 7-5. DDPG에서 사용하는 액터 신경망의 구조

```
def __init__(self):
    super(Actor, self).__init__()
    self.fc1 = torch.nn.Linear(state_size, 128)
    self.fc2 = torch.nn.Linear(128, 128)
    self.mu = torch.nn.Linear(128, action_size)
```

다음으로 forward 함수입니다. forward 함수는 init 함수에서 정의한 레이어들을 순서대로 입력에 통과시켜 주어진 상태에 대한 행동을 계산합니다. 마지막으로 활성화 함수에 tanh를 사용해 (-1, 1)의 값으로 만들어 줍니다.

```
def forward(self, state):
    x = torch.relu(self.fc1(state))
    x = torch.relu(self.fc2(x))
    return torch.tanh(self.mu(x))
```

7.4.4 Critic 클래스

이어서 크리틱 클래스를 살펴보겠습니다. 액터 클래스와 마찬가지로, 크리틱 클래스에서는 크리틱 네트워크의 레이어와 구조를 정의합니다. 크리틱 클래스의 전체 구조는 다음과 같습니다.

```
# Critic 클래스 -> DDPG Critic 클래스 정의
class Critic(torch.nn.Module):
    def __init__(self):
        … 생략 …

    def forward(self, state, action):
        … 생략 …
```

이제 크리틱 클래스의 코드를 살펴보겠습니다. 먼저 클래스 객체가 만들어질 때 실행되는 init 함수를 살펴보겠습니다.

init 함수에서는 액터 클래스와 동일하게 네트워크에 필요한 레이어를 정의합니다. 먼저 super의 init 함수를 통해 부모 클래스를 초기화합니다. 히든 레이어의 사이즈는 128로 설정하는데, 중간에 행동을 입력으로 넣기 위해 fc2 레이어의 입력 차원은 128+action_size로 설정합니다.

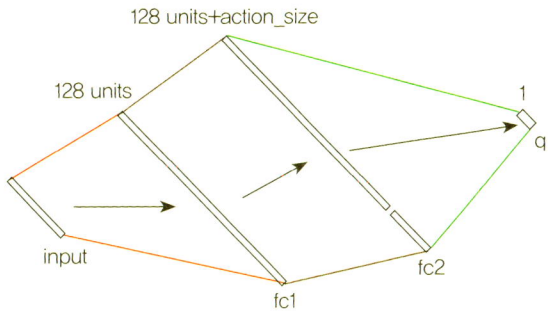

그림 7-6. DDPG에서 사용하는 크리틱 신경망의 구조

```
def __init__(self):
    super(Critic, self).__init__()
    self.fc1 = torch.nn.Linear(state_size, 128)
    self.fc2 = torch.nn.Linear(128+action_size, 128)
    self.q = torch.nn.Linear(128, 1)
```

forward 함수에서는 기존에 정의한 레이어들을 순서대로 입력에 통과시켜 주어진 상태와 행동에 대한 큐 함수값을 계산합니다. fc2 레이어에 임베딩 값과 행동을 같이 넣어주기 위해 torch.cat 함수를 이용해 해당 값들을 합쳐줍니다.

```
def forward(self, state, action):
    x = torch.relu(self.fc1(state))
    x = torch.cat((x, action), dim=-1)
    x = torch.relu(self.fc2(x))
    return self.q(x)
```

7.4.5 Agent 클래스

이어서 Agent 클래스를 살펴보겠습니다. DDPGAgent 클래스에서는 DDPG 알고리즘을 위한 함수를 정의합니다. Agent 클래스의 전체 구조는 다음과 같습니다.

```python
# DDPGAgent 클래스 -> DDPG 알고리즘을 위한 다양한 함수 정의
class DDPGAgent():
    def __init__(self):
        … 생략 …

    # OU noise 기법에 따라 행동 결정
    def get_action(self, state, training=True):
        … 생략 …

    # 리플레이 메모리에 데이터 추가 (상태, 행동, 보상, 다음 상태, 게임 종료 여부)
    def append_sample(self, state, action, reward, next_state, done):
        … 생략 …

    def train_model(self):
        … 생략 …

    # 소프트 타깃 업데이트를 위한 함수
    def soft_update_target(self):
        … 생략 …

    # 네트워크 모델 저장
    def save_model(self):
        … 생략 …

    # 학습 기록
    def write_summray(self, score, actor_loss, critic_loss, step):
        … 생략 …
```

Agent 클래스의 코드를 살펴보겠습니다. 먼저 DDPGAgent 클래스 객체가 만들어질 때 실행되는 init 함수에 대해 설명하겠습니다.

액터, 크리틱 클래스에서 정의한 네트워크 모델들을 생성해 각 변수에 할당합니다. optimizer는 Adam을 사용했고, 그 후 OU Noise 객체를 생성합니다.

```python
def __init__(self):
    self.actor = Actor().to(device)
    self.target_actor = copy.deepcopy(self.actor)
    self.actor_optimizer = torch.optim.Adam(self.actor.parameters(), lr=actor_lr)
    self.critic = Critic().to(device)
    self.target_critic = copy.deepcopy(self.critic)
    self.critic_optimizer = torch.optim.Adam(self.critic.parameters(), lr=critic_lr)
    self.OU = OU_noise()
    self.memory = deque(maxlen=mem_maxlen)
    self.writer = SummaryWriter(save_path)

    if load_model == True:
        print(f"... Load Model from {load_path}/ckpt ...")
        checkpoint = torch.load(load_path+'/ckpt', map_location=device)
        self.actor.load_state_dict(checkpoint["actor"])
        self.target_actor.load_state_dict(checkpoint["actor"])
        self.actor_optimizer.load_state_dict(checkpoint["actor_optimizer"])
        self.critic.load_state_dict(checkpoint["critic"])
        self.target_critic.load_state_dict(checkpoint["critic"])
        self.critic_optimizer.load_state_dict(checkpoint["critic_optimizer"])
```

이어서 get_action 함수를 살펴보겠습니다. get_action 함수는 상태와 학습 모드를 입력으로 받아 에이전트의 행동을 선택하는 함수입니다. 액터 클래스가 행동을 계산하므로 actor.train 함수에 training 변수를 넣어 네트워크를 학습 모드 또는 평가 모드로 설정합니다. 이때 학습 모드가 참이라면 액터 클래스는 신경망의 출력에 OU Noise를 이용해 노이즈를 더한 결괏값을 출력합니다. 반대로 평가 모드에서는 노이즈를 더하지 않은 결괏값을 출력합니다.

```python
# OU noise 기법에 따라 행동 결정
def get_action(self, state, training=True):
    #  네트워크 모드 설정
    self.actor.train(training)

    action = self.actor(torch.FloatTensor(state).to(device)).cpu().detach().numpy()
    return action + self.OU.sample() if training else action
```

다음으로 append_sample 함수는 상태, 행동, 보상, 다음 상태, 게임 종료 여부를 입력으로 사용합니다. 리플레이 메모리인 memory에 이 입력 데이터들을 하나의 튜플로 추가합니다. 4장에서 살펴본 DQN의 append_sample 함수와 동일하게 동작합니다.

```
# 리플레이 메모리에 데이터 추가 (상태, 행동, 보상, 다음 상태, 게임 종료 여부)
def append_sample(self, state, action, reward, next_state, done):
    self.memory.append((state, action, reward, next_state, done))
```

다음으로 train_model 함수를 살펴보겠습니다. 먼저 크리틱 모델을 업데이트하기 위해 손실값을 구합니다. 타깃값을 계산하려면 다음 상태와 다음 행동에 대한 큐 함수값을 알아야 하기 때문에, 다음 상태에 대한 타깃 액터 모델의 행동을 구하고, 그에 대한 타깃 크리틱의 큐 함수값을 계산해 타깃값을 산출합니다. 그리고 F.mse_loss 함수를 이용해 타깃값과 큐 함수값의 MSE Loss를 크리틱 손실값으로 설정하고, 이를 통해 크리틱 모델을 업데이트합니다.

다음으로 액터 모델을 업데이트하기 위해 액터 손실값을 구합니다. 액터 모델의 목적 함수를 구하기 위해 현재 상태에 대한 액터 모델의 행동을 계산합니다. 그리고 해당 수식에 따라 액터 손실값을 계산하여 액터 모델을 업데이트 합니다.

```
def train_model(self):
    batch = random.sample(self.memory, batch_size)
    state      = np.stack([b[0] for b in batch], axis=0)
    action     = np.stack([b[1] for b in batch], axis=0)
    reward     = np.stack([b[2] for b in batch], axis=0)
    next_state = np.stack([b[3] for b in batch], axis=0)
    done       = np.stack([b[4] for b in batch], axis=0)

    state, action, reward, next_state, done = map(lambda x: torch.FloatTensor(x).to(device),
                                                  [state, action, reward, next_state, done])

    # Critic 업데이트
    next_actions = self.target_actor(next_state)
    next_q = self.target_critic(next_state, next_actions)
    target_q = reward + (1 - done) * discount_factor * next_q
    q = self.critic(state, action)
    critic_loss = F.mse_loss(target_q, q)

    self.critic_optimizer.zero_grad()
    critic_loss.backward()
    self.critic_optimizer.step()

    # Actor 업데이트
    action_pred = self.actor(state)
```

```python
        actor_loss = -self.critic(state, action_pred).mean()

        self.actor_optimizer.zero_grad()
        actor_loss.backward()
        self.actor_optimizer.step()

        return actor_loss.item(), critic_loss.item()
```

다음으로 soft_update_target 함수입니다. 이전에 설정했던 tau 값 만큼의 비율로 타깃 신경망을 업데이트합니다. tau 값이 1일 때는 현재 신경망의 가중치들을 전부 타깃 신경망의 가중치에 복사하게 되므로 이 값을 1보다 작게 설정함으로써 가중치가 업데이트되는 비율을 조절할 수 있습니다. 보통 0에 가까운 값으로 조절하는 것이 일반적입니다.

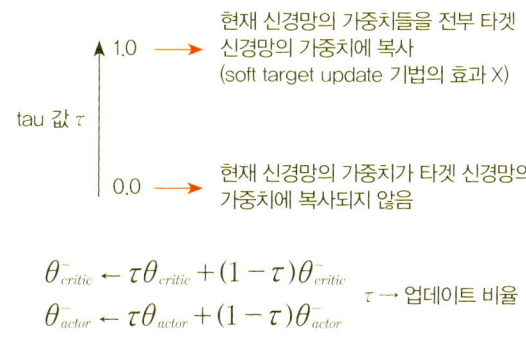

그림 7-7. tau값을 통해 가중치 업데이트 비율 조절

```python
    # 소프트 타깃 업데이트를 위한 함수
    def soft_update_target(self):
        for target_param, local_param in zip(self.target_actor.parameters(), self.actor.parameters()):
            target_param.data.copy_(tau * local_param.data + (1.0 - tau) * target_param.data)
        for target_param, local_param in zip(self.target_critic.parameters(), self.critic.parameters()):
            target_param.data.copy_(tau * local_param.data + (1.0 - tau) * target_param.data)
```

네트워크 모델 저장과 학습 기록을 텐서보드에 출력하는 함수는 4장에서 다뤘으므로 설명은 생략하겠습니다.

```python
# 네트워크 모델 저장
def save_model(self):
    print(f"... Save Model to {save_path}/ckpt ...")
    torch.save({
        "actor" : self.actor.state_dict(),
        "actor_optimizer" : self.actor_optimizer.state_dict(),
        "critic" : self.critic.state_dict(),
        "critic_optimizer" : self.critic_optimizer.state_dict(),
    }, save_path+'/ckpt')

# 학습 기록
def write_summray(self, score, actor_loss, critic_loss, step):
    self.writer.add_scalar("run/score", score, step)
    self.writer.add_scalar("model/actor_loss", actor_loss, step)
    self.writer.add_scalar("model/critic_loss", critic_loss, step)
```

7.4.6 Main 함수

Main 함수는 액터, 크리틱 클래스에서 정의한 네트워크와 DDPGAgent에서 정의한 다양한 함수들을 이용해 행동을 결정하고 유니티 환경과 통신하며 학습을 수행하는 함수입니다. 전체 코드는 다음과 같습니다.

```python
# Main 함수 -> 전체적으로 DDPG 알고리즘을 진행
if __name__ == '__main__':
    # 유니티 환경 경로 설정 (file_name)
    engine_configuration_channel = EngineConfigurationChannel()
    env = UnityEnvironment(file_name=env_name,
                           side_channels=[engine_configuration_channel])
    env.reset()

    # 유니티 브레인 설정
    behavior_name = list(env.behavior_specs.keys())[0]
    spec = env.behavior_specs[behavior_name]
    engine_configuration_channel.set_configuration_parameters(time_scale=12.0)
    dec, term = env.get_steps(behavior_name)

    # DDPGAgent 클래스를 agent로 정의
    agent = DDPGAgent()
```

```python
actor_losses, critic_losses, scores, episode, score = [], [], [], 0, 0
for step in range(run_step + test_step):
    if step == run_step:
        if train_mode:
            agent.save_model()
        print("TEST START")
        train_mode = False
        engine_configuration_channel.set_configuration_parameters(time_scale=1.0)

    state = dec.obs[0]
    action = agent.get_action(state, train_mode)
    action_tuple = ActionTuple()
    action_tuple.add_continuous(action)
    env.set_actions(behavior_name, action_tuple)
    env.step()

    dec, term = env.get_steps(behavior_name)
    done = len(term.agent_id) > 0
    reward = term.reward if done else dec.reward
    next_state = term.obs[0] if done else dec.obs[0]
    score += reward[0]

    if train_mode:
        agent.append_sample(state[0], action[0], reward, next_state[0], [done])

    if train_mode and step > max(batch_size, train_start_step):
        # 학습 수행
        actor_loss, critic_loss = agent.train_model()
        actor_losses.append(actor_loss)
        critic_losses.append(critic_loss)

        # 타깃 네트워크 소프트 업데이트
        agent.soft_update_target()

    if done:
        episode += 1
        scores.append(score)
        score = 0
```

```python
            # 게임 진행 상황 출력 및 텐서보드에 보상과 손실 함수값 기록
            if episode % print_interval == 0:
                mean_score = np.mean(scores)
                mean_actor_loss = np.mean(actor_losses)
                mean_critic_loss = np.mean(critic_losses)
                agent.write_summray(mean_score, mean_actor_loss, mean_critic_loss, step)
                actor_losses, critic_losses, scores = [], [], []

                print(f"{episode} Episode / Step: {step} / Score: {mean_score:.2f} / " +\
                    f"Actor loss: {mean_actor_loss:.2f} / Critic loss: {mean_critic_loss:.4f}")

            # 네트워크 모델 저장
            if train_mode and episode % save_interval == 0:
                agent.save_model()

    env.close()
```

유니티 환경 경로와 브레인을 이전 장에서 했던 것처럼 설정합니다. 그 후 DDPGAgent 객체를 생성하고, 학습을 시작하기 위해 학습 진행 상황에 기록할 정보들을 초기화합니다.

```python
# DDPGAgent 클래스를 agent로 정의
agent = DDPGAgent()

actor_losses, critic_losses, scores, episode, score = [], [], [], 0, 0
```

다음으로 현재 에이전트의 벡터 관측 정보를 받아 state 변수에 저장합니다. 그리고 현재 상태와 학습 모드를 받아 에이전트의 의사결정을 action 변수에 저장합니다. 이후에 행동을 담는 튜플 객체인 ActionTuple 객체를 생성하고, set_action을 이용해 환경에 행동을 전달합니다. 그 후 env.step() 함수를 통해 환경에서 에이전트가 실제로 행동을 수행하게 됩니다.

```python
        state = dec.obs[0]
        action = agent.get_action(state, train_mode)
        action_tuple = ActionTuple()
        action_tuple.add_continuous(action)
        env.set_actions(behavior_name, action_tuple)
        env.step()
```

이어서 환경으로부터 behavior_name에 대한 dec와 term 정보를 가져옵니다. 그런 다음 done 변수에 에피소드 종료 여부를 저장하고, 종료 여부에 따라 dec 또는 term의 보상을 reward 변수에 저장합니다. 에피소드가 종료된 상태라면 term의 벡터 관측 정보를 가져오고, 진행 중이라면 dec의 벡터 관측 정보를 가져와 next_state에 저장합니다. 그리고 매 스텝마다 발생한 보상을 score 변수에 더해줍니다.

```
dec, term = env.get_steps(behavior_name)
done = len(term.agent_id) > 0
reward = term.reward if done else dec.reward
next_state = term.obs[0] if done else dec.obs[0]
score += reward[0]
```

에피소드를 진행하는 동안 train_mode가 True, 즉 학습 모드이면 리플레이 버퍼에 데이터를 저장하게 됩니다. step이 train_start_step만큼 모여서 충분한 데이터가 쌓였다면 해당 데이터들을 이용해 train_model 함수를 실행시키고 소프트 타깃 업데이트 기법을 활용해 타깃 네트워크를 업데이트하게 됩니다.

```
if train_mode:
    agent.append_sample(state[0], action[0], reward, next_state[0], [done])

if train_mode and step > max(batch_size, train_start_step):
    # 학습 수행
    actor_loss, critic_loss = agent.train_model()
    actor_losses.append(actor_loss)
    critic_losses.append(critic_loss)

    # 타깃 네트워크 소프트 업데이트
    agent.soft_update_target()
```

print_interval 간격으로 진행한 에피소드들 동안 얻은 score들의 평균값과 손실 함수값들의 평균값을 구합니다. 그리고 agent.write_summary 함수에 해당 정보들과 step 값을 입력해 텐서보드에 기록합니다.

```
# 게임 진행 상황 출력 및 텐서보드에 보상과 손실 함수값 기록
if episode % print_interval == 0:
    mean_score = np.mean(scores)
    mean_actor_loss = np.mean(actor_losses)
    mean_critic_loss = np.mean(critic_losses)
    agent.write_summray(mean_score, mean_actor_loss, mean_critic_loss, step)
    actor_losses, critic_losses, scores = [], [], []
```

```
print(f"{episode} Episode / Step: {step} / Score: {mean_score:.2f} / " +\
      f"Actor loss: {mean_actor_loss:.2f} / Critic loss: {mean_critic_loss:.4f}")
```

코드 작성을 완료하였다면 다음 명령어를 통해 학습을 진행합니다. 스크립트 작성을 마쳤으면 해당 파일을 저장합니다. 이 책에서는 07.ddpg.py이라는 이름으로 파일을 저장했습니다. 그리고 다음과 같은 명령어를 명령 프롬프트에 입력하여 학습을 진행합니다.

```
python 07.ddpg.py
```

7.4.7 학습 결과

학습 결과에서는 텐서보드를 실행해 학습하는 동안 기록한 정보들을 확인해보겠습니다. 다음과 같이 이전에 설정했던 save_path 경로를 확인하면 텐서보드 파일과 네트워크 모델이 저장돼 있습니다.

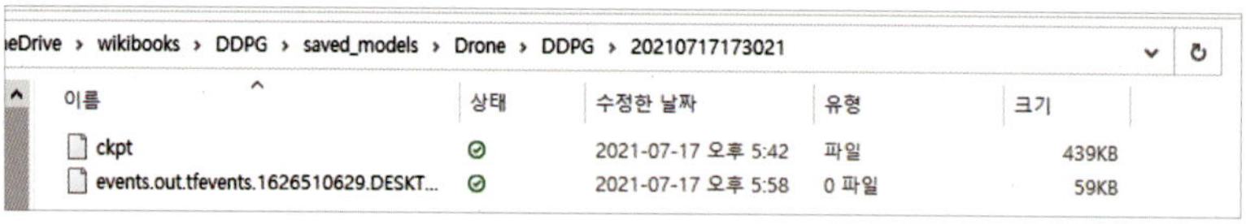

그림 7-8. 텐서보드 및 네트워크 모델 저장 경로

콘솔창을 열고 Drone/DDPG 경로로 이동한 후 다음 명령어로 텐서보드를 실행합니다.

```
tensorboard --logdir="./"
```

인터넷 브라우저를 열고 http://localhost:6006에 접속하여 텐서보드를 열어줍니다. 텐서보드를 열면 저장한 정보에 대한 그래프를 확인할 수 있습니다. 그래프를 보면 손실 함수값이 감소하는 추세이고, 점수 그래프는 학습이 진행될수록 증가하는 것을 볼 수 있습니다.

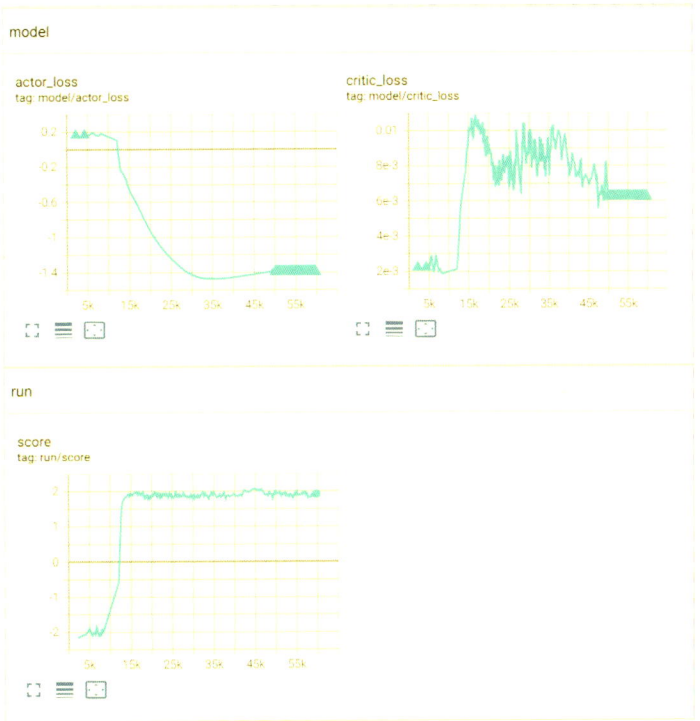

그림 7-9. 텐서보드에서 확인한 학습 결과 그래프

테스트 결과를 확인하기 위해 DDPG 스크립트를 열고 파라미터를 변경하겠습니다. load_model 파라미터는 True로 변경해 저장된 네트워크를 사용하게 합니다. 그리고 train_mode는 False로 변경해 평가 모드가 실행되게 합니다. 마지막으로 load_path에는 학습 결과를 테스트할 모델 경로를 입력합니다.

```
load_model = True
train_mode = False

load_path = f"./saved_models/{game}/DDPG/20210709235643"
```

변경된 코드로 DDPG 코드를 실행하면 학습된 대로 드론을 움직이는 에이전트를 확인할 수 있습니다. 지금까지 DDPG 코드를 직접 구현해보고 알고리즘 성능을 테스트해봤습니다.

> 이번 장에서 설명한 전체 코드는 아래의 깃허브 주소에서 확인할 수 있습니다.
>
> https://github.com/reinforcement-learning-kr/Unity_ML_Agents_2.0/blob/main/agents/07_ddpg.py

08

카트레이싱 환경 만들기

학습 목표

- 레이캐스트의 사용법을 알아본다.
- 사람의 플레이 데이터를 저장하는 Demonstration recorder를 설정하는 방법을 알아본다.

목차

8.1 프로젝트 시작하기
8.2 카트레이싱 환경 구성하기
8.3 스크립트 작성 및 환경 빌드

이번 장에서 설명한 전체 코드는 아래의 깃허브 주소에서 확인할 수 있습니다.

https://github.com/reinforcement-learning-kr/Unity_ML_Agents_2.0/tree/main/unity_project/Kart

8.1 프로젝트 시작하기

이번 장에서 사용할 카트레이싱(Kart racing)에 대해 살펴보겠습니다. 다음 그림은 유니티 카트레이싱 환경의 예시 이미지입니다. 먼저 카트레이싱 환경의 개요와 학습 환경 구성, 조작 방법을 살펴보겠습니다.

그림 8-1. 카트레이싱 환경

개요

카트레이싱 환경은 정해진 트랙을 따라 운전하는 게임으로, 충돌 없이 트랙을 한바퀴 완주하는 환경입니다. 이 환경에서 에이전트는 운전하는 카트이며 좌우 조향에 대한 조작만 수행합니다. 카트레이싱의 상태(state) 정보는 12개의 벡터 관측 형태로 구성돼 있으며 순서대로 카트의 현재 진행 속도, 다음 목적지와의 방향 일치도, 9개의 방향에 대한 레이캐스트(raycast) 정보, 카트의 가속 여부로 구성돼 있습니다. 이에 따른 보상 정보는 트랙의 벽에 충돌할 경우 -1이 부여되며, 웨이포인트를 통과하면 +1이 부여됩니다. 추가로 다음 웨이포인트의 방향 일치도에 따라서도 보상이 부여됩니다. 이번 장에서는 모방학습을 진행하기 위해 사람이 플레이한 데이터를 저장해 학습에 사용합니다.

다음 목적지와의 방향 일치도는 그림 8-2와 같이 다음 목적지까지의 단위 벡터와 카트의 진행 방향 단위 벡터 사이의 내적값을 사용합니다.

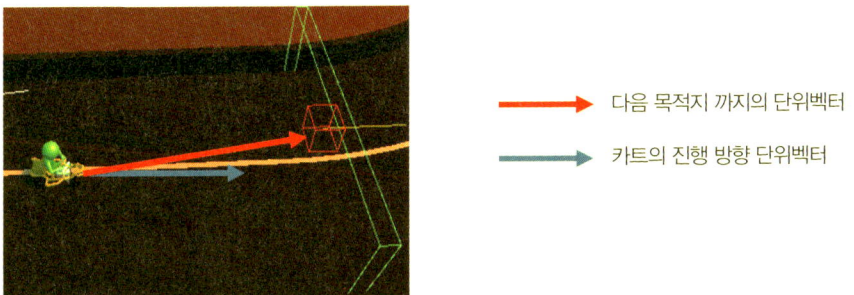

그림 8-2. 다음 목적지와의 방향 일치도

레이캐스트 정보는 그림 8-3과 같이 총 9방향의 레이(Ray)로 주변을 탐지합니다. 각각의 레이로부터 측정값을 받아오는데 각 레이에 대해 충돌체가 탐지될 경우 그 충돌체와 카트 사이의 거리값을 받아오고, 아무 것도 탐지가 안 될 경우에는 초기에 설정된 레이의 최대 길이를 받아옵니다. 다음 그림에서 카트의 바로 앞에 있는 빨간색 레이에 장애물이 탐지될 경우 충돌로 판정합니다.

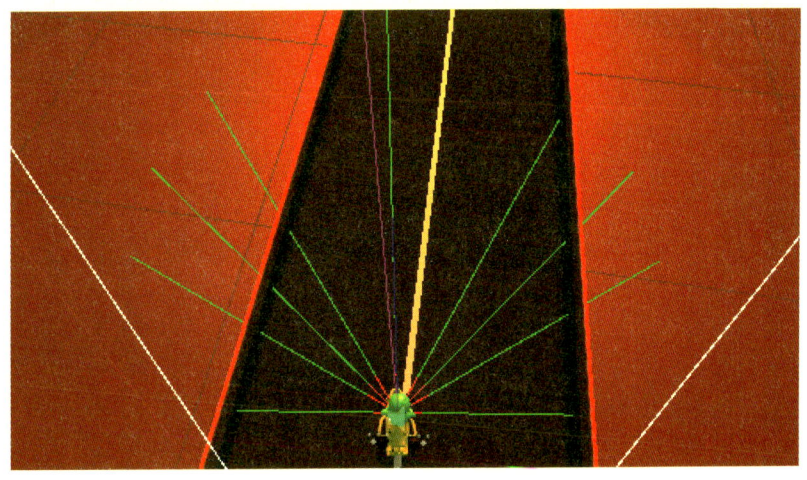

그림 8-3. 다음 목적지와의 방향 일치도

학습 환경 구성

학습 환경은 원형 모양의 트랙과 행동의 주체인 카트 에이전트로 구성돼 있으며 환경에 시각적으로는 보이지 않으나 트랙 곳곳에 웨이포인트도 설정돼 있습니다.

조작 방법

카트 에이전트는 매 스텝마다 세 가지 방향(좌, 우, 제자리)에 대한 연속적인 행동을 동시에 선택하여 조향을 수행합니다. 이 값은 -1에서 1 사이이며, -1에 가까울수록 왼쪽으로 조향을 많이 한 것이고 1에 가까울수록 오른쪽으로 조향을 한 것입니다.

8.2 카트레이싱 환경 구성하기

카트레이싱 환경을 제작하려면 먼저 에셋스토어(Asset Store)에서 카트와 관련된 에셋을 내려받아야 합니다. 에셋스토어에서 'Karting Microgame'이라는 에셋을 검색합니다. 검색된 'Karting Microgame' 에셋을 선택하고 임포트(import)를 진행합니다.

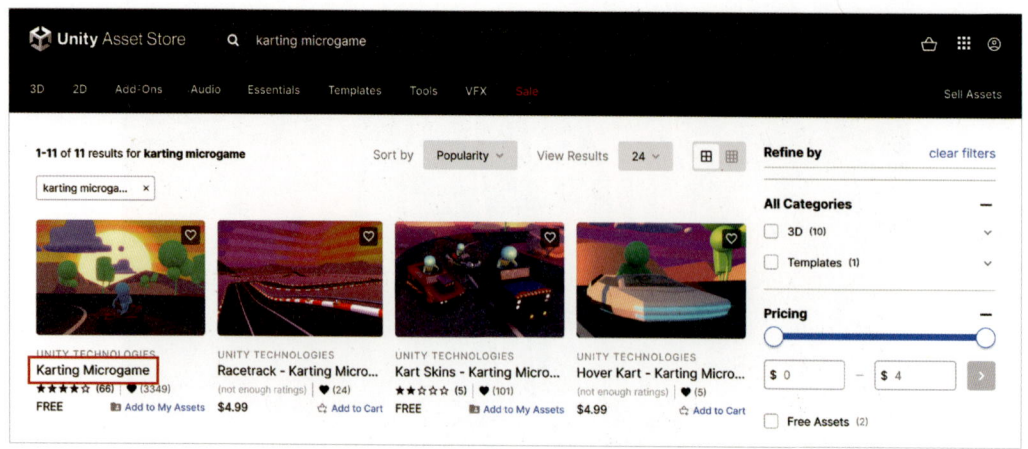

그림 8-4. 에셋스토어에서 Karting Microgame 임포트하기

임포트가 완료되면 다음과 같이 해당 에셋들이 추가된 모습을 확인할 수 있습니다. 이때 해당 에셋의 업데이트 등으로 현재 유니티 에디터에서 인식을 못하여 패키지 처리 오류가 발생하는 경우가 있습니다. 이때는 걱정하지 말고 유니티를 재시작하면 됩니다. 또한 에셋스토어의 에셋들은 지속적으로 업데이트되는 경우가 있습니다. 책이 출간된 이후로 해당 에셋이 업데이트가 되면서 오류가 발생하는 경우도 있으니 지속적으로 에셋 관련하여 오류가 발생하는 경우 이 책의 코드가 올라가 있는 깃허브[1]의 unity_project에 있는 카트 에셋을 사용하면 에셋 관련 에러를 해결할 수 있을 것입니다.

---

[1] https://github.com/reinforcement-learning-kr/Unity_ML_Agents_2.0

08 _ 카트레이싱 환경 만들기

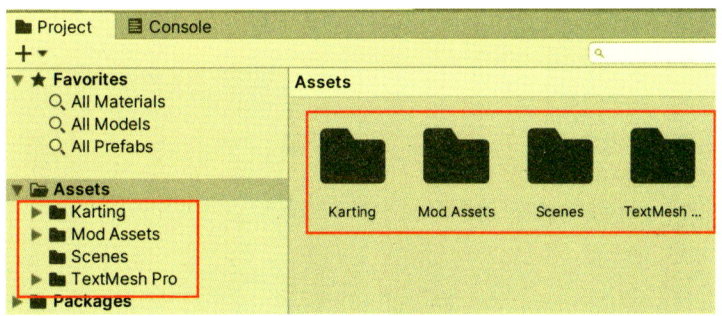

그림 8-5. Karting Microgame 임포트 완료

임포트가 완료되면 카트레이싱 환경을 구성하기 위한 씬(Scene)을 생성합니다. 먼저 Asset/Scene을 마우스 오른쪽 버튼으로 클릭하고 [Create] → [Scene]을 클릭합니다.

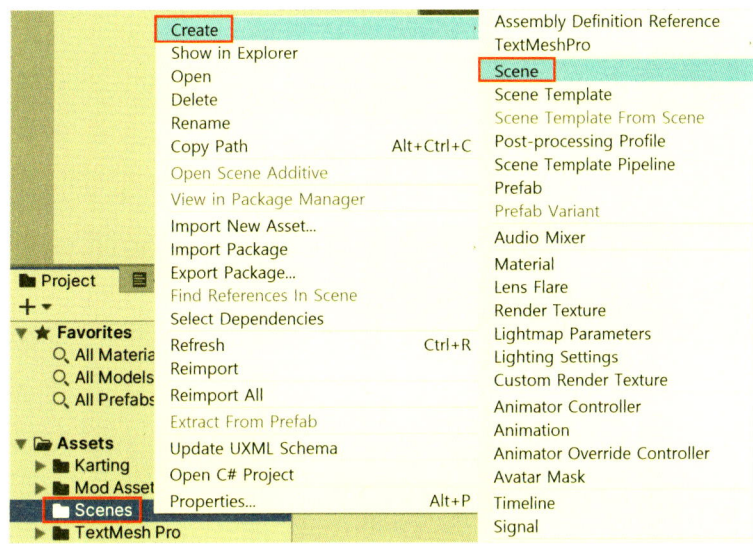

그림 8-6. Scene 생성하기

생성된 씬의 이름을 'KartScene'으로 변경하고, 씬을 더블클릭해 엽니다.

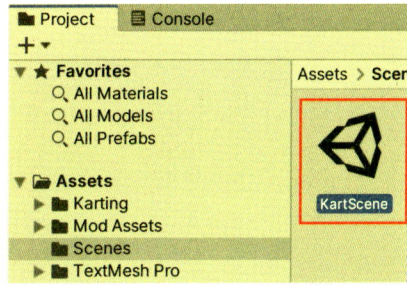

그림 8-7. Scene 이름 설정하기

이어서 카트가 주행할 트랙을 만들어보겠습니다. 프로젝트 창의 Asset/Karting/Prefabs/Tracks에 있는 'OvalTrack'을 하이러키 창의 빈 공간으로 드래그 앤드 드롭합니다.

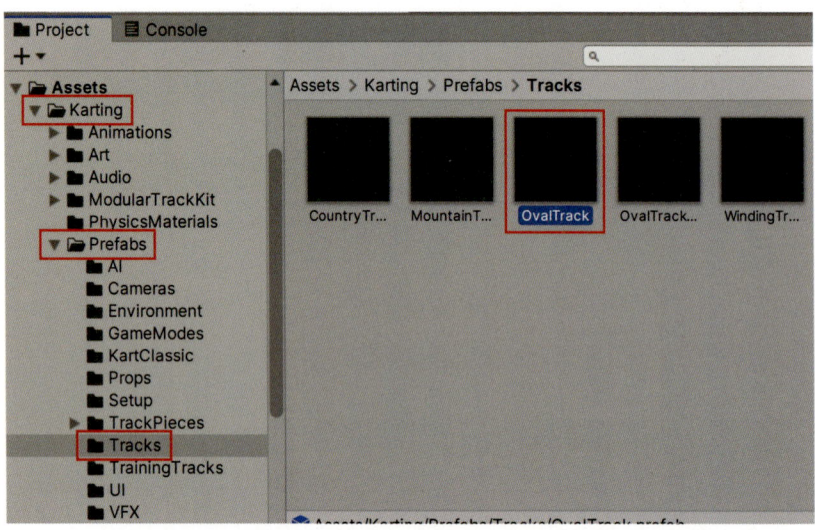

그림 8-8. 트랙 프리팹 경로

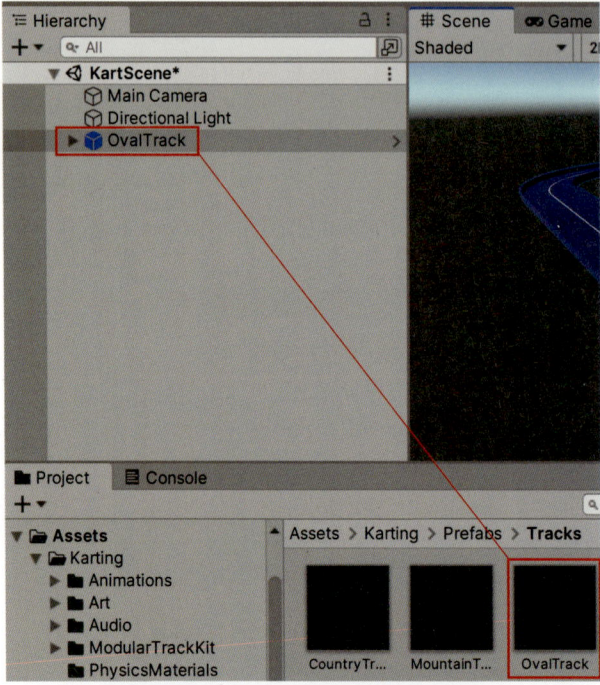

그림 8-9. 드래그 앤드 드롭해 트랙 설치하기

다음과 같이 씬 뷰에 트랙이 배치된 것을 확인할 수 있습니다.

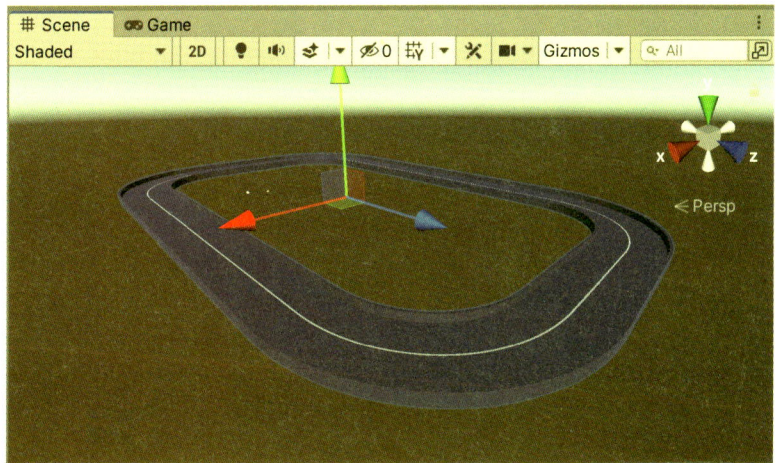

그림 8-10. 배치를 완료한 트랙

이어서 카트 에이전트를 추가해야 합니다. 프로젝트 창의 Asset/Karting/Prefabs/KartClassic에서 'KartClassic_MLAgent'를 하이러키 창의 빈 공간으로 드래그 앤드 드롭합니다.

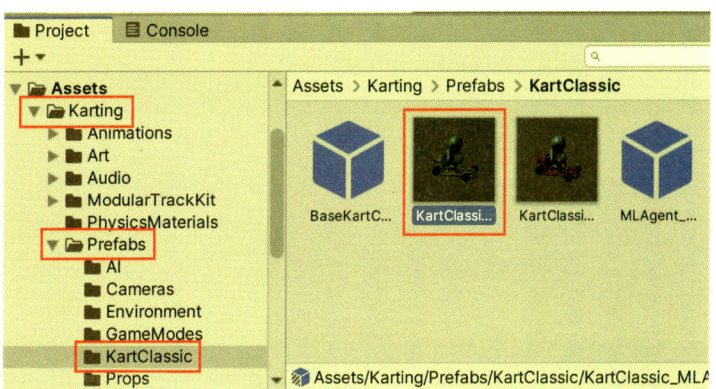

그림 8-11. 카트 에이전트의 경로

이후 하이러키 창에서 'KartClassic_MLAgent'를 클릭합니다. 인스펙터 창의 Transform 컴포넌트에서 Position을 x는 16, y는 0.25, z는 18로 설정합니다.

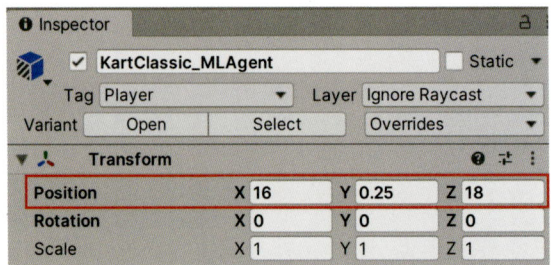

그림 8-12. 카트 에이전트 좌표 설정

다음과 같이 카트의 위치가 변경됐음을 확인할 수 있습니다.

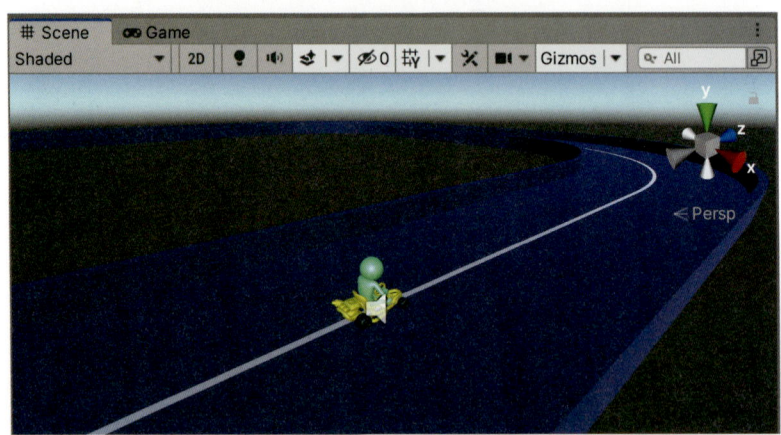

그림 8-13. 설정된 카트 에이전트의 위치

다음으로는 카트가 트랙 한바퀴를 돌 수 있도록 도움을 주는 중간 목적지인 웨이포인트를 설정하겠습니다. 그림 8-14와 같이 총 13개의 체크 포인트를 설정합니다.

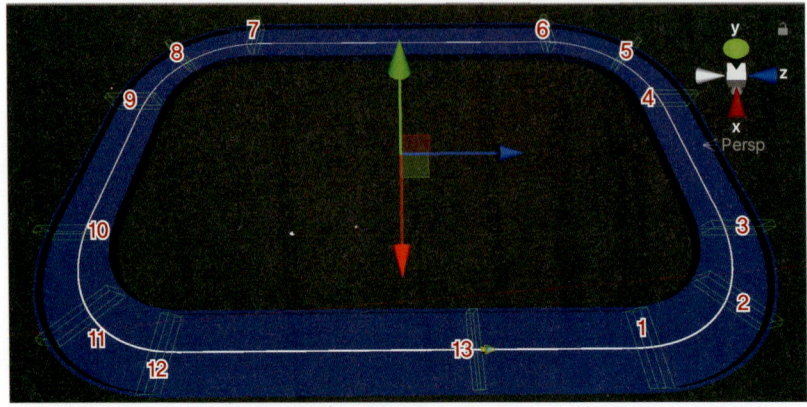

그림 8-14. 트랙에 설정된 웨이포인트의 예

하이러키 창에서 KartScene을 마우스 오른쪽 버튼으로 클릭하고 [GameObject] → [Create Empty]를 클릭합니다. 이후 빈 게임오브젝트의 이름을 'WayPoint'로 설정합니다.

그림 8-15. 빈 게임 오브젝트 생성

그다음 'WayPoint' 오브젝트를 마우스 오른쪽 버튼으로 클릭하고 [3D Object] → [Cube]를 선택합니다. 이후 이름을 'waypoint1'로 설정합니다.

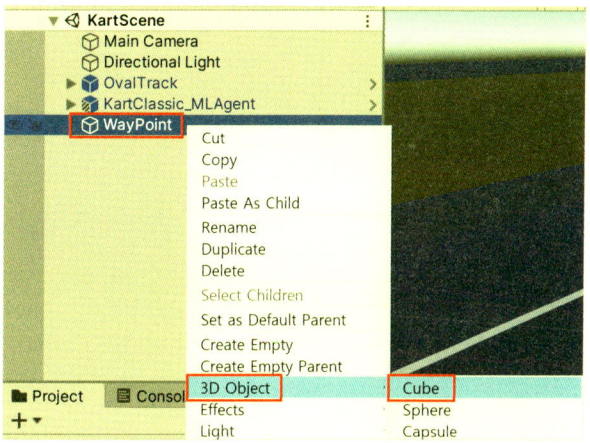

그림 8-16. 첫 번째 웨이 포인트 생성

같은 방법으로 총 13개의 waypoint를 다음과 같이 만듭니다.

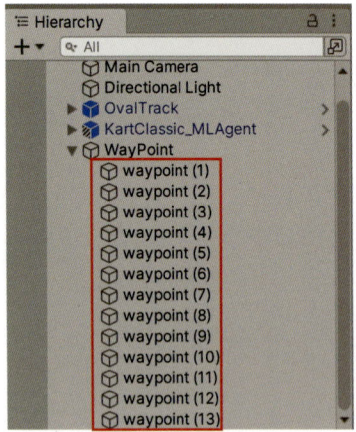

그림 8-17. 13개의 웨이 포인트 생성

이후 13개의 웨이포인트를 모두 선택하고 인스펙터 창에서 Transform 컴포넌트의 Scale값을 X: 9, Y: 3, Z: 1로 설정합니다. 그 다음 그림 8-14와 같이 순서대로 적당한 위치로 이동 및 회전시켜 배치합니다.

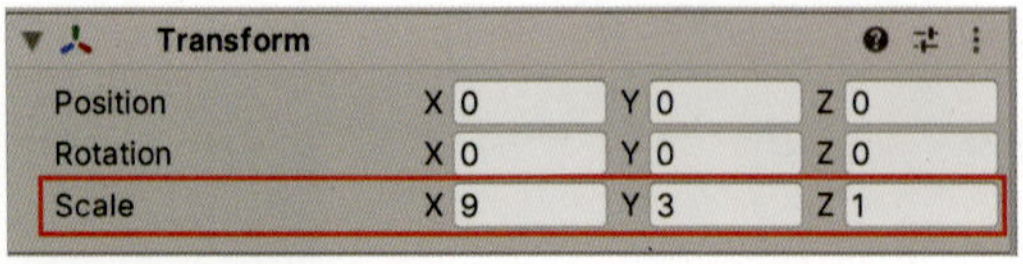

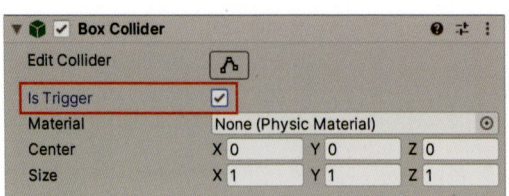

그림 8-18. 웨이 포인트 크기 설정

현재는 웨이포인트에 Box Collider가 설정돼 있어 에이전트가 통과하지 않고 충돌이 일어납니다. 에이전트가 웨이포인트를 통과할 수 있도록 Box Collider 컴포넌트의 Is Trigger에 체크합니다. 또한 환경에 웨이포인트가 시각적으로 보이지 않도록 Mesh Renderer 컴포넌트를 해제합니다.

그림 8-19. Box Collider → Is Trigger에 체크하기

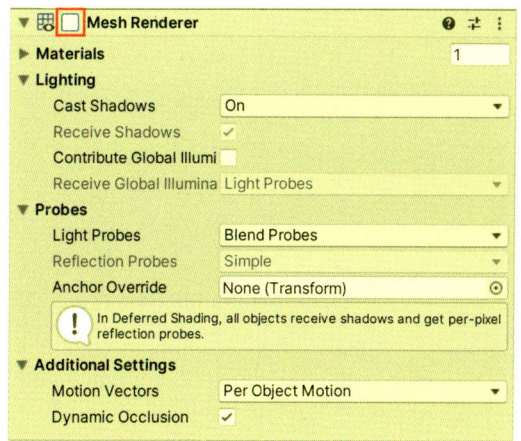

그림 8-20 Mesh Renderer 기능 해제하기

이제 생성한 웨이포인트의 기능을 수행할 수 있도록 에이전트를 설정하겠습니다. 하이러키 창에서 'KartClassic_MLAgent'를 클릭하고, 인스펙터 창에서 Kart Agent의 Colliders에 설정하겠습니다.

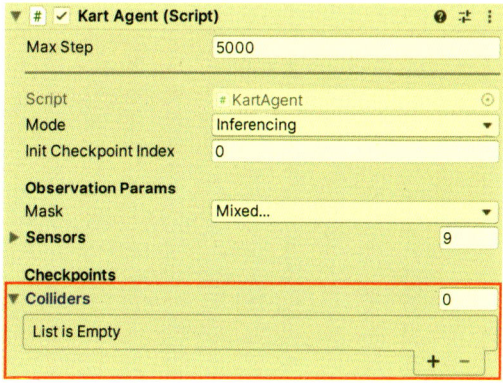

그림 8-21. 웨이포인트 설정 위치

총 13개의 웨이포인트를 하나하나 드래그 앤드 드롭해서 설정해도 되지만 더욱 편하게 한꺼번에 설정하는 방법으로 진행하겠습니다. 먼저 인스펙터 창의 상단으로 이동하여 자물쇠 모양의 아이콘을 클릭합니다. 이 아이콘을 클릭하면 하이러키 창에서 어느 오브젝트를 선택해도 인스펙터 창은 고정됩니다.

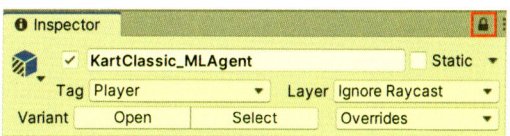

그림 8-22. 인스펙터 창 고정하기

이후 하이러키 창에서 웨이포인트를 모두 선택하고 Colliders로 드래그 앤드 드롭해 설정합니다.

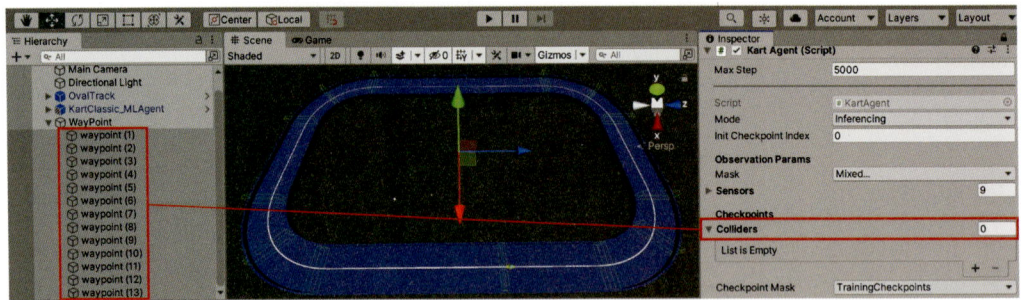

그림 8-23. 웨이포인트 설정하기

이에 따라 다음과 같이 웨이포인트들이 설정됐음을 확인할 수 있습니다. 마지막으로 인스펙터의 자물쇠 모양을 다시 클릭해 고정을 해제합니다(그림 8-22).

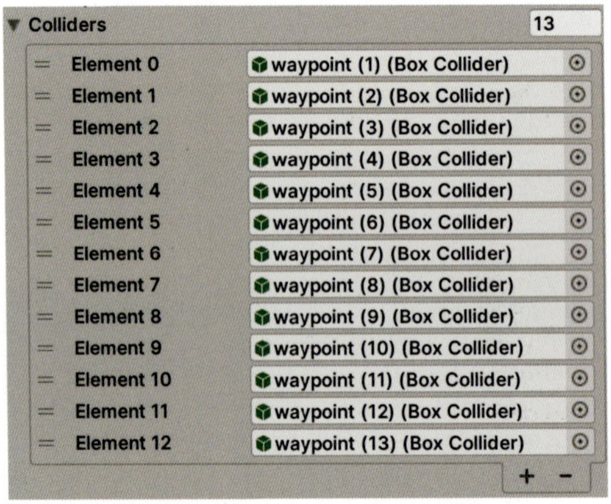

그림 8-24. 웨이포인트 설정 완료

마지막으로 몇 가지 설정을 마무하고 이번 절을 마무리하겠습니다. 먼저 카메라가 에이전트 뒤쪽에서 촬영하도록 설정하겠습니다. 하이러키 창에서 'Main Camera'를 선택하고 그림 8-25와 같이 카메라의 위치를 에이전트 뒷면으로 이동합니다. 이후 Ctrl + Shift + F 키를 누르면 카메라가 에이전트 뒤쪽으로 이동합니다.

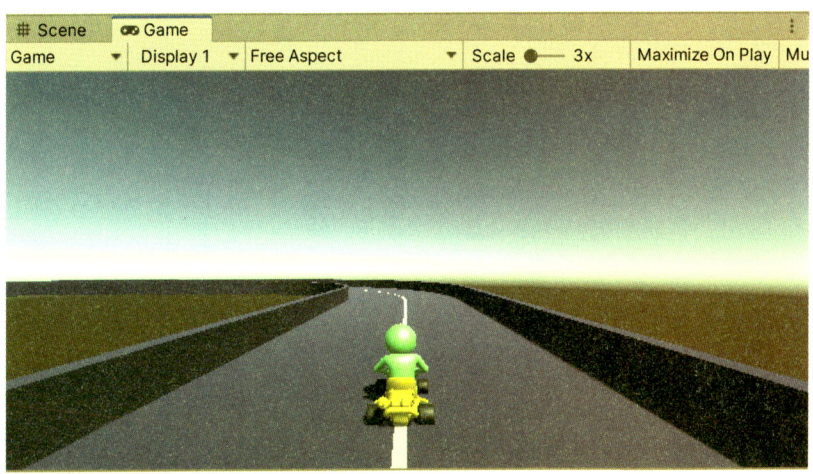

그림 8-25. Scene에서 카메라 위치 변경

그 다음 하이러키 창에서 'Main Camera'가 'KartClassic_MLAgent'에 포함되도록 설정합니다.

그림 8-26. 하이러키 뷰에서 카메라 위치 변경

이제 에이전트의 'Behavior Parameters'와 'mode'만 설정하고 해당 절을 마무리하겠습니다. 하이러키 창에서 'KartClassic_MLAgent'를 선택한 다음 인스펙터 창의 'Behavior Parameters'로 이동합니다. 에이전트의 행동은 연속적인 행동이며 이는 조향에만 적용하므로 Actions를 하나의 연속적인 행동만 사용하도록 설정합니다.

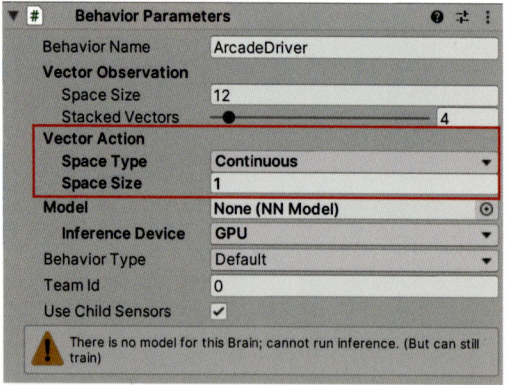

그림 8-27. Action 설정하기

이후 다시 하이러키 창에서 KartClassic_MLAgent를 선택하고 인스펙터 창에서 Mode를 Training으로 변경합니다.

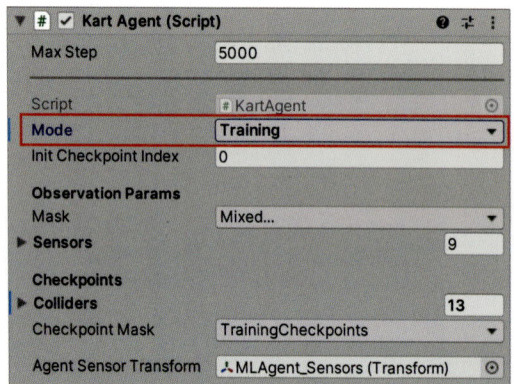

그림 8-28. Mode 설정하기

8.3 스크립트 작성 및 빌드하기

이번 절에서는 카트레이싱 환경이 작동할 수 있도록 스크립트를 작성하겠습니다. 먼저 하이러키 창에서 'KartClassic_MLAgent'를 선택한 다음 인스펙터 창에서 kartAgent.cs를 더블클릭해 스크립트를 열어줍니다.

그림 8-29. KartAgent.cs 스크립트 열기

예제로 제공되는 카트레이싱은 이전 버전의 ML-Agents를 사용합니다. 현재 버전의 ML-Agents와 맞추기 위해 스크립트 상단에 Actuator를 추가합니다.

KartAgent.cs

```
using KartGame.KartSystems;
using Unity.MLAgents;
using Unity.MLAgents.Sensors;
using UnityEngine;
using Unity.MLAgents.Actuators;        // Actuator 추가
using Random = UnityEngine.Random;
```

그다음 초기화를 담당하는 Initialize 함수를 만들고 앞선 과정과 동일하게 Decision Requester 기능을 추가합니다.

KartAgent.cs

```
public float timeBetweenDecisionsAtInference;
float m_TimeSinceDecision;

public override void Initialize()
{
    base.Initialize();

    Academy.Instance.AgentPreStep += WaitTimeInference;
}

void WaitTimeInference(int action)
{
    if (Academy.Instance.IsCommunicatorOn)
    {
```

```
            RequestDecision();
        }
        else
        {
            if (m_TimeSinceDecision >= timeBetweenDecisionsAtInference)
            {
                m_TimeSinceDecision = 0f;
                RequestDecision();
            }
            else
            {
                m_TimeSinceDecision += Time.fixedDeltaTime;
            }
        }
    }
}
```

이후 에피소드 시작에 따라 카트 에이전트의 위치 및 회전값의 초기화를 위해 초깃값을 설정합니다. 다음과 같이 초기의 위치와 방향을 저장하는 변수를 만든 뒤 Initialize 함수에 설정합니다.

KartAgent.cs

```
Vector3 startPos;           // 초기 좌표
Quaternion startRot;        // 초기 회전값

public override void Initialize()
{
    base.Initialize();

    startPos = transform.position;      // 초기좌표 설정
    startRot = transform.rotation;      // 초기 회전값 설정

    Academy.Instance.AgentPreStep += WaitTimeInference;
}
```

다음으로 OnEpisodeBegin 함수로 이동해 기존의 설정된 부분을 지우고 다음과 같이 설정하면 에피소드 시작마다 에이전트의 위치 및 방향이 초기화됩니다.

KartAgent.cs
```
public override void OnEpisodeBegin()
{
    switch (Mode)
    {
        case AgentMode.Training:
            m_CheckpointIndex = 0;
            transform.localRotation = startRot;    // 에이전트 좌표 초기화
            transform.position = startPos;         // 에이전트 회전값 초기화
            m_Kart.Rigidbody.velocity = default;
            m_Acceleration = false;
            m_Brake = false;
            m_Steering = 0f;

            for (int i = 0; i < Colliders.Length; i++)
                Colliders[i].gameObject.SetActive(true);
                    break;
        default:
            break;
    }
}
```

이제 에이전트가 결정한 행동에 따라 환경에 변화를 주고 보상 및 환경의 종료 조건을 결정하는 OnActionReceived 함수를 수정합니다. 매개 변수와 카트의 가속 여부 및 속력에 따른 보상을 제거하고 다음과 같이 설정합니다.

KartAgent.cs
```
public override void OnActionReceived(ActionBuffers actionBuffers)
{
    var vectorAction = actionBuffers.ContinuousActions;
    InterpretDiscreteActions(vectorAction[0]);

    // 다음 웨이 포인트 인덱스
    var next = (m_CheckpointIndex + 1) % Colliders.Length;

    // 다음 웨이포인트 콜라이더
    var nextCollider = Colliders[next];
```

```
    // 다음 웨이포인트를 향한 단위 벡터
    var direction = (nextCollider.transform.position - m_Kart.transform.position).normalized;

    // 카트의 전방 벡터와 다음 웨이포인트를 향한 벡터 사이의 내적을 보상으로 이용
    var reward = Vector3.Dot(m_Kart.Rigidbody.velocity.normalized, direction);

    if (ShowRaycasts)
        Debug.DrawRay(AgentSensorTransform.position, m_Kart.Rigidbody.velocity, Color.blue);

    AddReward(reward * TowardsCheckpointReward);
}
```

다음으로 InterpretDiscreteActions 함수에서 에이전트의 조향만 반영되도록 다음과 같이 설정합니다.

KartAgent.cs
```
void InterpretDiscreteActions(float action)
{
    m_Steering = action;
}
```

이제부터는 웨이포인트 통과에 대응하기 위한 스크립트를 작성합니다. 먼저 Initialize 함수 위에 way_point_passing_count 변수를 만듭니다. 이 변수는 현재 에피소드에서 지금까지 몇 개의 웨이포인트를 통과했는지 저장하는 변수입니다.

KartAgent.cs
```
Vector3 startPos;
Quaternion startRot;

int way_point_passing_count = 0;  // 지금까지 통과한 웨이포인트 저장 개수

public override void Initialize()
{
    … 생략 …
}
```

이후 Update 함수로 이동해 way_point_passing_count 변수를 다시 0으로 설정합니다. 카트레이싱 환경에서 Update 함수는 에피소드의 종료 여부를 체크합니다. 스크립트 내부에서 m_EndEpisode의 값이 True로 설정되면 에피소드가 자동으로 종료됩니다. 따라서 에피소드를 종료하고자 하는 시점에 True로 설정합니다.

KartAgent.cs

```
void Update()
{
    if (m_EndEpisode)
    {
        way_point_passing_count = 0;
        m_EndEpisode = false;
        AddReward(m_LastAccumulatedReward);
        EndEpisode();
        OnEpisodeBegin();
    }
}
```

이후 웨이포인트 통과 시 처리를 담당하는 OnTriggerEnter로 이동해 기존 내용에 몇 가지를 제거하고 다음과 같이 수정합니다.

KartAgent.cs

```
void OnTriggerEnter(Collider other)
{
    FindCheckpointIndex(other.gameObject, out var index);

    AddReward(PassCheckpointReward);
    m_CheckpointIndex = index;
}
```

이후 현재 통과한 웨이포인트를 탐지하는 FindCheckpointIndex로 이동해 몇 가지 설정을 수행합니다. 현재 통과한 웨이포인트를 찾은 다음 way_point_passing_count 값을 1씩 증가시킵니다. 이때 이 값이 13이라면, 즉 모든 웨이포인트를 통과했다면 값을 0으로 설정하고 에피소드를 종료합니다.

KartAgent.cs

```csharp
void FindCheckpointIndex(GameObject obj, out int index)
{
    for (int i = 0; i < Colliders.Length; i++)
    {
        if (Colliders[i].gameObject == obj)
        {
            Colliders[i].gameObject.SetActive(false);
            index = i;
            way_point_passing_count++;
            if(way_point_passing_count >= 13)
            {
                way_point_passing_count = 0;
                m_EndEpisode = true;
            }
            return;
        }
    }
    index = -1;
}
```

다음으로 Heuristic 함수를 작성합니다. 해당 함수에는 조향에 관련된 내용만 다음과 같이 추가합니다. 카트레이싱 환경은 모방학습을 위한 데이터를 저장해야 하므로 사람이 이를 제어할 수 있는 기능을 필수로 추가해야 합니다.

KartAgent.cs

```csharp
public override void Heuristic(in ActionBuffers actionsOut)
{
    var continuousActionsOut = actionsOut.ContinuousActions;

    continuousActionsOut[0] = Input.GetAxis("Horizontal");
}
```

유니티 에디터로 돌아와 하이러키 창에서 KartClassic_MLAgent를 선택하고 인스펙터 창에서 ArcadeKart.cs를 더블클릭해 열어줍니다.

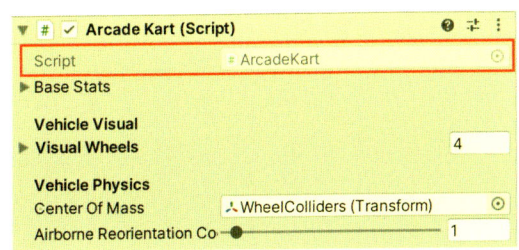

그림 8-30. ArcadeKart.cs 스크립트 열기

이후, 315번째 줄의 `MoveVehicle` 함수의 매개변수를 다음과 같이 변경합니다. 이는 현재 카트 에셋의 움직임을 제어하는 함수이며, 첫 번째 인자는 가속 여부, 두 번째 인자는 브레이크 여부, 세 번째 인자는 사용자의 조향 입력입니다. 현재 카트 에이전트는 가속은 무조건 진행하며 브레이크는 사용하지 않기 때문에 다음과 같이 설정합니다.

그리고 유니티 에디터로 돌아와 환경을 실행하고 문제가 없는지 확인합니다.

ArcadeKart.cs

```
if (m_CanMove)
{
    MoveVehicle(true, false, Input.TurnInput);
}
```

마지막으로 Demonstration Recoder를 추가하겠습니다. 이 기능은 모방학습을 위해 사람의 플레이 데이터를 저장하도록 ML-Agents에서 제공하는 기능입니다.

먼저 하이러키 창에서 KartClassic_MLAgent를 선택합니다. 인스펙터 창 하단에 있는 [Add Component]를 클릭하고 Demonstration Recorder를 검색해 추가합니다. 추가된 Demonstration Recorder에서 Record 모드에 체크하면 환경이 한 번 플레이되고 종료될 때마다 플레이 데이터를 .demo 확장자를 가진 파일로 저장합니다. 이 파일에는 사람이 플레이했던 데이터가 저장됩니다. 그리고 Demonstration Name은 저장될 데모 파일의 이름입니다. 이는 Kart로 설정합니다.

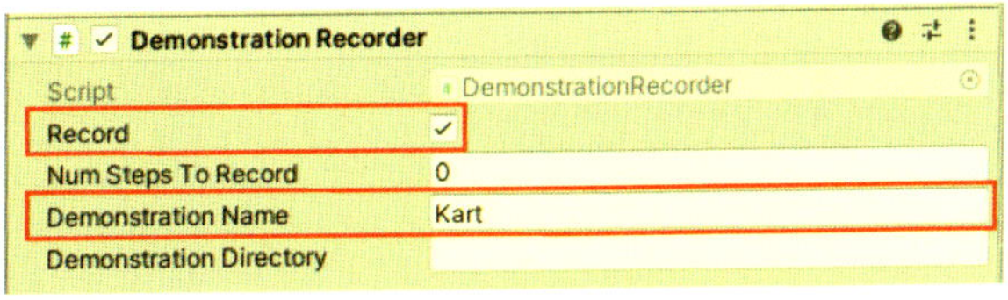

그림 8-31. Demonstration Recorder 설정

이제 최종으로 빌드 과정만 남았습니다. 앞서 진행한 내용과 동일하게 Build Settings 창을 열어 줍니다. 이후 [Add Open Scene]을 클릭해 현재 Scene을 추가하고 [Player Settings]를 클릭합니다.

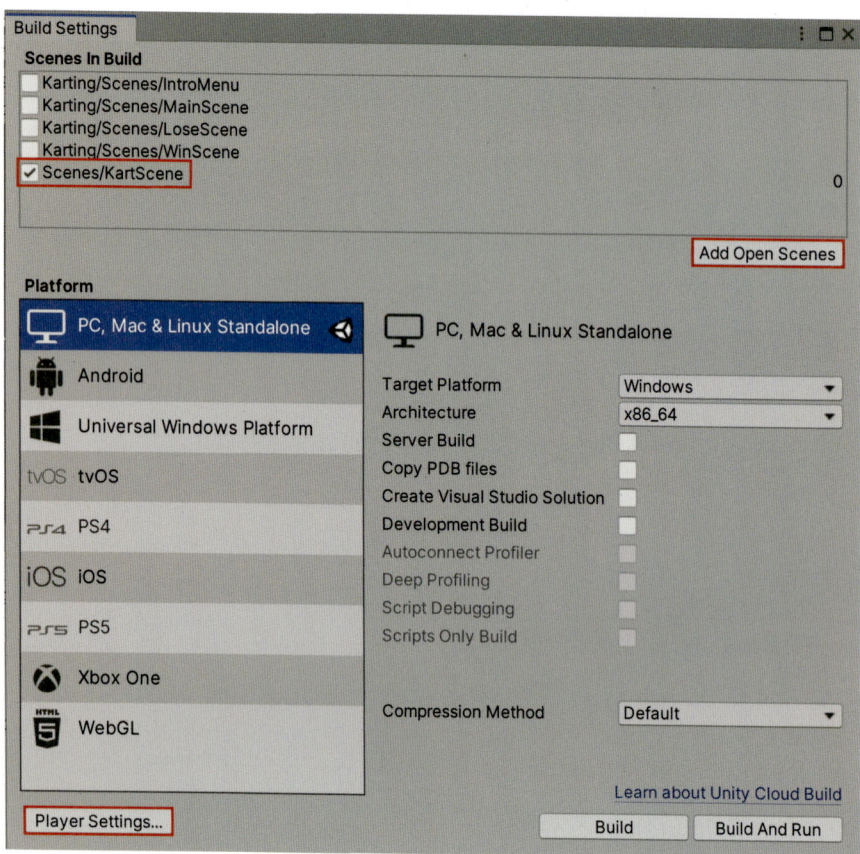

그림 8-32. 빌드 관련 설정

Player Settings 창이 나오면 Product Name을 Kart로 지정하고, 창을 닫은 뒤 [Build] 버튼을 클릭해 빌드를 진행합니다.

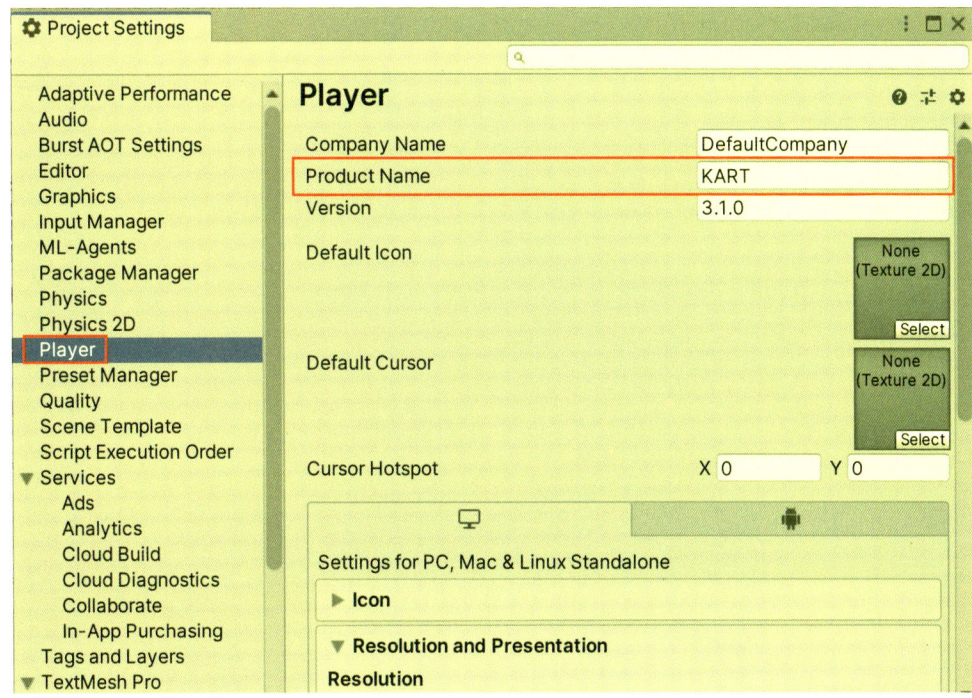

그림 8-33. 빌드 이름 설정

빌드 완료 후 실행 파일을 더블클릭하면 환경이 정상적으로 작동하는지 확인할 수 있습니다. 직접 환경을 플레이 한 이후 환경을 종료하면 Kart_Data/Demonstrations 폴더에서 사람의 플레이 데이터를 저장한 데모 파일을 얻을 수 있습니다.

그림 8-34. Demonstration 파일 생성 확인

지금까지 카트레이싱 환경을 제작하고, 모방학습을 위해 사람의 플레이 데이터인 데모 파일을 얻는 방법을 알아봤습니다. 이번 장에서 설명한 유니티 프로젝트는 아래의 깃허브 주소에서 확인할 수 있습니다.

> 이번 장에서 설명한 전체 코드는 아래의 깃허브 주소에서 확인할 수 있습니다.
> https://github.com/reinforcement-learning-kr/Unity_ML_Agents_2.0/tree/main/unity_project/Kart

09

Behavioral Cloning (BC)

학습 목표

- 강화학습 알고리즘인 Behavioral Cloning(BC) 알고리즘의 이론을 학습한다.
- 파이썬과 파이토치를 이용해 BC 코드를 작성하고 카트레이싱 환경을 학습한다.

목차

9.1 Behavioral Cloning 알고리즘의 개요
9.2 Behavioral Cloning 알고리즘의 기법
9.3 Behavioral Cloning 학습
9.4 Behavioral Cloning 코드
9.5 ml-agents의 내장 Imitation Learning 사용

이번 장에서 설명한 전체 코드는 아래의 깃허브 주소에서 확인할 수 있습니다.

https://github.com/reinforcement-learning-kr/Unity_ML_Agents_2.0/blob/main/agents/09.behavioral_cloning.py

9.1 Behavioral Cloning 알고리즘의 개요

이번 절에서는 Behavioral Cloning(BC)이 어떤 알고리즘이고, 어떤 특징이 있으며 어떤 과정으로 알고리즘이 진행되는지 알아보겠습니다. 일반적인 강화학습 알고리즘은 에이전트가 환경에서 직접 시행착오를 겪어가면서 보상을 최대화하는 방향으로 행동을 학습합니다. 하지만 강화학습과는 다른 모방학습이라는 기법이 있습니다. 모방학습은 전문가, 즉 사람이 직접 환경을 플레이한 데이터(전문가 데이터)를 이용해 알고리즘이 전문가가 취한 행동을 모방하도록 학습하는 알고리즘입니다. 여기서 전문가 데이터란 상태, 행동, 보상으로 구성된 데이터입니다. BC도 이 모방학습의 한 종류로서 사람의 데이터를 기반으로 이 행동을 모방하도록 하는 기초적인 알고리즘입니다. BC 알고리즘의 전체 흐름을 그림으로 나타내면 다음과 같습니다.

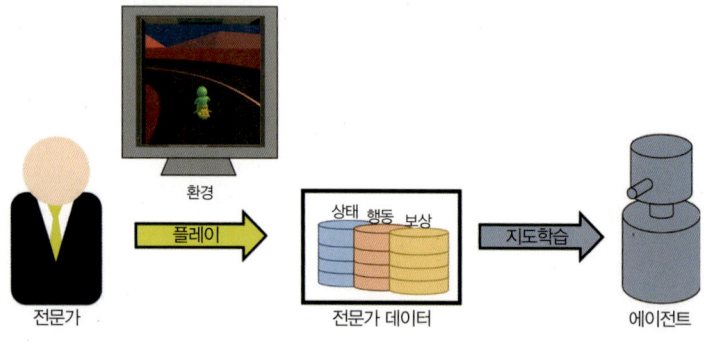

그림 9-1. BC 알고리즘의 전체 개요도

9.2 Behavioral Cloning 알고리즘의 기법

이번 절에서는 이 책에서 사용한 BC 알고리즘에서 모방학습의 성능을 높이기 위해 지도학습 외에 추가로 적용한 기법을 설명하겠습니다.

9.2.1 보상이 음수인 데이터 제외하기

BC는 전문가의 플레이 데이터를 그대로 모방하려고 합니다. 따라서 전문가가 실수를 하는 경우에 좋지 않은 행동까지도 그대로 모방하려고 합니다. 이런 좋지 못한 행동은 제외하고 모방학습을 수행하는 것이 더 좋다고 판단했기 때문에 이 책에서 사용한 BC 코드에서는 전문가의 플레이를 통해 기록된 (상태, 행동, 반환값) 데이터에서 반환값이 음수인 데이터를 제외한 나머지 데이터만 가지고 모방학습 알고리즘을 학습합니다.

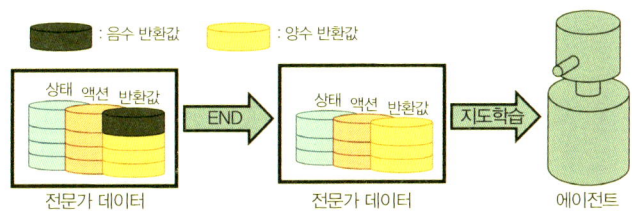

그림 9-2. 보상이 음수인 데이터 제외

9.3 Behavioral Cloning 학습

이번 절에서는 BC에서 전문가 데이터를 이용해 에이전트를 지도학습 하는 방법을 살펴보겠습니다. BC의 학습 방법은 환경에서 보상을 최대화하는 행동을 학습하는 일반적인 강화학습 알고리즘과 달리 전문가를 모방하여 환경을 플레이하는 것이라고 했습니다. 이를 위해 BC는 지도학습 방법으로 매 상태에 대해 전문가가 취한 행동을 모방하도록 학습합니다.

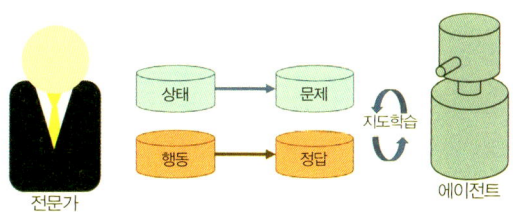

그림 9-3. 전문가 데이터를 이용한 지도학습

여기서 상태는 문제이며 행동은 이에 대한 정답으로 생각할 수 있기 때문에 에이전트 입장에서 BC의 학습 과정은 문제에 대한 정답을 맞추는 일반적인 회귀(regression) 문제를 푸는 것과 같습니다. 따라서 BC 알고리즘의 손실 함수는 평균 제곱 오차(Mean Squared Error, MSE)를 사용하고 이를 최소화하는 방향으로 학습하게 됩니다.

9.4 Behavioral Cloning 알고리즘 코드

이번 절에서는 BC 알고리즘의 코드를 살펴보겠습니다. 먼저 BC 코드가 어떻게 구성돼 있는지 살펴보겠습니다. BC 알고리즘의 전체 코드의 구성은 다음과 같이 4개의 부분으로 나눌 수 있습니다.

그림 9-4. BC 코드의 구성

먼저 첫 번째 부분에서는 라이브러리를 불러오고 파라미터 값을 설정합니다. 여기에서는 BC 알고리즘 구현에 필요한 라이브러리와 파라미터 값을 설정합니다.

두 번째 부분에서는 BC 알고리즘에서 사용할 인공신경망의 구조를 결정하고, 네트워크 학습을 위한 최적화 기법을 결정합니다.

세 번째 부분인 Agent 클래스에서는 BC 알고리즘에서 사용할 에이전트에 필요한 함수들을 구현합니다.

마지막 부분은 Main 함수입니다. Main 함수에서는 Model 클래스와 Agent 클래스에서 정의한 다양한 함수들을 이용해 학습을 진행합니다.

9.4.1 라이브러리 불러오기 및 파라미터 값 설정

라이브러리 불러오기

먼저 BC 알고리즘을 구현하는 데 필요한 라이브러리를 불러옵니다.

```python
# 라이브러리 불러오기
import numpy as np
import datetime
import platform
import torch
import torch.nn.functional as F
from torch.utils.tensorboard import SummaryWriter
from mlagents_envs.environment import UnityEnvironment, ActionTuple
from mlagents_envs.side_channel.engine_configuration_channel\
                import EngineConfigurationChannel
```

```
from mlagents.trainers.demo_loader import demo_to_buffer
from mlagents.trainers.buffer import BufferKey, ObservationKeyPrefix
```

불러온 각 라이브러리를 살펴보겠습니다.

- demo_to_buffer : Demonstration 정보를 불러와 buffer로 변환하는 함수입니다.
- BufferKey : Demonstration에서 불러온 정보가 담긴 buffer에서 특정 정보를 불러오는 Key를 관리하는 Enum 클래스입니다.
- ObservationKeyPrefix : Demonstration에서 불러온 정보가 담긴 buffer에서 관측 정보를 불러오는 Key를 관리하는 Enum 클래스입니다.

위 함수 및 클래스가 이용되는 데이터 처리 과정을 조금 더 살펴보겠습니다. 먼저 demonstration 정보를 demo_to_buffer 함수를 통해 buffer로 변환합니다. 그다음 ObservationKeyPrefix 클래스를 이용해 obs 정보를 가져오고, BufferKey 클래스를 이용해 action, reward, done 정보를 가져옵니다.

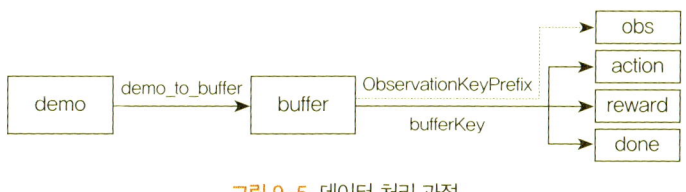

그림 9-5. 데이터 처리 과정

파라미터 값 설정

이제 BC 알고리즘을 위한 파라미터 값을 정의하고 그 값을 지정합니다.

파라미터 값을 설정하는 코드를 부분별로 나눠서 자세히 살펴보겠습니다. 이전 장에서 설명했던 파라미터와 중복되는 부분은 설명에서 제외했습니다.

BC 알고리즘은 수치적 관측을 사용합니다. 수치적 관측 정보는 카트의 현재 속도 정보, 카트 진행 방향과 다음 목적지까지의 벡터 사이의 내적 정보, 8개의 Raycast 정보, 가속 여부 정보로 이뤄져 있습니다.

state_size는 12개의 수치적 관측 정보를 4번 쌓아서 사용하므로 48로 설정합니다. action_size는 좌우 조향 제어의 값을 -1부터 1까지 연속적인 행동으로 사용하므로 1로 설정합니다. train_epoch은 지도학습 에포크 횟수로, 500으로 설정합니다.

```python
# Behavioral Cloning을 위한 파라미터 값 세팅
state_size = 12 * 4
action_size = 1

load_model = False
train_mode = True

batch_size = 128
learning_rate = 3e-4
discount_factor = 0.9

train_epoch = 500
test_step = 10000

print_interval = 10
save_interval = 100
```

유니티 환경 불러오기

빌드된 유니티 환경을 불러오는 코드입니다.

```python
# 유니티 환경 경로
game = "Kart"
os_name = platform.system()
if os_name == 'Windows':
    env_name = f"../envs/{game}_{os_name}/{game}"
elif os_name == 'Darwin':
    env_name = f"../envs/{game}_{os_name}"

# 모델 저장 및 불러오기 경로
date_time = datetime.datetime.now().strftime("%Y%m%d%H%M%S")
save_path = f"./saved_models/{game}/BC/{date_time}"
load_path = f"./saved_models/{game}/BC/20211218163225"

# Demonstration 경로
demo_path = "../demo/KartAgent.demo"

# 연산 장치
device = torch.device("cuda" if torch.cuda.is_available() else "cpu")
```

demo_path는 학습에 사용할 Demonstration 파일의 경로를 의미합니다.

```python
# Demonstration 경로
demo_path = "../demo/KartAgent.demo"
```

9.4.2 Model 클래스

Actor 클래스에서는 BC 알고리즘에서 사용할 네트워크의 레이어와 구조를 정의합니다. Actor 클래스는 DDPG에서 사용한 Actor 클래스와 동일합니다.

```python
# Actor 클래스 -> Behavioral Cloning Actor 클래스 정의
class Actor(torch.nn.Module):
    def __init__(self):
        super(Actor, self).__init__()
        self.fc1 = torch.nn.Linear(state_size, 128)
        self.fc2 = torch.nn.Linear(128, 128)
        self.mu = torch.nn.Linear(128, action_size)

    def forward(self, state):
        x = torch.relu(self.fc1(state))
        x = torch.relu(self.fc2(x))
        return torch.tanh(self.mu(x))
```

9.4.3 Agent 클래스

Agent 클래스를 살펴보겠습니다. BCAgent 클래스에는 BC 알고리즘을 위한 함수를 정의합니다. 해당 클래스는 init, get_action, train_model, save_model, write_summary 총 5개의 함수로 이뤄져 있습니다. 전체 구조는 다음과 같습니다.

```python
# BCAgent 클래스 -> Behavioral Cloning 알고리즘을 위한 다양한 함수 정의
class BCAgent():
    def __init__(self):
        … 생략 …

    # 행동 결정
    def get_action(self, state, training=False):
```

```
        ... 생략 ...

    # 학습 수행
    def train_model(self, state, action):
        ... 생략 ...

    # 네트워크 모델 저장
    def save_model(self):
        ... 생략 ...

    # 학습 기록
    def write_summray(self, loss, epoch):
        ... 생략 ...
```

먼저 BCAgent 클래스 객체가 만들어질 때 실행되는 init 함수를 살펴보겠습니다. init 함수에서는 Actor 클래스에서 정의한 네트워크 모델들을 생성합니다. optimizer는 Adam을 사용했고, 텐서보드에 진행 상황을 기록하기 위해 writer 객체를 생성합니다.

```
    def __init__(self):
        self.actor = Actor().to(device)
        self.optimizer = torch.optim.Adam(self.actor.parameters(), lr=learning_rate)
        self.writer = SummaryWriter(save_path)

        if load_model == True:
            print(f"... Load Model from {load_path}/ckpt ...")
            checkpoint = torch.load(load_path+'/ckpt', map_location=device)
            self.actor.load_state_dict(checkpoint["actor"])
            self.optimizer.load_state_dict(checkpoint["optimizer"])
```

get_action 함수는 에이전트의 행동을 계산하는 함수입니다. 해당 함수는 상태와 학습 모드를 입력으로 받고, training 여부에 따라 네트워크를 학습 모드 또는 평가 모드로 설정합니다. 그리고 행동 값으로 사용할 신경망의 출력을 반환합니다.

```
    # 행동 결정
    def get_action(self, state, training=False):
        # 네트워크 모드 설정
        self.actor.train(training)
        action = self.actor(torch.FloatTensor(state).to(device)).cpu().detach().numpy()
        return action
```

다음으로 train_model 함수를 살펴보겠습니다. 그림 9-6과 같이 train_model 함수는 state와 action을 입력으로 받습니다. 그리고 한 에포크 안에서 얻는 loss 값들을 저장하기 위해 losses 리스트를 초기화합니다. 그다음 미니 배치 학습에 사용할 랜덤 인덱스를 만들고, 랜덤 인덱스를 배치 사이즈만큼 슬라이싱한 인덱스를 이용해 _state, _action을 구합니다. 그리고 _state를 actor에 입력해 action_pred를 구하고 진짜 action인 _action과 MSE loss를 구합니다. 그 후 손실 함수값을 통해 액터 네트워크를 업데이트하고, 얻은 손실 함수값을 losses 리스트에 추가합니다. 모든 데이터를 사용할 때까지 해당 작업을 반복합니다. 반복이 완료되면 loss들의 평균값을 반환합니다.

```python
# 학습 수행
def train_model(self, state, action):
    losses = []

    rand_idx = torch.randperm(len(state))
    for iter in range(int(np.ceil(len(state)/batch_size))):
        _state = state[rand_idx[iter*batch_size: (iter+1)*batch_size]]
        _action = action[rand_idx[iter*batch_size: (iter+1)*batch_size]]

        action_pred = self.actor(_state)
        loss = F.mse_loss(_action, action_pred).mean()

        self.optimizer.zero_grad()
        loss.backward()
        self.optimizer.step()
        losses.append(loss.item())

    return np.mean(losses)
```

save_model 함수와 write_summary 함수는 4장에서 다뤘으므로 자세한 설명은 생략하겠습니다.

```python
# 네트워크 모델 저장
def save_model(self):
    print(f"... Save Model to {save_path}/ckpt ...")
    torch.save({
        "actor" : self.actor.state_dict(),
        "optimizer" : self.optimizer.state_dict(),
    }, save_path+'/ckpt')
```

```python
# 학습 기록
def write_summray(self, loss, epoch):
    self.writer.add_scalar("model/loss", loss, epoch)
```

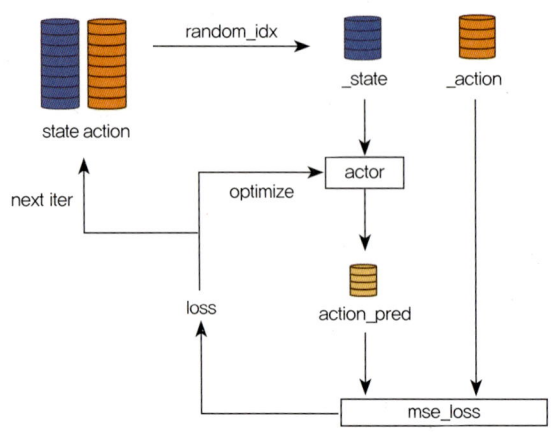

그림 9-6. train_model 함수의 학습 과정

9.4.4 Main 함수

다음으로 Main 함수를 살펴보겠습니다. Main 함수는 Actor 클래스에서 정의한 네트워크와 BCAgent에서 정의한 다양한 함수들을 이용해 학습을 진행하고 유니티 환경과 통신하며 플레이하는 함수입니다.

BC 알고리즘의 메인 함수는 학습 단계와 평가 단계로 나눌 수 있는데, 학습 단계에서는 유니티 빌드 환경을 실행하지 않고 전문가 데이터, 즉 데몬스트레이션 정보로 지도학습을 수행합니다. 학습을 진행할 때 특정 에포크마다 진행 상황을 출력하고 모델을 저장합니다. 평가 단계에서는 유니티 빌드 환경을 실행하여 학습된 에이전트로 플레이합니다. 메인 함수의 전체 코드는 다음과 같습니다.

```python
# Main 함수 -> 전체적으로 BC 알고리즘을 진행
if __name__ == '__main__':
    # BCAgent 클래스를 agent로 정의
    agent = BCAgent()

    if train_mode:
        # Demonstration 정보 가져오기
        behavior_spec, demo_buffer = demo_to_buffer(demo_path, 1)
        print(demo_buffer._fields.keys())
```

```python
        demo_to_tensor = lambda key: torch.FloatTensor(demo_buffer[key]).to(device)
        state = demo_to_tensor((ObservationKeyPrefix.OBSERVATION, 0))
        action = demo_to_tensor(BufferKey.CONTINUOUS_ACTION)
        reward = demo_to_tensor(BufferKey.ENVIRONMENT_REWARDS)
        done = demo_to_tensor(BufferKey.DONE)

        ret = reward.clone()
        for t in reversed(range(len(ret) - 1)):
            ret[t] += (1. - done[t]) * (discount_factor * ret[t+1])

        # return이 0보다 큰 (state, action) pair만 학습에 사용.
        state, action = map(lambda x: x[ret > 0], [state, action])
        losses = []
        for epoch in range(1, train_epoch+1):
            loss = agent.train_model(state, action)
            losses.append(loss)

            # 텐서보드에 손실 함수값 기록
            if epoch % print_interval == 0:
                mean_loss = np.mean(losses)
                print(f"{epoch} Epoch / Loss: {mean_loss:.8f}" )
                agent.write_summray(mean_loss, epoch)
                losses = []

            if epoch % save_interval == 0:
                agent.save_model()

# 빌드 환경에서 Play 시작
print("PLAY START")

# 유니티 환경 경로 설정 (file_name)
engine_configuration_channel = EngineConfigurationChannel()
env = UnityEnvironment(file_name=env_name,
                      side_channels=[engine_configuration_channel])
env.reset()

# 유니티 브레인 설정
behavior_name = list(env.behavior_specs.keys())[0]
spec = env.behavior_specs[behavior_name]
```

```python
engine_configuration_channel.set_configuration_parameters(time_scale=1.0)
dec, term = env.get_steps(behavior_name)

# TEST 시작
episode, score = 0, 0
for step in range(test_step):
    state = dec.obs[0]
    action = agent.get_action(state, False)
    action_tuple = ActionTuple()
    action_tuple.add_continuous(action)
    env.set_actions(behavior_name, action_tuple)
    env.step()

    dec, term = env.get_steps(behavior_name)
    done = len(term.agent_id) > 0
    reward = term.reward if done else dec.reward
    next_state = term.obs[0] if done else dec.obs[0]
    score += reward[0]
    if done:
        episode += 1

        # 게임 진행 상황 출력
        print(f"{episode} Episode / Step: {step} / Score: {score:.2f} ")
        score = 0

env.close()
```

이제 메인 함수를 자세히 살펴보겠습니다.

먼저 BCAgent 객체를 생성해 agent로 설정합니다. 그리고 학습에 사용할 전문가 데이터(Demostration) 정보를 demo_to_buffer 함수로 가져와 demo_buffer에 저장합니다. 그리고 demo_buffer의 필드 안에 존재하는 key를 출력해 어떤 정보가 있는지 확인합니다.

```python
# BCAgent 클래스를 agent로 정의
agent = BCAgent()

if train_mode:
    # Demonstration 정보 가져오기
    behavior_spec, demo_buffer = demo_to_buffer(demo_path, 1)
```

```python
print(demo_buffer._fields.keys())
```

다음으로 demo_buffer 안에 있는 정보 중 해당 키의 정보를 텐서로 리턴하는 함수를 demo_to_tensor로 설정합니다. 그리고 demo_to_tensor에 BufferKey, ObservationKeyPrefix 정보 등을 입력해 state, action, reward, done 텐서들을 구합니다. 다음으로 0보다 큰 반환값을 가지는 데이터만 추출해 네거티브한 데이터는 학습에서 제외시키기 위해 reward와 done 정보를 이용해 반환값을 구합니다. 그리고 반환 값이 0보다 큰 인덱스들을 구하고 state, action 정보에서 해당 인덱스 정보만 가져옵니다.

```python
demo_to_tensor = lambda key: torch.FloatTensor(demo_buffer[key]).to(device)
state = demo_to_tensor((ObservationKeyPrefix.OBSERVATION, 0))
action = demo_to_tensor(BufferKey.CONTINUOUS_ACTION)
reward = demo_to_tensor(BufferKey.ENVIRONMENT_REWARDS)
done = demo_to_tensor(BufferKey.DONE)

ret = reward.clone()
for t in reversed(range(len(ret) - 1)):
    ret[t] += (1. - done[t]) * (discount_factor * ret[t+1])

# return이 0보다 큰 (state, action) pair만 학습에 사용.
state, action = map(lambda x: x[ret > 0], [state, action])
```

이어서 전처리된 state, action 데이터를 통해 train_epoch만큼 지도학습을 시작하고, 매 에포크마다 에이전트의 train_model을 통해 얻은 손실값을 losses 리스트에 추가합니다. 그리고 print_interval 값의 주기가 되면 손실 함수값들의 평균을 구해 진행 상황을 출력하고 agent의 write_summary 함수를 통해 텐서보드에 기록합니다. 그 후 save_interval 값의 주기가 되면 agent의 save model 함수를 통해 모델을 저장합니다.

```python
losses = []
for epoch in range(1, train_epoch+1):
    loss = agent.train_model(state, action)
    losses.append(loss)

    # 텐서보드에 손실 함수값 기록
    if epoch % print_interval == 0:
        mean_loss = np.mean(losses)
        print(f"{epoch} Epoch / Loss: {mean_loss:.8f}" )
        agent.write_summray(mean_loss, epoch)
```

```
            losses = []

    if epoch % save_interval == 0:
        agent.save_model()
```

학습 단계를 마치면 이제 빌드 환경에서 학습된 에이전트로 플레이를 시작합니다. 유니티 환경과 상호 작용하는 시퀀스는 기존과 동일하므로 설명을 생략하겠습니다.

```
# 빌드 환경에서 Play 시작
print("PLAY START")
```

코드 작성을 완료하였다면 다음 명령어를 통해 학습을 진행합니다. 스크립트 작성을 마쳤으면 해당 파일을 저장합니다. 이 책에서는 09.behavioral_cloning.py이라는 이름으로 파일을 저장했습니다. 그리고 다음과 같은 명령어를 명령 프롬프트에 입력하여 학습을 진행합니다.

```
python 09.behavioral_cloning.py
```

9.4.5 학습 결과

학습 결과에서는 텐서보드를 실행해 학습하는 동안 기록한 정보를 확인해보겠습니다. 다음과 같이 이전에 설정했던 save_path 경로를 확인하면 텐서보드 파일과 네트워크 모델이 저장돼 있습니다.

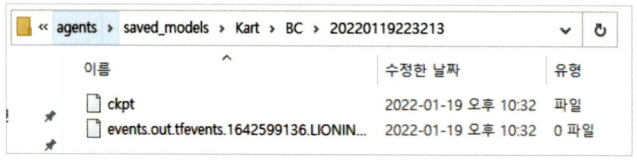

그림 9-7. 텐서보드 및 네트워크 모델 저장 경로

콘솔창을 열고 Kart/BC 폴더 경로로 이동한 후 다음 명령어로 텐서보드를 실행합니다.

```
tensorboard --logdir="./"
```

인터넷 브라우저를 열고 http://localhost:6006에 접속해 텐서보드를 열어줍니다. 텐서보드를 열면 저장한 정보에 대한 그래프를 확인할 수 있습니다. 그래프를 보면 손실 함수값이 감소하는 것을 볼 수 있습니다. 이는 에이전트의 예측 행동과 실제 행동이 비슷해짐을 의미합니다.

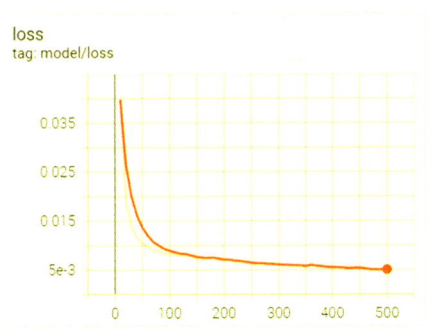

그림 9-8. 텐서보드에서 확인한 학습 결과 그래프

테스트 결과를 확인하기 위해 BC 스크립트를 열고 파라미터를 변경하겠습니다. load_model 파라미터는 True로 변경해 저장된 네트워크를 사용하게 합니다. 그리고 train_mode는 False로 변경해 평가 모드가 실행되게 합니다. 마지막으로 load_path에는 학습 결과를 테스트할 모델 경로를 입력합니다.

```
load_model = True
train_mode = False

load_path = f"./saved_models/{game}/BC/20211218163225"
```

변경된 코드로 BC 스크립트를 실행하면 에이전트가 학습된 대로 벽에 부딪히지 않고 카트 환경을 잘 플레이하는 모습을 확인할 수 있습니다.

9.5 ml-agents의 내장 Imitation Learning 사용

이번 절에서는 유니티 ML-Agents에서 제공하는 모방학습 알고리즘의 종류를 알아보고, 해당 알고리즘을 이용해 카트 환경에 대한 학습을 진행해보겠습니다. 우선 유니티 ML-Agents에서는 2가지 모방학습 알고리즘을 제공합니다. 첫 번째는 이번 장에서 학습한 Behavioral Cloning, BC이며, 두 번째는 Generative Adversarial Imitation Learning, 줄여서 GAIL입니다. 이번 장에서 Python API를 사용해 직접 구현한 BC는 전문가 데이터만으로 이를 모방하는 행동을 수행하도록 학습했습니다.

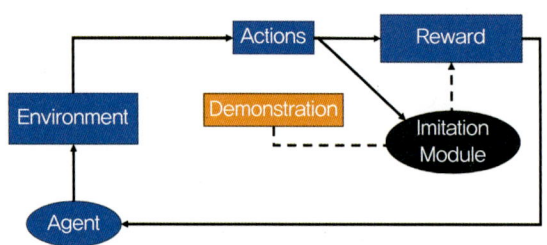

그림 9-9. ml-agent에서의 모방학습 구조

ml-agents에서는 강화학습 알고리즘인 PPO나 SAC의 에이전트를 학습하면서 사람의 데이터를 통해 학습을 보조하는 방식으로 모방학습 알고리즘을 사용합니다(그림 9-9). 이때 모방학습 알고리즘이 따로 내재보상이라는 것을 도출하는데 이는 강화학습 에이전트의 행동과 사람의 행동이 유사할수록 큰 보상을 도출하여 강화학습 에이전트의 행동이 사람의 행동과 유사해지도록 유도합니다. 이 내재보상을 환경에서 제공하는 보상에 더해 줌으로써 간접적으로 학습을 보조합니다. 따라서 기존 알고리즘에 간단하게 모방학습 관련 파라미터를 추가하는 것으로 모방학습을 적용할 수 있습니다. 다음으로 ml-agents에서 제공하는 모방학습 알고리즘을 살펴보겠습니다.

9.5.1 ML-Agents에서 제공하는 Behavioral Cloning 알고리즘

먼저 BC은 이번 장의 앞부분에서 배웠듯이 그림 9-3처럼 지도학습 방법으로 매 상태에 대해 전문가의 경험을 바탕으로 그 행동을 모방하도록 학습합니다. 따라서 이 방법은 품질이 좋지 않은 전문가 데이터에 대해서도 이를 모방하도록 학습되기 때문에 전문가 데이터의 품질이 중요합니다. 또한 다양한 경험에 대한 전문가 데이터의 양이 많아야 이런 다양한 상황에 대해 좋은 성능을 보이도록 학습이 가능합니다.

9.5.2 ML-Agents에서 제공하는 GAIL 알고리즘

다음 모방학습은 GAIL입니다. GAIL에 대해서는 깊게 다루지 않고 간략하게 콘셉트만 다루겠습니다. 우선 GAIL을 이해하려면 Generative Adversarial Network, GAN이라는 기법에 대한 기본적인 이해가 필요합니다.

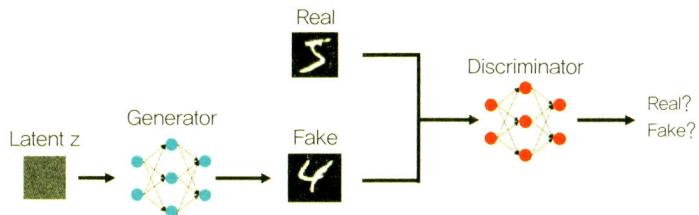

그림 9-10. GAN 학습 네트워크의 구조

GAN에서는 두 종류의 네트워크를 사용합니다. 첫 번째로는 노이즈로부터 실제 데이터와 유사한 데이터를 생성하는 Generator가 있고 두 번째는 Generator가 생성한 가짜 데이터와 실제 데이터를 구분하는 Discriminator가 있습니다. 그리고 GAN에서의 Discriminator는 진짜 데이터와 가짜 데이터를 더욱 잘 구분하도록 학습을 수행하고, Generator는 Discriminator가 구분하지 못하게 더 실제적인 데이터를 만들도록 서로 경쟁적으로 학습을 수행합니다. 이처럼 GAIL은 모방학습에 GAN에서 사용하는 Discriminator 네트워크를 적용한 알고리즘입니다.

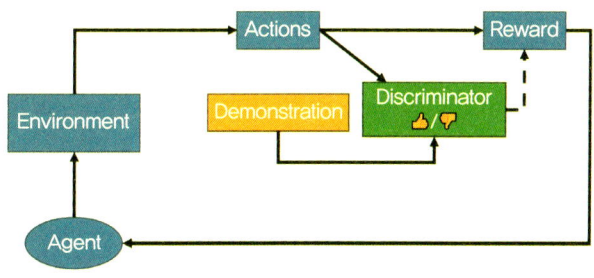

그림 9-11. GAIL 강화학습의 구조

그림 9-11과 같이 GAIL에서 Discriminator Network는 전문가 데이터의 행동과 정책을 통해 얻은 행동을 구분하는 역할을 합니다. 그리고 Discriminator에서 도출된 두 행동의 차이를 최소화시키는 방향으로 정책이 업데이트되도록 학습을 수행합니다. BC와 달리 네트워크를 하나 더 가지고 있어 복잡해 보일 수도 있지만 단순하게 데모 경험을 따라 하는 것만이 아닌 도출된 행동이 데모 경험과 얼마나 비슷하게 학습되고 있는지 판단함으로써, 한정된 수의 데모 환경이나 불완전한 데모를 통해서도 효과적으로 사용될 수 있는 장점이 있습니다.

9.5.3 모방학습을 위한 Config 파일 설정

mlagent에서 제공하는 2가지 모방학습은 다음과 같이 해당하는 학습의 파라미터를 추가하는 것으로 사용할 수 있습니다. BC에 대한 파라미터, GAIL에 대한 파라미터를 따로 작성해 각 방법으로 모방학습을 사용할 수도 있고, 다음과 같이 함께 작성된 Config파일(.yaml)을 이용해 두 방법을 함께 사용할 수 있습니다. 이어서 GAIL과 BC을 위한 각 파라미터를 살펴보겠습니다.

```yaml
behaviors:
  ArcadeDriver:
    trainer_type: ppo
    hyperparameters:
      batch_size: 128
      buffer_size: 2048
      learning_rate: 0.0003
      beta: 0.01
      epsilon: 0.2
      lambd: 0.95
      num_epoch: 3
      learning_rate_schedule: linear
    network_settings:
      normalize: false
      hidden_units: 128
      num_layers: 2
      vis_encode_type: simple
    reward_signals:
      extrinsic:
        gamma: 0.99
        strength: 1.0
      gail:
        gamma: 0.99
        strength: 0.05
        network_settings:
          normalize: false
          hidden_units: 64
          num_layers: 2
          vis_encode_type: simple
        learning_rate: 0.0003
        use_actions: true
        use_vail: false
        demo_path: demo/KartAgent.demo
    keep_checkpoints: 5
    max_steps: 50000
    time_horizon: 64
```

```
summary_freq: 1000
behavioral_cloning:
demo_path: demo/KartAgent.demo
steps: 0
strength: 0.05
samples_per_update: 512
```

먼저 GAIL에 대한 파라미터를 살펴보겠습니다.

```
gail:
  gamma: 0.99
  strength: 0.05
  network_settings:
    normalize: false
    hidden_units: 64
    num_layers:   2
    vis_encode_type:  simple
  learning_rate: 0.0003
  use_actions: true
  use_vail: false
  demo_path: demo/KartAgent.demo
```

- gamma는 감가율을 의미하지만, 환경에서 제공받는 보상에 대한 감가율이 아니라 GAIL을 통해 생성된 내재 보상에 대한 감가율입니다.

- strength는 전문가 데이터를 모방하는 속도에 대한 변수입니다. 좀 더 자세히 말하면 strength는 모방학습에 대한 보상에 곱해주는 계수인데, 만약 strength가 높다면 모방학습에 의한 보상이 상대적으로 커져 모방학습에 집중해 학습이 진행됩니다. 따라서 데모의 품질이 좋지 않을수록 이 값을 낮게 설정해 강화학습을 이용한 학습이 주요하게 이뤄지게 해야 합니다.

- network_settings는 Discriminator 네트워크의 구성으로 다른 network_settings와 같이 normalize, hidden_units, num_layers 등을 설정할 수 있습니다.

- learning_rate는 Discriminator 네트워크의 학습율입니다.

- use_actions는 전문가 데이터의 경험을 기반으로 모방을 할지 다른 행동을 취할지에 대한 변수입니다. True로 한다면 데모 경험을 기반으로 모방하는 학습 방법을 취하게 되며, False로 한다면 데모 경험과 다른 행동을 취하며 학습을 하게 됩니다. 따라서 False로 설정하면 학습이 느려지는 단점이 있지만, 데모 경험이 불안정한 경우 False로 하여 안정적인 학습을 할 수 있습니다.

- use_vail은 높은 보상에 대한 평준화를 할지에 대한 Bool 변수입니다. 쉽게 말해 이를 참으로 설정하면 Discriminator 학습에서 높은 보상만을 목표로 하는 것이 아닌 평균적인 보상을 높여 편향된 학습을 막아 더욱 일반적이고 안정적인 학습을 할 수 있습니다. 이 또한 훈련 시간이 증가하는 단점이 있지만 모방학습이 불안정하거나 데모의 품질이 안 좋을 경우 이를 활성화하는 것이 좋습니다.
- demo_path는 학습에 사용되는 데모의 파일 경로를 지정해주면 됩니다.

다음으로는 BC에 대한 파라미터를 살펴보겠습니다.

```
behavioral_cloning:
    demo_path: demo/KartAgent.demo
    steps: 0
    strength: 0.05
    samples_per_update: 512
```

- BC 파라미터에서도 마찬가지로 demo_path를 통해 학습에 사용될 데모 파일의 경로를 지정합니다.
- steps는 하나의 에피소드에서 모방학습이 적용되는 시점으로 에피소드의 시작부터 모방학습을 적용하기 위해서는 0으로 설정합니다.
- strength는 GAIL에서와 마찬가지로 모방학습이 에이전트의 정책에 영향을 미치는 정도에 대한 변수로 모방에 대한 보상에 곱해 사용합니다. 일반적으로 1.0으로 설정해 일반 학습에 대한 비중과 모방학습에 대한 비중을 같게 합니다.
- samples_per_update는 모방학습 중 한 번의 업데이트에 사용될 최대 샘플의 수 입니다. 일반적으로 0으로 설정해 업데이트 단계에서 모든 데모를 학습시킵니다.

9.5.4 ml-agent에서의 모방학습 결과

모방학습 파라미터들을 포함한 Config 파일 작성이 끝났다면 기존에 mlagents-learn을 이용해 학습을 진행한 방법과 동일하게 Config 설정을 수행한 yaml 파일의 위치, 빌드된 환경 파일의 위치, 마지막으로 run id와 함께 명령어를 입력합니다.

```
mlagents-learn [trainer-path] --env=[env-path]/build_name --run-id=[run-id]
```

다음은 이전 장에서 제작한 카트레이싱 환경에 모방학습을 적용한 PPO를 통해 학습한 결과입니다.

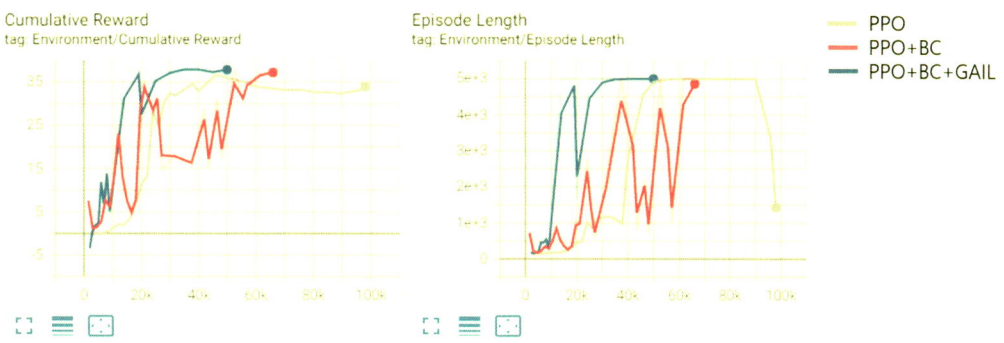

그림 9-12. ml-agent 모방학습의 결과 그래프

여기서는 보상과 에피소드의 길이 두 가지 결과를 살펴보겠습니다. 총 3가지의 비교군이 있으며 일반 PPO 학습, PPO와 BC를 함께 사용한 학습, 마지막으로 PPO와 BC, GAIL까지 함께 사용한 학습으로 구성돼 있습니다. 주목할만한 점은 GAIL까지 함께 사용한 학습이 가장 빠른 수렴을 보여주었습니다. 그리고 이번 학습 환경이 복잡하지 않은 환경이기 때문에 일반 학습이 빠르게 진행되어 BC를 함께 사용한 경우보다 다소 늦게 수렴하는 것을 확인할 수 있었습니다. 최종적인 보상은 PPO만 적용했을 때와 비교해 조금 더 높은 것을 확인할 수 있습니다.

지금까지 모방학습 중 Behavior Cloning의 이론과 기법, 그리고 학습 과정을 알아봤습니다. 그리고 Python API를 통해 Behavior Cloning 알고리즘의 코드를 직접 구현해보고, 8장에서 직접 구현한 카트 환경에서 Behavior Cloning 알고리즘의 성능을 테스트해봤습니다. 마지막으로 ml-agents에서 제공하는 모방학습 알고리즘의 사용 방법에 대해 알아보고 직접 Config를 설정하여 카트 환경에 모방학습을 적용해보았습니다.

> 이번 장에서 설명한 전체 코드는 아래의 깃허브 주소에서 확인할 수 있습니다.
>
> https://github.com/reinforcement-learning-kr/Unity_ML_Agents_2.0/blob/main/agents/09_behavioral_cloning.py

10

마무리

학습 목표

- 이 책에서 살펴본 내용을 정리한다.
- 강화학습, 유니티 ML-Agents의 추가 학습을 위한 자료들을 소개한다.
- 응용편에서 진행할 내용에 대해 살펴본다.

목차

10.1 기초편 내용 정리
10.2 강화학습과 유니티를 위한 추가 학습 자료
10.3 응용편에서 살펴볼 내용

10.1 기초편 내용 정리

우선 이번 기초편에서 배운 강의 내용을 다시 살펴보겠습니다. 우선 강화학습의 기초 용어와 이론에 대해 배웠고 유니티의 설치와 기초 사용법에 대해서 알아보았습니다. 다음으로 유니티 ML-Agents의 설치 및 ML-Agents를 구성하는 요소들을 살펴보았습니다. 그리고 기본적인 ML-Agents의 사용법을 살펴보았습니다.

첫번째로 mlagents-learn을 통해 ML-Agents에서 제공하는 강화학습 알고리즘인 PPO로 3DBall 환경에서 에이전트를 학습시켰습니다. 두번째로 Python-api를 사용하여 랜덤하게 3DBall 환경의 에이전트를 제어했습니다.

여기까지의 내용 이후로는 유니티와 ML-Agents를 이용해 강화학습 환경 제작하고 강화학습 알고리즘의 이론 학습 및 구현을 진행했습니다.

이때 제작한 환경은 그리드월드, 드론, 카트레이싱 환경이었습니다. 그리드월드 환경에서는 이산적인 행동 환경을 제작했으며 드론 환경에서는 연속적인 행동 환경을 제작했습니다. 마지막으로 카트레이싱 환경에서는 모방학습을 위한 데모 파일을 얻는 방법에 대해 알아보았습니다.

강화학습 알고리즘의 이론 학습 및 구현에서는 Deep Q Network(DQN), Advantage Actor Critic(A2C), Deep Deterministic Policy Gradient(DDPG), Behavioral Cloning(BC), 이렇게 4가지 알고리즘을 살펴보고 해당 알고리즘들을 구현하여 위의 환경들에서 학습을 수행하고 그 결과를 확인했습니다.

이렇게 이번 기초편에서 유니티 ML-Agents를 사용하기 위한 기본적인 요소들인 유니티, 유니티 ML-Agents, 강화학습 알고리즘에 대해 살펴보았습니다.

10.2 추가 학습 자료

이 책을 통해 배운 내용들을 더욱 잘 응용하기 위해서는 기본적으로 유니티의 사용이나 강화학습에 대한 더 깊은 이해가 있으면 좋습니다. 이에 따라 이번 절에서는 유니티와 강화학습에 대한 더 심층적인 공부를 진행할 수 있는 자료들에 대해 소개하겠습니다.

10.2.1 유니티

먼저 유니티 공부를 위한 추가 자료들을 소개하겠습니다. 유니티 ML-Agents를 사용하여 환경을 제작하는 경우 우선 유니티를 통해 환경을 모두 제작하여 ML-Agents 설정을 진행하였습니다. 이에 따라 더 좋은 환경, 혹은 여러분이 원하는 환경을 만들기 위해서는 기본적으로 유니티를 잘 사용할 수 있는 능력이 필요합니다. 유니티 학습을 위한 첫번째 자료는 Unity Learn[1] 입니다. 이는 유니티에서 공식적으로 제공하는 교육 프로그램이며 기초부터 고급까지 다양한 난이도의 강의 내용을 제공합니다. 제공하는 내용도 튜토리얼, 프로젝트, 강의 등 다양한 학습 내용을 제공합니다. 특히 다양한 예제 프로젝트들의 제작 내용을 포함하고 있어 해당 프로젝트 제작 강의를 따라하면서 다양한 환경을 개발할 수 있으며 이를 통해서 유니티의 기능들을 사용해볼 수 있습니다. 유니티에 대해서 더 많이 배우고 싶으신 분들은 이 Unity Learn의 내용을 참고하는 것을 추천합니다.

또한 유니티를 학습하기 위한 추가적인 자료로 유니티 메뉴얼[2]이 있습니다. 이는 유니티에서 공식적으로 제공하는 메뉴얼이며 유니티에서 제공하는 기능들과 유니티의 구성 요소들에 대한 자세한 설명을 제공합니다. 여러분이 유니티를 통해 환경을 제작하면서 의문이 생기는 요소가 있으면 해당 메뉴얼에 내용을 검색하여 해당 기능에 대한 자세한 내용을 참고하는 것을 추천합니다.

10.2.2 유니티 ML-Agents

이제 유니티 ML-Agents를 위한 참고자료를 살펴보겠습니다. ML-Agents를 위한 내용은 공식 깃허브[3]에 가장 자세하게 설명이 되어있습니다. 이 책에서도 진행한 것처럼 해당 깃허브를 통해 유니티 ML-Agents 관련 파일을 다운받아 사용할 수도 있으며 해당 깃허브의 documentation에서 ML-Agents와 관련된 다양한 요소들, 학습 방법 및 기능들에 대한 자세한 설명을 제공합니다. 유니티 머신러닝 관련해서는 자료들이 많지 않아서 현재까지는 공식 깃허브가 가장 참고하기 좋은 자료입니다.

10.2.3 강화학습

이제부터 살펴볼 내용을 강화학습 관련 추가 콘텐츠입니다. 우선 Reinforcement Learning Korea[4], 강화학습 코리아에 대해 소개하겠습니다. 강화학습 관련 국내 최대 규모의 오픈 커뮤니티로 강화학습에 대한 질문, 소식, 논문 정보 등을 공유하고 주기적으로 강화학습 관련 프로젝트를 진행합니다. 이 책

---

1 https://learn.unity.com/
2 https://docs.unity3d.com/Manual/UnityOverview.html
3 https://github.com/Unity-Technologies/ml-agents
4 https://www.facebook.com/groups/ReinforcementLearningKR/

도 RLKorea에서 진행한 프로젝트 중 하나인 유니티 ML-Agents 튜토리얼 프로젝트로 진행하였습니다. RLKorea 페이지에 가입하시면 강화학습과 관련된 다양한 정보들을 살펴볼 수 있기 때문에 강화학습 관련 공부에도 많은 도움이 될 것입니다.

다음은 How to study RL[5]입니다. 해당 페이지는 강화학습을 공부하고 싶은 분들을 위한 페이지로 RLKorea에서 정리한 다양한 강화학습 관련 내용을 포함하고 있습니다. 강화학습에 대해 소개하며 강화학습 공부 방법, 강화학습 관련 노하우, 강화학습 관련 자료를 포함하고 있습니다. 해당 자료들에서 서적이나 강의, 세미나 등을 소개하고 있으니 해당 페이지의 내용을 참고해서 강화학습에 대한 추가적인 공부를 위한 자료를 찾아보는 것을 추천합니다.

다음으로는 강화학습 관련 라이브러리를 소개하겠습니다. RLlib[6]은 분산 학습 도구로 유명한 Ray에서 개발한 강화학습을 위한 오픈소스 라이브러리입니다. 해당 라이브러리는 다양한 강화학습 관련 기능을 제공하는 오픈소스 강화학습 라이브러리로 일반 강화학습 알고리즘뿐 아니라 분산 강화학습, 멀티 에이전트, 모델 기반 강화학습 등의 알고리즘을 사용할 수 있도록 기능을 제공합니다. 해당 라이브러리는 mlagents wrapper를 제공하여 유니티 ML-Agents로 제작한 환경과 연동하여 사용도 가능합니다.

다음은 강화학습 프레임워크에 대해 소개드리겠습니다. JORLDY[7]는 카카오 엔터프라이즈에서 개발한 오픈소스 강화학습 프레임워크로 다양한 강화학습 알고리즘과 환경을 지원합니다. 해당 프레임워크는 알고리즘과 환경에 대한 추가 및 수정이 쉽다는 장점이 있으며 유니티 ML-Agents로 개발한 환경도 추가하여 사용할 수 있도록 예제 환경과 코드를 제공합니다. JORLDY에 여러분이 유니티 ML-Agents로 개발한 환경을 적용하면 해당 프레임워크에서 제공하는 다양한 알고리즘들을 통해 환경에 대한 학습을 수행할 수 있어 이 책에서 배운 알고리즘들 외에도 다른 알고리즘들을 제작한 환경에 적용해보고 싶으신 경우 JORLDY의 사용을 추천합니다.

10.3 응용편에서 살펴볼 내용

마지막으로는 응용편에서 살펴볼 내용들에 대해 말씀드리겠습니다. 이번 기초편에서는 대부분 단일 에이전트와 환경을 사용한 일반적인 환경들을 제작하였으며 알고리즘의 경우도 가장 기초적인 심층강화학습 알고리즘들을 살펴보았습니다. 응용편에서는 응용 강화학습 기법들을 위한 환경 제작 및 강화학습 알고리즘 개발을 진행할 것입니다.

---

[5] https://github.com/reinforcement-learning-kr/how_to_study_rl
[6] https://docs.ray.io/en/master/rllib/index.html
[7] https://github.com/kakaoenterprise/JORLDY

학습 내용은 다음과 같습니다. 우선 하나의 환경에서 다수의 에이전트를 제어하며 다수의 에이전트들이 경쟁하거나 협력하도록 학습하는 멀티에이전트 강화학습의 내용을 다룰 것입니다. 두 번째로는 동일 문제에 대해 쉬운 난이도부터 어려운 난이도까지 순차적으로 난이도를 조금씩 올려가며 학습하여 최종적으로 매우 어려운 문제를 풀 수 있도록 학습하는 커리큘럼 학습에 대해 배워볼 것입니다. 세 번째로는 동일한 환경을 여러 개 실행하고 해당 환경들에서 한꺼번에 데이터를 수집하여 많은 데이터를 얻은 후 학습을 수행하는 분산 강화학습에 대해 살펴볼 것입니다. 네 번째로는 어려운 탐험 환경을 위한 호기심 기반 탐험 기법에 대해 배워볼 것입니다. 어려운 탐험 환경이란 에이전트가 좋은 보상을 받기까지 많은 과정을 거쳐야하는 환경을 의미합니다. 이런 환경에서는 랜덤 탐험을 이용한 방식으로는 학습이 불가능 하고 새로운 상태를 탐험할 수 있도록 유도하는 호기심 기반 탐험 기법을 사용해야합니다. 마지막으로 가변 길이의 상태를 가지는 환경에서 학습을 수행하는 내용에 대해 살펴볼 것입니다. 즉, 환경에서 사용하는 상태의 크기가 변하는 환경에서도 효율적으로 학습을 수행할 수 있는 알고리즘에 대해 살펴볼 것입니다. 이런 응용편의 내용들은 강화학습의 실제적인 적용을 위해서 고려가 되어야 하는 요소들이 많이 있습니다.

A–D

AC2	178
action	6, 8
Actions	73
action value function	15
Actor–Critic	178
Advantage Actor–Critic	178
agent	6
Agent 클래스	160
Agent Script	76
Artificial neural network	2
Asset Store	25
Atari 환경	28
batch size	91
BC	85, 286
Behavioral Cloning	85, 286
Behavior Name	72
Behavior Parameters	71, 130
Behavior Type	75
Bellman equation	18
beta	92
bias	147
Branches	73
buffer size	91
classification	3
clustering	3
CNN	142
CollectObservations 함수	77, 120
Competitive Multi Agent	87
com.unity.ml-agents 폴더	67
com.unity.ml-agents.extensions 폴더	67
Console	45
continuous action	200
Continuous Actions	113
Convolutional Neural Network	142
Cooperative Multi Agent	88
Curiosity based Exploration	85
Curriculum Learning	86
DDPG 알고리즘	236
Decision Period	80
Decision Requester	80
Decision tree	2
DeepMind	4
Demonstration 파일	283
discount factor	6, 13
Discrete Action	133
Discrete Branches	113
Discriminator 네트워크	301
DQN	140

E–L

environment	6
epsilon	92
experience replay	144, 237
exploitation	20, 21
exploration	20
f	21
feature	2
f–greedy	21, 143
flat 함수	159
GAIL	85, 299, 300
Game view	44
gamma	94
GAN	300
Generative Adversarial Imitation Learning	85, 299
Generative Adversarial Network	300
Generator	301
greedy method	21
GridWorld	6, 108
GYM 환경	28
Hand 툴	49
hard target update	238
Heuristic 함수	79, 124
Heuristic Only	75
hidden units	93
Hierarchy window	43
Huber loss	149
ICM	85
Inference device	75
Inference Only	75
Initialize 함수	77, 119
Inspector window	44
JORLDY	310
keep checkpoints	94

lambd	92
Layout	54
learning rate	91
learning rate schedule	91
Linear 레이어	159

L – R

Machine learning	2
Main 함수	167
Malmo 환경	28
MA-POCA	85
Markov decision process	6
Max Step	76
max steps	94
MDP	6
Mean Squared Error	181, 287
ML-Agents	4, 24, 27
ML-Agents 설치	55
ML-Agents 파이썬 패키지 설치	67
mlagents-learn	74
Model	74
Model 클래스	157
Model Overrider	80
Move 툴	50
MSE	181, 287
MuJoCo 환경	28
Multi-Agent Posthumous Credit Assignment	85
NN Model	114
normalize	93
num epoch	92
num layers	93
Observable Attribute Handling	75
observation	7
OnActionReceived 함수	78, 121
OnEpisodeBegin 함수	79
Ornstein Uhlenbeck noise	237
Ornstein Uhlenbeck Noise	238
OU 노이즈	237, 238
OU Noise 클래스	246
Package Manager	59
Parameter Randomization	86

Pause 버튼	54
pip	67
Play 버튼	54
policy	11
Policy network	178
PPO	85
predict	2
Project window	45
ProvideReward 함수	123
Proximal Policy Optimization	85
Python-API	101
Q function	15, 16
Q-learning	142
Quaternion 사원수 기법	214
random action	21
random exploration	20
Random forest	2
raycast	262
Rect 툴	52
regression	3, 287
REINFORCE 알고리즘	181
Reinforcement learning	2
ReLU 활성화 함수	159
return value	14
reward function	9
reward functions	6
Rigidbody 컴포넌트	45
RLKorea	310
RLlib	310
RND	85
Rotate 툴	50

S – Z

SAC	85
Scale 툴	51
Scene	43
Scene view	44
Soft Actor Critic	85
softmax	187
soft target update	238
Space Size	72
Squared error	149

Stacked Vectors	72
Start 함수	116
state	6, 7
state transition probability	6, 10
state value function	15
Step 버튼	54
strength	94
Supervised learning	2
Support vector machine	2
Take Actions Between Decisions	80
target network	147, 237
Team ID	75
time horizon	94
trainer type	91
training data set	2
Transform 컴포넌트	45
Transform 툴	52
Unity	24
UnityEnvironment	102
Unity Hub	32
Unity Learn	309
Unsupervised learning	2
Use Child Sensors	75
value function	15
Value network	178
vector observation	7
Vector Observation	72
vis encode type	93
visual observation	7
weight	147

ㄱ-ㅅ

가중치	147
가치 기반 강화학습	140
가치 네트워크	178
가치 함수	15
감가율	6, 13, 153
강화학습	2
게임 뷰	44
게임 엔진	24
게임 오브젝트	43
결정 트리	2
경쟁적인 에이전트	87
경험 리플레이	144, 237
관측	7
군집화	3
그리드월드	6, 108
기계학습	2
내장 Imitation Learning	299
데모 파일	283
드론 환경	200
딥마인드	4
라이브러리 불러오기	151
랜덤 포레스트	2
레이캐스트	262
렌더 텍스처	115
리플레이 메모리	153
마르코프 결정 프로세스	6
멀티 에이전트	87
멀티 에이전트 환경	85
모방학습	85, 286
목적지 관측 정보	152
무작위 탐색 방법	20
무작위 행동	21
미니 배치	146
미니 배치 학습	153
반환값	14
베이스라인	180
벡터 관측	7, 184
벨만 방정식	18
벨만 최적 방정식	19, 140
보상	3

보상 함수	6, 9
분류	3
비지도 학습	2, 3
상관관계	145
상태	6, 7
상태 가치 함수	15
상태 변환 확률	6, 10
서포트 벡터 머신	2
소프트맥스	187
소프트 타깃 업데이트	237, 238
스텝	9
시각적 관측	7
시각적 관측 정보	152
시간차 오차	141
씬	43
씬 뷰	44

ㅇ - ㅎ

알파고	4
액터-크리틱	178
에셋스토어	25, 200, 204, 264
에이전트	3, 6
에피소드	9
엡실론	21
엡실론 그리디	143, 166
연속적인 행동	200, 236
연속적인(continuous) 행동	8
예측	2
오픈소스	31
원핫 인코딩	164
웨이포인트	268
유니티	24
유니티 라이선스	35
유니티 에디터	37
유니티 인터페이스	42
유니티 프로젝트	41
유니티 플랜	33
유니티 학습	26
유니티 허브	32
유니티 ML-Agents	24
이미지 차원	159
이산적인 행동	133
이산적인(discrete) 행동	8
이용	20, 21
인공 신경망	2
인공신경망	30
인스펙터 창	44
전문가 데이터	286
정책	11
정책 네트워크	178, 180
지도 학습	2
짐벌락 현상	214
캐싱	134
컨볼루션(convolution) 레이어	158
콘솔	45
큐 러닝	142
큐 함수	15, 16
타깃 네트워크	147, 237
탐욕적 방법	21
탐험	20
텐서보드	96, 173
툴바	53
특징	2
파이썬	30, 150
파이토치	150
편향	147
평균 제곱 오차	149, 181, 287
퐁 환경	73
프로젝트 창	45
하드 타깃 업데이트	238
하이러키 창	43
학습 데이터 세트	2
합성곱 신경망	142
행동	6, 8
행동 가치 함수	15
협력적인 에이전트	88
호기심 기반 탐험	85
환경	3, 6
회귀	3, 287
후버 로스	149